◎「행단고슬杏壇鼓瑟」, 정선, 비단에 채색, 23.2×29.8cm, 1750년경, 독일 성오틸리엔 수도원. 『논어』에 등장하는 '심心'의 용례는 인이나 예의 용례에 비하면 매우 적지만, 훗날 맹자와 순자가 풍성하게 계승할 단초를 열어주었다.

⊙ 『맹자』. 맹자는 이목구비라는 감각기관에 대해 심心을 대비시키고, 심의 기능으로서 사유를 제시했다.

⊙ 순자는 심을 몸形의 군주요, 신명神明의 주인으로 보았다.

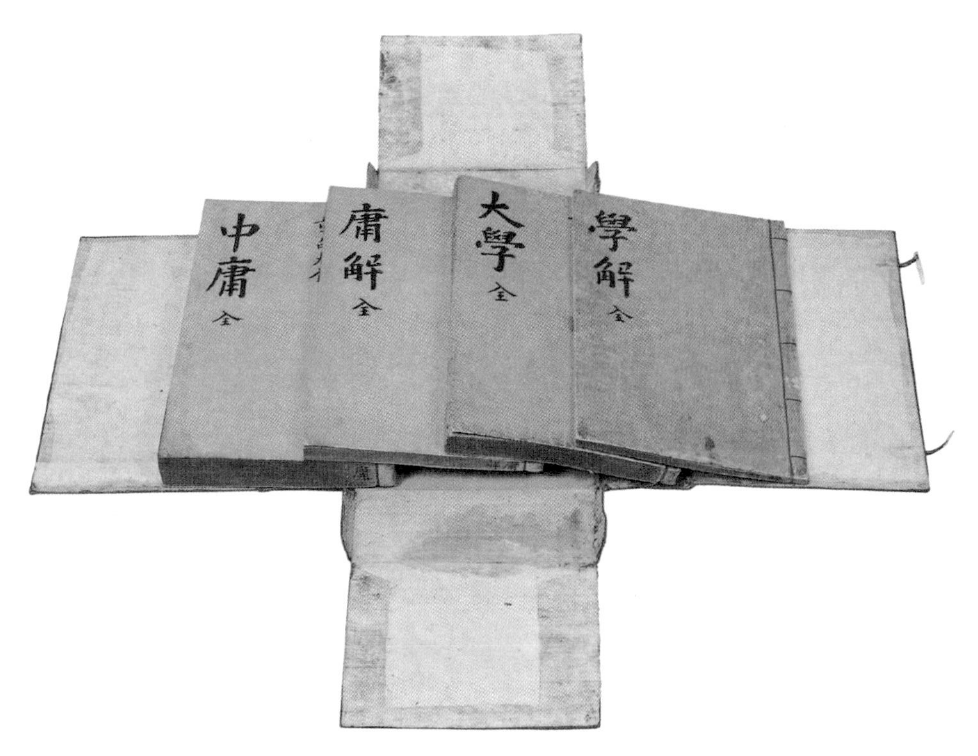

⊙ 맹자와 순자의 심 이해는 「대학」과 「중용」 편에서 그 울림을 발견할 수 있다.

⊙ 『역대도상』에 실린 동중서, 종이에 채색, 19.5×29.7cm, 개인. 동중서는 자연으로 주어진 것을 제어하는 인간적인 능력과 활동이 곧 심心이라고 했다.

⊙「주자영정」, 106.0×69.5cm, 일제강점기, 충현서원. 주희는 심을 기氣라고도 하고 이理와 기의 합습이라고도 말했다.

◎ 「원효대사 진영」, 비단에 채색, 102.1×52.6cm, 일본 무로마치 시대(1336~1573), 교토 고산사. 원효는 한국 불교의 새벽이며, 한국 철학의 새벽이기도 하다. 대승기신론大乘起信論에 대한 주석 작업을 통해 모든 것을 아우르는 일심一心에 대한 사유를 심화시켰다.

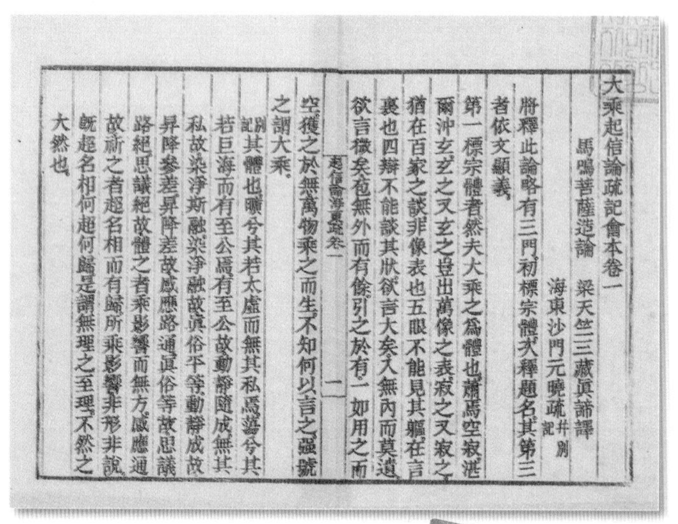

大乘起信論疏記會本卷一

馬鳴菩薩造論　梁天竺三藏眞諦譯

海東沙門元曉疏幷別記

將釋此論略有三門初標宗體次釋題名其第三者依文顯義

第一標宗體者然夫大乘之爲體也蕭焉空寂湛爾沖玄玄之又玄之豈出萬像之表寂之又寂之猶在百家之談非像表也五眼不能見其軀在言裏也四辯不能談其狀欲言大矣入無內而莫遺欲言微矣苞無外而有餘引之於有一如用之而空獲之於無萬物乘之而生不知何以言之强號之謂大乘

別記其體也曠兮其若太虛而無其私焉蕩兮其若巨海而有至公焉有至公故動靜隨成無其私故染淨斯融染淨融故眞俗平等動靜成故昇降參差昇降差故感應路通眞俗等故思議路絶思議絶故體之者乘影響而無方感應通故祈之者超名相而有歸所乘影響非形非說旣超名相何超何歸是謂無理之至理不然之大然也

⊙ 『대승기신론소기회본』, 원효, 36.9×26.2cm, 조선 후기 목판본, 동국대 중앙도서관. 「대승기신론」에 의하면 일심一心에서 모든 것이 나왔다. 거기에는 진여眞如와 생멸生滅의 차원이 있는데, 이 둘은 상즉불리相卽不離다.

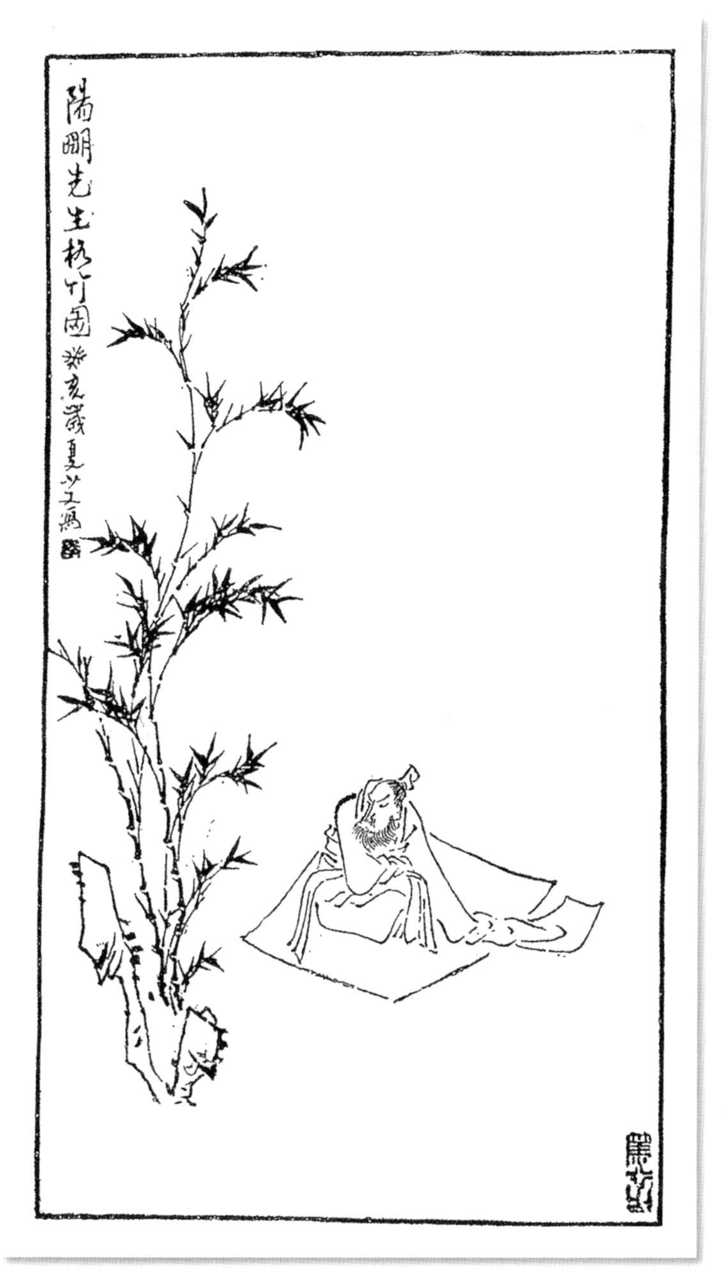

⊙ 「왕양명간죽도王陽明看竹圖」. 왕수인에 따르면 마음이 곧 이理다. 그 마음은 본심이며 주희적 의미에서의 기질로부터 자유롭다. 그에 따르면 마음 바깥에서 따로 이를 인식할 필요가 없으며, 본심을 실현하는 것이 이의 실천이다.

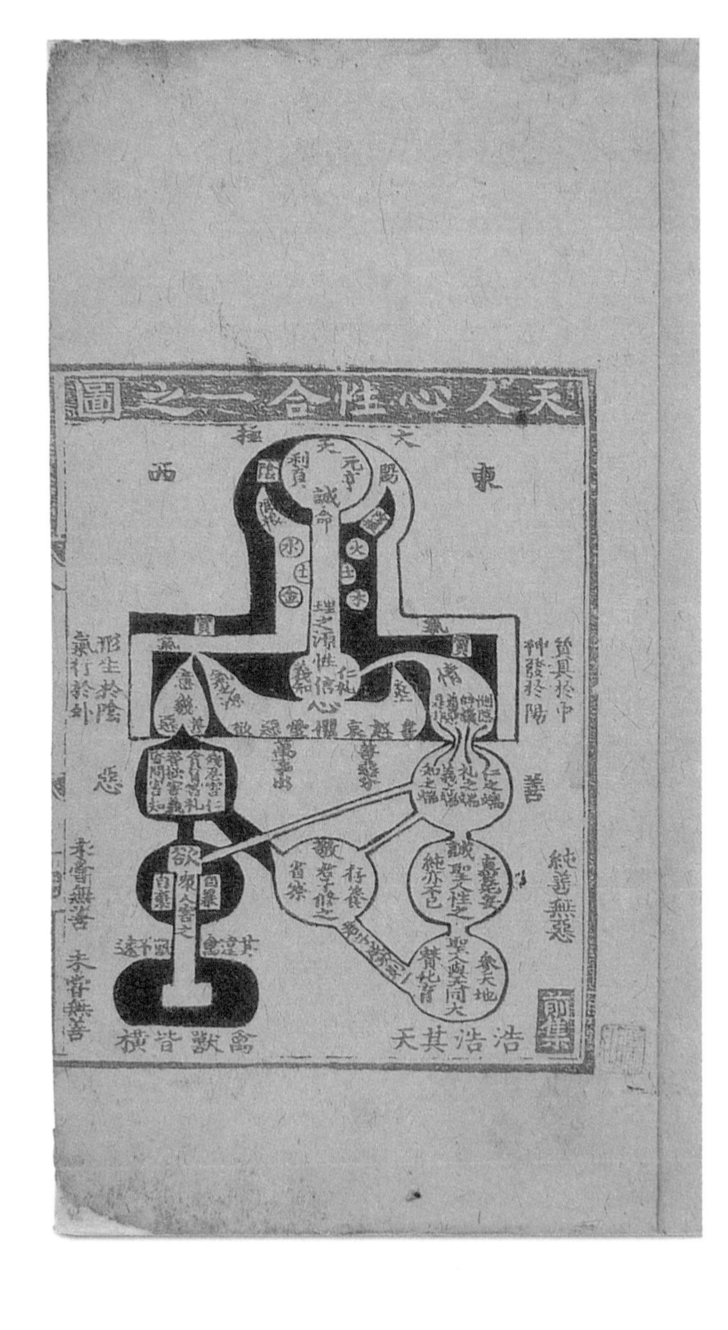

天人心性合一之圖
東
西
天
元亨
利貞
誠
命
陰
陽
水
土
金
火
土
木
理之源
性
仁禮
義知
信
心
情
意
喜怒哀懼愛惡欲
仁之端
禮之端
義之端
知之端
質具於中
神發於陽
形生於陰
氣行於外
善
惡
純善無惡
存養
省察
敬
欲
參天地
贊化育
聖人與天同大
浩浩其天
禽獸皆橫

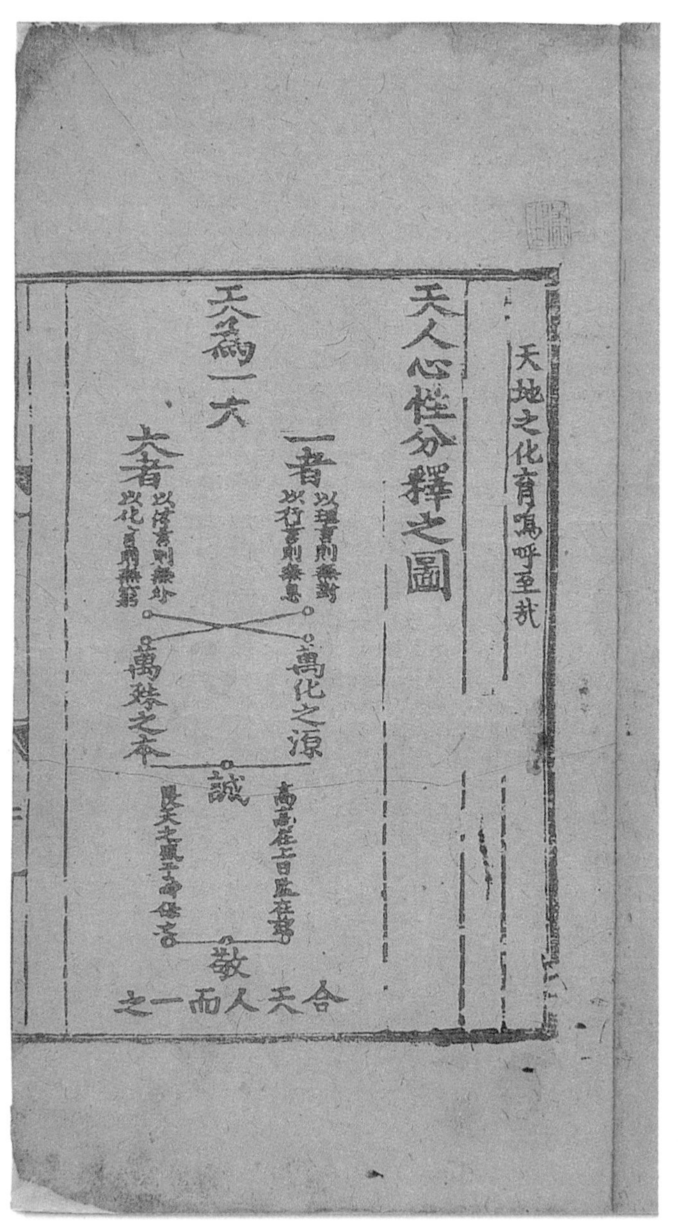

⊙『입학도설』, 권근, 22.7×34.1cm, 보물 제1136호, 장서각. 양촌은 의意를 심心과 인심人心에 연결시키고 정情을 성性과 도심道心에 연결시키면서, 심의 본체는 하나이지만 작용은 둘이라고 하는 '체일용이體一用二'의 주장을 펼쳤다. 이는 훗날 퇴계와 고봉 사이의 사단칠정 논변이 진행되면서 비판적인 각도에서 재론된다.

◎「계상정거도」,『퇴우이선생진적첩』, 정선, 종이에 엷은색, 25.3×39.8cm.

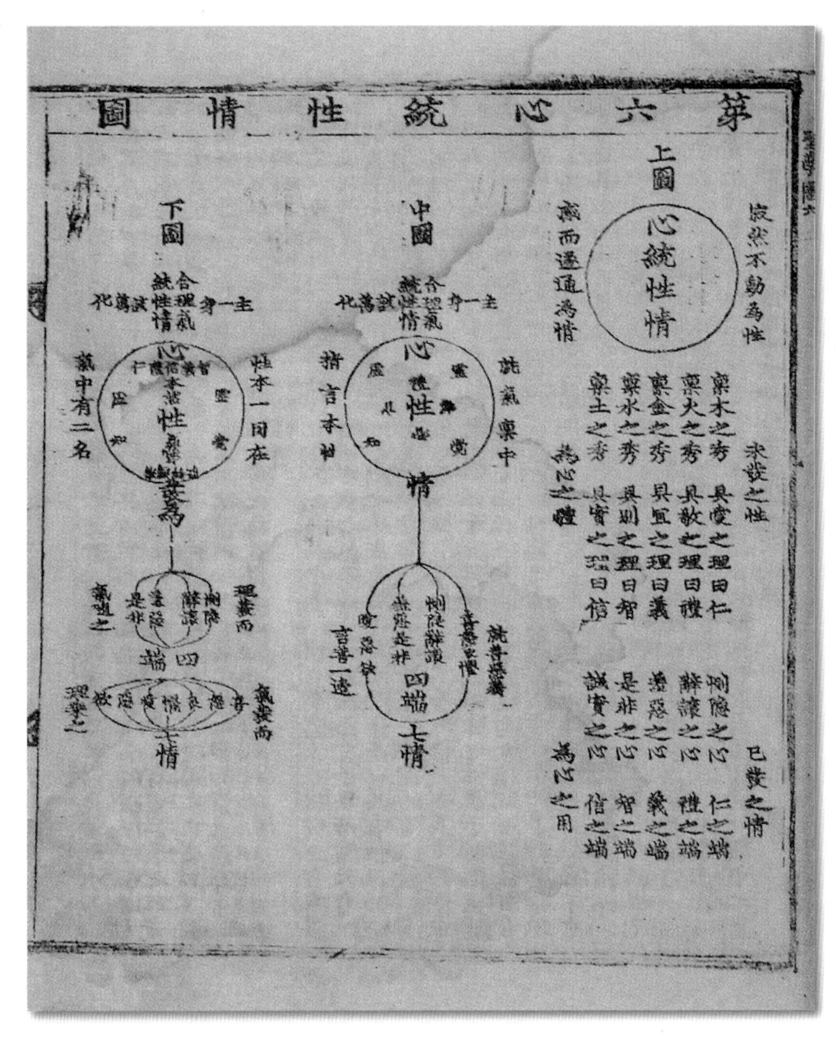

⊙ 「심통성정도」, 『성학십도』, 이황, 조선시대, 유교문화박물관. 퇴계의 「심통성정도」와 도설은 주자가 천명한 '심통성정'의 두 의미를 모두 반영하고, 사단과 칠정에 대한 자신의 분석을 통해 이를 더욱 세밀하게 전개한 것으로, 실천적 공부론에서의 함축 또한 풍성하게 지닌 것이었다.

⊙「사문탈사寺門脫蓑」, 정선, 종이에 채색, 55.0×37.7cm, 간송미술관. 율곡 이이의 모습이 그려져 있다. 율곡은 이통기국설理通氣局說을 확립하고, 그에 따라 자신의 심에 대한 견해를 정립했다. 그에 따르면 심은 기다. 즉, 심은 성(이)을 실현하고 실천하는 주체로서 성(이)과 구별된다.

◎「횡거영초」, 정선, 비단에 채색, 23.4×29.0cm, 1750년경, 독일 성오틸리엔 수도원. 장횡거張橫渠 곧 장재張載는 천지지성天地之性과 기질지성氣質之性을 구분하고, 성性을 만물의 일원一源으로 보았으며, 심통성정心統性情이라는 명제를 제시함으로써 신유학 심성론의 기초를 놓았다.

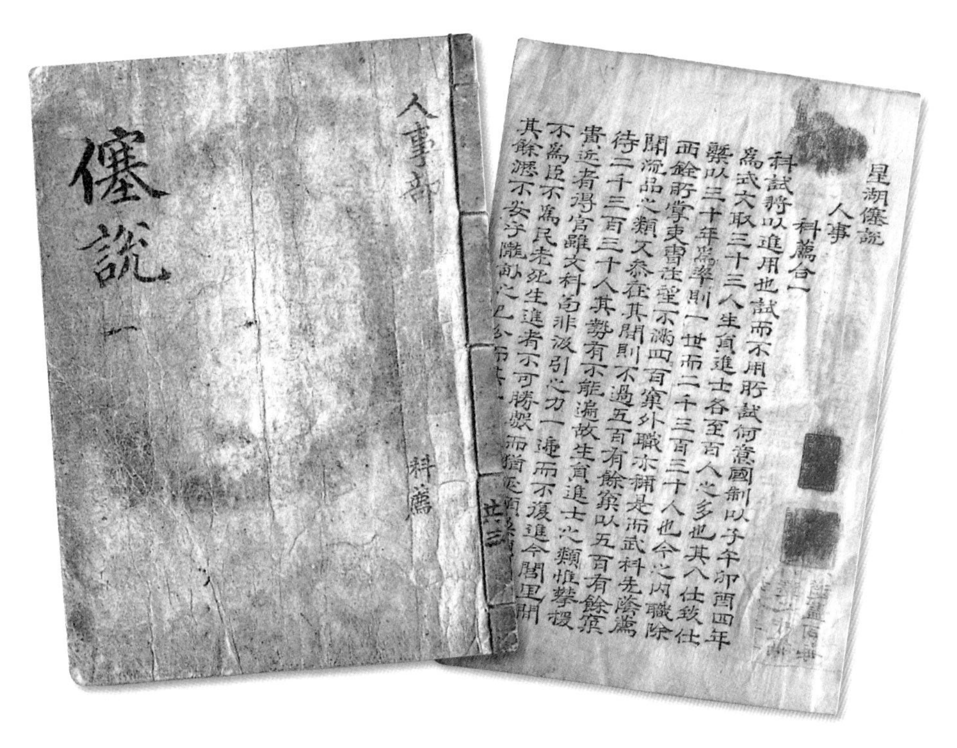

⊙『성호사설』, 이익, 19.0×29.0cm, 18세기, 성호기념관. 성호는 심에 혈기지심血氣之心과 신명지심神明之心이 있다고 구분하며 심의 고유성을 신명지심에 두었다. 또한 전래의 사단칠정 논변을 전면적으로 반성하며 이와 기에 대한 세밀한 개념 분석을 시도했다.

⊙「송시열 영정」, 한시각, 79.0×174.0cm, 1683. 우암은 주자가 지각에 대해 심心의 용用으로 보는 경우와 지智의 용用으로 보는 두 입장을 함께 가지고 있다고 지적했다. 그리고 그 각각은 감각지각感覺知覺과 의리지각義理知覺에 해당된다고 해석했다.

⊙「김창흡 초상」, 비단에 채색, 29.0×37.0cm, 일본 덴리대. 삼연 김창흡은 그의 형 농암 김창협을 이어 낙학의 이론을 정립했다. 그의 이론은 심의 능동성을 강조하는 낙학의 종지를 견지한 것이었지만, 또한 더욱 종합적이고 포괄적인 성격을 지녔다.

⊙「권상하 초상」, 김진여, 비단에 채색, 132.0×93.0cm, 안동 권씨 화천군파. 수암(한수재)은 심心의 제 양태가 성性 바깥에 있는 것이 아님을 강조하는데, 즉 심은 성의 자기실현 이외에 따로 자리를 갖지 않는다는 것이다.

⊙ 「한원진 초상」, 비단에 채색, 80.9×60.5cm, 18세기, 안동 권씨 화천군파. 남당은 지각이 심心의 용用이면서 동시에 성性 곧 지智의 용用이라고 했다. 이는 그의 스승 권상하의 김창협 비판을 더 세련되게 만든 것이다.

⊙「이재 초상」, 비단에 채색, 97.8×56.3cm, 18세기 후반, 국립중앙박물관. 도암은 낙학의 입장에서, 심心은 기氣이지만, 정상精爽한 기이고, 기의 본체는 담연하고 순일하여 성인과 일반인 사이에 차별 없이 동일하다고 말한다.

⊙ 「정약용 초상」. 다산은 심을 전래의 이기론理氣論의 틀에서 분리시켰다. 즉, 심에 자주지권自主之權을 인정하고, 이와 기 양방향의 규정과 결정에서 해방시켰다. 그것은 곧 형이상학적 절대적 동일성과 기질의 자연적 차별성 모두로부터 자유로운, 도덕적 주체로서의 개인을 이론적으로 정립한 것이었다.

동양적 마음의 탄생

동양적 마음의 탄생

마음心을 둘러싼 동아시아 철학의 논쟁들

문석윤 지음

글항아리

책을 쓴다는 것은 집을 한 채 짓는 것과 같다. 터가 마련되면 마음속으로 어떤 집을 지을지 구상하고 설계도를 만들며 필요한 자재를 마련하고 기초를 놓고 뼈대를 쌓아올린다. 그리고 집이 살아 있게 전기나 수도 등 기본 설비를 갖추고 멋있게 보이도록 모든 내용을 채워넣는다. 이 책은 어떤가? 제대로 지어졌나? 살 만한 좋은 집인가? 튼튼하기는 한가? 도대체 집이 되기는 한 것일까? 자신하기 어렵다. 아직 구상이나 밑그림을 그려놓은 수준에 지나지 않는다고 보는 게 더 맞을지도 모른다.

한국국학진흥원 김미영 선생으로부터 동아시아에서 '심心' 곧 '마음'이라는 개념을 둘러싼 이야기를 원전에 대한 번역과 해설을 곁들여 대중 독자가 흥미롭게 읽을 수 있도록 풀어달라는 요청을 받은 것은 지난해 5월이었다. 마침 서울대학교 철학사상연구소의, 동서 철학에서의 '마음' 개념에 대한 철학적 성찰이라는 기획에 참여해서 농암 김창협 부분의 집필을 마친 터였다. 따라서 나로서도 기왕의 연구를 좀더 확대해보고 싶은 욕심이 없지 않아 흔쾌히 수락했다.

그러나 역시 시간이 문제였다. 1년이란 시간이 주어졌지만, 그 안에 한 권의 책을 마무리짓는다는 것은 애초에 무리였다. 어찌하다보면 좀더 시간을 얻을 수 있지 않을까, 2014년에는 마침 안식년이니 그때 가서 집중적으로 집필하면 되겠다고 나름 멋대로 생각하다가 일이 그렇게 진행될 수 없다는 것을 뒤늦게 알았다. 그동안 틈틈이 구상하고 부분적으로 재료들을 모아놓은 것을 중심으로, 급히 설계를 하고 자재를 더 모으고 조금 무리하게 서둘러 글을 완성해나갈 수밖에 없었다.

물론 더 긴 시간이 주어졌다고 해도 공부 밑천은 빤하니 지금 여기 선보이는 것보다 훨씬 좋은 원고를 내놓을 수는 없었을 것이다. 그러나 당연히 아쉬움이 남는다. 일본 쪽 자료들을 포함시키지 못한 점, 도교 관련 자료들을 함께 보여주지 못한 점은 특히 아쉽고 안타깝다. 언제 기회가 주어진다면 이들 자료를 포함해서 풀이하는 글을 더 깊이 있고 풍성하게 다시 쓰고 싶다. 더 나아가 진짜 '마음'에 대한 책을 한 권 쓰고 싶다. 물론 더 열심히 공부해야만 한다. 아직도 가야 할 길이 멀다는 생각이다.

뒤늦게 호들갑을 떨며 집필했으므로, 뜻하지 않게 주위 사람들에게 많은 폐를 끼쳤다. 김미영 선생을 놀라게 해드린 것 미안하고, 또 출판사에 부담을 준 것 역시 미안하다. 그럼에도 이만큼이라도 책이 나오게 된 것은 어쩌면 선생 덕분이다. 감사드린다. 또 거친 문장을 가다듬어주고 책이 모양을 갖추도록 여러모로 애써주신 이은혜 편집장께 감사드린다. 자기 일처럼 걱정해주고 관심을 가져준 실시학사 동학들, 그리고 언약교회 성도들에게 감사드린다. 그리고 늘 그렇지만 뒤에서 그 모든 부담을 나눠 질 수밖에 없었던 아내 김경남과 성렬, 성은에게 미안함과 고마움을 전한다. 큰아이

성렬이는 아빠가 집필하는 동안 또 자기 나름대로 힘겨운 시험을 치러내야 했다. 애썼다고 말하고 싶고, 잘 표현도 못 하고 늘 마음과 다르게 말과 행동이 나가지만 항상 사랑하고 응원한다고, 용기를 내라고 말하고 싶다.

끝으로 풀이하는 글의 허술함 외에도 전공 범위를 넘어서 여러 자료를 실은 까닭에 오류와 실수가 눈에 띌 것이다. 부디 너그럽게 이해해주시길 바란다. 여기에 실린 글들은 동아시아 전통에서 '마음'에 대한 성찰의 역사로부터 필자가 임의로 택한 극히 일부의 자료일 뿐이다. 바라건대 이 책이 소수의 독자에게만 전해진다 해도, 읽는 이들이 '마음'을 포함해 동아시아 전통 사상에 대해 더 많은 관심을 갖고 독자적인 탐색을 해나가는 데 작은 도움이 된다면 더할 나위 없이 기쁘겠다.

2013년 12월

문석윤 삼가 씀

차례

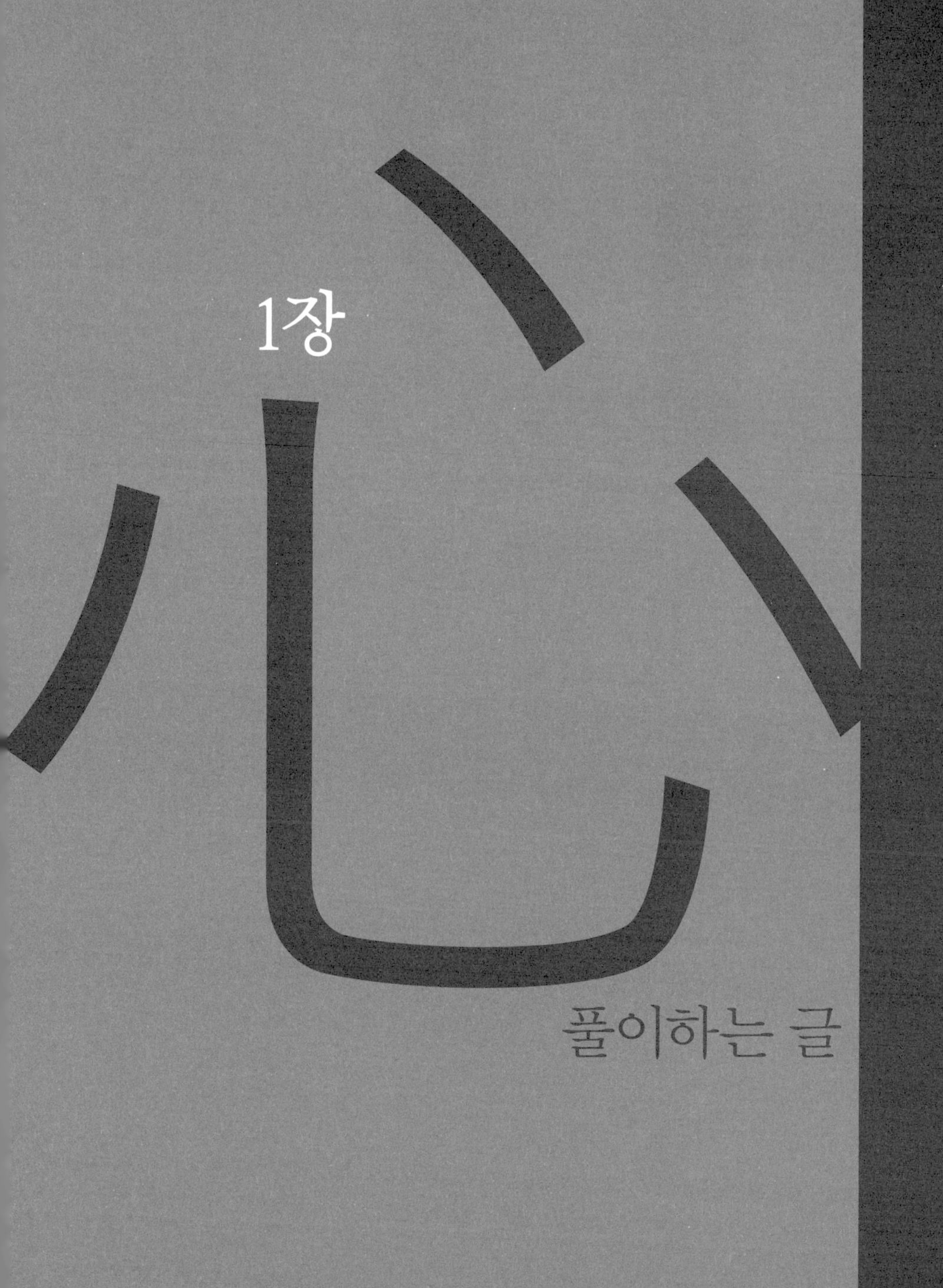

1장

풀이하는 글

1. 마음과 몸, 그리고 심心

'마음'이란 무엇인가? 그것은 인간이 무엇이냐고 묻는 것과 거의 같다. 요즘에는 점점 더 '몸'에 대해 묻는 경향이 있지만, 이는 인간이 무엇인지 알기 위해서는 반드시 대답해야만 할 질문이다. 몸과 마음은 통상 우리가 생각하는 우리의 대부분이며, 우리는 몸과 마음을 이해함으로써 자신에 대한 기본적인 이해를 기대할 수 있다.

몸이 물리적이고 생리적 성격을 지닌 것으로서 자연세계 속에 편입되어 외부의 환경세계와 인과적 관련성을 맺으면서 자연의 일부로 존재한다면, 우리 마음은 우리 몸속에 있으며 몸의 다양한 변화에 영향을 받지만 그 자체로는 마치 몸과 분리된 것처럼, 마치 몸을 거처로 하여 사는 그래서 몸의 일부가 아니라 독자적 존재로서 몸과 상호 관계하면서 결합해 있는 어떤 독립적 실체인 것처럼 스스로 생각한다.

마음은 몸과의 영향관계를 '의식'하는 존재로서, 그리고 몸의 영향을 받는 동시에 몸을 지배하고 운용하는 주인 곧 주재자로서 자신을 생각

(욕망)한다. 더 나아가 그는 몸을 자신에 대응하는 하나의 단위로 여겨 그를 경계로 '자기'를 구성하고 안팎을 구분하며 '자기'와 외부세계의 관계를 의식하고 그것 또한 주도하고자 한다. 즉, 외부세계를 인식하고 판단하며 그에 따라 그것을 변형시키고자 한다. 외부를 변형하는 그러한 활동은 세계를 자기화하는 것이라고 할 수 있는데 언제나 저항을 불러오거나 실패를 수반할 수 있다. 따라서 그것은 또한 그 자신의 변형을 가져온다. 세계를 자기화하는 활동은 자기를 세계에 개방하는 활동, 자기를 부정하고 변형하는 활동 없이는 성공할 수 없다. 마음은 몸을 포함하여 외부세계와의 상호 관계 속에서 자신을 형성해간다.

몸은 세계와의 인과적 관계 속에서 세계 내 존재로 편입되어 있지만 또한 그 단일성(혹 일시적이고 임의적이라도)으로 말미암아 '자기'의 경계를 설정할 수 있는 명확한 기초다. 마음은 몸의 단일성에 의해, 몸이 지속하는 한 이를 바탕으로 '자기'를 구성할 수 있지만 또한 그러한 단일성을 넘어 무한한 외부세계로 자신을 방사한다. 그것은 '자기'의 유지와 보존을 위해 계산하고 판단하고 의지하는 모든 일을 하지만 동시에 그러한 세계 내 존재로서의 제한성을 넘어 모든 존재와 관계를 맺으려 하고 신체의 한계를 넘어 자신의 몸을 무한하게 확장하고자 한다. 곧 자유를 꿈꾼다.

'우리'는 그러한 몸과 마음의 결합이다. 즉, 몸과 마음의 상호 관계가 우리다. 따라서 우리 자신에 대한 해명은 그 상호 관계에 대한 해명을 통해서만 가능하다. 그에 대해서는 전통적으로 크게 두 가지 입장이 있었다. 하나는 마음은 전적으로 몸에 의지해서 존재하며, 마음의 독자성은 환상에 불과하거나 기능적으로만 정당화될 수 있다고 보는 입장이다. 다른 하나는 마음이 몸에 대해 독자성을 가지며, 몸과 밀접한 상호 관계 속에서 존재하지만 엄연히 독립적인 존재로 봐야 한다는 입장이다. 전자가 일원론, 후자가 이원론이다. 둘 사이에 다양한 변주가 있지만 기본적으로는 그 두 가지 입장으로 정리할 수 있다.[1]

전자의 입장에서 어떤 이들은 마음은 물질의 진화 과정에서 생겨난 부산물에 불과하다고 주장한다. 마음은 독립적 신체와 신경체계를 갖춘 유기체가 신체 바깥인 환경과 관계하면서 자신의 통합성을 유지하려는 구심적인 노력을 펼치는 과정에서 형성한 혹은 형성된 어떤 부수적인 심리 현상의 총체라는 것이다. 후자의 입장에서 어떤 이들은 마음은 물질과는 독립된 기원을 지닌 어떤 독자적 실체이거나 그 작용이라고 주장한다. 마음은 신체와 관련을 맺으면서 신체 속에 머물지만 동시에 그것과 관련 없이 작용하며 그것을 넘어서, 즉 신체가 소멸한다고 해도 어떤 식으로 존재하기도 한다고 한다.

일상생활에서 우리는 어느 정도는 이원론자이며, 일원론자이기도 하다. 즉, 신체로부터 독립된 마음이 있다고 생각한다. 몸은 마음에 영향을 줄 수도 있고 마음도 몸에 영향을 줄 수 있지만, 마음은 또한 몸에 종속되지 않고 자유롭게 생각하고 의지할 수 있다고 간주한다. '도덕'의 존재는 결정적으로 그러한 마음의 독립성에 기초를 둔다. 마음의 독립성이 훼손되면 도덕도 결국 설 자리를 잃는 것은 아닐까? 도덕적으로 책임질 수 있는 존재가 '인격'이고 '인격'이 '시민'으로서의 정치적 권리의 기초라고 할 때, 마음의 독립성이 훼손되면 곧 인격과 시민적 권리도 부정될 우려가 있지 않은가?

그렇다고 해서 마음의 독립성이 곧 마음의 실체적 존재와 연결된다는 점은 선뜻 받아들이기 어렵다. 동아시아 전통에서는 마음을 몸과 분리된 어떤 독자적·실체적 존재로 보는 데 익숙하지 않다. 또한 더욱 근대세계에 접어들어 세속적 합리성이 일반화되면서 그러한 입장은 형이상학이고 종교적인 독단에 속한 것으로 여겨지곤 한다. 그렇다면 몸과 마음의 상호 관계에 대해 우리는 상당히 애매한 입장을 임의로 취하고 있는 것이라 할 수 있다. 몸과 마음의 관계는 우리 자신의 이해를 위해 여전히 부딪히지 않을 수 없는 핵심 문제요, 과학자와 철학자들이 여기에 많은 노력을 쏟는 것은 이상한 일이 아니다.

'마음'에 해당되는 동아시아의 전통 용어 중에 가장 중심 역할을 한 것이 '심心'이다.[2] 심에 대해 우리는 전통적으로 '마음 심'이라 하여 "마음"으로 새겨왔다.[3] 그것은 심이라는 용어에 앞서 우리말에 "마음"이 있었다는 것이다. 원래 "마음"이 무엇을 의미했던가, 그 어원이 무엇인가에 대해서는 잘 모르고 있다. 그것이 심의 뜻을 나타내는 데 쓰였다는 점에서 심과 서로 통하는 점이 있다는 것을 추정할 수는 있지만, 그 독자적인 의미 맥락을 구성하기 위해서는 어원학자들의 연구를 좀더 기다려야 할 듯하다.

그 말이 심의 원래 의미인 심장과 관련이 있는지도 분명하지 않다. 심장과 관련해서는 염통[4]이라는 말이 별도로 쓰여왔으므로, 그보다는 느낌·생각·마음 등에 가까운 의미에서 '심'에 대한 번역어로 선택되었을 것으로 추정할 수 있다. 하지만 그것이 오늘날 일상어에서의 마음, 철학자들이 전문적인 개념으로 사용하는 '마음'과 완전히 동일한 것인지, 어떤 점에서 같고 다른지는 역시 면밀한 검토를 거쳐야 한다.

제멋대로의 추측이지만 우리말의 "마음"은 고형古形이 "ᄆᆞᅀᆞᆷ"이라는 점에서, '맞음' '맞이함' '마중', 즉 나가서 밖에 있는 것을 맞이하는 행위와 어떤 관련성이 있는 것은 아닐까? "마음"의 본래 의미는 인간과 인간, 인간과 자연의 만남을 중재하는 매개체나 통로, 외부를 수용하고 외부로 나아가는 의식적 연결자이자, 그것의 활동을 일컫는 말이라는 것이다. 또한 그와 대비하여 "몸"은 '모음'을 의미하는 것으로서, "마음"의 그러한 교류와 소통이 수렴되는 단일성을 나타낸 것이라 볼 수 있지 않을까? 이처럼 "몸"이 주로 수용적 측면에서 해체되지 않는 개별성의 확고한 기초라면, "마음"은 "몸"과 밀접하게 관련된 것으로 세계로 열려 있는 몸을 의미하는 것으로서, 수렴적인 몸을 근거로 하되 바깥세계에 능동적으로 참여하는, 몸의 또 하나의 측면을 표현해주는 것이자, 그것을 가능하게 하는 근거를 지칭하는 용어로 쓰인 것이라 볼 수 있지 않을까?

어쨌든 '심'이라는 외래어에 대해 "마음"이 대응어로 사용되었다는 것은 '심'에 대한 당시 사람들의 생각을 반영하고 "마음"과 '심'의 상호 영향을 예상할 수도 있다. 그러한 영향관계의 역사를 살펴보는 것도 매우 흥미롭지만, 일단 이 책에서 관심을 두는 것은 "마음" 혹은 '마음'이 아니라 '심'이다. 즉, 동아시아 전통에서 '심'이란 말이 어떤 의미를 지니고 있었는가를 알아보는 것이 일차적인 목표다. 그리고 심이 오늘날의 '마음'의 이해 문제와 관련하여 어떤 의미를 지니며, 또한 암시를 주는가 하는 점이다.

심은 오늘날의 동아시아에서도 여전히 살아 있는 말이다. 우리말에서는 그것이 단독으로 쓰일 때 마음으로 새기지만, 양심良心, 수치심羞恥心, 흑심黑心, 심장心臟 등의 한자어에서 여전히 많이 사용되며, 이러한 사정은 중국이나 일본도 마찬가지다. 이 책에서는 전통 시대 그것의 의미와 용법을 다룬다. 전통 시대 '심'은 오늘날 '마음'의 뿌리이자 일부 맥락을 구성하지만 꼭 우리가 '마음'이라는 말을 통해 이해하는 것과 동일한 의미를 지니지는 않는다.

심은 기본적으로 심장心臟을 의미하지만 동시에 우리 생각과 느낌과 의지하는 것들의 총체다. 그것은 외부세계와의 다양한 관계를 통해 내부에서 일어난 움직임을 총괄하며, 그것이 일어나는 장소이자 발현하는 기관·주체로서 자아를 구성하는 핵심 개념이었다. 그것은 인격의 중심中心이며, 인간적 정체성과 주체성을 형성하는 핵심核心이며, 따라서 인간다움의 소재所在요 이유理由였다. 따라서 심에 대한 탐구는 인간에 대한 탐구이며, 동아시아에서 심에 대한 이해의 역사는 인간의 자기 이해의 역사였다고 할 수 있다.

이제 그 말의 기원으로부터 시작해 그 말이 어떤 역사와 범위, 어떤 사유의 틀 속에서 자리잡고 있는지를 간략하게나마 살펴보자.

2.
'심'이라는 글자의 기원: 심장心臟과 심

'심'은 언제 생겨난 말이고 그것의 의미는 원래 무엇이었을까? 동아시아에서 현재까지 알려진 가장 오래된 문자 기록인 갑골문에 심이 단독 글자로 나타나는지에 대해서는 문자학 연구자들 사이에 이견이 있는 듯하다.[5] 어느 쪽이 옳든지 간에 갑골문에서 현재 심으로 추정되는 글자는 심장心臟을 형상화한 것이며, 금문金文에 보이는 심은 더욱 심장의 구체적인 형태를 나타내고 있다. 결국 어느 경우든 그것은 처음에는 '심장'을 가리키는 말이었다고 할 수 있다.

후한後漢 시대 허신許愼(약 30~약 124 혹은 약 58~약 147)이 만든 사전인 『설문해자說文解字』에서는 "인간의 심장이다. 흙土의 장기로서 신체身 중앙에 있다. 상형자다"라고 정의함으로써 심이 원래 심장의 상형자임을 명확하게 밝히고 있다. 허신은 더 나아가 당시의 지배적인 과학 이론이었던 오행론五行論, 구체적으로는 『고문상서古文尚書』의 설說에 따라 그것을 흙에 속한 장기라고 정의했다. 흙은 방위로는 중앙에 해당되므로 그것은 곧 신체의 '내부' 혹은 '중심' '중앙'의 의미를 강조한 것으로 이해된다.

그런데 허신은 같은 책에서 위의 설명에 덧붙여 "박사설博士說에서는 그것을 불火의 장기로 보았다"고 하여, 또 하나의 학설을 소개해뒀다. 이는 당시 『고문상서』의 설과 대립했던 금문가今文家의 설이다. 불은 밝게 비추는 것이요, 인간의 인식활동과 밀접하게 관련된 이미지를 제공한다. 칠흑 같은 어둠 속에서 우리의 감각적인 지각, 특히 시각視覺은 작동을 멈추지만, 타오르는 한 무더기 불에서 비치는 한 줄기 빛은 가려져 있던 것들을 볼 수 있게 하고 무지無知의 불안으로부터 인식자를 해방시켜 평안과 자유를 준다. 심장을 불의 장기로 보는 것은 그것이 피를 생성하는 기관으로서 지칠 줄 모르는 힘을 지녔음을 염두에 두기도 했겠지만, 밝음과 관련하여 외부세계를 인식하고 사유思하는 우리의 내적 사유 기관임을 표현하고 있는 듯 보인다. 허신이 "무릇 심心에 속하는 것들은 모두 심에 따른다"고 덧붙인 것은 그런 의미에서였을 것이다. 즉, 성性·정情·의意·지志 등 마음의 활동과 관련된 글자에 심이 의미소로 포함되어 있다는 것으로, 이는 곧 심은 단지 심장이 아니라 우리 '마음'을 의미한다는 것이다.

결국 허신은 심의 의미가 '마음'이며, 마음에는 중심·중앙의 의미와 밝게 비춰 생각하는 사유·인식의 의미가 있는데 그것은 심이 원래 '심장'을 가리키며 심장이 당대의 과학 이론인 오행론에서는 토土 혹은 화火에 해당되기 때문이라고 설명한 것이다. 이는 마음을 심장과 관련하여 자연주의적 방식으로 설명한 것이 볼 수 있다. 뒤에서 다시 설명하겠지만 이는 한漢대의 학문적 경향을 반영한다.

'심'은 원래 '심장'을 의미했지만 또한 상당히 이른 시기부터 '마음'의 의

미도 아울러 갖게 되었다. 그렇게 된 뒤에는 두 의미가 하나의 용어에 공존하면서 서로의 의미 규정에 영향을 끼쳤다. 그것이 전국시대를 거쳐 한대에 와서는 오행론의 체계 속에서 자연주의적으로 해명되고 정리된 것이다. 허신의 설명은 그러한 해명의 대표적 사례로서, 심의 어원을 밝히는 동시에 후한대의 '마음'에 대한 일반적인 견해를 보여준 것이라 할 수 있다.

3.
몸의 중앙中

심은 신체 중앙에 위치해 있다. 그것이 『설문해자』에서 허신이 심을 흙과 관련지어 정의한 기본적인 이유이며, 그 중심성이야말로 심의 기본적인 성격이다. 따라서 심은 중심을 의미하기도 한다. 심은 심장과 함께 중심이라는 의미가 있다. '중심中心' '핵심核心'이란 말은 오늘날에도 통용된다.

그런데 중심에 있다는 것은 단지 위치상 중앙에 있음을 의미하는 데 그치지 않는다. 중심에는 '질서'와 관련된 정치적 의미가 함축되어 있다. '중국中國'이라는 명칭에서 '중中'이 표현하는 의미가 그러하듯이 중앙에 있다는 것은 곧 그것이 핵심적이고 중추적인 자리, 곧 주인의 자리에 있음을 표방한다. 중심에 있다는 것은 곧 천하 질서 속에서 사방四方에 대해 지배적인 위치에 있다는 정치적 의미를 지닌다고 할 수 있다.[6]

허신은 심이 몸의 중앙에 있다고 말한다. 그것은 일차적으로는 곧 심장이 신체의 장기 중 하나이지만, 신체의 중앙에 위치해 있는 것으로 다른 부분인 사지四肢와 장기들에 대해 지배적인 위치에 있음을 일컫는다. 그러나 심의 중심성은 단지 그런 의미에 그치는 것이 아니다. 전국시대의 여러 문헌에서 심을 신체 곧 '몸'의 주인으로, 그리고 군주君主로서 부르는 표현이 나오며, 그것은 중심성과 지배성을 모두 의미한다. 심이 단지 신체의 일부가 아니라 전체를 주재하는 성격을 지닌다고 본 것이다.

심이 군주라면 신체는 신하와 백성이다. 심은 명령하고 신체는 명령을 받아 그를 수행한다.[7] 심은 기본적으로 신체로서의 몸과 동일하고 연속적인 존재이지만, 동시에 몸을 지배하는 존재로서 그 점에서는 몸과 구별되는, 몸을 넘어서 있는 일종의 초월적 존재로서의 '마음'이다. 심 혹은 심장에 대한 그러한 특성 부여는 그것이 모든 신체에 혈액을 공급하는 기관으로서 신체의 유지, 곧 생명활동의 중심이라는 인식에 기초하는 바가 있겠지만, 그보다는 심을 사유하는 기관, 인식하고 이해하는 기관으로, '마음'을 담고 있는 기관으로 이해하는 데 더욱 기인하는 바가 크다.

4. 사유思: 마음으로서의 심

심의 중심적이고 초월적·지배적 성격은 사유하는 심의 특성을 통해 지지된다. 몸이 외부 자연의 일부로서 자연과의 관계 속에서 인간 존재의 수동적 수용성을 담지한다면, 심은 그러한 자연 속에서 인간의 능동적 주체성을 담지한다. '마음'이 있는 몸은 그런 점에서 능동적 몸이다. 늘 박동하면서 혈액을 공급하는 심장은 그러한 능동성을 표현하고 있는 것이다. 그러나 심장의 능동성은 몸의 한계에 갇혀 있다. 반면 '마음'의 능동성은 생리상의 한계를 훨씬 뛰어넘는다. 그것은 사유思하며, 몸을 통해 들어오는 것들을 판단하고 선택하며 의지한다. 심지어는 어떤 가치를 위해 몸의 죽음을 선택할 수도 있다.

그러므로 '마음'은 심속의 심心[8]이다. 그러한 심을 혹은 방촌方寸이라고 표현하기도 했으며, 심장 속에 구멍이 있다[9]고 하기도 했다. 그 작은 빈 공간에 우리의 능동적 몸과 주체성이 담겨 있다는 것이다. '마음'으로서의 심은 단순히 장기로서의 심장을 의미하는 것이 아니다. 앞서 언급한 바와 같이 허신이 인용한 금문가의 설에서 심을 또한 '불火'에 속한 불의 장기로 보는 것은 그런 점에서 '마음'을 오행론과 관련해 해명하려는 노력을 보여준다. 불은 가장 비물질적인 물질이 아닌가 말이다.

문헌상으로는 『시경詩經』과 『서경書經』에 심장으로서의 심만이 아니라 '마음'으로서의 심이 나타난다. 기쁨과 슬픔 등 우리가 내면적으로 느끼는 감정과 생각이 마음으로서의 심과 관련하여 사용된다. 시인은 그리운 임을 만나지 못해 "내 마음이 상하고 슬프다오我心傷悲"라고 노래하며, "다른 사람이 품은 마음 내가 헤아리고他人有心, 予忖度之"라고 말한다. 이는 곧 겉으로 보이는 모습이 아니라, 우리가 느끼고 추론할 수 있는 다른 사람의 느낌과 생각으로서, 각 개인의 내면적이고 은밀한 어떤 것이다.

심의 그러한 내면성은 중심성의 또 한 측면이기도 하다. 마음으로서의 심은 외부에서 직접 관찰하기 어려우며, 단지 외부의 신체적 표현을 통해 그것의 존재를 추측할 수 있을 뿐이다. 심이 지니는 '마음'의 특성은 직접적으로는 자기만이 알 수 있다. 그것은 단지 신체의 중심이라는 물리적 위치를 넘어 외부에서 관찰할 수 없는 중심의 것이다.

마음으로서의 심은 느끼고 생각하는 기관이다. 특히 생각 곧 사유가 중요하다. 마음의 중심성 곧 그 지배적인 위치는 그것이 사유하는 기관이기 때문이다. 마음은 생각하는 주인으로서 몸을 주재한다. 마음의 이러한 특징을 포착하여 강조한 이가 맹자孟子(기원전 372?~기원전 289)였다. 그는 성선性善의 주창자였을 뿐 아니라, 심의 의의에 대해 주목하고 강조한 최초의 철학자였다고 할 수 있다.

맹자는 이목구비耳目口鼻라는 감각기관에 대해 심을 대비시키고, 심의 기능으로서 사유를 제시했다. 감각기관이 외부의 사물을 우리 속으로 끌어들이는 것이라면, 심은 사유하는 나로부터 비롯되는 활동이라 할 수 있다. 여기서 사유는 자연세계 속에서 물物과 물物이 서로 교차하는 가운데 그에 끌려가지 않고 제어하여 원하는 바를 얻을 수 있는 인간의 주체적 능력이다. 그것은 하늘이 우리 각자에게 준 것이다.

맹자에서 '심'은 신체적 욕구를 극복할 수 있는 능력이지만, 그러한 욕구 자체를 부정하는 방식으로 극복하는 것은 아니다. 오히려 그것을 확대된 신체의 공동 욕구로 전환함으로써다. 자신의 욕구를 공동체 전체로 확장해 적용함推으로써 타자와의 조화를 꾀한다는 것이다. 그에 의하면 그러한 역량이 바로 심이며 그것을 보증하는 것이 사단四端이요 또한 성性이다. 사단을 통해 우리는 우리의 자연성性이 선하며 개인을 넘어 공동체를 지향하고 있음을 알게 된다. 심은 이에 기초하여 자연성을 최대한으로 실현하기 위해 노력한다. 그 노력의 핵심이 사유思이며 적용推인 것이다.[10]

심은 그러한 사유와 적용의 능력이요 기관이다. 그것은 개인적·신체적 생명을 넘어, 가족에서 출발하여 천하 혹은 천지까지 이르는 공동체를 자신의 몸으로 삼는 그러한 의미에서 도덕적 능력이다. 그래서 맹자는 그것을 신체로서의 몸인 작은 몸小體과 구별되는 큰 몸이라는 뜻에서 대체大體라고 불렀다.

맹자보다 조금 늦은 시기에 활약한 순자荀子는 심을 몸形의 군주요, 신명神明의 주인으로 보았다. 명령을 내리지만 명령을 받지는 않는 것이 바로 심이라고 했다.[11] 심을 몸의 군주로 간주함으로써 신체에 대한 지배력이 맹자에 비해 더욱 명확해졌다. 신명이란 '신적인 인식 능력'을 의미하는 것으로, 인식하고 이해하는 '마음'의 능력을 나타낸다. 심은 바로 그런 능력의 주인으로서 '마음'이라는 것이다. 그를 통해 '마음'으로서의 심의 성격이 더욱 선명하게 부각되었다.

5.
맹자:
심학의 창시자

맹자는 동아시아에 성선性善이라는 부동의 명제를 제시한 것으로 유명하지만, 또한 배움과 수양의 핵심을 심에 둔, 심학心學의 창시자이기도 하다. 맹자의 학문은 공자의 전통을 이어 수기치인修己治人을 그 이념으로 한다. 자신의 수양, 곧 지식을 확장하고 욕망을 절제하며 몸(신체와 마음의 결합으로서 좀더 확장된 의미에서)을 수련하는 것으로부터 시작해 교육 및 국가의 운영이라는 정치적 활동을 통해 선善의 가치를 실현하는 것이 학문의 목적이라는 것이다. 맹자는 그 어느 경우에서든 심이 핵심적 중요성을 지닌 것으로 이해했다.

그는 인仁이 곧 인심人心이라고 함으로써 공자 이래 핵심적 개념인 인仁을 심 개념에 연결시켰다. 공자에게서 심은 인과 내재적 관계가 있다기보다는 인간의 욕구, 사려, 의지 등과 관련된 개념이었다. 맹자는 이른바 사단四端에 관한 논의를 통해 우리 마음의 자연스러운 경향성(그것이 곧 성性이겠는데) 속에 개체를 넘어 공동체를 지향하는 도덕적 성향이 내재되어 있다고 말함으로써, 인과 심 사이의 내적인 관계성을 주장했다. 그리고 그러한 관계성이야말로 학문에서 심이 중심 위치를 차지하는 이유였다.

맹자는 인간에게 사단의 마음, 곧 양심良心이 있다고 주장했다. 그리고 그것을 확인하고 보존하며 확충하는 것이 학문의 중심 내용이라고 주장했다. 그는 학學이란 '밖으로 나간 마음을 구하는 것求放心'이라 했고, 진심盡心(마음을 다함)을 통한 성性과 천天에 대한 실천적·이론적 이해, 존심存心을 통한 성과 천의 실천적 보존과 존중을 학의 핵심적 방법으로 제시했다.

맹자는 또한 당대의 학술적 개념인 언어言와 신체氣와 관련하여 심의 역할을 논했다. 심은 언어적 능력과 밀접하게 관련되어 있으며, 언어는 정치적 관계에서 핵심적 중요성을 띤다. 언어는 "마음에서 생겨나 정치를 해친다"는 것이다. 그는 부동심不動心을 주제로 언어와 마음과 기의 상호 관계에 대해서도 사유를 펼쳤다. 그는 언어가 결국 마음에 근원을 둔 것으로, 상대방이 언어를 구사하는 것을 통해 그 이면의 마음을 들여다볼 수 있다고 보았다. 반면 마음의 문제에 대해 기로부터 접근할 수 있는 가능성, 곧 언어의 결정자가 마음이듯이 마음의 결정자가 기라고 하는 견해에 대해서는 일면 타당성을 인정했지만 또한 일방적 결정이 아니라 양자의 상호 관계를 지적했다. "지志가 한 곳으로 향하면 기를 움직이고, 기가 한 곳으로 향하면 지를 움직인다"는 것이다. 이는 곧 지와 기, 곧 마음과 몸의 상호 영향관계를 포착한 말이다.[12]

6.
심 내부의 긴장: 몸과 마음의 문제

맹자나 순자에게서와 같이 심을 신체의 주인으로 이해하는 것은 심과 신체의 상호 관계와 관련하여 모순되는 내용 혹은 긴장을 함축하고 있다. 즉, 심은 사유를 통해 신체의 주인이 된다고 하지만, 그것은 동시에 신체의 한 기관으로서 이해되는 것이다. 신체의 일부분으로서의 심은 결국 신체에 의존한다. 그런데 당연히 심의 주인 노릇은 그러한 의존성으로부터의 탈피 혹은 독립을 전제로 한다. 신체에 의존하면서 동시에 신체를 주재한다는 것은 양립할 수 없는 모순 아닌가?

더구나 신체에 대한 주재가 단지 개체적 신체의 보존과 연장이라는 신경생리학적 통합 운영을 의미하는 데 그치는 것이 아니라 어떤 도덕적 이념을 위해, 더 큰 몸 곧 공동체(그 몸의 크기가 곧 그 도덕의 크기다)의 생존과 안녕을 위해, 그러한 개체적 신체의 생존과 욕구를 넘어서서 그를 포기할 수 있는, 이른바 살신성인의 도덕적 선택을 하는 방식으로 발휘될 때, 그것은 자신의 신체성을 부정하는 데로 나아가는 것이 아닐까?

그에 대해 그것은 오직 인간에게만 해당하는 특별한 자연적 능력이라고 답변할 수도 있다. 순자가 지적했듯이 동물에게도 지각知의 능력은 있지만 도덕의 능력義은 없다는 것이다.[13] 이를 심장과 관련하여 이야기한다면, 동물도 심장이 있지만 도덕적 능력을 가지고 있을 정도로 고도한 수준은 아니요 오직 외부와 감응하면서 자신의 생존을 꾀하는 신경생리학적 기관일 뿐이라고 한다면 인간의 심장은 도덕적 능력을 보유할 정도로 높은 수준이며, 그것은 곧 개별적 신체의 제한성에서 상대적으로 자유롭다는 것이다. 앞서 허신이 심을 굳이 "인간의" 심(장)이라고 정의한 것은 바로 그러한 의미에서가 아닐까?

그렇다면 심은 단순히 심장인 것이 아니라 외부세계와의 감응을 총괄하고 주재하는 신경생리학적 중심인 동시에 신체성을 극복하고 규제하여 도덕적 이념을 실천할 수 있는 사유·도덕 기관으로서의 정신적인 성격을 가진 '마음'이다. 인간의 심은 이러한 독특한 지위를 가진 것이라고 정의할 수 있다.

앞에서 언급한 것처럼, 그것의 물질성보다 공간성을 강조하는 방촌이라는 용어를 심에 해당하는 용어로 쓴다거나, 심장에 구멍이 있다고 말하는 것 등은 그 비물질성을 강조하는 동시에 인간 심의 독특성을 말한다. 심의 관점으로부터, 인간은 기본적으로 연속적이면서 긴장 관계에 있는 몸과 마음의 유기적 통합체로 이해되었다고 할 수 있다.[14]

사실 이렇게 심 혹은 마음과 심장 사이의 연속성을 강조하는 입장이 분명 전통적인 관념의 전개상 자연스러웠던 것인 동시에 허신에게서 확인되는 한대 학술의 한 특징이었다고 볼 수 있다. 그에 대해 본격적으로 살펴

보기 전에, 우리는 그러한 자연주의적 접근과 구별되는 또 하나의 접근 방식, 곧 신비주의적 접근 방식을 살펴볼 필요가 있다.

7. 심과 신神

심의 초월적·정신적 성격에 대해 사유가 아니라 신비 체험의 방식으로 정초하려는 시도가 맹자 당대에 있었다. 이에 따르면 심은 신묘한 신적 능력이라고 할 수 있는 신의 처소神之舍다. 심이 어떤 조건을 만족시킬 때, 신 혹은 신명神明이 임하며, 그를 통해 세상을 더욱 잘 통찰할 신비한 능력을 얻을 수 있다. 그러한 측면을 우리는 『관자管子』「심술心術 상하」「백심白心」「내업內業」 등 이른바 『관자』 4편에서 발견할 수 있다.

『관자』는 "마음心은 몸體에 있어 군주의 지위에 있다"고 말한다. 하지만 그것은 도가적인 무위無爲의 군주이지, 유가에서처럼 유위有爲의 군주는 아니다. 심은 철저히 자기를 억제해야 절대적 위치에 이를 수 있다. 그는 "욕망을 비우면 장차 신神이 들어와 자리를 잡으며, 불결한 것을 깨끗이 청소하면 신이 그에 머물러 거처하게 된다"고 말한다. 마음은 신, 곧 신명의 처소다. 신은 신적 힘이라 할 수 있고, 고대 종교에서의 신령神靈이라고 할 수도 있다. 마음은 그러한 힘으로 몸을 지배할 수 있다. 그것은 도덕적이라

기보다는 신비적이며, 심의 능력과 기능에 대한 자연주의적 설명, 즉 불과의 관련성 속에서 설명하는 것과도 대비된다. 그는 심의 그러한 측면에 대해 "심은 심장인 심에 있으니, 심 속에 또 심이 있는 것이다心在藏心, 心之中又有心焉"라고 말함으로써 심장으로서의 심과 구별되는, 신神이 임하는 심 혹은 임한 신으로서의 심 곧 신체를 제어할 수 있는 '마음'의 측면을 분명하게 지적하고 있다.

이러한 측면은 그전 시기의 문헌인 『장자莊子』의 '심재心齋'(마음의 재계) 개념을 통해서도 조금 다른 각도에서(훨씬 개인주의적 각도에서) 유사한 내용이 제시된 바 있다. 그것은 곧 자기 부정 혹은 자기 망각을 생존의 조건, 도道에 따르는 삶의 조건으로 제시한다. 여기엔 양생養生에 대한 관심이 또한 배경을 이루고 있었다. 생존과 건강한 생명을 위해 심은 마땅히 비워져야 한다는 것이다. 장자는 심재의 방법으로, "귀로 듣지 말고 마음으로 들을 것이며, 마음으로 듣지 말고 기氣로써 들으라. (…) 기라고 하는 것은 비어 있으면서 외물을 기다리는 것이다. 오직 도道는 비어 있는 곳虛에 모인다. 비어 있음(비움)이 마음의 재계다"라고 말한다. 이는 맹자가 언어와 기와 마음의 상호 관계 속에서 부동심不動心을 논한 것을 연상시키며 묘하게 조응한다.[15] 다만 맹자에게서 중심이 마음에 있었다면 장자에게서 중심은 기에 놓인다. 그것은 곧 허虛요, 자연에 맡기는任自然 것이다. 이는 맹자가 자연주의적 관점을 수용하면서도 근본적으로 인간중심주의를 견지했던 것과 대비된다.

『관자』와 『장자』의 이러한 측면은 또한 『순자』에 의해 유가적 관점에서 수용되었다. 그는 심에 의한 도道의 인식 조건과 관련하여 허虛, 일一, 정靜,

대청명大淸明 등을 제시했다. 이는 도가적 사유를 받아들이면서 신비적인 요소를 순화하여 활용한 것이다. 또한 순자는 마음을 신명神明의 집이 아니라 신명의 주인으로 표현했는데, 바로 거기에서도 그의 유가적인 면모를 확인할 수 있다.

어쨌든 신이나 신명과 관련하여 심을 이해하는 것은, 심장이라는 심의 신체성을 더욱 분명하게 극복하여 설명하려는 시도다. 그만큼 마음과 몸의 구별이 분명하게 의식되고 있는 것이다.

8. 심과 지배, 불평등

신체에 대한 심의 지배적 위치는 곧 유비적으로 피지배층에 대한 지배층의 지배와 그 정당성을 주장하는 것으로 긴밀하게 연결된다. 그것은 『맹자』에서 분명하게 확인할 수 있다. 그는 생산하는 피지배층과 통치하는 지배층의 구별이 힘力과 심心의 구별, 곧 힘의 노동勞力과 마음의 노동勞心을 구별하는 데 있다고 함으로써, 피지배층에 대한 지배의 정당성이 심의 능력, 곧 '마음'의 중심성에 기초하고 있음을 주장했다.

그것은 국가의 지배와 피지배의 불평등 관계를 관리와 생산이라는 분업적 협업체계로 설명하고, 또한 신체에 대한 심의 지배를 통해 국가적 분업체계를 정당화하는 것이었다. 그의 심학은 인간다워지려는 노력의 총체인 동시에 지배자가 되기 위한 기본 조건이었다. 나중에 허신이 포착한 심의 중심성이 갖는 정치적 의미는 맹자 시기부터 분명하게 의식되고 있다.

물론 한편으로 맹자의 그러한 시도는 과도하고 폭력적인 지배 방식을 제한하여 국가 지배를 인간화하고자 하는 의미를 지니고 있었다. 즉, 지배자는 마음의 노동을 해야 한다. 그 속에는 지배자로서의 실무적 지식 확충을 포함하여, 무분별한 욕망을 절제하고 백성과 재화를 나누며, 그들이 인간답게 살 수 있도록 경제적·교육적 지원을 하는 인仁의 정치를 펴야 한다는 요구가 있었던 것이다.

그것은 곧 유교가 가장 바탕에서 지향하는 것이었다. 공자 이래 유교는 수기치인을 지향했고, 이는 동시에 군자나 성인 같은 유교가 제시하는 이상적인 인간상이 정치적 지배자의 요소를 결코 뿌리치지 않았음을 의미한다. 그런 점에서 맹자의 심학은 유교의 기본 정신에 충실했다. 송대宋代 이후 신유학新儒學에 이르러 유교의 이러한 측면은 더욱 분명해져서, 유교는 곧 심학이요, 또한 성학聖學이 되었다.

한편 이러한 심의 지배적 중심성에 대한 정치적 유비는 유가 측에서만이 아니라 『관자』의 예에서처럼 도가道家 측에서도 시도되었다. 다만 그것은 그들의 무위無爲의 국가론에 적합한 방식으로 형성되었다. 신체에 대한 심의 지배를 강화하는 방식이 아니라 오히려 심의 간섭을 최소화하여 신체 자체의 자율성을 보장한다는, 지배의 약화 내지는 해체를 함축하는 것으로 해석될 수도 있다. 그들이 한편으로는 개인주의적 양생에 깊은 관심을 가졌던 것은 그렇게 이해할 수 있다. 전국시대 국가적 강제와 지배가 강화되는 시점에서 개인의 생명을 존중하며 개인의 건강하고 지속적인 삶에 관심을 기울이는 태도가 그러한 논의의 배경을 이루었다는 것이다. 물론 다른 한편으로는 그를 통해 지배가 신비적으로 정당화되는 면이 있었으며, 실제로는 정반대로 지배의 정당성에 대한 질문을 차단하는 것으로 나아갈 여지도 있었다.

9.
한학漢學:
심에 대한 자연주의적 이해

한대에 이르러 동아시아 고대 문명은 한 차례의 결집을 이루었다. 자연과 인간에 관한 고대 지식들이 체계적으로 통합되고 정리되었다. 그것은 인간에 대한 지식에서도 마찬가지였다. 인간의 심리적·정서적·신체적·생리적 제 측면이 논의되고 정리되었다. 대체로 그것은 자연을 중심으로 유비적으로 인간을 다룬 포괄적 자연주의의 입장이라고 할 수 있다. 자연과 인간을 아우르는 통합적 이론을 구축하는 데 중심 역할을 한 것이 기론氣論, 더 구체적으로는 음양오행론陰陽五行論이었다.

추위와 더위, 동정動靜, 남녀, 강함과 유약함剛柔, 문무, 상하, 내외 등 대립되는 가치들의 조화적 긴장을 통해 세계를 역동적으로 파악하고, 유기적인 통합(과정)으로 설명할 수 있는 포괄적 개념이 곧 음陰과 양陽이었다. 인간 이해에 있어서도 마찬가지였다. 동중서董仲舒(약 기원전 179~기원전 104)는 "천天이 음의 작용과 양의 작용 둘을 가지고 있다면 신身 또한 탐욕貪의 본성과 인애仁의 본성 둘을 가지고 있으며, 천이 음과 양의 금지禁를 지닌다면 신에도 정情과 욕欲의 억제衽가 있어서 천도天道와 하나가 된다"고 말한다. 하늘에 음양이 있듯이 인간에게도 탐욕과 인에 두 가지 본성의 긴장이 있다는 것이다. 자연 속에 있는 음과 양의 조화는 인간적 삶의 이상으로 받아들여져, 탐욕과 인애의 조화와 그를 위한 절제야말로 이상적 삶을 위해 반드시 필요한 것으로 제시되었다.

이러한 파악 방식은 인간과 마음에 대한 이해와 관련해서도 다양하게 펼쳐졌다. 인간은 상승하는 정신적 요소인 혼魂과 하강하는 물질적 요소인 백魄의 결합으로 이해되었으며, 인간의 마음은 주어진 자연적 요소로서의 성과 정, 인위의 노력을 통해 변경 가능한 인간적 요소로서의 심과 욕의 결합으로서, 동적인 상태의 이발已發과 정적 상태의 미발未發로 펼쳐지는 것으로 제시되었다. 그리고 그 각각에서의 조화와 절제의 이상으로 중中과 화和가 언급되었다.[16]

그 시기 인간에 대해 이론적으로 좀더 구체적이고 전면적으로 해명하려는 시도는 『관자管子』와 『황제내경黃帝內經』 등에서 확인할 수 있다. 이들 문헌에서는 자연의 다섯 가지 기본 요소(힘)의 순환적 생성과 대립을 기본으로 하는 오행론五行論을 통해, 인간의 신체와 마음이 체계적이고 상관적相關的인 방식으로 설명되었다. 그러한 설명은 생명의 보존과 확장, 곧 '양생'의 실천을 지향하며, 그 기본은 또한 '조화調和'였다.

결국 한대의 포괄적 자연주의의 관점에서, 인간은 대립된 두 가지 지향 혹은 다섯 개의 순환적 요소(힘)의 통합이며, 삶의 최고 이상은 그러한 제측면의 대립과 충돌의 유기적 통합과 조절로서의 '조화'였다. 마음은 자신이 그러한 긴장과 대립을 구성하는 일원으로서, 그러한 조화와 양생을 위해 복무하는 것으로 이해되었다. 즉, 인간의 심은 오장五臟의 일부로 상관적인 체계의 관련 속에서 규정되고 영향을 주면서 움직이는 것이 되었으며, 심이 담당한 정서적·심리적·정신적 활동, 즉 '마음'은 심장뿐 아니라 오장의 여러 기관에로 분산되어 같은 방식으로 해명되었다.[17] 그를 통해 심의 중심성은 소멸되거나 적어도 약화되었으며, 또한 생각하는 마음은 인간의 생生과 복福을 위해 헌신하는, 그런 점에서 몸(포괄적인 의미)에 종속된 것이었다.

10.
불교와 심

후한後漢대에 이르러 이제 새로운 정신이 중국에, 그리고 동아시아에 소개되었다. 그것은 한대의 자연주의를 넘어서서 세계와 인간에 대해 새로운 관점을 전해주었다. 불교는 동아시아 고대세계에 고苦의 관점 곧 이원론적 현실 부정의 정신과 현실을 넘어선 해탈의 이상을 제시했다. 그것은 동아시아 각국의 종교적 차원을 심화시켰을 뿐 아니라, 동아시아 각 지역의 문화를 통합하는 추상적이고 보편적인 공감대를 제공했으며 서로 활발하게 소통할 수 있도록 했고 그러한 공감과 소통에 바탕을 둔 지역적이면서 동시에 보편적인 문화, 즉 실제적인 의미에서는 처음으로 동아시아 세계를 형성할 수 있도록 했다.

기본적으로 대승불교의 성격을 지니고 동아시아에 전래된 불교에는 중관中觀과 유식唯識이라는 두 개의 교학教學이 있었는데, 특히 유식은 불교의 현실 부정을 넘어서서 현실을 적극적으로 설명하려는 이론상의 특색을 지녔으며, 그에서 핵심 역할을 한 것이 식識으로 이는 동아시아인들에게 더욱 친근한 어휘인 심心으로 곧바로 이어질 수 있는 개념이었다. 불교가 전성기에 이르러 동아시아인들의 이해가 깊어졌을 때, 그들은 불교적 세계와 현실세계의 모든 것을 아우르는 심, 곧 일심一心 개념을 포착했다.

그들의 심은 전통적인 심 개념의 배경에 있었던 심장과의 연속과 긴장 관계, 그 자연주의적 관점이 삭제 혹은 지양된 그야말로 '의식' 혹은 '마음'으로서의 심이었다. 그들은 그러한 마음으로서의 심을 자연과 인간, 더 나아가 불교세계를 아우르는 근원적인 개념으로 제시했다. 이제 심은 절대성을 가진 근원자로서, 전통적인 자연주의적 개념인 기氣 혹은 원기元氣보다 더 분명하게 자신을 부각시키게 된 것이다.

그것은 일견 자신의 방식대로 일원적 세계를 회복하는 것으로 볼 수도 있겠지만, 불교적 세계는 결코 포기된 것이 아니며 심心과 기氣의 이원적 긴장 또한 결코 소멸될 수 없었다. 그러한 것을 우리는 규봉圭峰 종밀宗密(780~841)의 「원인론原人論」에서 확인한다.[18] 어쩌면 그러한 긴장이야말로 바로 불교의 생명이었다. 그러한 긴장이 약화되면 약화될수록 불교 역시 동아시아 세계에서 그 생명력을 잃게 될 것이라고 할 수 있기 때문이다.

한편 심에 대한 이러한 이해는, 한대 이전의 전통적 심 개념, 즉 몸의 주인으로서 마음에 대한 도덕주의적 혹은 신비주의적 이해의 관점과 상통할 만한 점이 있었다. 특히 당말唐末에서 송대宋代에 걸쳐, 유교 교양에 기초하여 실천적·정치적 의지를 키워가고 있던 새로운 문인 계층은 세계와 인간에 대한 자신들의 이해를 구축하기 시작했으며, 그러한 전통의 유산은 불교를 나름의 방식으로 소화하는 데 중요하게 활용될 수 있었다.

11. 신유학에서의 심

도교와 불교의 시대를 거쳐 송대에 이르면 공맹의 유학 전통에 대한 새로운 해석이 시도되며, 그를 바탕으로 우리 삶을 다시 해명하고 구성하며 실천하려는 노력들이 진행되었다. 이른바 신유학新儒學의 시대가 열린 것이다. 신유학은 정치적·도덕적 관심을 중심으로 한 세속적 합리주의와 문인 교양의 이상을 결합한 공맹孔孟의 유학정신을 회복하고자 했다. 또한 한대 이래의 포괄적 자연주의 및 도교에서의 일원적 자연주의와 불교의 이원적 초월정신을 지양하여, 세계의 일원성을 유지하면서 동시에 현실과 이상의 괴리를 인정하는 가운데 그의 극복을 지향하는 이원적인 도덕적 이상주의를 구축하고, 이를 바탕으로 개인 자신에서 시작해 현실 국가와 사회를 변혁·개혁하고자 했다.

신유학의 도덕적 이상주의의 핵심 개념은 이理라고 할 수 있으며, 따라서 신유학은 종종 이학理學이라 불린다. 이는 인간과 자연세계 전체를 아울러 그것을 가능하게 하고 동시에 규제하는 원리이자 법칙을 의미하는 형이상적 개념이다. 이학으로서의 신유학은 그를 통해 형이상학적이고 종교적인 포괄성과 깊이를 갖출 수 있었다.

그러나 신유학자들은 동시에 인간적 삶을 중시하는 공맹 이래의 전통을 계승하여, 그러한 이상을 실현하고 실천하는 도덕과 정치의 세계, 인간에 대한 관심의 끈을 놓지 않았다. 그들의 주된 관심은 바로 그러한 도덕적·정치적 실천의 세계에 있었다. 따라서 전통적인 성과 심 개념이, 그러한 이와 또 하나의 전통적 개념인 기와의 관련성 속에서 새롭게 해명되었다.

12.
주희의 심학

신유학은 이학理學과 심학의 성격을 함께 지녔으며, 신유학의 집대성자라 할 수 있는 주희朱熹(1130~1200)는 심학의 정립자이기도 했다. 그는 북송 시대 이래의 유학자들, 특히 북송 오자五子(주돈이·소옹·장재·정호·정이)의 사상적 유산을 반성적으로 통합하여 하나의 이론적 체계로 구성했다.

그는 심에 대한, 좀더 구체적으로는 심의 다양한 양상으로서 심心, 성性, 정情, 의意에 대한 이기론적理氣論的 해명을 시도했다. 그러한 가운데 정이程頤의 성즉리性卽理, 장재張載의 심통성정心統性情 등의 명제를 자신의 관점에서 해석하여 수용했다. 이를 통해 심의 복합적 성격이 새롭게 해명되었다.

심은 기다

주희는 심을 기氣라고 말한다. 그는 심이 원래 심장을 의미한다는 전통적인 생각을 받아들였다. 또한 개체성을 기반으로 한 능동적 활동 주체로서 그것은 이가 아니라 기일 수밖에 없는 것이다. 한편 그는 심을 신명불측神明不測의 것이라 하고, 형이상의 성性에 비하면 형이하 곧 유형有形에 속하지만 일반적인 기에 비하면 신령한 것이라 여겼다. 즉, 그것은 기이되 일반적인 자연 속에서의 기나 신체의 기[19]와는 구별되는 성질을 지닌다는 것이다. 그것을 정상精爽한 기, 즉 정밀하고 상쾌한 기라고 했다.

신체를 구성하는 기 혹은 기질에는 청탁수박淸濁粹駁의 다양성과 그에 따른 개인적 차이가 있다. 개인에 따른 신체 기질은 서로 다른 성향으로 드러날 뿐 아니라, 이理를 인식하고 실천하는 역량에서도 차이를 나타낸다. 이는 곧 가치평가적인 의미를 지닌다는 것인데 청수淸粹는 선善하고, 탁박濁駁은 악惡하다. 기질에는 개인 간의 불평등이 있다. 어떤 사람은 청수한 기를 타고나고 어떤 사람은 탁박한 기를 타고난다. 결국 그것은 현실에서 도덕 역량의 차이를 부른다. 또한 현실에서 사회적 불평등을 설명하는 데도 어느 정도 유용할 수 있다.

그렇다면 심기心氣는 어떠한가? 심기에도 개인에 따른 청탁수박의 다양성이 있는가? 혹은 인간이라면 누구나 비슷하다고 할 수 있는가? 개인별로 정신적 역량이 다양하다면 심기에도 신체의 기와 유사한 차등이 있음을 의미하는 것 아닌가?

그런데 심에는 그러한 기질의 차등을 넘어서는 어떤 보편적 동일성이 있다. 주희는 모든 인간에게 사단四端의 마음이 있다는 맹자의 주장을 받아들였으며, 또한 온갖 이理를 갖추고 만사에 응할 수 있는 인식과 실천의 능력인 명덕明德이 모든 사람에게 공통된다고 보았다. 그것은 인간이 도덕적으로 개선되고, 수양을 통해 성인이 되려면 반드시 갖춰야 할 능력이다.

그렇다면 사단과 명덕에 대해서는 기질적 다양성을 적용할 수 없지 않을까? 사단과 명덕의 보편적 동일성은 어떻게 설명할 수 있는가? 심기가 어떤 특별한 성격을 지니기 때문인가, 아니면 그를 설명할 다른 근거가 필요한가?

일단 주희가 심기를 정상精爽의 기로 파악한 것은 이를 기질의 기와 구별되는 거라 본 것일 수 있다.[20] 즉 청탁수박의 차이가 없는 기, 아직 개별적 특성으로 분화하기 이전의 본래 모습을 간직한 기, 그러한 의미에서 담일湛一의 기에 가까운 특성을 지닌 기다. 그러므로 그것은 심의 능력과 현실에서 보편적 동일성이 가능한 이유가 될 수 있다.

그러나 심기도 여전히 기이기에 기의 차등적 다양성에서 예외일 수 없다. 심의 본래 능력과 현실, 곧 본심本心에서 동일성이 있더라도, 현실적 명덕인 인식 능력은 개체에 따라 차이를 나타낼 수 있다. 심의 현실이 모두 동일한 사단인 것은 아니고 칠정의 측면도 있고 사단도 기질의 영향을 받을 수 있다. 심기가 형기나 기질과 구별된다고 하더라도 기본적으로 개별 신체를 기반으로 존재할 수밖에 없다면 신체의 기인 형기나 기질과 긴밀한 관련을 맺게 된다.

한편으로, 사단이나 명덕의 보편적 동일성에 대해 기가 아닌 이理에서 그 근거를 구해볼 수도 있다. 이는 바로 보편적 동일성의 원리이기 때문이다. 심을 단순히 기가 아닌 이와 기의 합으로 보는 것은 그러한 문제의 해명과 관련이 있다.

심은 이와 기의 합

심은 기氣이므로 늘 자연에서 우연히 발생하는 한계에 직면한다. 그러나 종종 기의 개체성을 넘어서는 도덕적인 마음 곧 사단四端으로 표현되기도 하고, 모든 이理를 인식할 수 있고 그것을 자신의 실천의 기초로 삼을 수 있는 능력인 명덕으로 이해되기도 하며, 아직 외물과의 관계에서 발하기 이전인 미발의 상태는 사단과 마찬가지로 순선한 것으로 여겨진다. 그때 심은 보편적 동일성으로서의 마음이다.

우리의 심이 그러한 보편적 동일성을 지닐 수 있는 것은 곧 그것이 이理인 성性 자체이거나, 적어도 그 성을 내재하고 있기 때문이다. 곧 심은 단순히 기가 아니라 이와 기의 결합이다. 그것의 미발의 상태는 성과의 일치 상태로 성 자체라고 할 수도 있다. 그때의 성은 물론 기질지성이 아니라 본연지성本然之性이다. 즉 기의 맥락이 배제된, 이理와 동일한 성이다.

현실에서 심이 사단과 같은 보편적 동일성을 띠는 것은 바로 그러한 성性의 발현으로 설명할 수 있다. 사단은 성의 자연스러운 발현으로 기를 통하지만, 그때 기의 기질적 개별성은 의미 있는 영향력을 행사하지 못한다. 또한 명덕明德은 외부세계에 있는 소이연所以然(원리)이자 소당연所當然(규범)으로서의 이理를 인식할 수 있고, 그를 원인으로 하여 자신의 실천을 시작할 수 있다. 그것은 이미 모든 이를 내부에 갖추고 있기에 가능하다. 그리고 미발의 경우 그것은 성性과의 일치 상태, 곧 중中의 상태다. 그때는 기미용사氣未用事, 즉 기질이 아직 어떤 적극적인 영향력을 행사하기 전이기 때문에 그러한 것이다.

심이 보여주는 그러한 다양한 양상은 그것을 통해 자신을 실현하는 성과 이의 보편성을 통해서 설명될 수밖에 없다.[21] 기질에 영향받지 않는 이러한 측면은 심이 단순히 기가 아니라 이와 기의 합이며, 심이 어떤 면에서는 성性 곧 이理이며, 적어도 이의 요소를 지녀 그러한 면이 발현하기 때문이다. 심의 그러한 성격이 표현된 것이 바로 '심통성정心統性情'이라는 명제다. 이에 대해서는 아래에서 다룰 것이다.

심의 활동: 지각

심에 대한 주희의 그러한 이해는 지각知覺에 대한 견해에도 반영되었다. 주희는 심을 지각이라고 말한다. 더 정확하게는 심이 하는 일이 지각이다. 심은 지각활동을 통해 외부세계와 소통한다. 인간의 심은 외부와 관계하면서 반응하는 중심으로서의 자아이며, 그 자아의 신체적·심리적 수용과 반응활동 전체다.

지각은 동물에게도 있다. 동물에게도 심(심장)이 있기 때문이다. 지각은 곧 외부세계를 감각기관을 통해 자신의 내부로 끌어들이는 활동이다. 감각하고 인지하며 어떤 인상을 갖고, 이를 기반으로 정서와 감정을 일으키고 이해하며 인식한다. 주희는 지각知覺과 운동運動 면에서 인간과 동물은 다르지 않다고 말한다.

그러나 그것은 지각의 낮은 단계에 해당되는 것이다. 지각에는 또 다른 차원이 있으니, 소이연과 소당연의 이理를 인식하고 실천하는 차원이다. 주희는 전자를 인심人心이라고 한다면 후자는 도심道心이라고 보았다. 인심은 '인간의 마음'이라는 이름을 가졌지만 결국 기 수준의 마음이라는 점에서 동물의 마음과 연속적이라 할 수 있다. 그러나 도심 차원의 지각은 동물에게는 없거나 혹은 매우 희박하고 부분적인 수준에서만 가능한 것으로, 인간의 고유한 특성이다.

도심적 지각은 어떤 근거로 가능한가? 주희는 그것을 심의 허령불매虛靈不昧한 특성에서 찾았다. 곧 우리의 심은 텅 비고 신령하고 어둡지 않은 것으로 신명神明의 성격을 지니고 있기 때문이다. 『관자』에서 보았듯, 심이 신명을 얻으려면 어떤 특별한 조건이나 방법이 필요하다. 신명은 심의 자기 부정, 주체성의 상실로써 도래하기 때문에 어떤 신비주의적 색채를 띠고 있다. 하지만 주희에게 심은 이미 허령하며 그에 도달하는 방법에서나 도달한 상태에서도 신비주의적 요소가 발견되지 않는다.

그렇다면 심이 '이미' 허령하고 신명인 것은 무엇 때문인가? 그것은 심의 기가 특별(정상)한 성격을 지니기 때문이다. 이렇게 해서 우리는 다시 심의 기에 대한 문제로 회귀한다. 위에서의 논의에 따라 그것은 일차적으로 심기의 기가 매우 특별하기 때문이라고 설명할 수 있으며, 나아가 이理와의 관련성을 배제할 수 없다. 주희는 도심을 의리지심義理之心이라고 표현하며, 인심이 그에 의지하여 자신을 제어해야 할 표준이라고 말한다. 이理와 같은 위상에 놓은 것이라고 할 수 있다.

사실 모든 존재는 이와 기의 합이며, 심 역시 마찬가지라고 간단히 말할 수도 있다. 그러나 여기서 인간 지각의 독특성을 이야기하면서 허령을 들고 또 그 원인으로서 이理의 측면을 배제할 수 없다는 차원에서 심을 이와 기의 합이라고 말하는 것은 그러한 단순한 차원의 이야기가 아니다. 인간 심의 독특성, 즉 그 '마음'으로서의 특성은 심이 단지 기가 아닌 이의 특성을 지니기 때문이다. 도덕적 차원의 지각활동은 이런 복합성에 의해 가능하며, 또한 그 활동을 통해 인간 심의 복합적 성격이 잘 발휘되는 것이다.

심의 활동: 주재主宰

지각은 곧 심이 세계와 소통하는 활동이다. 이理가 객관적 질서, 우리가 따라야 할 자연적이고 규범적인 필연성으로서 '강제'하는 무엇이라고 한다면, 심은 심장이나 기와 관련하여 규정되는 바와 같이 한편으로 자연적 필연성에 묶여 있지만, 동시에 자각적으로 무언가를 수행하는 자유로운 주체이며 초월적 존재다. 그러한 심의 자각적 수행이야말로 이理에 입각하여 만사에 대응하는 인간적 방식이다. 인심이 자연적 필연성 속에서 실현되는 인간의 지각활동, 세계와의 소통활동이라고 한다면, 도심은 이에 대한 인식에 기본을 두고 자각적으로 실천하는 주재主宰 활동이다.

주희는 인간의 도덕적 활동은 바로 인심과 도심의 통합으로, 인심이 도심을 준칙으로 삼아 그에 복종하는 것이라고 보았다. 그는 인심은 신체를 가진 인간에게 없을 수 없지만 과도하거나 미치지 못할 가능성이 있고 따라서 위태로운 것이므로, 의리에 입각하여 제어할 필요가 있다고 말한다. 도심은 이理의 발현으로 성이 자연스럽게 실현되는 것이라고 할 수도 있지만, 이의 인식활동을 통해 자각적으로 얻은 것이라고 할 수도 있다. 그것은 우리의 의식意識상에 표상된 것이지만, 또한 그를 표준으로 삼아 도덕 실천을 할 수 있는 규범의 역할을 하기도 한다. 심의 주재는 바로 그러한 도심에 의한 인심의 제어를 의미한다.

심통성정: 주재와 장소

도심에 의한 인심의 제어가 곧 주재主宰다. 심은 이理 곧 성性을 인식하거나 발현하고 그것을 전유專有하여(도심) 현실세계에서(인심) 실현한다. 심의 주재활동은 일차적으로는 심이 기氣이기 때문에, 이차적으로는 심이 이理이기 때문에 가능하다. 먼저 주재는 현실적 활동이므로, 그리고 현실적 활동을 하는 것은 오직 기이므로, 심의 주재는 심이 기이기 때문에 가능하다. 하지만 기인 한, 그것은 세계와 감응적·인과적 관계 속에 있다. 주재는 명령하지만 명령을 받지는 않으며, 인과적 상호 결정 관계를 넘어서 있는 것이다. 따라서 그것은 기가 아니라, 기와 구별되는 이에 부여할 수 있는 속성이다. 결국 심이 주재한다고 하는 것은 심이 이의 성격을 지니고 있음을 의미한다.

그것은 한편으로는 심이 성과 정의 통합이라는 '심통성정心統性情'의 명제를 통해 표현되었다. 심은 성을 주재하고, 정을 주재하며, 곧 성이 정으로 발현되는 전 과정을 주재한다는 게 그 명제의 의미다. 심은 성을 주체적으로 인식하며, 그것을 전유하여 의식적으로 실천한다. 그것이 주재다. 그때 성과 심은 구별되며 심과 정도 구별된다. 심은 주체이며 성과 정은 대상의 성격을 지닌다.

한편으로 심의 주재활동은, 성性의 관점에서는 정情으로의 자기 자신의 자연스러운 실현을 의미한다. 그때 심은 성에서 정으로 발현되어가는 것 자체이며, 성과 정과 심은 구별되지 않는다. '심통성정'은 심이 곧 성과 정의 통합이라는 것으로서, 성과 정 외에 심이 따로 있지 않다는 것을 의미하기도 한다. 그러한 관점에서 더욱 중요한 것은 심의 주재가 아니다. 중요한 것은 자기를 실현하는 성이며, 성은 개체적인 것이 아니라 보편적으로 공유되는 것, 즉 이理다. 따라서 그때의 심은 주체가 아니라, 성이 정으로 발현되는 사건이 일어나는 장소 혹은 매체로서의 성격을 지닌다.

심은 성(이)을 현실세계에서 실현해내는 주체이지만, 발현하는 성의 입장에서 본다면 그것은 성의 발현이 이루어지는 장소, 즉 매체다. 장소-매체로서의 심에서는 위의 주체의 측면이 보유한 개체성이 약화·소멸될 수 있다. 그러나 그것은 사실 역설적으로 도덕적 활동의 최고 이상을 표현한 것일 수 있다. 공자가 자신의 최종 경지로 "심心이 욕구하는 대로 따라도 법도를 넘어서지 않았다"고 언명한 이래로, 유학자들은 가장 이상적인 도덕 상태를, 이理를 인식하고 실천하는 심의 주체적 실천을 거쳐, 그러한 주체성마저 소멸되고 규범의 실천이 어떠한 인위와 의지적 강제(노력)도 없는 자연스러운 방식으로 이뤄지는 상태로 상상했던 것이다. 그것이야말로 도덕 실천을 통해 우리가 구할 수 있는 최고의 경지로서, 지극한 즐거움이요 참된 행복이라고 한다.

그러나 성인이 아닌 보통 사람들이 그러한 자유(자연적 자발성)의 경지에 이르려면 공부와 자각적 노력이 필요하며, 그 가운데 우리의 주체성(자각적 자발성)이 충분히 발현되어야만 한다. 그런 점에서 '심통성정' 명제의 두 가지 의미에 대한 통합적 이해는 심에 대한 바른 이해와 실천을 위해 꼭 필요하다. 심의 지각하고 주재하는 실천은 이理를 인식하고 실천하는 자각적 노력을 통해 수행되지만, 그 실천은 그 이면에 성(리)의 자기 실현을 내재적으로 수반하고 있으며 그것 자체이기도 하다. 심의 실천은 종국에는 심과 성의 일치를 통해 완성될 것이다. 이는 인간과 자연의 일치를 의미한다.

심의 현상과 공부: 미발과 이발

심은 끊임없이 운동한다. 그것은 고요히 있다가 움직이며, 움직이다가 고요해진다. 결코 현실세계를 초월한 절대적 적멸의 세계로 비약하지 않는다. 고요히 있거나 움직인다. 기의 세계, 음양의 세계에 속하기 때문이다. 심은 어떤 경우든 그 자체가 이理일 수는 없다. 이와 기는 구별된다. 고요히 있는 것을 미발이라고 하고, 움직이는 것을 이발이라고 한다.

미발의 상태에서 심은 성性의 상태, 혹은 성(이)과 일치한 상태에 있으므로 이를 가리켜 중中이라고 한다. 그것은 선하다. 이발의 상태에서 그것은 정情의 상태에 있으며, 거기에는 선과 악이 있을 수 있다. 절도에 맞으면 선이라고 하며, 화和라고 한다. 그러한 심의 현실에서 우리는 그 각각의 때에 맞는 공부를 할 수 있다. 미발의 때에는 마음의 선함을 기르는 함양의 공부를, 이발에서는 절도 곧 이理를 인식하는 격물치지 공부를 해야 한다.

심의 여러 양상: 성性, 정情, 심心, 의意

성性은 심의 근원에 자리잡고 자기를 실현하는 보편성이다. 그것은 일종의 성향 혹은 무의식(심층 의식)이다. 표층에서 그것은 기질지성의 성격을 지니고 개별적인 성향으로 현실화되지만, 심층에서는 본연지성의 성격을 지녔다. 즉 개별 성향을 넘어 전체를 지향하는 보편적인 마음, 무의식의 차원을 포함하여 마음 심층에 있는 사회(공동체)적이고 도덕적인 성향이다.

그러나 기질지성과 본연지성이 결코 두 개의 성은 아니며 결국 하나라고 주희는 말한다. 기질의 성향은 심층적 성향의 실현과의 관련 아래 규정되는 것으로서 개인 차원에서 구체화된 성, 즉 '본연지성의 정태적 현실태'라고 할 수 있다. 따라서 기질지성은 본연지성과 별개가 아니다. 현실적으로 그것은 온전히 성을 실현할 상태일 수도 있고, 그렇지 못한 상태일 수도 있다.

그러한 성향이 현실화된 것이 정情이다. '기질지성의 발현을 칠정이라 하고, 본연지성의 발현을 사단'이라 할 수 있는가가 조선의 사단칠정 논변에서 쟁점이 되었지만, 사실 본연지성과 기질지성은 하나의 성이므로 그러한 연결은 정확하게 성립되지 않는다. 사단과 칠정은 결국 통합된 하나의 성에서 발현한 것이다. 그러나 주희는 또한 그것을 각각 이理의 발현과 기氣의 발현이라고 말한 바 있다.(『주자어류』 권53) 결국 사단은 본연지성의 직접적인 발현에 가깝고, 칠정은 기질의 제한과 조건 하에서 본연지성이 발현된 것으로, 기 혹은 기질적 측면이 개입된 것으로 본다. 이러한 문제의 이론적이고 실천적인 함축은 퇴계 시기 성리학에 이르러 본격적으로 세밀하게 천착되었다.

정이 성으로부터 자연스럽게 발현된 것이라면, 의意는 인간의 판단과 의지가 개입된 것이다. 정이 인간 의지에 의해 좌우될 수 없다는 의미에서 자연의 일이라고 한다면, 의는 그러한 자연적 감정에 대해 이성적으로 판단하고 헤아리며 의도하고 의지하는 인간적 활동이다. 그러므로 그 각각을 성발性發과 심발心發로 분속하여 이해하는 방식을 나중에 원대의 유학자 호병문胡炳文이 제시했다. 아래에서 다시 언급되겠지만, 그의 학설은 조선 전기 유학자들에게 상당한 영향을 주었으나, 퇴계와 율곡의 시대에 이르러서 철저하게 비판되었다. 하지만 그러한 사고틀은 매우 유용한 것으로, 심心과 성性의 상호 관련, 특히 그 둘의 구분 문제에 대한 재해석을 거쳐 조선 후기 유학자들에 의해 사용되었다.

한편 주희는 또한 의意와 지志를 구분했다. 그는 의가 마음속으로 판단하고 의도하는 사적인 것인 반면, 지는 그것을 부려 밖으로 의지하는 공적公的인 것으로 보았다. 이 둘의 구분은 그다지 명료하지 않지만 실천의 맥락에서는 유의미한 구분일 수 있다. 그 외에 주희는 재才, 욕欲, 사思, 여慮 등 다양한 심리적 개념에 대해 정의를 시도했다.

그러한 것들은 모두 심心 상에서 일어난 것이요, 심이 발현되는 다양한 양상을 표현한 것이다. 주희는 그러한 개념들에 대해, 공부나 실천에 유용한 만큼의 정확도로 정의하고 사용했지 명확하게 범위를 규정지은 것은 아니었다. 주희는 그것들이 "급히 논할 수 없는 것이요, 함영涵泳 · 완색玩索하여 오래되면 마땅히 저절로 알 수 있게 된다"고 했다. 즉, 수양의 실천 과정 속에서 실용적으로 접근할 것을 요청했다. 그러한 것들을 의미 있게 이해하려면 주희의 관점과 함께, 오늘날의 논의 맥락에서 도덕적·심리학적 함축을 음미하고 해석해내려는 노력이 필요하다.

13.
왕수인에서의 심

이기론理氣論 혹은 이학理學을 바탕으로 세밀하게 구축된 주희의 심학은 남송 후반과 원대를 거치면서 부분적으로 세밀화되어갔지만 큰 발전을 이루지 못하고 소강 상태에 빠졌던 듯하다. 그러다가 명明의 왕수인王守仁(1472~1528, 양명陽明)에 이르러 새로운 전기를 맞아 크게 발전했으며, 주희의 심학에 대비되는 명대의 심학이 구축된다. 주희에게서 강조되었던 심의 이중적 성격, 즉 기이면서 동시에 이 혹은 기와 이의 합으로 이해되었던 것이 왕수인에 이르러서는 간명하게 이로 규정되었다. 심에 대한 강조는 이의 인식과 실천 측면에서가 아니라, 본체로서의 마음 곧 본심本心이 자기를 자연스럽게 실현하는 면에 두어졌다.

심즉리心卽理와 지행합일知行合一

왕수인에 따르면 마음이 곧 이理다. 그 마음은 본심이며 주희적 의미에서의 기질로부터 자유롭다. 본심이 이이므로 본심을 실현하는 것이 곧 이의 실천이다. 이의 실천을 위해서 자각적 실천의 방식, 곧 마음속에서 성을 찾고 외부 사물에서 이를 찾아, 그것을 인식하고 나서 실천할(선지후행先知後行) 필요가 없으며, 순수한 우리의 본심을 인정하고 그것을 그대로 발현하면 된다. 순수하게 발현된 마음이 곧 마음의 본래 모습이며, 그것이 곧 성이고 이라는 것이다. 그만큼 자연적 자발성을 강화하는 방식이라고 할 수 있다. 그러한 실천 속에서 심과 성, 이와 마음의 간격은 없으며, 인식과 실천의 간격도 사라진다.(지행합일知行合一)

치량지致良知와 만물일체萬物一體

왕수인은 본심을 양지良知라고 말한다. 양지는 맹자가 쓴 말로, 단지 선천적 지식을 의미하는 것이 아니라, 배우지 않고도 이미 할 수 있는 양행良行의 의미가 함께 있다. 배우지 않고도 이미 알고 있는 것, 할 줄 아는 것을 말한다. 그것은 곧 양심良心에 해당되는 것으로 우리에게 본유한 도덕적 능력이다. 그는 누구에게나 있는 양지(양심)는 곧 천지天池의 마음이요, 천지만물을 한 몸으로 여기는 마음이라고 한다. 그런 점에서 본체적인 것이라 할 수 있으며, 개체인 나를 뛰어넘은 보편적인 마음이다. 바로 양지를 통해 인간이(우리가) 보편적인 자아가 될 수 있는 자기초월적 존재임을 알 수 있다.

왕수인은 마음은 그러한 양지를 실현함致良知으로써 몸의 주인임을 확고히 할 수 있으며, 성인聖人이 될 수 있다고 말한다. 그는 또한 양지를 실현하는 치량지가 바로 『대학大學』의 치지致知라고 함으로써, 수기치인의 실천을 위해 따로 외부 사물에서 지식을 수집하고 확장할 필요가 없다고 주장했다. 즉, 주희의 선지후행적先知後行的 실천론에 반대한 것이다. 주희의 경우 마음의 지각활동은 내재적 이理인 성의 자연스러운 발출이며 동시에 외부 사물에 있는 객관적 이에 대한 인식이라고 보았다. 반면 왕수인에게서 지각활동은 양지 본체의 실현만이 강조되며, 외부 사물에 있는 객관적 이에 대한 인식의 측면은 배제된다.

주희는 우리의 주관적 능동성이 외부 사물에 있는 이의 인식을 통해 순환적으로 검증됨으로써 그 본체로서의 보편성 혹은 객관성을 확고히 확보할 수 있다고 보았다. 그것은 우리 심의 기氣적인 성질에 기인하는 것으로, 심과 이 사이에 불일치가 생길 수 있다고 보았기 때문이다. 즉, 마음의 기적 성격은 그것의 지각활동이 성 혹은 이의 실현인 동시에, 신체를 구성하는 기로부터 완전히 자유롭지 못하게 만들기 때문이다. 따라서 별도의 장치가 필요했다고 할 수 있다.

하지만 왕수인에 따르면, 그러한 불일치는 외부 사물 혹은 사태에서 발견된 이에 의한 마음의 검증이라는 방식이 아니라, 오직 마음의 본래성, 본심 혹은 양지의 역동성에 의지함으로써만 해결될 수 있다. 주희의 방식은 마음의 역동적 생명력을 훼손하고, 도덕적 실천으로부터 우리를 뒷걸음치게 할 수 있다는 것이다.

결국 왕수인은 관심을 도덕 실천에 집중시키며, 마음의 선한 활동 그대로를 보편적인 성이요 절대적인 이라고 함으로써, 마음의 주체적 능동성을 극도로 강조한 것이다. 그것은 매우 역동적인 철학이라할 수 있지만 자칫 주관적 체험을 이의 자리에 둠으로써 객관적 표준으로서 이의 성격과 역할을 약화시킬 우려가 있다. 따라서 장애가 많은 현실세계에서 흔들림 없는 이의 인도에 따라 도덕적 인격을 견고하게 함양하는 데 장애가 될 수 있다. 퇴계 이래로 조선의 유학자들이 주자학의 관점에서 양명학을 비판한 것은 바로 그러한 우려 때문이었다.

14.
조선 성리학에서의 심

이성계를 도와 조선을 창업한 삼봉三峯 정도전鄭道傳(1342~1398)은 그의 저작 「심기리편心氣理篇」에서 도교와 불교, 유교 사이의 우열을 논쟁적 대화 방식으로 서술하고, 도교와 불교의 문제점을 지양한 종합적 위치에 유교를 배치함으로써 유교의 우월한 지위를 확립하고자 시도했다. 그는 도교의 핵심 개념을 기氣로, 불교의 핵심 개념을 심心으로, 유교의 핵심 개념을 이理로 제시했다.

기가 전통 동아시아의 일원론적 자연주의를 대표한다고 하면, 심은 그러한 전통적 세계관에 도전한 이원론적 불교의 정신을 대표한다고 할 수 있다. 삼봉은 한편으로는 전통적 자연주의를 바탕으로 하되, 불교의 이원론적 긴장을 도덕적 관점에서 수용하여, 이와 기 사이의 긴장 그리고 심과 이 사이의 긴장을 이야기했고, 심과 기 둘 모두의 근원자로서 이를 제시함으로써 유교의 이원론적 일원론을 대안적 세계관으로 제시했다.

자연의 근원자로서의 기의 근원에 이라는 도덕적 원리를 둠으로써 그것이 개체적 생명의 보존을 뛰어넘는 도덕 생명의 근원이라는 점을 강조했다. 그러나 또한 자연적인 생명과 정감활동이 그 근원에서는 도덕 생명의 실현이라는 점에서 결코 배제되거나 부정될 수 없기에 그것을 장애로 여기는 불교의 이원론에 대해서도 비판했다. 도교와 불교에 대한 이러한 그의 비판은 주희가 확립한 이학과 그에 입각한 심학의 전통에 잘 부응하는 것이었다.

하지만 삼봉은 주희가 구축했던 심학의 내용을 세밀하게 전개시키지는 않았다. 조선 초기의 심학은 삼봉과 밀접한 관련을 맺었던 양촌陽村 권근權近(1352~1409)에게서 확인된다. 그는 호병문胡炳文(1250~1333)의 설, 곧 '성발위정性發爲情, 심발위의心發爲意' 설을 수용하여, 심의 작용으로서 정情과 의意 두 가지를 인정하는 일체이용론一體二用論을 전개했다. 더 나아가 정은 이에 근원을 둔 것으로, 사단과 같아 무유불선無有不善이지만, 의意는 기에 근원을 둔 것으로 거기서 선악이 나뉜다고 주장했다. 그는 또한 칠정七情을 의에 가까운 것으로 이해했다.

이는 훗날의 사단칠정 논변에서 펼쳐진 논점에 근접한 것으로, 원대와 명대 초기까지 진행되었던 심학의 발전 성과를 수용한 것이라고 볼 수 있다.[22] 그러나 그것은 또한 자기 당대의 과제에 대한 숙고를 통해 도달한 것이었다. 그가 심과 성의 구분, 이와 기의 구분을 강조한 것은 불교의 그늘 아래에서 일부 그러한 흔적을 남기는 가운데 나름대로 새로운 세계관을 수립하려 한 노력이었다. 그러나 그것은 아직 충분히 성숙하지는 못했다. 주희의 심학을 충분히 이해하고 그에 기반해 독자적인 심학을 구축하는 것은 퇴계退溪 이황李滉(1501~1570)과 율곡栗谷 이이李珥(1536~1584)에 이르러서 비로소 가능했다.

퇴계의 심에 대한 이해는 그가 지은 『성학십도』에 집약되어 있다. 특히 제6도인 「심통성정도心統性情圖」(중도中圖와 하도下圖)와 도설圖說은 고봉 기대승과의 논쟁에서 분명해진 자신의 심에 대한 견해를 반영해 조선 전기의 심학적 수준을 한 차원 더 심화·발전시킨 것이었다.

그는 주희 심학의 핵심 명제였던 심통성정을 두 개의 차원에서 기술했다. 즉, 먼저 성이 발하여 정이 되는 데(성발위정性發爲情) 초점이 있는 것으로, 중도가 그에 해당된다. 그것은 곧 앞에서 주희의 심통성정 개념에 대해 서술하면서 언급한, '성이 정으로 발현되는 사건이 일어나는 장소 혹은 매체'로서 심의 성격을 보여준다. 거기에서는 성이 주인이며, 심의 기(질)적 요소는 고려되지 않는다. 그러므로 정情에서 사단과 칠정은 구별되지 않으며 칠정 속에 사단이 포괄된다고 해도 무방하다. 그때의 정은 본연지성의 발현이라는 점에서 순전히 선善하다고 할 수 있다.

그러나 그것은 기질을 배제한 심의 현실의 한 측면만을 보여주는 것으로, 온전하지 못하다. 퇴계는 하도를 통해 기질을 고려한 심의 현실을 좀더 구체적으로 제시했다. 거기서는 심의 기질적 측면을 염두에 둔다. 이와 기를 겸하고 성과 정을 통괄하는 측면을 고려했을 때, 우리는 그곳에서 이와 기가 서로에 대해서 대대적待對的으로 작용하는 것을 이야기할 수 있다. 따라서 기의 요소만을 고려해서는 안 되고 이와 기 양 측면이 모두 다뤄져야 한다는 것이다. 퇴계는 하도에서 정은 기질지성의 발현으로서, 그중 사단은 성性 중에 이가 주로 작용한 것(이발이기수지理發而氣隨之)이고, 칠정은 기가 주로 작용하는 것(기발이리승지氣發而理乘之)이라 말할 수 있다고 주장했다.

사단이나 미발의 중中 등은 이가 주도한 현실로서 그를 통해 우리는 이를 생생하게 체험할 수 있으며, 그러한 우리 마음의 현실에 근거하여 도덕적 역량을 확충하고 함양하며 굳게 지키는 공부를 할 수 있다. 또한 칠정은 기가 주도한 현실이므로 규범에서 일탈할 가능성이 있다. 따라서 그를 정밀하게 살펴서 그 속에서 표준 혹은 규범으로서의 이를 인식하고 그것을 실천하는 공부를 해야 한다. 어느 경우든 자각적 인식과 실천이 요청되며 이른바 주재로서 심의 역할이 필요하다. 하도는 앞에서 설명한 주자의 심통성정의 또 하나의 의미, 곧 주재의 의미를 세밀하게 분석한 것이라고 할 수 있다.

퇴계의 「심통성정도」와 도설은 결국 주자가 천명한 '심통성정'의 두 의미를 모두 반영하고, 사단과 칠정에 대한 자신의 분석과 연관지으면서 더욱 세밀하게 한 것이며, 그것이 실천적 공부론에서 가지는 함축까지 서술한 것이라 할 수 있다. 퇴계는 그를 통해 정일精一(인식)과 집중執中(실천), 존체存體와 응용應用의 모든 면에서 빠짐없는 공부가 가능해지며, 성학聖學과 심법心法이 온전하게 갖추어졌다고 자평했다. 바로 그러한 것이 또한 퇴계가, 남명 조식이 비판한 것처럼 유교의 실천적 입장에서 볼 때 다소 사변적 천착이라 비판받을 수 있는 사단칠정 논변을 중시한 이유였다.

한편 율곡은 이는 무위無爲이며 기는 유위有爲로서, 모든 현실 존재는 기의 발현으로 봐야 하고 이는 그 발현의 소이연으로서 그에 수반되어 있다고 하는 기발이승일도설氣發理乘一途說과, 이는 모든 존재에 보편적으로 통해 있고(동일성) 개별성을 규정하는 것은 기라고 하는 이통기국설理通氣局說을 확립하고, 그에 따라 자신의 심에 대한 견해를 정립했다.

그에 따르면 심은 기다. 즉, 심은 성(이)을 실현하고 실천하는 주체로서 성(이)과 구별된다. 그가 성선性善이나 성발위정性發爲情을 부정한 것은 결코 아니었으며 그것을 당연한 것으로 전제했지만, 도덕 실천에서는 심의 역할을 결정적인 것으로 여겼다. 성은 개별적으로는 오직 심의 실천을 통해 실현될 수 있다는 것이다.

인심도심에 대한 이해에 있어, 율곡은 도심道心을 심이 성명性命의 실현을 목표로 하여 그것을 제대로 실현하고 있는 것이라고 보았다면, 인심人心은 형기形氣의 관여로 말미암아 심이 형기의 욕구 실현을 목표로 하는 것으로 결국 그와 관련된 성명을 제대로 실현하지 못할 가능성이 있다고 보았다. 그는 도심과 인심이 선하거나 악으로 빠지는 것은 결국 심기心氣가 청기淸氣의 영향을 받느냐, 탁기濁氣의 영향을 받느냐에 의해 결정된다고 주장했다. 결국 선의 실천은 심에 의해, 더 구체적으로는 기질에 의해 결정되는 것이다.

심의 실천에서 율곡이 이처럼 기를 강조하는 것은 그만큼 우리의 심心과 심의 실천에 중대한 책임을 부가하려는 것이며 유교적 규범의식을 강화하려는 의도를 지닌다. 하지만 그에 따라 기질의 영향 또한 그만큼 강조되는 것으로서, 비록 그가 기질의 변화 가능성과 그 필요성을 강조했다고 하더라도, 결국 기질결정론으로부터 자유로울 수 없다는 문제점을 내포한다.

한편 율곡은 정情과 의意를 구분하여, 정은 우리 마음속에 자연스럽게 발현된 것으로 어떻게 해볼 수 없는 것이라면, 의는 그것을 바탕으로 사려하고 판단하고 의지하는 인간적 활동으로 이해했다. 이는 주희의 용법과 이해를 계승한 것으로, 율곡은 그것들이 우리 마음속에서 순차적으로 진행되는 것이라는 점을 강조하여, 권근이 수용한 호병문의 '성발위정性發爲情과 심발위의心發爲意' 설의 오류를 비판했다. 이 설은 정이 성의 발현이고, 의는 심의 발현이라는 것인데, 권근은 그에 더하여 정은 순선하고 의의 단계에서 선과 악이 발생한다며 성의 차원과 심의 차원을 분리하여 설명하려고 했다. 이는 일단 심과 구별된 성 자체의 발현을 인정하는 것으로, 성의 발현이 오직 심의 발현을 통해 이루어진다는 원칙에 위배되는 것이었다. 율곡은 그것이 결국 현실의 선악세계로부터 절대적 선의 세계를 분리시키는 이원론적 세계 이해(그것은 결국 불교라고 할 수도 있다)로 나아갈 것을 염려한 것이다.

율곡은 퇴계의 사단칠정설 또한 바로 호병문의 설에 기초한 것이 아닌가 의심했다. 율곡의 퇴계 비판은 그와 같은 의심과 우려, 즉 이발과 기발을 분립하여 설명함으로써 세계를 이원화하고, 현실의 도덕세계를 넘어서 그로부터 절대적이고 순수한 선善의 세계를 떼어놓아 그로 시선을 돌리게 할 수 있다는 우려에서 나온 것이다.

호병문에 대한 율곡의 비판은, 양촌과 관련해서는 양촌, 더 나아가 조선 전기의 불교적 배경 및 환경을 감안할 때 어느 정도 타당성이 있다. 그러나 퇴계는 그 자신이 이미 호병문의 설에 비판적 입장을 취하고 있었다. 또한 그의 평소 논의를 감안할 때 율곡의 혐의는 오해에 가깝다고 할 것이다. 어쨌든 그를 통해 우리는 율곡이 조선 전기 심학의 미숙성을 극복해가고 있음을 확인할 수 있다.

한편 율곡에 따르면, 정은 성의 실현이지만 또한 심의 실현으로 기질의 영향 가운데 있다. 따라서 성인이 아니라면, 그의 정에는 선한 것도 있고 악한 것도 있을 수밖에 없다. 그 정에 대해 우리는 의를 통해 반성적으로 사유할 수 있으며, 판단하고 선을 의지意志할 수 있다. 따라서 심의 실천은 곧 의의 실천이며, 의가 중요하다.

그는 성인이라면 그 자연스럽게 발현된 마음인 정이 그대로 선하고, 군자는 아직 그러한 경지에 이르지 못해 정에 혹 불선한 것이 섞여 있을 수 있지만 의意 측면에서는 늘 올바를 수 있는 반면, 일반인은 의에서마저 잘못을 범할 수 있다고 한다. 결국 일반 사람들은 의를 성실하게 하는 것이 필요하며, 그러한 활동을 통해 정에 이르기까지 올발라지는 자연스러운 실천의 경지에 이를 수 있다고 보았다. 여기서도 율곡이, 생각하고 올바르게 판단하는 마음의 반성적이고 주체적인 역할을 강조했음을 확인할 수 있다.

15.
호락 논쟁에서의 심

퇴계와 율곡을 통해 정립된 조선 성리학의 심학은, 임진왜란과 병자호란이라는 두 차례의 극심한 혼란을 거치고 난 뒤 동아시아의 세계질서가 어느 정도 안정되는 시점에서 새롭게 진전했다. 특히 17, 18세기 조선의 율곡학파 학자들 내부에서 서울과 충청도 지역의 학자들 사이에 학문적 경향의 분기가 이루어져, 지역별로 서로를 의식하는 가운데 때로는 논변을 벌이면서 정체성을 확립해가고 있었다. 그것이 이른바 호락 논쟁湖洛論爭이다.

그들이 펼친 핵심 논점들은 다음과 같다. 심心의 지각을 지智의 발현으로 볼 수 있는가 아니면 지의 발현과 구별되는 심의 발현의 관점에서 볼 것인가, 심의 미발에서 기질의 측면을 이야기할 수 있는가, 심의 미발에서 지각이 있다고 말할 수 있는가, 인간의 성과 동물의 성은 같은가 다른가, 동물에게도 오상五常이 있다고 할 수 있는가, 성인의 명덕明德과 일반인의 명덕은 같은가 다른가. 이 논점들은 대체로 심에 대해 어떻게 이해할 수 있는

가에 집중되어 있었다.[23]

그것은 한편으로 퇴계와 율곡 시대에 확립된 심학의 자기 심화 과정으로서 이는 당시 중국에서 전개되던 학술 상황과도 어느 정도 관련이 있었다.[24] 다른 한편으로는 양 난 뒤에 유교사회를 다시 건축해야 하는 시대 과제[25]를 수행하면서 사대부의 역할과 정체성을 어떻게 정립할 것인가에 대한 답변으로서 다양한 의견이 제시된 것이기도 했다.

호락 논쟁을 관류하는 핵심 논점은 심과 성의 관계를 어떻게 볼 것이냐 하는 데 있었다. 앞서 살펴보았듯이 심과 성의 구분은 조선 초기 성리학 도입기에 이미 강조된 바 있었고, 퇴계와 율곡 시대에 이르러 비판적으로 검토되었다. 그것이 호락 논쟁의 시기에 와서 다시 한번 새로운 각도에서 논의된 것이다. 그만큼 그것이 심에 대한 이해에서 중요한 문제임을 보여준다.

성性은 개체에 내재한 이理다. 개체의 신체적 제한과 무관하지 않지만 신체를 넘어 모든 존재에 공유되는 지평을 가지고 있다. 장재張載는 단적으로 성은 만물의 일원一源(동일한 근원)이라고 말했으며,[26] 정이程頤는 성이 곧 이라고 했다.[27] 그에 대하여 심은 그것이 아무리 보편성을 지향한다고 하더라도, 그 자체로는 일단 개별 신체를 기반으로 하며 몸의 활동을 주관하는 특수한 주체다.

그런 점에서 성과 심은 구별되고 대립한다. 어떤 측면에서는 자연과 인간의 대립에서 발생하는 것과 같은 긴장을 지니고 있다. 성은 자연성自然性이며 인간의 의지에 따라 어떻게 해볼 수 없는 영역이다. 물론 그때 성의 자연성은 (신체적 면이 완전히 배제된 것은 아니더라도) 신체적 자연성이라기보다는 본체적 자연성, 즉 절대적 능동성으로서의 자연이다. 곧 만물일체의 차원으로 형이상학적 이야기이고, 따라서 그처럼 절대화된 자연에 대해 어떤 선한 가치를 부여하고 그로써 규정할 수 있는가 하는 것에는 논란의 역사가 있다.[28] 어쨌든 그것은 모든 현상하는 자연의 근원에서 끊임없이 자신을 현상하는 역동성이다. 현상적 자연 곧 현실을 궁극적으로 긍정하는 입장에서는 선일 수밖에 없는 어떤 것이다. 그런 까닭에 조선 초기에 권근은 '성발위정性發爲情'이라 하고, 그 정情에 대해 무유불선無有不善이라고 말했던 것이다.

반면에 심은 인간의 의지적 노력이 시행되는 영역이다. 인간의 신체를 기반으로 하고 개체성을 전제로 한다. 그것은 인간의 심리 영역이고, 인간적 실천의 영역이다. 그래서 양촌은 그에 대해 '심발위의心發爲意'라 하고, 그 의意에 대해서는 선악의 나뉨이 있다고 말했던 것이다.

그러나 성리학 혹은 주자학에서 심과 성은 또한 통합된 하나로 규정된다. 그것이 퇴계와 율곡이 권근의 구분을 비판한 이유다. 만약 심과 성이 분리된다면, 그것은 곧 절대세계와 현실세계를 이원적으로 병립시키는 것이 아닌가? 성이 순수한 절대세계라면, 심의 실천세계는 그 하위가 되며 이른바 돈교적頓敎的 불교의 세계와 점교적漸敎的 유교의 세계가 나란히 존재하게 되고 마는 것은 아닌가?

유가의 세속적 합리주의의 관점에서 형이상적 성의 세계는 형이하적 심의 세계와 통합될 것이 요청된다. 현실의 심의 세계 바깥에 따로 성의 세계가 존재하지 않는다는 것이다. 성은 심의 미발未發 상태요 미발은 아직 심이 발현하지 않은 상태라고 한다면, 성의 발현은 곧 심의 이발已發을 통한 것으로서 심의 이발이 곧 정이다. 그래서 '심통성정心統性情'이라고 한다.

심은 성과 정의 통합이요, 심 바깥에 따로 성과 정이 있지 않으며, 일상적인 심의 운동 외에 따로 성의 운동, 곧 성발위정性發爲情의 자리가 있지 않다는 것이다. 율곡은 또한 의意가 바로 그처럼 발현된 정에 대한 심心의 이차적인 사려계교思慮計較를 의미한다고 보았다.

그러한 점에서 심과 성의 구분과 일치는 17, 18세기 조선에서는 상식적인 것이었다. 그것은 불교세계와 구분되는 유교세계의 통합성을 상징했다. 그런데 호락 논쟁에서 심과 성이 왜 새삼 문제가 되었을까?

호락 논쟁에서 그 문제는 지각에 대한 이해와 관련하여 전개되었다. 즉, 지각을 심의 작용으로 볼 것인가 아니면 지智, 곧 성의 작용으로 볼 것인가 하는 문제를 두고 양측이 대립했다. 대체로 낙학 쪽에서는 지각을 심의 용用으로 보고 지의 용은 '시비是非'로 보아 지각을 지의 용으로 볼 수 없다고 주장한 반면, 호학 쪽에서는 지각을 지의 용으로 볼 수도 있고 심의 용으로도 볼 수 있으며, 결국 지의 용이 심의 용을 포괄할 수 있다는 입장을 취했다. 낙학이 심과 성의 구분을 강조했다면, 호학은 낙학이 결국 심과 성을 분리시키고 이심이용론二心二用論에 빠지게 될 것이라 비판했다.

호학이 심과 성의 일치에 대한 상식적 이해에 기반했다면 낙학은 심과 성을 분리함으로써 심 활동의 독자성, 주체적 능동성의 측면을 더욱 강조한 것이라고 해석할 수 있다. 앞에서 언급했던 '심통성정'의 주재적 의미를 강화한 것이다. 성이 정으로 발현되는 장소에 그치지 않고 그것을 통괄하여 주재하는 심의 능동적 역할을 강조했다는 것이다.

바로 그러한 강조 위에서 낙학 측은, 심과 성의 일치가 심의 능동적 활동을 통해 성취되어야 할 수양修養의 과제라고 주장했다. 그들은 심의 미발에 대해 관심을 기울였으며, 거기서의 중中의 상태가 바로 심과 성의 일치된 상태이고, 거기서는 이와 기가 또한 통합된 상태로서 단지 주어져 있을 뿐 아니라 성취된 것이라 이해했다. 이는 미발 체험에 대해 적극적으로 나설 것을 예기豫期하게 하는 것으로, 실제로 낙학 내부에서는 미발에서의 공부 문제를 둘러싸고 상당한 논란이 벌어졌다. 그러나 그것은 미발만이 아니라, 미발과 이발이라는 심의 전 과정에서 중中(과 화和)을 실현하는 심의 노력을 강조한 것이다. 그만큼 현실세계에서 성(리)을 실현하는 심의 역량과 가능성을 높이 평가했다. 그것이 그들이 본심本心, 실심實心, 실리實理를 강조한 이유다.

낙학은 그 과정에서 심과 기질氣質, 심기心氣와 형기形氣를 명확히 구분해 심을 이理에 가깝게 이해하는 이론적 진전을 보였다. 그것은 심을 전통적인 기의 속박에서 자유롭게 함으로써 심의 주관적 능동성을 극도로 강조한 것이었다. 분명 중국 양명학의 전개에 비견할 수도 있으며 실제로 조선에서의 양명학적 사상의 형성 및 전개와도 상당한 관련성이 있었던 것으로 보인다. 하지만 낙학의 이론과 실천 전반을 감안할 때 양명학의 지향·실천·행태와는 분명히 구별된다. 따라서 조선 성리학의 역사에서 독자적 심학이 전개된 것으로 평가하는 것이 적절하다.

낙학의 이론적 전개에 대해 낙학 내부에서 그리고 호학이 보수적 입장에서 제동을 걸면서 다양한 논변이 촉발되었고, 그러한 것이 모여 자연스럽게 호락 논쟁이 형성되었다. 이 과정에서 호학도 상당한 이론적 발전을 이뤘다. 이들 논변과 이론은 조선 후기 성리학이 신유학 심학 이론의 전개에서 한 정점에 도달하도록 이끌었다.

16.
실학,
성호학파에서의 심

당시 정국의 주도 세력인 노론老論에 속한 서울권과 충청권의 율곡학파 사이에서 호락 논쟁이 전개되던 시기, 경기 지역에서는 남인南人 곧 퇴계학파 계통의 학자인 성호星湖 이익李瀷(1681~1763)이 중심이 되어, 유교적 이상주의에 기반해 조선 후기의 현실을 전면적으로 비판하고 철저한 현실 개혁안을 제시했던 새로운 학풍인 실학實學이 형성되고 있었다. 그들은 그 과정에서 성리학(주자학)을 정점으로 하는 동아시아 학술의 역사적 전개에 대해 전반적인 검토를 시도하는 동시에, 일군의 예수회 소속 선교사들에 의해 중국에 소개된 서양의 종교와 학문 곧 서학西學에도 적극적인 관심을 두고 접근했다.

실학의 학문적 성과는 주자학에 대한 비판적 성찰과 새로운 경학의 모색, 그리고 현실적이고 근원적인 정치·사회·경제적 개혁안의 제시 등으로 나타났다. 그러한 가운데 나름의 심학心學이 형성되었다. 전통적인 성리학의 인간 이해를 반성하고, 개혁적 이상에 걸맞은 새로운 인간상을 모색하려는 것이었다.

그들의 심학은 한편으로는 퇴계 이래 조선 성리학의 전통 위에 구축된 것이었지만 다른 한편으로는 마테오 리치를 필두로 17세기 동아시아에 소개된 서구의 종교적이고 학술적인 세계·인간 이해에 대한 적극적인 반응이었다. 성호는 『천주실의天主實義』를 비롯해 다양한 서학서를 접하면서 전통적 학문을 새로운 각도에서 반성했으며, 그러한 경험을 저술로 표현했을 뿐 아니라 제자들에게 직접 전파했다. 그를 통해 성호학파 내에 새롭고 진보적인 학자들이 양성되었으며, 심학에 있어서도 전통 심학을 넘어서는 새로운 심학의 정립을 향한 의미 있는 모색이 있었다. 그러한 전통은 다산에게까지 전수되어 다산 실학을 형성하는 기초가 되었다. 그것은 서학을 통해 소개된 서구 전통의 인간상에 대한 유교의 반응이자 대응으로, 유교의 한계를 넘어 유교의 재해석을 통한 새로운 인간상을 전망하는 것이었다.

성호는 심에 혈기지심血氣之心과 신명지심神明之心이 있다고 구분하며 심의 고유성을 신명지심에 두었다. 또한 전래의 사단칠정 논변을 전면적으로 반성하는 과정에서 이와 기에 대한 세밀한 개념 분석을 시도했다. 그는 그를 통해 호락 논쟁에서 낙학 측이 강조한 심과 기질, 심기와 형기의 구분에 비견할 수 있는 이론상의 독자적인 진전을 이루었고, 서학의 혼삼품설魂三稟說이나 뇌낭설腦囊說에 대해서도 관심을 보이면서 그것과 전통적인 심장 위주의 이론의 절충에 대해서도 조심스러운 의견을 개진했다.[29]

성호는 심에 대한 이해에서 다양하게 모색했지만 전통 성리학 이론을 완전히 부정하지는 않았으며, 어디까지나 그것을 기반으로 사유했다. 그의 심학적 견해들은 후학인 소남邵南 윤동규尹東奎(1695~1773), 하빈河濱 신후담愼後聃(1702~1761), 정산貞山 이병휴李秉休(1710~1776), 순암順菴 안정복安鼎福(1712~1791), 녹암鹿菴 권철신權哲身(1736~1801) 등을 통해 계승되고 발전했다.[30]

성호에 연원을 둔 다산茶山 정약용丁若鏞(1762~1836)은 성호와 그의 후학들이 진전시킨 심에 대한 반성적 성찰을 수용하는 가운데 한 걸음 더 진전했다. 다산은 심을 전래의 이기론理氣論의 틀에서 분리시켰다. 즉, 성을 심의 자연적 경향성으로 이해하고 거기에 도덕적 지향성을 인정했지만, 형이상학적 절대성은 인정하지 않았다. 또한 기질 혹은 기질지성이 함축할 수 있는 도덕결정론에 대해서도 인정하지 않았다. 그렇게 함으로써 그는 심을 형이상학적 절대성理과 자연氣이라는 양자의 속박으로부터 해방시켜, 자유롭게 결정하고 실천할 수 있는 존재이자 또한 기본적으로 평등한 인간 존재의 근거로서 심의 위상을 확립했다. 그것은 곧 다산이 신유학의 전통적 인간관으로부터 해방된 새로운 인간상, 자유롭고 평등한 인간관의 구축을 지향하고 있었음을 의미한다.[31]

17.
심과 영혼

동아시아 전통에서 심 이해의 역사에 대한 주마간산 격의 추적은 이쯤에서 멈추려 한다. 일찍이 중국의 근대 학자 첸무錢穆는 동아시아 전통에서의 심心과 서양 전통에서의 영혼靈魂 개념을 비교하여 다음과 같이 말한 바 있다.

> 심은 영혼과 같지 않다. 그 신체와의 관계에서 말하면, 영혼은 육체와 대립한다. 육체가 아직 성장하기 전에 영혼은 이미 존재하며, 육체가 파괴된 뒤에도 영혼은 그대로 존재한다. 그래서 육체와 영혼은 서로 독립적인 것이다. 반면에 심은 항상 육체에 의존하고 수반한다. 육체에 의존하고 수반하여 발전하고 성장하며 육체에 의존하고 수반하여 훼멸되고 사라진다. 그래서 서양에는 영靈과 육肉의 대립이 있으나, 동양에서는 신身과 심心의 대립이 있을 수 없다. 서양에는 개인주의가 있을 수 있으나, 동양에는 개인주의가 있을 수 없다. 개인주의의 최종적인 기원祈願은 영혼

의 불멸에 있다. 동양인들은 심으로 심을 통했으며, 중요한 것은 인간의 심人心의 영생과 불후였으므로, 개인 관념의 울타리는 결단코 깨뜨리지 않을 수 없었다. 서방에서는 이미 영과 육을 대립관계로 보았기 때문에 감각경험과 이성사변의 대립이 있었으며, 그 때문에 대립적 세계관이 있었다. 동양인들은 심과 신을 대립관계로 보지 않았기 때문에 이성사변과 감각경험 또한 영역을 나누어 대립시키지 않았다. 공자가 말하는 인간은 곧 이미 이성과 정감, 경험과 사변을 겸하여 엄격하게 구분되지 않는다. 그 때문에 동양인들은 결코 세계에 대해 본체계와 현상계 혹은 정신계와 물질계를 구분하지 않았다. 현상現象에 즉卽하여 본체를 보았으며, 물질에 즉하여 정신을 깃들였다. 그 때문에 동양 사상 안에는 또한 서양 철학의 이원론이 있을 수 없었다. 동양인의 관점에서 서양을 보면, 서양인의 과학·철학·종교는 비록 세 가지의 경로이고 발전하여 세 가지 경계를 이루었지만 실은 한 근원에서 흘러나온 것이요 또한 그대로 하나의 범주 내에 존재한다. 만약 서양인의 관점에서 동양을 본다면, 동양 사상은 이미 과학이 아니며 철학도 아니고 종교도 아니다. 그것은 그와는 다른 도상에서 발전한 것으로 서양인의 그것과 더불어 각각 스스로 하나의 계통을 이루었던 것이다.[32]

좀 길어졌지만 첸무는 심과 영혼의 비교를 통해 동서양의 사유 방식과 세계관의 차이, 그에 따른 철학에서의 차이에 관한 일반론을 전개하고 있다. 그것은 동아시아의 전통적인 심 개념의 한 특성을 잘 지적해내고 있으며, 그 유효한 의미와 현대적 의의를 그에 전적으로 동의할 수 있는가와는 상관없이 잘 부각시키고 있다. 그것은 사실 서양 문화에 대비하여 중국(혹은 동아시아) 문화의 독자성과 특징을 규명하고자 노력한 근대 중국 지식인의 생각의 한 전형을 보여준다.

동아시아 전통에서 심은 영혼과는 달리 육체에 대립하지 않고, 육체에 의존하고 그에 뒤따라 발전하고 성장한다는 것은 앞의 논의를 통해서 어느 정도 확인했다. 심은 심장의 상형글자였고, 한대에 이뤄진 심장에 관한 과학적 해석인 오행론의 체계 속에서 심장에 부여된 화火와 토土의 특성은 심의 '의식'적이고 '주재'적인 특징, 곧 '마음'의 측면을 심장과의 관련 속에서 해명해내는 것이었다. 그것은 근대 시기에 이르기까지 동아시아에서의 '마음'에 대한 이해의 근간을 구성했다.

그러나 우리의 여정에서 또한 확인한 것처럼 그것이 그리 단순하지만은 않았다. 즉 내부에 다양한 긴장을 내포한 것이었다. '심'은 초기부터 '심장'과 '마음' 사이의 긴장을 내재하고 있었으며, 둘 사이의 유기적 통합으로 이해되었다. 자연주의적 이해와 신비주의적 이해의 대립 혹은 긴장이 있었으며, 불교의 도입은 심에 대한 자연주의적 이해를 넘어 절대적인 마음의 개념을 전해주었다.

주희를 정점으로 하는 송대宋代 신유학의 전통에서도 그러한 긴장은 발견되었다. 그들의 세계 이해의 틀이었던 이기론은 그러한 긴장을 잘 포착하고 해명해줄 수 있는 구조를 가지고 있었다. 즉, 심은 기로 규정되었지만 또한 이와 기의 합으로도 규정되었고 그러한 이와 기의 두 요소는 본연지성과 기질지성, 사단과 칠정, 도심과 인심의 긴장을 가능케 하는 근거로 이해되었다. 그러한 긴장은 심의 두 활동인 '지각'과 '주재' 사이에서도 발견된다. 즉, '지각'이 외부세계를 자기 내부로 끌어들이는 활동으로서 자연적 감응관계 속에서 인간적 특성을 드러내는 활동이라면, '주재'는 내부에서 외부세계로 나아가는 정반대 방향의 활동으로서 몸이 소속된 세계에 대한 마음의 주재성을 좀더 직접적으로 드러내는 활동이다.

칠정과 인심과 지각이 주로 기氣 측면에서 심이 작용하는 것을 보여준다면, 사단과 도심과 주재는 주로 이理 측면에서 심의 작용을 설명하는 것이다. 앞 계열이 자연적 관계, 즉 감응적이고 상관적 관계에 놓인 심의 기적氣的 성격을 보여준다면, 뒤 계열은 그러한 관계의 한 부면인 동시에 그를 넘어선 전체성(공동성)으로서의 성性의 측면, 즉 심의 이적理的 성격을 보여준다.

기氣의 측면에서 심은 자연적 상호 관계의 흐름 속에서 감응의 주체로서 작동한다. 인간으로서는 그러한 상호 관계에 자연적인 동시에 자각적 주체로서 자발적으로 참여한다. 그 자각의 대상은 바로 자신이 단지 기가 아니라 이라는 사실 혹은 그가 자신 안에 내재적 요소로 가지고 있는 이理라는 점에서, 심의 그러한 자각활동은 이理 측면에서의 심을 전제로 한다.

이理 측면에서 심은 그 자신 보편적인 이 곧 모든 존재(적어도 다른 인간들)와 공유하는 마음 혹은 심층의 보편적 성향이라고 할 수 있는 성性으로서 현실세계 속에 자신을 끊임없이 스스로 발현한다. 그러나 그 발현은 또한 자연-사회세계의 감응적·인과적 관계 속에서 개체적인 심의 활동을 통해 실현되는 것이라는 점에서, 당연히 기로서의 심을 필요로 하며 기에 제약당한다.

따라서 심과 육체의 관계, 육체가 소속된 자연-사회와 심의 관계는 단순한 의존과 수반의 관계가 아니며, 매우 역동적으로 얽혀 있는 긴장의 통일관계다. 앞에서 살펴본 대로 주희 이래의 조선 성리학의 심학적 전개는 심의 이중적 성격과 긴장, 그것의 해소 및 통합 노력과 밀접하게 관련된다. 즉, 동아시아의 세계관은 단순한 일원론이 아니었으며, 이원적 긴장을 풍부히 내함한다.

또한 그 모든 것은 역사적으로 전개되었다. 적어도 초기 자연주의적 일원론에서 불교적 이원론을 거쳐, 그 양자를 지양한 신유학의 이원적 일원론이라는 단계를 거쳤다. 초기 자연주의 단계에서도 심을 둘러싼 긴장은 있었다. 심과 신神 사이의 긴장이 그것이다. 심이 인간의 일반적 의식 활동과 그 소재를 표현하는 자연주의적, 상식적 개념이라면, 신, 영靈, 신명神明 등은 애초에는 종교적 함축이 풍성했던 것으로, 인간의 현실적 개체성을 넘어서 그를 초월한 어떤 보편적 활동성의 지평을 가진 개념이었다. 역사의 진행은 결국 신명과 영을 심의 본질적 특성으로 통합해가면서 그 자율성은 사라져갔지만, 신은 심이 지닌 자연성을 넘어 심의 자연적 주체성 혹은 자율성을 압도할 수 있는 것이었다. 심은 그러한 신명이 임하는 장소 혹은 집인 것이다. 심의 본질적 속성으로 제시된 허령과 신명, 더 나아가 심층적 성향으로서의 성은 신이 심 속에 안정적으로 정착한 것이라 할 수 있다.

조선 성리학의 심학은 주자가 집대성한 신유학의 심학을 더욱 심화시켰고 한편으로는 새로운 심학의 전개를 예비했다. 그것은 여전히 전통 유교의 이상적 인간상을 바탕으로 사대부의 자기 규정의 모색으로서 탐색되었지만, 그 내부에서 좀더 보편적이고 평등한 인간상을 향한 진전이 엿보인다.

실학의 시기에 이르러 조선 심학의 그러한 전망은 더욱 구체화되었으며 그 정점인 다산 정약용에 이르러서는 이기론적인 틀을 넘어 다른 문명권의 인간 이해와 대화하는 가운데 새로운 인간상에 도달한 것을 확인할 수 있었다. 그는 심을 자연적 기질의 제약과 형이상학적 절대성의 자기실현으로부터, 자유롭고 그만큼 평등하며 도덕적 책임 주체로서의 성격이 더욱 분명한 것으로 새롭게 규정했다.

물론 그러한 심(인간)에 대한 새로운 규정이 함축하는 것들은 현실의 역사 속에서 다양하게 발현될 수 있는 것이었다. 그것은 또한 전래의 심의 복합적 성격을 넘어선 것이지만, 그것이 표현하던 보편적 문제 곧 몸과 마음의 문제에 대해서는 새롭게 질문하고 답변을 모색하는 과제를 앞에 두고 있는 것이기도 했다.

심 개념의 전개와 발전의 역사, 곧 심학의 역사는 실학과 근대 시기를 거치면서 마치 폐기되고 정지된 듯 보이기도 하지만, 아직도 계속 진전되고 있다. 그것은 오늘날 우리 자신에 대한 자기 규명, 곧 자연-사회 세계와의 관계 속에서 인간과 인간적 삶의 의미를 진지하게 묻는 물음 속에 살아 있다. 그러한 물음과 그에 대한 대답이 지속되는 한 심학은 계속 존속하며 발전할 것이다.

2장

원전과 함께 읽는 심心

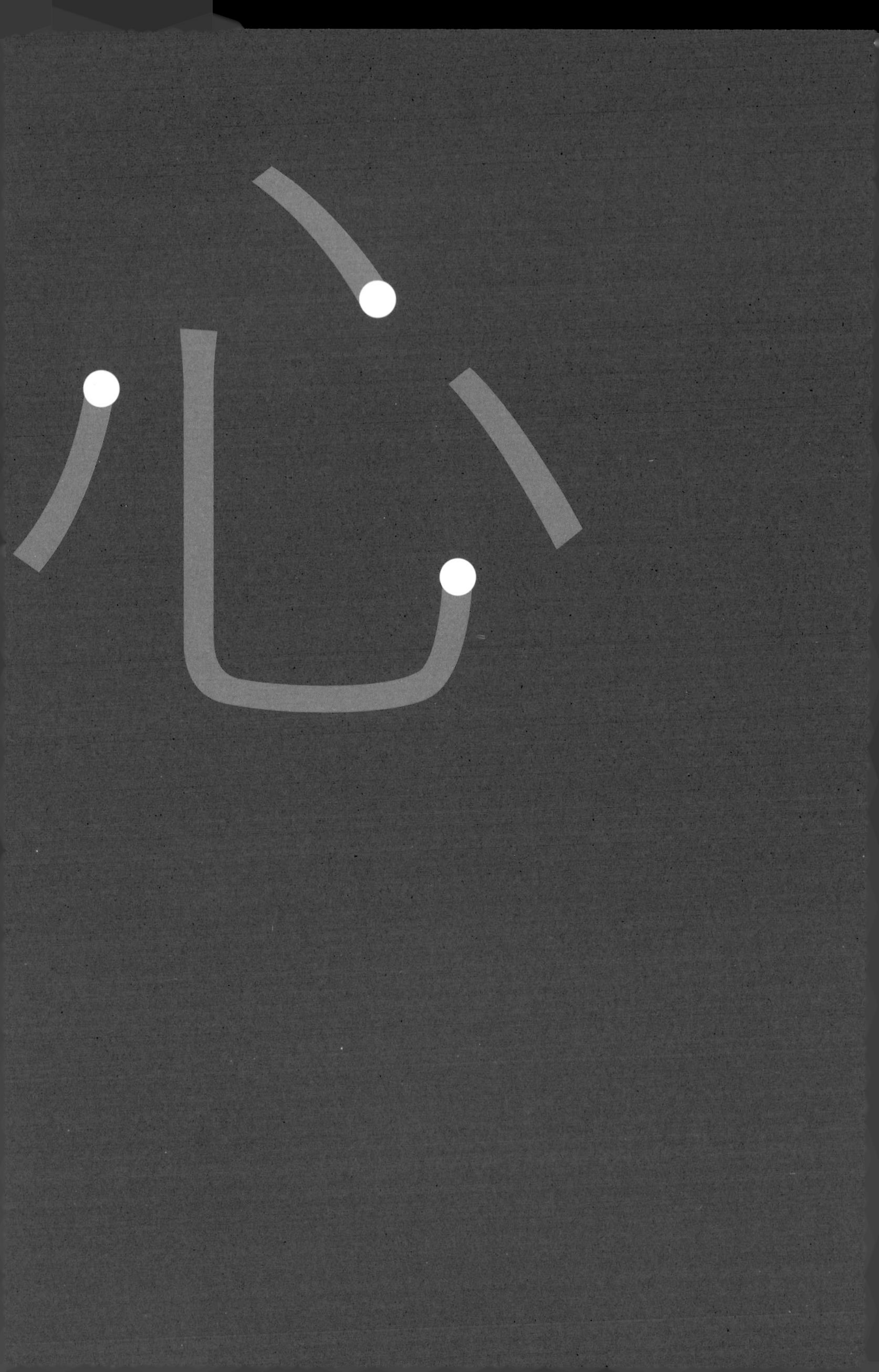
心

01
단계

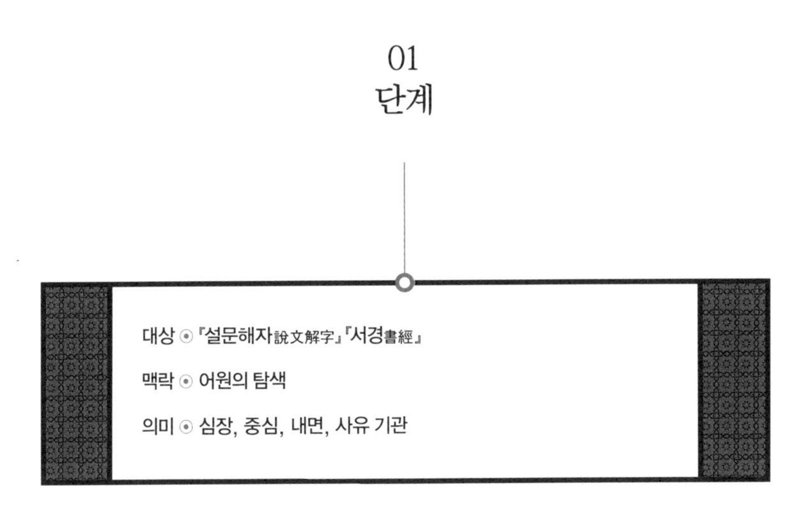

후한의 허신許愼(약 30~약 124 혹은 약 58~약 147)이 편찬했고, 가장 오래된 한자 자전인 『설문해자說文解字』에서는 심心을 심장心臟으로 풀이했다. 현재 전하는 문자 자료를 근거로 볼 때 심이 심장의 상형자로 만들어진 것은 사실일 것이다. 그것은 우리 신체 내부에 있는 것으로서 밖으로 드러나 있지 않고, 그런 점에서 진실한 속사정 혹은 내면의 생각을 담고 있다. 또한 끊임없이 박동하고 외부세계의 변화에 대응하여 빨리 뛰기도 하고 조용히 뛰기도 한다. 따라서 그것은 우리의 정체성이자 우리가 살아 있음을 나타내주는 것이다. 『서경』의 용례는 심이 심장이면서 동시에 '속마음'을 의미하는 것으로 쓰인 예다.

【설문해자 1】 원문 1

인간의 심장人心이다. 흙土의 장기臟器로서 몸 중앙中에 있다. 상형象形이다. 박사설博士說에서는 그것을 불火의 장기로 보았다. 무릇 심心에 속하는 것은 모두 심에 따른다.

「심心」

심을 토에 속한다고 보는 것은 『고문상서古文尙書』에 따른 것이고, 화火에 속한다고 보는 것은 금문가今文家의 설이다. 금문가의 설에 따르면 간肝은 목木, 심心은 화火, 비脾는 토土, 폐肺는 금金, 신腎은 수水에 배당되며, 『고문상서』의 설에 따르면, 비는 목, 폐는 화, 심은 토, 간은 금, 신은 수에 배당된다. 허신은 심을 풀이하면서 고문상서설을 앞세우고 금문설을 추가로 배치한 것이다. 이러한 배치는 허신이 고문학古文學의 입장에 있었던 것과, 그가 『설문해자』에서 고문설과 금문설을 함께 취하되 고문설을 앞세운 예에 부합한다. 하지만 그가 비나 폐에 대한 해설에서 금문설만 취한 것을 감안해본다면, 심에 대한 그의 설명은 특별히 토와의 관련성, 곧 '내부'와 '중심'의 의미를 강조한 것으로 이해할 수 있다.

한편 심과 화의 관련성은 이후 동아시아에서는 상식이었다. 심은 불과 관련된다. 그것은 심이 이해와 사고의 기관이라는 점과 잘 맞는다. 불은 환하게 비추어 어두움을 밝히는 역할을 하기 때문이다. "심에 속하는 것들"이란 성性·정情·의意·지志 등을 가리킨다. 심心이 그들에 공통된 의미소로 들어 있다는 것이요, 그것은 곧 심이 단지 심장만이 아니라 '마음'을 의미한다는 것이다.

【서경 1】 원문 2

지금 나는 심장과 배와 콩팥과 창자를 다 펼쳐내어 그대 백성에게 짐의 뜻을 낱낱이 고하노라.

「반경盤庚 하」

『서경』「반경」 편은 은殷나라 임금 반경盤庚이 도읍을 엄奄에서 은殷으로 옮기면서 백성에게 도읍을 옮겨야 할 이유를 설명한 것을 기록했다. 인용한 부분은 도읍을 옮긴 뒤 백성에게 한 말의 일부다. 상商을 은이라고 부르게 된 것은 이처럼 은으로 도읍을 옮긴 뒤의 일이다. 심은 다른 장기들과 함께 자신의 속마음 혹은 속마음의 소재를 표현하는 것으로 쓰였다.

02
단계

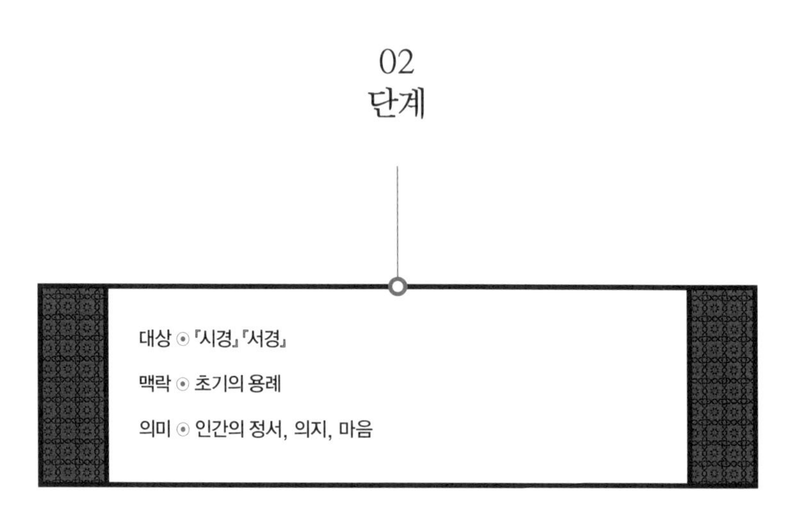

『시경』과 『서경』은 전통적으로 공자가 편집에 관여한 것으로 알려졌고 내용 중 일부를 공자가 직접 인용했던 매우 오래된 문헌 자료들이다. 전통 동아시아 지식인들의 기본 교양서로서 고전적 성어成語의 전거典據 역할을 했던 공통 유산이다. 이들 책에 '심'이 여러 번 등장하고 있다. 앞의 풀이하는 글에서 언급한 바와 같이 그 이전의 문자 자료인 갑골문에 심이라는 글자가 단독으로 나오느냐에 대한 논란이 있는 것에서 알 수 있듯이, '심'이 단독의 의미로 본격적으로 쓰인 것은 바로 이 책들이 편성되던 무렵이다.

『시경』과 『서경』은 신화나 신적 계시를 기록한 것이 아니라(그것과 아주 무관하지 않으며 여전히 그 흔적을 간직하고 있었으나) 인간의 정서와 인간의 역사를 기록하고 있다는 특징이 있다. 『시경』의 대부분은 일상을 살아가는 인간들의 슬픔과 기쁨의 감정을 기록한 서정시들이며, 『서경』은 요·순 이래 하夏·은殷·주周에 이르는 중국 고대세계 형성기에 주역을 담당한 왕과 신하들, 곧 정치·군사적인 영웅들의 생생하면서도 위압적인 육성과 도덕적 훈계들을 담고 있다.

심心이 갑골문이 아니라 『시경』과 『서경』에 본격적인 모습을 나타내기 시작한 것은 바로 신神이 아니라 인간이 담론의 중심이 된 데 원인이 있지 않을까? 동아시아에서 인간이 자신의 정서와 의지, 생각을 표현하고 싶어 하고, 그를 또한 중요하게 여겨 기록하고 전달해야 할 어떤 시점에 이르러 심이라는 글자가 중요하게 쓰이기 시작했다는 것이다. 심은 그만큼 인간 존재와 떨어질 수 없는 개념이다.

『시경』과 『서경』은 인간과 자연과 초자연의 세계가 혼융된 원시와 고대 시기를 거쳐, 자연과 초자연에 대해 인간이 독자적인 가치를 지닌 것으로 이해되는 단계의 의식을 표현하고 있다. 『시경』이 인간의 정서적 측면, 좀 더 여성적인 부드러움을 대변한다면, 『서경』은 인간의 의지적 측면, 좀더 남성적인 강인함을 대변한다. 그 둘은 상보적으로 인간세계의 가치를 구현한다. 전자가 문학과 예술의 세계를 펼쳐 보인다면, 후자는 도덕과 정치의 세계를 펼쳐 보인다.

바로 그러한 점들이 인간적 가치를 중심에 두었으며, 문학과 예술, 도덕과 정치를 모두 중시했던 공자 이래 유교 전통에서 두 문헌을 가장 중요하고 기본적인 경전으로서 현창했던 이유다. 『시경』과 『서경』의 그러한 측면은 심이라는 용어에 단적으로 함축되어 있다.

【시경 1】 원문 3

저 남산에 올라 고비를 캐네

임을 보지 못했으니 내 마음이 상하고 슬프다오

뵈올 수만 있다면 만날 수만 있다면

내 마음이 편안해지련만

「소남召南 · 초충草蟲」

주희에 따르면 이 시는 남편이 나랏일로 밖에 나가 있자 홀로 남은 그의 아내가 남편을 그리워하면서 지은 시다. 전체 3연 중 마지막 연만 번역했다. '내' 마음이라고 한 것에 주목할 필요가 있다. 마음은 곧 나의 마음이다. 마음은 상하기도 하도, 슬퍼하기도 하고, 편안해지기도 하는 것이다.

【시경 2】 원문 4

떠가는 저 측백나무 배 물결 따라 떠가네

밤새 뒤척이며 잠 못 이룸은 큰 근심이 있는 듯

내게 회포를 풀 술이 없는 것도 아니지만

내 마음 거울이 아니니 헤아리지도 못하고

또한 형제가 있지만 의지할 수 없네
가서 하소연해보지만 화만 낼 뿐이네

내 마음 돌이 아니라 굴릴 수도 없고
내 마음 자리가 아니라 말 수도 없네
겉모습은 넉넉하고 여유 있어 흠잡을 것 없지만

근심스런 마음 가득하니 이는 뭇 것의 미움을 샀기 때문이오
걱정거리 이미 많고 모욕당한 것도 적지 않아
조용히 생각해보니 잠 못 들고 가슴만 치게 되네

해여 달이여 어찌하여 번갈아 이지러지는가
마음의 근심은 빨지 못한 옷과 같네
조용히 생각해보니 떨치고 날아갈 수도 없네

「패풍邶風·백주柏舟」

「모시서毛詩序」에서는 "어질지만 현명한 임금을 만나지 못한 것을 말한 것이다言仁而不遇也"라고 했고, 주희는 이것을 남편에게 버림받은 여인이 측백나무 배에 자신을 빗대 지은 시라고 보았다婦人不得於其夫, 故以柏舟自比. 다산茶山은 그에 대해 「소서小序」에 "어진 이가 현군賢君을 만나지 못한 것을 한탄한 시"라 한 것이 내용에 더 적합하다고 했다. 어떤 경우든 자신의 마

음을 토로하고 있다. 마음을 거울, 돌, 자리와 비교한 것이 재미있다. 시인은 자신의 속마음을 전달하려 하지만 쉽지는 않다. 보이지 않지만 나를 뒤흔드는 것, 내가 어찌해 볼 수 없는 것, 겉모습을 넘어 속에 있는 진실한 어떤 것 그런 것들이 바로 심(마음)인 것이다. 여기서는 공동체의 삶을 넘어선 개인적인 소회가 드러나 있다. 인간을 말하려면 먼저 개인의 내면세계를 발견해야 한다.

【시경 3】 **원문 5**

멀고도 큰 하늘昊天이시여, 백성의 부모이시거늘
죄도 없고 잘못도 없는데 이처럼 큰 화란을 겪게 하나요
하늘은 이미 위세를 보이셨는데 나는 정말 죄가 없다오
하늘은 위세 대단하시지만 나는 정말 잘못이 없다오
(…)
장대한 궁궐과 종묘는 군자가 지으신 것이고
정연한 계책은 성인이 세우신 것이라네
다른 사람이 품은 마음 내가 헤아리고
깡충깡충 뛰는 교활한 토끼는 개를 만나면 잡힌다네

「소아小雅·교언巧言」

「모시서」는 "유왕幽王을 풍자한 것으로, 대부大夫가 참소에 마음을 상하여 이 시를 지었다"고 보았고, 주희 역시 대부가 참소를 당해 하늘에 하소연한 시라고 보았다. '다른 사람이 품은 마음 내가 헤아리고' 한 것은 나중에 『맹자』에 인용되었다. 여기서 마음은 그 사람의 속셈이요 안에 숨겨진 본모습을 가리키는 것으로, 쉽게 알 수 없으나 또한 헤아릴 수 있는 어떤 것이다. 다른 사람의 마음을 헤아리는 것은 바로 나의 마음일 것이다. 마음을 헤아릴 수 있는 것은 마음이다. 「대아大雅 · 황의皇矣」에서는 "이 왕계를 상제께서 그 마음을 헤아리시어維此王季, 帝度其心"라고 했는데, 그렇다면 하늘도 마음을 가지고 있는 것인가? 왕계王季는 주周나라 문왕文王의 아버지다.

【서경 2】 원문 6

왕이 말했다. "아아, 봉封이여. 너는 유념하라. 지금 백성은 그대의 돌아가신 아버지 문왕을 공경하고 따르기 때문에 남아 있는 것이니, 문왕에게 들은 바를 계승하고 덕스러운 말에 따라 행하라. 가서 은나라 옛날 명철한 왕들의 본을 받아 백성을 보호하고 다스리라. 그대는 상나라의 나이 많고 경험 많은 사람의 말을 들어 마음을 안정시키고宅心 교훈으로 삼으라知訓. 따로 옛날 명철한 왕들로부터 듣기를 구하여 그것으로 백성을 편안하게 보호하여 하늘의 큰 복을 얻으라. 만약 덕이 그대의 몸에 넉넉하면 하늘이 왕명을 폐하시지 않을 것이다."

왕이 말했다. "아아, 소자 봉이여. 그대의 몸이 아프고 병든 것처럼 공경하라. 하늘은 두려우나 신실한 자를 돌보신다. 백성의 실정은 대강 알 수 있으나 작은 백성은 보호하기 어려우니, 그대는 가서 그대의 마음을 다하고盡乃心, 편안하게 놀기를 좋아하지 않아야 비로소 백성을 다스릴 수 있으리라. 나는 들었노라. '원망은 큰 것에 있지 않고 또한 작은 것에 있는 것도 아니라, 오직 (이치에) 따르는가 따르지 않는가와 실천에 힘쓰는가 힘쓰지 않는가에 달려 있다'라고. 그러므로 너 소자여. 그대의 일은 오직 왕(의 덕화)을 넓히는 것이며, 은나라 백성을 평화롭게 보호하는 것이다. 또한 왕을 도와, 천명을 안정시키고 백성을 새롭게 하라."

「주서周書 · 강고康誥」

이 편은 금문과 고문 모두에 있다. 성왕成王이 강숙康叔을 위衛나라의 제후로 봉하면서 한 말을 기록한 것으로 실제로는 주공周公이 성왕의 명을 받들어 한 말이다. 강숙은 무왕武王과 주공의 형제요, 문왕과 태사太似 사이의 아들이다. 봉은 강숙의 이름이다. 지배자에게 요구되는 것은 덕스러운 말과 선대 왕들의 조언에 대한 경청, 백성에 대한 보호와 보살핌 등이다. 그러한 요구 가운데 '마음을 안정시킨다'거나 '마음을 다한다' 등의 표현이 등장하고 있다.

순임금이 말했다. "오라 우禹여, 홍수가 나를 두렵게 했으나 그대가 성실히 일하여 공을 이루었으니, 이것이 그대의 탁월함賢이오. 나라에서는 부지런하고 집안에서 검소하며 스스로 만족하거나 뽐내지 않으니 이것도 그대의 탁월함이라. 그대는 자긍하지 않으나 천하에 그대와 능력能을 다툴 자가 없다오. 그대는 자랑하지 않으나 천하에 그대와 공功을 다툴 자가 없다오. 나는 그대의 덕德을 크게 여기며 그대의 큰 공적을 아름답게 여긴다오. 하늘의 운수가 그대 몸에 있으니 그대는 끝내 임금 자리에 오를 것이오.

인심人心은 위태롭고 도심道心은 희미하니, 오직 정밀하게 하고 오직 전일하게 하여 그 중中을 진실하게 잡아야 하오. 근거 없는 말은 듣지 말고 의논을 거치지 않은 계책은 쓰지 마시오. 사랑할 만한 것이 임금이 아니겠으며, 두려워할 만한 것이 백성이 아니겠소? 대중은 임금이 아니면 누구를 받들 것이며, 임금은 대중이 아니면 함께 나라를 지킬 이가 없을 것이오. 삼가시오. 그대의 자리를 신중히 지키며, 백성이 소원하는 바를 공경하게 닦으시오. 사해四海가 곤궁해지면 천록天祿(하늘이 주신 자리)도 영원히 끝날 것이오. 입에서는 좋은 것도 나오지만 전쟁도 일으키니 나는 두 번 다시 말하지 않겠소."

「우서虞書 · 대우모大禹謨」

이 편은 금문에는 없고 위고문僞古文만 남아 있어 그 저작성에 문제가 있긴 하다. 인용된 부분은 순임금이 장차 왕위를 물려받을 신하 우에게 교시한 것으로 이른바 십육자심법十六字心法을 담고 있다. 십육자심법은 전통적으로 심법心法의 요체를 기록한 것이라 하여 저작성 문제와 관계없이 중시되었다. 동아시아 유학사에서 심의 이해와 관련하여 주요한 논점 중 하나인 인심도심론은 바로 여기에 연원을 두고 있다. 뒤에 다시 나오겠지만 주희는 「대학장구서大學章句序」에서 이 인심과 도심을 각각 형기形氣와 성명性命에 근원을 둔 것으로 이해했고, 그에 대한 해석을 두고 이후 학자들 사이에 논란이 있었다.

03
단계

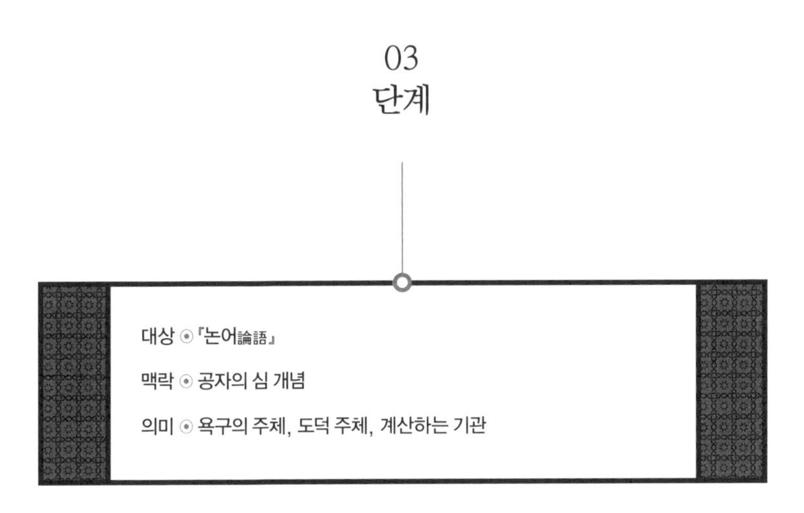

인간이란 무엇인가? 공자孔子(기원전 552 혹은 551~기원전 479)는『시경』과『서경』에서, 그리고 고대의 문명적 축적의 최종 성취인 주례周禮에 대한 해석을 통해 이상적인 인간상을 구축했다. 그것은 문명인·교양인인 군자君子의 인간상이다. 인간다운 정서와 인간으로서의 의지, 문명에 대한 학습과 사색을 통해 참된 인간이 될 수 있다는 것이 바로 공자의 비전이었다. 군자는 적나라한 욕망과 그를 실현하기 위한 힘의 투쟁을 넘어서서, 인간에 대한 배려와 관용을 기본으로 하는 덕목인 인仁과 그에 바탕을 두되 동시에 분별에 기초한 공동체 질서의 실현체로서 예禮를 배경으로 하여, 도덕적이며 문화적인 소양과 성찰을 겸비한 탁월한 인간, 덕德이 있는 인간이었다.

공자의 그러한 비전은 『논어』 속에 생생하게 기록되어 있다. 『논어』에 등장하는 '심'의 용례는 인仁이나 예禮 등에 비하면 매우 적은 수이지만, 나중에 맹자와 순자에 의해 풍성하게 계승될 단초를 열기에는 충분했다.

【논어 1】 원문 8

(공자가 말했다.) 내 나이 칠십이 되자, 심心이 욕구하는 대로 따라도 법도를 넘어서지 않았다.

「위정爲政」

공자가 자신의 일생을 회고한 유명한 말 중 마지막 부분이다. 공자 인생의 최종 경지를 간략하게 표현한 것으로 유명하다. '구矩'란 사각 자로서 표준, 규범, 법도 등을 의미한다. 공자는 여기에서 심을 욕구하는 주체로 표현한다. 인간은 욕구하는 존재이며, 그 욕구를 실현하기 위해 자신의 모든 능력을 동원한다. 욕구는 기본적으로 자기 보존에 집중하는 것으로서, 그대로 둔다면 맹목적이 되기 쉽다. 그러한 맹목성과 자기 집중성은 사회규범과 충돌할 수 있다. 그런데 공자는 자기 인생의 최종 단계에 이르러 비로소 그러한 충돌을 온전히 극복해, 욕구를 부정하지 않고 그것을 실현하되 법도를 넘어서지 않는 경지에 이르렀다는 것이다. 여기서 심의 욕구는 곧 신체의 욕구이며, 그가 도달한 경지는 자연과 통일된 자유의 경지라고 할 수 있겠다. 욕구의 절제를 함축 하지만 그에 이르기 위해 욕구 자체의 제거를 요구한 것은 아니다.

【논어 2】 원문 9

공자가 말했다. 안회顔回는 그 심心이 석 달 동안 인仁을 어기지 않는데, 나머지 다른 이들은 하루나 한 달에 한 번 (인에) 이를 따름이다.

「옹야雍也」

안회는 공자의 수제자로 아마 공자가 진심으로 인정한 유일한 제자일 것이다. 『논어』에서 그는 지적으로나 실천적으로 타의 추종을 불허하는 탁월성을 지닌 인물로 묘사된다. 여기서 공자는 안회가 적어도 삼 개월은 그 심이 인을 어기지 않았다고 말한다. 그리고 그것이 전달하고자 하는 안회의 탁월성은 다른 제자들과 대비되어 명확히 부각된다. 여기서 심은 인을 의지하는 도덕적 주체로서 서술되었다. 안연의 탁월성은 바로 그 심의 탁월성에 있다.

【논어 3】 원문 10

공자가 말했다. 배부르게 먹으며 하루를 보내면서 심을 쓰는 일이 없다면 어렵다. 바둑이나 장기도 있지 않은가? 그것이라도 하는 것이 하지 않는 것보다 더 낫다.

「양화陽貨」

박혁博奕은 바둑이나 장기 같은 오락잡기를 일컫는다. 공자는 차라리 그런 것이라도 해서 심을 쓰라고 말한다. 심은 쓰는 것이요, 말하자면 아무 생각 없이 살지 말고 생각하면서 살라는 것이다. 이때 심은 생각하는 기관, 즉 인식과 계산의 주체를 가리킨다.

04
단계

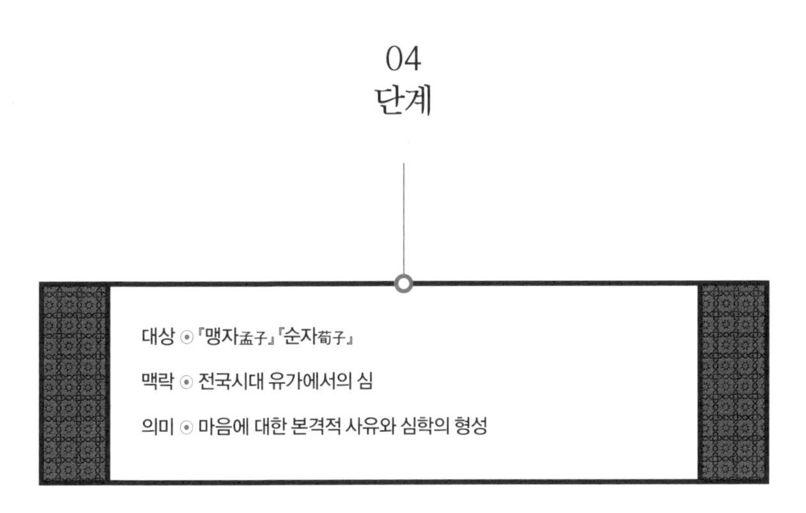

심에 대한 이론적이고 실천적 사유는 전국시대에 이르러 본격적으로 시작된다. 공자의 계승을 표방한 맹자(약 기원전 372~기원전 289)와 순자(약 기원전 313~기원전 238)는 전국시대의 사회적·지적 상황 속에서 각각 공자의 비전을 전개해갔다. 그들에게서 심은 인간의 인격 혹은 자아의 중심이며 인간다움의 중심이자 처소로서, 그를 통해 세계를 이해하여 들이며 동시에 세계를 향해 자신의 감정을 표현하고 의지를 실천해나가는 통로이자 능력으로서 인간적 주체임이 분명해진다.

【맹자 1】 원문 11

귀와 눈과 같은 기관은 생각하지 않으므로 사물에 의해 가린다. 사물이 사물과 만나면 그것을 끌고 간다. 심心은 사유思하는 기관이다. 생각하면 얻고 생각하지 않으면 얻지 못한다. 이것은 천天이 우리에게 준 것이다.

「고자告子 상」

심을 사유 기관으로 제시하고 있다. 귀나 눈 같은 신체 기관으로 심을 제시한 것이다. 귀가 듣고 눈이 보는 기관이라면 심은 사유하는 기관이다. 그가 심장을 염두에 둔 것인지는 명확하게 알 수 없다. 어쨌든 감각기관을 통해 들어오는 감각이 외부 사물을 포착해 그것을 안으로 끌어들이는 동시에 외부 사물에 의존하여 그것에 끌려가는 성격을 지닌다면, 심은 사유를 담당하는 기관으로, 그렇게 들어온 외부 사물에 대한 감각이나 인상을 정리하고 그를 자신의 의도에 따라 판단·분별하는 작용을 한다. 그것은 곧 오성이나 이성 작용에 해당된다.

서양 철학의 전통에서는 인간의 오성과 이성 활동이 신체에 의존하지 않는 것으로 이해되었으며, 그것이 신체와 구별되는 정신 혹은 영혼론으로 전개되기도 했지만, 맹자는 인간의 사유가 심의 작용이며 심은 결국 신체의 일부라고 보았기 때문에 그러한 식의 전개는 없었다.

맹자가 말했다. "사람에게는 모두 차마 하지 못하는 마음이 있다. 선왕先王은 차마 하지 못하는 마음이 있었기에 차마 하지 못하는 정치를 폈다. 차마 하지 못하는 마음을 가지고 차마 하지 못하는 정치를 실행했으니 천하를 다스리는 것을 마치 손바닥 위에서 운용하듯 할 수 있었다. 사람에게 모두 차마 하지 못하는 마음이 있다고 말하는 근거는 다음과 같다. 지금 사람이 언뜻 어린 아이가 우물에 빠지려는 것을 본다면 모두 놀라고 측은히 여기는 마음을 갖게 될 것이다.

그런데 그것은 어린 아이의 부모와 내밀한 관계를 맺고자 해서 그런 것이 아니요, 마을의 친구들에게 명예를 구하고자 해서 그런 것도 아니며, 그 울음소리가 듣기 싫어서 그런 것도 아니다.

이로부터 보건대, 측은히 여기는 마음惻隱之心이 없으면 사람이 아니며, 부끄러워하고 미워하는 마음羞惡之心이 없어도 사람이 아니며, 거절하고 양보하는 마음辭讓之心이 없어도 사람이 아니며, 시시비비를 가리는 마음是非之心이 없어도 사람이 아니다.

측은히 여기는 마음은 인仁의 단서이며, 부끄러워하고 미워하는 마음은 의義의 단서이며, 거절하고 양보하는 마음은 예禮의 단서이며, 시시비비를 가리는 마음은 지智의 단서다. 사람에게 이 네 가지 단서四端가 있는 것은 그에게 사체四體가 있는 것과 같다. 이러한 사단이 있는데도 스스로 할 수 없다고 말하는 자는 스스로를 해치는 자이며, 자신의 임금은 할 수 없다고 말하는 자는 그 자신의 임금을 해치는 자다.

무릇 사단이 자신에게 있는 자들은 모두 확장하고 충실하게擴充 할 줄 아니, 마치 불이 처음 타오르는 것 같고 샘이 막 터져나오는 것과 같다. 만약 그것을 충실하게 할 수 있다면 사해四海를 보존할 수 있겠지만, 만약 충실하게 하지 않으면 부모를 섬기기에도 부족하게 된다."

「공손추公孫丑 상」

그 유명한 사단에 대한 이야기가 나오는 대목이다. 맹자에 따르면 인간에게는 차마 하지 못하는 마음이 있는데, 그것은 다른 사람과 관계하는 가운데 자연스럽게 우리 내면에서 일어나는 것이다. 일종의 욕망이지만 밖에 있는 것을 내 안으로 끌어들여 자기 것으로 만들려는 게 아니라, 즉 자기중심성에서 나오는 것이 아니라, 자기를 넘어선 보편적이고 객관적인 마음(인류애일 수도 있는데)으로부터 혹은 그러한 보편성을 향하여 일어난 욕망이요 억제할 수 없는 간절한 마음이다. 그것을 우리는 딱히 도덕적인 마음이라고 할 수밖에 없겠는데, 맹자는 그것을 양심良心이라고도 하고 양지良知, 양능良能이라고도 했다. 맹자는 또한 그러한 마음을 네 가지로 분류해 사단이라 불렀으며, 각각이 인仁, 의義, 예禮, 지智 네 가지 덕성으로 나아갈 수 있는 확고한 기초를 이룬다고 했다. 사단에 대한 해석을 둘러싸고, 덕성의 형성을 위한 실천적 출발점으로 보는 단시설端始說과 덕성의 선재先在를 이론적으로 확인할 수 있는 실마리로 보는 단서설端緖說의 다툼이 있었다. 단시설을 주장한 인물이 조기趙岐(약 109~201)와 정약용이었다면, 주희는 단서설을 주장했다.

【맹자 3】 원문 13

맹자가 말했다. "우산의 나무들이 아름답지 않았던 것은 아니지만, 그것이 큰 나라의 근교에 있었기에 사람들이 나무들을 베어내니 우산이 어찌 아름다울 겨를이 있었겠는가? 더구나 풀이 낮과 밤으로 자라고 비와 이슬이 내려 그것을 적시니 싹이 자라지 않은 것은 아니지만 소와 양이 (풀이) 나는 대로 먹으니 저렇게 비어 황량한 것이다. 사람이 그 비어 황량한 것만 보고 일찍이 재목이 있었던 적이 없다고 여긴다면 어찌 산의 본성을 제대로 본 것이겠는가?

사람도 마찬가지다. 어찌 인의仁義의 마음이 없겠는가? 자신의 본래 선한 마음良心을 놓쳐버리는 까닭은 도끼가 나무를 베어낸 것과 같다. 아침마다 베어버리니 어찌 아름다울 수 있겠는가? 낮과 밤에 평단平旦의 기氣가 자라나지만 그의 호오好惡가 다른 사람과 거의 멀어지는 것은 아침과 낮에 행하는 바가 질곡을 가하여 망하게 하기 때문이다. 질곡을 반복해서 가하면 그 야기夜氣는 보존될 수 없으며, 야기가 보존되지 못하면 짐승과 다를 바 없다. 사람이 그 짐승 같음을 보고서 그에게 일찍이 자질이 없었다고 여긴다면, 그것이 어찌 인간의 참모습을 본 것이겠는가? 그러므로 만약 잘 기른다면 자라나지 않을 것이 없으며, 잘 기르지 못하면 소멸되지 않을 것이 없다. 공자는 말했다. '잡으면 보존되고 놓치면 잃는다. 나고 드는 것이 정해진 때가 없으니 그 가는 곳을 알지 못한다.' 이것이 마음을 가리킨 말 아닌가?"

「고자 상」

맹자는 우리에게 선한 마음(양심)이 있음을 비유로 설명·설득하려 한다. 평단의 기는 곧 새벽의 평정한 좋은 기운으로, 주희는 "아직 외부 사물과 접하기 전의 맑고 깨끗한 기운平旦之氣, 謂未與物接之時, 淸明之氣也"이라고 풀이했다. 뒤에 나오는 야기와 비슷하다. 야기는 밤사이 사물과의 접촉이 없는 가운데 저절로 생겨나는 좋은 기운을 뜻한다. 이는 당시 자연학의 핵심 개념인 기氣로 양심을 설명하고자 한 것이다. 맹자가 자연학과 긴밀하게 호흡하면서 유교 본래의 인문학적 성찰을 결합하려 했음을 보여준다. 양심良心에 대해 나중에 주희는 "본연의 선한 마음으로 곧 인의의 마음良心者, 本然之善心, 卽所謂仁義之心也"이라고 풀이했다.

맹자는 결론적으로 공자의 말을 인용해 마음의 특성에 대해서 '잡으면 보존되고, 놓치면 잃는다. 나고 드는 것이 정해진 때가 없으니 그 가는 곳을 알지 못한다'고 말했다. 이는 곧 양심은 우리에게 자연스럽게 주어져 있지만, 그것의 보존과 확장, 제대로 된 발현을 위해서는 우리의 수양적修養的

활동이 필요함을 말하는 것이다.

【맹자 4】 원문 14

맹자가 말했다. "인仁은 인간의 마음人心이요, 의義는 인간의 길人路이다. 그 길을 버려두고 가지 않으며, 그 마음을 잃어버리고도 찾을 줄 모르니 슬프다. 사람들은 닭이나 개가 집을 나가면 찾을 줄 알지만, 집을 나간(잃어버린) 마음은 찾을 줄 모른다. 학문의 방법은 다른 것이 없다. 집을 나간 마음을 찾아오는 것求其放心일 따름이다."

「고자 상」

학문學問, 곧 배우고 묻는 활동은 방심放心을 찾아오는 일에 다름 아니라는 것이다. 『논어』에서는 학學이 온전한 인간으로서 군자(결국 자격 있는 지배자)가 되는 데 목표가 있고, 그 방법으로 시詩·서書·예禮 등에 대한 학습이 강조되었다면, 맹자는 여기에서 심心을 학의 핵심으로 제시하고 있다. 그런 점에서 맹자는 심학의 창시자라고 할 수 있다.

심은 사유 기관으로서 신체 내부에 있지만, 그의 사유활동은 신체를 넘어 만물의 세계로 확산된다. 맹자는 먼저 그러한 마음을 수렴할 것을 요구한다. 지금 여기 내 마음에 집중하고 거기서부터 출발하기를 요구한다.

내 마음에 모든 것이 갖춰져 있기 때문이다. 그는 "만물이 모두 나에게 갖추어져 있다. 몸에서 반성하여 진실할 수 있다면 즐거움은 그보다 큰 것이 없을 것이며, 힘써 다른 사람에게로 미루어 갈 수 있다면 인仁을 구하는 데는 그보다 가까운 방법이 없을 것이다"(「진심盡心 상」)라고 말했다.

【 맹자 5 】 원문 15

맹자가 말했다. "자신의 마음을 다하는 자는 자신의 성性을 알 수 있고, 자신의 성을 아는 자는 하늘天을 안다. 자신의 마음을 보존하고 자신의 성을 기르는 것이 하늘을 섬기는 방법이며, 단명短命과 장수長壽에 자신의 마음을 두 가지로 하지 않으며 몸을 닦으면서 죽음을 기다리는 것이 명命을 세우는 방법이다."

「진심 상」

맹자는 앞의 구방심求放心과 함께, 진심盡心과 존심存心의 공부 방법론을 제시한다. 이에 대해 주자는 다음과 같은 해설을 붙였다. "나는 다음과 같이 생각한다. 마음을 다하고 성性을 알아서 하늘을 아는 것은 이치(의 인식)로 나아가는 방법이며, 마음을 보존하고 성을 길러 그로써 하늘을 섬기는 것은 그 일을 실천하는 방법이다. 이치를 알지 못하면 본래 그 일을 실천할 수 없지만, 다만 이치에만 나아가고 그 일을 실천하지 않는다면 또한 자기 것으로 만들 수 없다. 하늘을 알고 단명과 장수로 마음을 달리하지 않는 것은 지智의 다함(극진함)이요, 하늘을 섬겨 몸을 잘 닦음으로써 죽음을 기다는 것은 인仁의 다함(극진함)이다. 지에 다하지 못함이 있으면 본래 인을 실천할 방법을 모르는 것이지만 지하면서 인하지 못하다면 또한 장차 불법한 데로 흘러가게 되므로, 그로써 지로 삼기에 족하지 않다."

성性은 우리에게 자연스럽게 주어진 마음의 공통된 성향으로 특히 도덕적 성향을 의미한다. 도덕적 마음을 통해 우리는 자신의 도덕적 성향을 알 수 있으며, 그것이 바로 주어진 존재의 조건이요 방향이다. 그리하여 그것을 일상에서 보존하고 확충해가는 것이 바로 우리의 공부, 학學의 핵심이다.

맹자는 그것은 결국 생존의 자연스러운 욕구를 넘고 죽음에 대한 두려움마저 넘어서는 것으로 제시한다. 이 지점에서 심(마음)은 개별 신체를 넘어 보편적 가치인 공동체를 지향한다. 맹자는 그러한 보편적 가치善는 우리의 자연적 성향인 성性으로 주어져 있으며, 마음의 사유(계산)와 의지(선택) 이전에 사단이라는 정서로 자연스럽게 발현된다고 주장한 바 있다. 성이 선하다는 것은 도덕적 지향을 가진 존재라는 뜻이다. 또한 성이 곧 생生이라면, 그것은 곧 도덕적 성격을 지닌 생명임을 주장하는 것이다.

신체적 생명은 도덕적 생명과 함께 생명을 구성한다. 그러므로 둘은 서로 의존하는 면이 있다. 즉 도덕적 생명의 확대와 위축은 신체에도 영향을 미치며, 그 반대도 어느 정도 그러하다. 그런데 도덕적 생명은 무한히 확장할 수 있지만 신체적 생명엔 운명적 제한命이 있다. 그러므로 신체적 생명이 제한을 넘어 과도하게 추구된다면 문제를 야기하며, 도덕적 생명의 확장에 힘써야 할 마음의 힘을 빼앗긴다. 따라서 신체적 생명을 지향하는 욕구란 완전히 부정되지는 않지만 절제되어야 한다. 필요한 것은 신체 수양이며, 신체 욕망의 부정이 아니라 절제다. 그는 "마음을 기르는 데 욕망을 적게 하는 것보다 더 좋은 방법은 없다"(「진심 하」)고 말한 바 있다.

【맹자 6】 원문 16

맹자가 말했다. "큰 사람大人은 적자赤子(어린아이)의 마음을 상실하지 않은 사람이다."

「이루離婁 하」

주희는 "큰 사람의 마음은 온갖 변화에 통달하고, 적자赤子의 마음은 순수하고 단일하여 거짓이 없다"고 풀이했다. 큰 사람이 세상의 모든 이치에 통달한 최종 경지라고 한다면, 적자의 마음은 그저 거짓 없이 순수하고 단순한 마음으로서, 아직 그러한 경지에 이르지는 못했다. 따라서 구별될 수 있다. 그럼에도 맹자가 그 둘을 동일시한 것에 대해 주자는 다음과 같이 설명한다. "큰 사람이 큰 사람이 된 까닭은 바로 그가 외물의 유혹에 빠지지 않고 순수하고 단일하며 거짓 없는 본래 모습本然을 온전히 할 수 있었기 때문이다. 그래서 그것을 확충하여 알지 못하는 것이 없고 능하지 못한 것이 없어 그 크기를 극도로 할 수 있게 된 것이다." 큰 사람이 되기 위해서는 적자의 마음이 필수 조건이 된다는 것이다. 적자의 마음을 끝까지 확충하면 그것이 큰 사람의 마음이 된다는 것이다. 대인지심은 해야 할 바에 대해 알지 못하는 것이 없고 할 수 없는 것이 없는 성인의 마음이다.

【맹자 7】 원문 17

(공손추가) 말했다. "감히 묻습니다. 선생님의 부동심不動心과 고자告子의 부동심에 대해 들을 수 있겠는지요?" (맹자가 말했다.) "고자는 말했다. '말에서 얻지 못하면 마음에 구하지 말고, 마음에서 얻지 못하면 기에서 구하지 말라.' 마음에서 얻지 못하면 기에서 구하지 말라는 것은 괜찮지만, 말에서 얻지 못하면 마음에서 구하지 말라고 하는 것은 옳지 못하다. 무릇 지志는 기氣의 장수帥이며, 기는 몸體에 충만한 것이다. 무릇 지는 지극한 것이고, 기는 그다음이다. 그러므로 '그 지를 잡고, 그 기를 난폭하게 하지 말라'고 했다." (공손추가 말했다.) "이미 '지는 지극한 것이고, 기는 그다음이다'라고 하시고는 또 '그 지를 잡고, 그 기를 난폭하게 하지 말라'고 하신 것은 왜입니까?" 대답하셨다. "지가 한결같으면 기를 움직이고, 기가 한결같으면 지를 움직인다. 지금 무릇 넘어지는 것과 달려가는 것은 기인데 도리어 그 마음을 움직이는 것이다."

"감히 묻습니다. 선생님께서는 어디에 뛰어나십니까?" 대답하셨다. "나는 말을 알고知言, 나는 나의 호연지기浩然之氣를 잘 기른다." "감히 묻습니다. 무엇을 호연지기라고 합니까?" 대답하셨다. "말하기 어렵다. 그것의 기氣됨은 지극히 크고 지극히 굳세며, 직直으로 길러 해치지 않으면 천지 사이를 가득 채운다. 그 기됨은 의義와 도道와 짝이 되어 그것들이 없으면 굶주린다. 그것은 의를 쌓아서 (저절로) 생기는 것이며, 의가 습격하여 (갑자기) 가져올 수 있는 것이 아니다. 행동이 마음에 흡족하지 않은 것이 있으면 굶주린다. 나는 그러므로 '고자는 의를 안 적이 없다'고 했는데, 그가 그것을 외부의 것으로 생각하기 때문이다. 반드시 일삼는 바가 있되 예기豫期하지 말 것이며, 마음으로 잊지 말아야 하고 조장助長하지도 말아야 한다. 송宋나라 사람이 그랬던 것같이 하지 말아야 한다. 송나라 사람 중에 벼 싹이 자라나지 않는 것을 염려하여 뽑아올린 자가 있었다. 그가 어리석게 집으로 돌아와 가족들에게 말하기를 '오늘은 피곤하구나. 내가 벼 싹이 자라는 것을 도와주었다'고 했다. 그 아들이 달려가서 살펴보니 벼 싹이 말라 있었다. 천하에 벼 싹이 자라는 것을 돕지 않는 자가 적다. 이익이 없다고 하여 버려두는 자는 김을 매지 않는 자요, 그것이 자라는 것을 돕는 자는 벼 싹을 뽑는 자다. 무익할 뿐 아니라 또한 해치는 것이다."

"무엇을 가리켜 말을 안다知言고 합니까?" 말씀하셨다. "편파적인 말에서 그가 은폐한 바를 알아차리고, 음탕한 말에서 그가 빠져 있는 바를 알아차리고, 사벽한 말에서 그가 이탈한 바를 알아차리며, 도피하는 말에서 그의 궁색한 바를 알아차린다. 그 마음에서 생겨나서 그 정치를 해치며, 그 정치에서 발현하여 그 일을 해친다. 성인이 다시 일어나셔도 반드시 내 말을 따를 것이다.

「공손추 상」

사단과 함께 『맹자』에서 가장 문제적 개념인 호연지기浩然之氣가 나오는 대목이다. 앞에서 평단의기, 야기 등의 개념이 그러했듯이, 당대 자연학의 핵심 개념인 기를 사용하여 거기에 유교의 인문학적이고 도덕적인 의미를 부여했다. 자연 속에서 도덕 혹은 문화를 발견하고자 한 맹자는 그 둘 사이를 엄격히 분리한 도가적 사유에 대항하여 자연을 재해석했다. 도가적 사유를 인정한 가운데 도가적 사유 바깥에서, 자연과 대립된 도덕 혹은 문화의 가치와 의의를 주장했던 순자의 시도와 대비된다. 언어와 마음, 기氣, 정치의 상호 관련성에 대한 흥미 있는 주장들이 펼쳐지고 있다.

【순자 1】 원문 18

사람에게 있는 다양한 이름은 다음과 같다. 생명의 근원所以然을 성性이라고 한다. 성의 조화和가 낳은 것, 정精이 (외물과) 만나 감응함에 일삼지 않아도 저절로 그러한 것自然을 (또한) 성이라고 한다. 성이 좋아하고 미워하는 것好惡과 기뻐하고 분노하고 슬퍼하고 즐거워하는 것喜怒哀樂을 정情이라고 한다. 정이 그러한 중에서 심心이 선택하는 것을 생각慮이라고 한다. 심이 생각하고 실천 능력能이 그 때문에 움직인 것을 행위僞라고 한다. 생각이 쌓이고積 실천 능력을 반복적으로 익힌習 후에 이루어지는 것을 (또한) 행실僞이라고 한다. 이익利을 지향하여 움직이는 것을 일事이라고 하고, 의義를 지향하여 움직이는 것을 행동行이라고 한다. 앎의 근거가 사람에게 있는 것을 지능知이라고 하고, 지능이 (외물과) 만난 것을 지식智이라고 한다. 실천(능력)의 근거가 사람에게 있는 것을 실천 능력能이라 하고, 실천 능력이 (외물과) 만난 것을 (또한) 능력能이라고 한다. 성이 상한 것을 병病이라 한다. 우연히 만난 것을 명命이라고 한다. 이러한 것들이 사람에게 있는 다양한 이름이며, 후왕後王이 제정한 이름들이다.

「정명正名」

인간과 관련된 다양한 개념을 설명하고 있다. 성은 생명의 근원으로서, 현실세계의 개체들 속에서, 그들의 감응적 상호 관계에서 자연스럽게 형성된 자연적 성향이다. 이러한 성이 감성적 현실로 나타난 것이 정情이다. 심心은 그러한 정에 대해 사려慮 작용을 하여 선택 곧 판단하는 작용을 한다. 이는 맹자가 사思라고 한 것과 같은 내용이며, 따라서 전통적으로 둘을 붙여서 '사려思慮'라고 했다. 생각에서 실천이 나오며, 그것이 위僞, 곧 인위人爲다. 그것이 되풀이되어 습관화·문명화된 것도 위다. 여기서는 각각 '행위'와 '행실'로 옮겼다. 순자는 이익과 관련된 일이나 행동을 사事(일)라고 하고, 의義 곧 도덕적인 일이나 실천을 행行(행동)이라 하여 구별지으며, 인식 능력으로서의 지知(지능)와 그 능력이 발휘된 결과 얻는 것으로서의 지智(지식)도 구별하고 있다. 또한 잠재적 실천 능력으로서의 능能과 그 능력이 발휘된 현실적 실천 능력으로서의 능能을 또한 구별했다.

성이 우리에게 주어진 것, 우리가 어찌해볼 수 없는 자연스러운 것이라고 한다면, 심은 그러한 성이 발현한 정에 대해 사유 작용을 가하여 판단하고 선택하는 인간적 능력임이 분명하게 제시되었다.

【순자 2】 원문 19

사람은 무엇으로 도道를 아는가? 심心이다. 심은 어떻게 알게 되는가? 비어 있고 단일하며 고요하기虛壹而靜 때문이다. 심은 일찍이 저장하지 않은 적이 없으나 또한 비어 있으며, 심은 일찍이 가득 차지(다양하지) 않은 적이 없으나 또한 단일하고, 심은 일찍이 움직이지 않은 적이 없으나 또한 고요하다. 사람은 나면서부터 지능知을 지니며, 지능이 있기에 기억한다. 기억한다는 것은 저장한다는 것이다. 그러나 또한 비어 있는데, 이미 저장하고 있는 것으로 장차 받아들일 것을 해치지 않는 것을 비어 있음이라고 한다. 사람은 나면서 지능이 있는데, 지능이 있기에 차이를 인식한다. 차이에 대한 인식은 동시에 겸하여 아는 것이다. 동시에 겸하여 아는 것은 두 가지인 것이다. 그러나 또한 단일한데, 저기의 하나로 여기의 하나를 해치지 않는 것을 단일함이라고 한다. 심은 잠을 자면 꿈을 꾸고, 편안히 있을 때는 스스로 움직이며, 일을 시키면 도모한다. 그러므로 심은 움직이지 않은 적이 없다. 그러나 또한 고요하니, 꿈과 상상이 지능을 어지럽히지 않는 것을 고요함이라고 한다. 아직 도를 얻지 못하여 도를 찾는 자에게는 비어 있음과 단일함과 고요함을 말해줘야 하며, 그는 그것들을 표준으로 삼아야 한다. 도를 기다리는 자가 비어 있으면 (도에) 들어갈 수 있고, 도를 섬기는 자가 단일하면 다할 수 있을 것이요, 도를 생각하는 자가 고요하면 살필 수 있을 것이다. 도를 알고 도를 살피고 도를 실천하는 자가 도를 체현하는 자다. 비어 있음과 단일함과 고요함을 대청명大淸明이라고 한다.

만물은 볼 수 있는 형태를 가지며, 볼 수 있는 것은 논할 수 있으며, 논할 수 있는 것은 제자리를 잃지 않는다. 집에 앉아 있으면서 사해四海를 보며, 지금 여기 있으면서 오래고 먼 것을 논하고, 만물을 엉성하게 살펴도 그 실정을 알며, 치란을 살펴 그 법도에 통달하고, 천지를 경위經緯하여 만물을 관할하며, 큰 이치를 제어하여 우주를 질서 있게 한다. 크고 넓으니 누가 그 끝을 알 수 있겠는가! 그 밝음은 해와 달과 삼參이 되고, 그 크기는 팔극八極을 가득 채운다. 그를 일러 큰 사람大人이라 한다. 그에게 어찌 가려진 것이 있겠는가!

심心은 형形(몸)의 임금이요 신명神明의 주인이니, 명령을 내리되

명령을 받지는 않는다. 스스로 금하고 스스로 시키며, 스스로 빼앗고 스스로 취하며, 스스로 기고 스스로 멈춘다. 그래서 입은 강제하여 침묵하게 할 수도 있고 말하게 할 수도 있으며, 몸은 강제하여 굽히게 할 수도 있고 펴게 할 수도 있으나, 심은 강제하여 뜻을 바꾸게 할 수 없다. 옳다고 생각하면 받아들이고, 그르다고 생각하면 거절한다. 그래서 "심의 모습이여, 그것이 선택하는 것을 금할 수 없으며, 반드시 스스로를 나타낸다. 그것이 접하는 대상은 다양하고 넓지만 그것의 실정情의 지극함은 나뉘지 않는다"고 했다. 『시경』에 "캐고 캐네, 도꼬마리를. 아아! 그리운 사람이여, 주나라의 조정에 있네"라고 했다. 기울어진 광주리는 쉽게 채울 수 있으며, 도꼬마리는 쉽게 얻을 수 있지만 그녀는 그렇게 하지 못했으니 주나라 조정에 있는 이 때문에 마음이 둘로 나뉘었기 때문이다. 그러므로 "마음이 갈라지면 무지해지고, 기울어지면 정밀해지지 못하며, 둘로 나뉘면 의혹이 생긴다"고 했다. 그로써 도와 살피면 만물의 전모를 알 수 있다. 몸이 완전히 그 일에 집중하면 아름다워진다. 유類는 둘이 될 수 없으므로 지자知者는 하나를 택해 하나로 한다.

「해폐解蔽」

심은 그를 통해 도道를 인식할 수 있는 인간의 능력이다. 순자는 심이 도를 인식하려면 허虛, 일壹(일一과 같음), 정靜이 필요하다고 한다. 좀더 구체적인 도의 인식 조건을 제시하는 것이다. 즉, 마음은 비어 있어야 하며, 집중(단일)해야 하고, 또한 고요해야 한다. 또한 그것을 단적으로 대청명이라고 표현했다. 아마도 이는 도가적 신비주의의 영향을 얼마간 받아들인 듯하다. 하지만 그것이 지향한 바는 도에 대한 신비적 인식이 아니라 사회·도덕적 실천이었고, 그 조건들은 적절한 인식에 이르기 위한 합리적 요구로 제시되`었다. 따라서 신비주의 자체를 받아들인 것은 아니다.

마음은 온갖 외부에 대한 지식과 감정과 욕망으로 가득 차 있지만 도의 인식을 위해서는 그것을 비워야 하며, 마음은 늘 대립하고 모순된 생각들로 나뉘어 있지만 도의 인식을 위해서는 단일성(단순성, 집중력)을 유지해야 하며, 마음은 세상과 접촉하고 관계하느라 분주하지만 도의 인식을 위해서는 고요함을 회복해야 한다는 것이다.

순자는 심(마음)은 몸의 임금이고 신명의 주인으로서, 명령하지만 명령받지는 않는 자유이기에 몸과 구별된다고 했다. 맹자에 비해 몸에 대한 심의 우위가 더욱 분명하게 표현되었을 뿐 아니라, '신명의 주인'이라는 표현이 덧붙여졌다. 이는 흥미로운 부분으로, 신명과 심의 관계가 사유되고 있는 것이다. 신명으로 하여금 심의 주인이 되도록 하려는 것이 아래에서 다시 살펴볼 도가적 신비주의의 특징이라면, 순자는 심이 몸의 주인일 뿐 아니라 신명의 주인이라고 함으로써, 심 중심성 곧 인간 중심성을 명확하게 표방했다. 마음은 몸으로부터나 신명으로부터 자유롭고 인간의 도덕과 문화, 문명을 창조하는 주체라는 것이다.

마음에는 감각적 인지 능력徵知이 있다. 감각적으로 안다는 것은 귀를 통해 소리를 알 수 있고 눈을 통해 형체를 알 수 있는 것과 같다. 그래서 감각적으로 아는 것은 반드시 감각기관이 그에 해당되는 대상들을 접촉하는 것을 기다린 연후라야 가능하다. 만약 다섯 감각기관이 사물에 접촉했는데도 알지 못하거나, 마음에 감각적인 지식은 있지만 설명할 수 없다면, 사람들은 그것을 '알지 못한 것'이라고 할 수밖에 없다. 이것이 (감각기관에) 인연(의지)하여 동同과 이異를 구별하는 것이다.

「정명」

징지徵知는 증거를 가진 앎, 말하자면 경험적 인지 능력의 발휘에 따라 얻은 지식으로 보인다. 경험적 지식은 감각기관을 통해 들어오는 지식과 인상 등을 기초로 하고, 거기에 사유의 작용이 더해질 때 비로소 정당하게 성립된다는 것이다. 즉, 마음이 감각기관을 통해 들어온 지각 정보를 토대로 분별적 지식을 만들어내는 것으로 보고 있다. 인용 후반부의 의미는 명확하게 이해하기 어렵다.

하늘天: 자연의 운행은 항상 그러하니, 요堯 때문에 보존되는 것도 아니요 걸桀 때문에 없어지는 것도 아니다. 질서로 그에 대응하면 길吉하고 혼란으로 그에 대응하면 흉凶하다. (…) 그러므로 하늘과 인간의 구분에 밝으면 지인至人이라고 할 만하다.

(억지로) 하는 것 없이 완성하고 구하지 않으면서도 얻는 것, 그것을 천직天職(하늘의 일)이라고 한다. 이와 같은 경우 비록 깊다고 해도 그 사람은 거기에 사려를 더하지 않으며, 비록 크다고 해도 능력을 더하지 않으며, 비록 정밀하다고 해도 성찰을 더하지 않는다. 그것을 "하늘과 더불어 직職을 다투지 않는 것"이라고 한다. 하늘은 자신의 때가 있으며, 땅은 자신의 재물이 있으며, 인간은 자신의 다스림이 있다. 그것을 "삼이 될 수 있음能參"이라고 한다. 사람이 그것을 통해 삼이 되는 것을 버리고, (다른 방식으로) 삼이 되기를 원한다면 미혹된 것이다.

많은 별은 궤도를 따라 돌고, 해와 달은 번갈아 비추고, 네 계절은 차례로 순환하고, 음과 양은 크게 조화造化하고, 바람과 비는 두루 내린다. 만물이 각각 조화調和를 얻어서 생겨나고, 각각 양육을 입어 완성된다. 그가 일하는 것을 보지는 못하지만 이룬 공적은 볼 수 있으니, 그것을 신神이라고 한다. 모든 사람이 그것이 완성시킨 것을 알지만 무형無形임을 알지 못하니, 그것을 천天이라고 한다. 오직 성인만이 천을 알기를 구하지 않는다.

천직이 세워지고 천공天功이 완성되었을 때, 형形이 갖춰지고 신神이 생겨난다. 좋아함과 미워함과 기쁨과 노함과 슬픔과 즐기움이 안에 저장된 것, 그것을 천정天情이라고 한다. 귀와 눈과 코와 입과 형은 그 능력이 각각 접촉하는 바가 있으나 능력은 서로 대체할 수 없으니 그것을 천관天官이라고 한다. 심心은 중中의 허虛에 거하면서 오관五官을 다스리니, 그것을 천군天君이라고 한다. 재물은 그의 유類(인류)가 아니지만 그것으로 그 유를 기르니, 그것을 천양天養이라고 한다. 그 유에 순응하는 것을 복福이라 부르고, 그 유에 반대되는 것을 화禍라고 부르니, 그것을 천정天政이라고 한다.

천군을 어둡게 하고 천관을 어지럽게 하며 천양을 버리고 천정에 반역하며 천정을 배반하고 천공을 잃어버리는 것, 그것을 대흉大凶이라 한다. 성인은 천군을 깨끗이 하고, 천관을 바로잡으며, 천양을 완비(온전)하게 하고, 천정에 순응하고, 천정을 길러 천공을 온전히 한다. 이와 같이 한다면 그는 할 바를 아는 것이요 또 하지 않을 바를 아는 것이니 하늘과 땅이 관료의 일을 하고, 만물이 그에 복역한다. 행실이 세밀하게 다스려지고 기름이 세밀하게 조정된다면 삶은 상함이 없게 된다. 그것을 지천知天이라고 한다.

「천론天論」

순자는 여기에서도 개념들을 정의하고, 그를 통해 우리의 여러 관념을 체계적으로 분류하고 정리한다. 여기에서는 특히 천天, 곧 자연과 관련된 관념들을 정리하고 있다. 그는 먼저 천과 인人의 구별을 분명히 한다. 천은 인간을 위해 있지 않으며, 인간사에 도덕적 관심을 지니고 개입하는 존재가 아니다. 그것은 자신의 법칙常에 따라 운행하며 자신의 천직天職을 수행하여 천공天功을 이룬다. 그것은 무형無形이며 우리가 그 내밀한 사정을 잘 알 수 없는 신적神的인 것이다.

그리고 인간은 그러한 천의 활동을 배경으로 하면서 자신의 일을 하고, 그를 통해 천지에 참여하는 존재다. 순자는 인간 활동의 배경을 이루는 천에 속한 것들을 또한 천天이라는 이름을 붙여 열거한다. 곧 인간적 활동의 배경으로서 자연적으로 존재하고 있는 것들, 인간적 활동의 조건이 되는 것들에 대해 천이라는 이름을 붙인 개념을 설정한다. 곧 천정天情, 천관天官, 천군天君, 천양天養, 천정天政 등이다. 인간은 이런 자연적 조건들을 잘 활용해 일을 하며 그것이 곧 천天을 아는 것이라고 말한다. 천을 아는 것은 그것 이상의 내밀한 사정을 아는 것이 아니다. 또한 마찬가지로 천지와 나란히 인간이 자리하는 것은 인간의 일을 함으로써 그렇다는 것이지 천지의 일을 함으로써가 아니다.

심心에 대해 천군이라 하고, 감각기관에 대해 천관이라고 한 것은 마음을 몸의 주인이라고 한 것과 맥락을 같이한다. 여기에서는 좀더 구체적으로 "중中의 허虛에 거하면서 오관을 다스린다心居中虛, 以治五官"라고 말했다. 여기에서 심의 중심성과 그것의 정치적 함축, 중심성을 가능하게 하는 것으로서의 허虛에 대한 생각이 전개되고 있음을 볼 수 있다.

05
단계

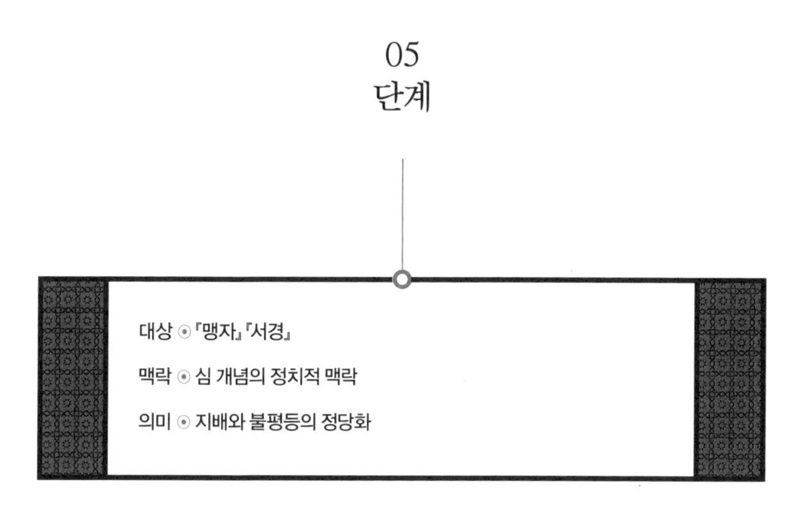

전국시대에 이르러 국가의 힘은 강화되었으며 사회적 분화가 격화되었다. 전통적인 삶의 방식은 심각하게 위협받았으며 공동체는 붕괴되었다. 이제 자연적 공동체를 넘어선 국가의 인위적이고 강제성 띠는 지배는 철학적 논란의 중요한 주제요 배경이 되었다. 도가 사상가들은 국가의 폭력성과 무용성을 주장했고, 법가法家의 전문 관료나 묵가墨家 계통의 사상가들은 공리적功利的 관점에서 국가 지배의 당위성을 주장했다. 반면 맹자는 도가적 무정부주의가 곧 문명 이전의 야만에로 회귀하는 것이라며 반대하는 동시에, 폭력적 국가 운영은 국가 이념에 반反하는 것으로서, 공리적 관점에서도 설득력이 없다고 반대했다. 그는 그 대안으로서 차마 하지 못하는 마음인 인심仁心에 기초한 인정仁政 혹은 왕정王政의 이상을 제시하고, 국가가 도덕질서와 공동체, 그리고 인간적 삶의 수호자가 될 수 있고 또 되어야 한다고 함으로써, 국가 지배의 정당성 논리를 개발했다.

맹자는 국가가 기본적으로 심心의 노동을 하는 지배 계층과 힘力의 노동을 하는 피지배 계층으로 나뉘며, 일종의 분업적 방식으로 운영되는 것이라고 보았다. 즉 생산 계층이 육체노동을 통해 생산활동에 종사하고 국가에 세금을 내 지배층을 봉양한다면, 왕을 중심으로 한 지배 계층은 관리자로서 심의 노동, 곧 국가 운영을 위한 지식, 인仁과 의義를 기본으로 하는 도덕적 역량을 함양할 뿐 아니라 적절한 경제적 분배와 사회보장, 인륜교육을 통해 국가 구성원 전체가 인간다운 삶을 영위할 수 있도록 심의 노동을 한다는 것이다. 그것은 곧 지배 계층 지배의 정당성 주장을 심과 관련된 활동에서 구한 것이다.

결국 맹자가 그렇게 심을 중시했던 데에는 그러한 정치적 함축이 있었다. 순자가 심을 몸의 주인으로 이해하고 감각기관을 다스리는 것으로 이해했던 것, 그리고 도의 인식에서 심의 역할을 강조했던 것에도 당연히 그러한 함축이 있을 터이다. 전국시대 유학자들은 심의 주요한 기능이자 역량인 도덕과 지식을 국가 권력과 지배의 정당한 기초로 제시했던 것이다.

【맹자 8】 원문 22

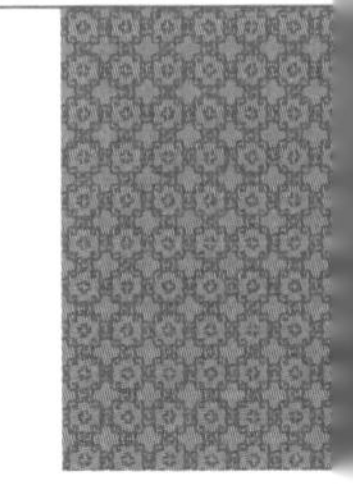

공도자公都子가 물었다. "똑같이 사람인데, 어떤 사람은 큰 사람大人이 되고 어떤 사람은 작은 사람小人이 되는 것은 무엇 때문입니

까?" 맹자가 말했다. "큰 몸大體을 따르는 사람은 큰 사람이 되고, 작은 몸小體을 따르는 사람은 작은 사람이 된다." (공도자가 다시) 말했다. "(그렇다면) 똑같이 사람인데, 어떤 사람은 큰 몸을 따르고 어떤 사람은 작은 몸을 따르는 것은 무엇 때문입니까?" 맹자가 말했다. "귀와 눈과 같은 기관은 생각하지 않으므로, 사물에 의해 가린다. 사물이 사물과 만나면 그것을 끌고 간다. 심은 생각하는 기관이다. 생각하면 얻고 생각하지 않으면 얻지 못한다. 이것은 천天(하늘)이 우리에게 준 것이다. 큰 것을 먼저 세우면, 작은 것이 빼앗지 못한다. 이 때문에 큰 사람이 되는 것이다."

「고자 상」

앞서 일부 인용되었던 것으로 새로운 맥락에서 전체를 인용했다. 큰 사람과 작은 사람, 즉 대인과 소인은 도덕적이고 문화적인 의미에서 든 것일 수 있지만, 또한 그것은 당연히 정치적인 지배층과 피지배층에 각각 대응되는 것으로 볼 수 있다. 사실 공자가, 학學과 사思를 통해 이룰 수 있는 이상적인 인간으로 제시한 군자라는 명칭 자체가 원래 지배자를 의미한다. 그러한 측면을 맹자와 순자가 심의 능력과 관련하여 새롭게 정리한 것이다.

【맹자 9】 원문 23

그렇다면 천하를 다스리는 일을 유독 농사짓는 일과 병행할 수 있다는 말인가? 큰 사람의 일이 있고 작은 사람의 일이 있다. 또한 한 사람의 몸으로서 온갖 공장工匠이 하는 일을 다 감당해 반드시 스스로 한 다음에야 쓸 수 있다면 이는 천하를 이끌어 길로 내모는 것이다. 그러므로 말하기를 "어떤 이는 심의 노동을 하고 어떤 사람은 힘의 노동을 한다. 심의 노동을 하는 자는 사람을 지배하고, 힘의 노동을 하는 자는 사람의 지배를 받는다. 사람의 지배를 받는 자는 (지배하는) 사람을 먹이고, 사람을 지배하는 자는 (생산하는) 사람의 먹임을 받는다. 이것이 천하에 보편적으로 통용되는 의리다.

「등문공滕文公 상」

여기에서 맹자가 대인과 소인을 구분한 이유가 더욱 분명하게 나타난다. 그는 국가(천하)의를 운영하는 데 대인과 소인의 분업이 있을 수밖에 없다고 말한다. 대인은 심의 노동을 하는 사람이고, 소인은 힘의 노동을 하는 사람이다. 대인은 다스리고 소인은 다스림을 받는다. 대인은 봉양을 받고 소인은 봉양을 한다. 그것이 보편적인 사회 법칙이라는 것이다.

【서경 4】 원문 24

덕이 융성한 자는 업신여기거나 모독하지 않는다. 군자를 업신여기고 모욕한다면 그들은 자신의 마음人心을 다하지 않을 것이며, 소인을 업신여기고 모욕한다면 그들은 자신의 힘其力을 다하지 않을 것이다.

「주서周書 · 여오旅獒」

군자에게 심心을, 소인에게 힘力을 각기 배당하여 대비시키는 어법은 『서경』에도 보인다. 물론 그러한 용례가 나오는 부분은 위고문僞古文으로서, 후대의 위조일 수 있다. 어쨌든 『맹자』에 나타난 그러한 심과 힘의 대비와 조응하는 용례로 이해할 수 있다. 이때 군자는 곧 상류의 지배 계층을, 소인은 일반 백성을 의미한다.

06 단계

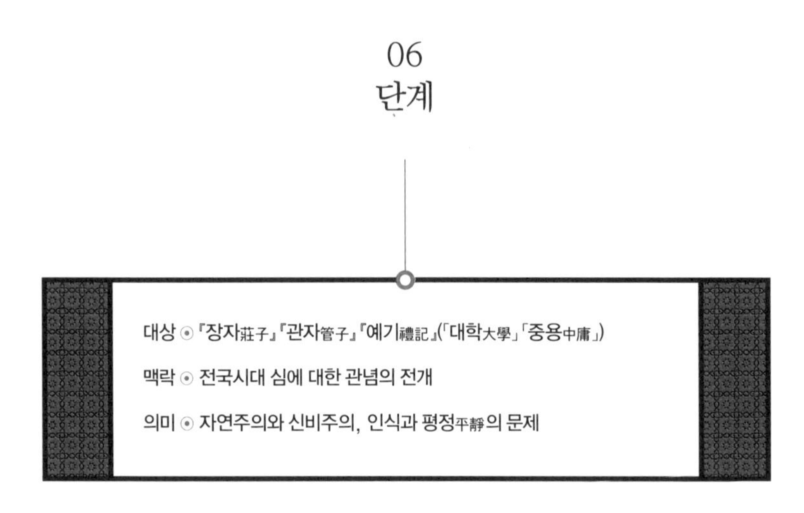

맹자에게서 심은 모든 인간의 도덕적 보편성을 발견할 수 있는 장소이고, 지배 계층의 정당성을 보증하는 능력을 개발하고 실현하는 정신노동의 장소였다면, 그리고 순자에게서 심은 자연에 대해 인간적 독특성을 구현하고 그를 통해 인간의 문명과 문화를 창조해나갈 수 있는 인식과 사유의 기관이었다면, 같은 시기에 심에 대해 다른 방식으로 접근한 철학자들이 있었다. 이른바 도가 계열의 인물들이다. 그들은 심을 어떤 절대적 경지, 곧 도道의 인식에 이를 수 있는 통로로 이해했지만, 다소 소극적 의의를 부여했다. 심이 도에 이르려면 자기를 비우고, 부정하는 것이 요구되었다. 그것은 어떤 객관적 인식을 위한 주관의 제어를 뜻할 수도 있지만, 그보다는 어떤 심오한 신비의 체험으로 이끄는 자기 망각에 가까운 것이었다.

그들은 자기 망각을 통해 물아物我의 구분이 없어진 가운데 자연세계의 유기적 통합과 조화의 과정으로 동화됨으로써 개체적 제한성을 극복하려 했다. 그것은 한편으로는 양생養生에 대한 관심과 밀접한 관련이 있었다. 전국시대 국가의 강제와 지배가 강화되는 시점에서 개인의 생명을 존중하고 그 건강하고 지속적인 삶에 관심을 기울이는 태도가 논의의 한 배경을 이루고 있었다는 것이다. 우리는 『장자』를 비롯해 『관자』의 「심술心術」「내업內業」「백심白心」 편 등에서 그러한 사유가 펼쳐지는 것을 볼 수 있다.

한편 맹자와 순자의 심 이해는 『예기』의 「대학」과 「중용」 속에서 그 울림을 발견할 수 있다. 전통적으로 증자曾子와 자사子思의 저작으로 알려진 「대학」과 「중용」의 내용은 시기상 맹자와 순자보다 앞설 수도 있고 뒤설 수도 있지만 어쨌든 맹자와 순자 단계의 사유와 기본적으로 같은 층에 있다. 성호 이익의 조카이자 제자인 정산貞山 이병휴李秉休는 『맹자』「대학」「중용」의 내용이 상통하는 바가 많다는 점에 착안하여 「대학」과 「중용」이 모두 자사子思의 손에서 이루어진 것이라고 주장한 바 있다.

【장자 1】 원문 25

안회가 말했다. "(그렇다면) 저는 (위衛나라에) 나아갈 방법이 없습니다. 감히 그 방법을 묻습니다." 공자가 대답했다. "재계齋戒하라. 내가 너에게 말하리라. 의도를 가지고 (위나라 군주의 마음을 얻으려) 한다면 그것이 쉽겠는가? 쉽다고 한다면 하늘이 마땅하게 생각하지 않을 것이다." 안회가 말했다. "저의 집은 가난해서 술을 마시지 못하고 훈채를 먹지 못한 것이 수개월째입니다. 그렇다면 재계를 한 것이라고 할 수 있겠습니까?" (공자가) 말했다. "그것은 제사할 때의 재계이고 마음의 재계心齋는 아니다." 안회가 말했다. "감히 마음의 재계에 대해 묻습니다." 공자가 말했다. "너는 뜻을 하나로 하라. 귀로 듣지 말고 마음心으로 들을 것이며, 마음으로 듣지 말고 기氣로 들으라. 귀는 듣는 것에 그치고, 마음은 들어맞는 데符 그친다. 기라고 하는 것은 비어 있으면서 외물을 기다리는 것이다. 오직 도는 비어 있는 곳虛에 모인다. 비어 있음이 마음의 재계다."

안회가 말했다. "제가 가르침을 받아 마음의 재계를 하기 전에는 실로 제가 있었습니다만, 가르침을 받아 마음의 재계를 하고 나자 제가 있지 않게 되었습니다. 비어 있음이라고 할 수 있겠습니까?" 선생님이 말씀하셨다. "충분하다. 내가 너에게 말하겠다. 만약 네가 새장 같은 세상에 들어가 놀되 그 이름에 연연하지 않으며, 들어가면 울고 들어가지 못하면 그치며, 문호도 열지 말고 처방도 제시하지 않으며, 한결같이 부득이한 데 머물 수 있다면 도道에 가까울 것이다. 자취를 끊는 것은 쉽지만, 가고자 하면서 땅을 밟지 않는 것은 어려우며, 사람의 일을 하는 것은 인위로 하기 쉽지만 하늘(자연)의 일을 하는 것은 인위로 하기 어렵다. 날개로 난다는 것은 들어보았지만 날개 없이 난다는 것은 듣지 못했으며, 지식으로 안다는 것은 들어보았지만 지식 없이 안다는 것은 듣지 못했다. 저 텅 빈 것을 보라. 텅 빈 방에 빛이 생기며 길하고 상서로운 것들이 모여든다. 저 그치지 않는 것, 그것을 좌치坐馳(몸은 앉아 있는데 마음은 다른 곳으로 달려감)라고 한다. 무릇 이목耳目을 안으로 거두어 통하게 하고, 마음의 지식心知을 밖으로 하여 배제하면 귀신이 장차 와서 머물 것이니 하물며 사람이겠는가? 이것이 만물의 조화造化이며, 우禹와 순舜이 근본으로 삼은 것이고, 복희伏犧와 궤거几蘧가 종신토록 행한 바다. 하물며 일반 사람들이겠는가?"

「인간세人間世」

「인간세」는 험한 세상을 살아가는 방법을 논한 것이다. 이 장면은 공자와 안회의 대화다. 공자와 그의 수제자 안회의 대화를 통해 도가적 진리를 설파하고 있다. 공자는 안회에게 심재心齋 곧 마음의 재계齋戒를 하라고 조언하고 있다. 재계는 제사에 앞서 부정한 것이 가까이하지 않도록 조심하는 것으로 제계齊戒와 같다. 조심하라는 것이되 제사에 앞서서 하는 조심함보다 더 깊은 의미에서의 조심함을 말하고 있다. 그것은 곧 자아 망각에까지 이른다. 조심하는 자아, 두려워하는 자아마저 넘어서서 자기를 완전히 비우는 경지에서야 조심함은 완성된다.

이러한 자아 망각의 경지는 얼마간 신비주의적 색채를 띤다. 그와 관련하여 다른 곳(「대종사大宗師」)에서 장자는 좌망坐忘이라는 말을 쓰기도 했다. 역시 공자와 안회의 대화에서 안회는 자신에게 진보가 있었음을, 그가 예악禮樂을 잊었으며 인의를 잊었으며 종국에 좌망에 이르렀다고 말한다. 그리고 좌망에 대해 "육체를 벗어나고 총명을 몰아내고, 형체를 떠나고 지식을 제거하여, 대통大通(우주의 유기적 통일성)과 하나가 된 것"이라고 말한다. 일종의 물아일체의 경지로 모든 존재와 하나로 통합되어 어우러지는 경지에 이른 것이다. 공자는 그에 대해 "하나가 되었으면 개인적인 기호가 없는 것이요, 조화한다면 항상(고정)된 것이 없는 것이다. 탁월하도다. 청컨대 내가 너를 따르고 싶구나"라며 일종의 항복 선언을 한다. 이러한 것들은 장자의 유머라고 할 수 있다.

심재의 방법으로 장자는 "귀로 듣지 말고 마음으로 들을 것이며, 마음으로 듣지 말고 기로 들으라. 귀는 듣는 것에 그치고, 마음은 들어맞는 데 그친다. 기라는 것은 비어 있으면서 외물을 기다리는 것이다. 오직 도는 비어 있는 곳에 모인다. 비어 있음이 마음의 재계다"라고 말한다. 이는 맹자가 부동심不動心을 논한 것을 연상시키며, 묘하게 조응한다. 맹자는 말과 마음과 기의 상호 관계에 대해 말했지만 중심은 마음에 있었다. 말을 잘 알아듣고 그를 통해 진실에 접근하며 그러한 명철한 인식에 기초하여 부동심에 이를 수 있고, 또 한편으로 호연지기를 잘 길러 부동심에 이를 수 있지만, 호연지기를 기르는 것은 결국 의義를 지속적으로 실천하는 것을 통해서다. 어느 경우든 심의 적극적인 역할이 있어야 한다. 그런데 여기 장자는 마음이 아니라 기에 중심을 두고 있다. 곧 맹자가 인간에 중심을 두었다면, 장자는 인간을 넘어선 혹은 인간 존재의 심연에 있는 자연에 중심을 뒀다. 장자는 인간 존재의 심연에 있는 자연, 곧 기에 이르고자 한다. 심은 마땅히 절제해야 하며 비워져야 한다. 그리하여 기의 자연성에 이를 때 심재가 이뤄지며 이 험한 세상에서 흔들림 없이 살아갈 수 있다.

【관자 1】 원문 26

언명: 심心은 몸體에 있어 군주의 지위에 있다. 구규九竅에 각각의 기능이 있는 것은 관직에 각각의 직무가 있는 것과 같다. 심이 그 도道에 처하면 구규는 이理에 따라 순조롭게 기능하지만, 기호와 욕망嗜欲이 가득하면 눈은 색을 보지 못하고 귀는 소리를 듣지 못한다. 그러므로 "윗사람이 그 도를 떠나면 아랫사람은 자신들의 일을 잃는다"고 했다.

설명: 귀와 눈은 보고 듣는 기관이다. 심이 보고 듣는 일에 간여(방해)하지 않으면 각 감각기관이 자신의 기능을 유지할 수 있다는 것이다. 이제 만약 심에 욕망이 있으면 사물이 앞을 지나가도 눈은 보지 못하며, 소리가 이르러도 귀는 듣지 못한다. 그러므로 "윗사람이 그 도를 떠나면 아랫사람은 자신들의 일을 잃는다"고 한 것이다. 그래서 "심의 기술心術은 함이 없이 구멍들을 제어하는 것制竅이다"라고 한다. 그러므로 "군주"라고 한 것이다.

언명: 말馬을 대신해 달리지 말고, 그들로 하여금 자신의 힘을 다하도록 하며, 새를 대신해 날지 말고, 그들로 하여금 자신의 날갯짓을 다하게 하라.

설명: 이것은 능력이 있는 것으로부터 그 능력을 빼앗지 말고 아랫사람과 더불어 다투지 말라는 것이다.

언명: 물物에 앞서 움직이지 말고, 그 규칙을 관찰하라. 움직이면 지위를 잃게 되고 고요히 있으면 저절로 얻게 된다.

설명: "외물에 앞서 움직이지 말라毋先物動"고 한 것은 요동하는 자는 안정되지 않고 조급한 자는 고요하지 않으므로, 움직여서는 관찰할 수 없음을 말한 것이다. "지위位"라고 하는 것은 그 선 곳을 말한다. 인주人主는 음陰에 서는데 음은 고요하다. 그러므로 "움직이면 지위를 잃게 된다動則失位"고 한 것이다. 음에 있으면 양을 제어할 수 있고, 고요하면 움직임을 제어할 수 있다. 그러므로 "고요히 있으면 저절로 얻게 된다靜乃自得"고 한 것이다.

언명: 도는 멀리 있지 않으나 다다르기는 어렵고, 사람들과 함께 있지만 얻기는 어렵다.

설명: 도는 천지 사이에 있지만 그 큼은 외부가 없을 정도이고 그 작음은 내부가 없을 정도다. 그러므로 "멀리 있지 않으나 다다르기는 어렵다不遠而難極也"고 했다. 그것은 텅 비어 있어 사람과의 사이에 틈이 없으나, 오직 성인만이 텅 빈 도를 얻을 수 있다. 그러므로 "사람들과 함께 있지만 얻기는 어렵다竝處而難得"고 한 것이다.

언명: 욕망을 비우면 신神이 장차 들어와 자리를 잡으며, 불결한 것을 깨끗이 청소하면 신이 그에 머물러 거처하게 된다.

설명: 세상 사람들이 일삼아야 할 바는 정精이다. 욕망을 제거하

면 펴지고, 펴지면 고요하며, 고요하면 정精하고, 정하면 홀로 선다. 홀로이면 밝으며, 밝으면 신神이다. 신은 지극히 귀하다. 그러므로 집이 청소되지 않으면 귀인貴人은 자리잡지 않는다. 그래서 "깨끗하지 않으면 신이 처하지 않는다不潔則神不處"고 했다.

「심술心術 상」

"언명" "설명"이라 한 것은 원문상으로는 분리되어 있지만 내용에 따라 이해하기 쉽도록 분류하여 임의로 나누어 붙인 것이다. 구규九竅란 아홉 개의 구멍으로 눈·코·입·귀 등 감각기관을 포함하여 요도·항문 등 인간이 외부 세계와 소통하는 아홉 개의 통로를 의미한다.

심을 군주로, 감각기관들을 신하(관료)들로 표현한 것은 순자와 통한다. 하지만 여기서는 국가 운영에 대한 도가적 이상, 곧 무위無爲의 통치라는 이상에 따라 그 둘의 관계가 새롭게 설정된다. 즉, 심은 감각기관이 작동하는 데 적극적인 간여를 하지 않는 무위의 방법術으로 임해야 한다는 것이다. 심의 욕망이야말로 오히려 참된 인식을 방해하는 중대한 장애다. 감각기관이 지닌 소박한 자연적 욕구를 넘어선 심의 욕망을 경계하고 있는 것이다.

작자는 심의 욕망이 제거되면 신神이 심에 와서 머무르고, 청결하게 관리하면 신이 오래 머무른다고 한다. 그것은 소박한 자연주의를 넘어선 어떤 신비적이고 절대적인 체험, 육체의 초월로의 지향성을 보여주는 것은 아닐까? 그리하여 이 장면으로 볼 때, 도가 철학에서는 자연주의와 신비주의 사이의 어떤 긴장이 발견되는 것은 아닐까? 물론 그들의 자연주의는 신비주의를 용인하는 느슨한 자연주의였다고 할 수도 있다.

【관자 2】 원문 27

무릇 심心의 형形은 스스로 채우고 스스로 차며, 스스로 생기고 스스로 이룬다. 그것을 잃는 이유는 반드시 근심과 즐거움과 기쁨과 노함과 욕심과 이익(이기심) 때문이다. 근심과 즐거움과 기쁨과 노함과 욕심과 이익을 제거할 수 있으면 심은 곧 온전한 상태로 돌아갈 수 있다.
저 심의 정情(실상)은 편안하고 조용함을 이롭게 여긴다. 번잡하지 않게 하고 어지럽지 않게 한다면 조화가 곧 저절로 이루어진다. 분명하여(편안하여) 마치 옆에 있는 것 같으며, 흐릿하여 얻지 못할 듯하며, 아득하여 무한을 다한 듯하다. 그것은 잘 살피면(여기에 머물러) 먼 곳에 있지 않으며 그 덕德(힘)을 날마다 쓸 수 있다.

「내업內業」

심의 자유와 그를 제약하는 욕망, 감정 사이의 상호 관계에 대해 말하고 있다. 그러나 그 욕망이나 감정은 또한 심 자체로부터 말미암는다. 그러므로 그것은 완전히 제거될 수 없다. 필요한 것은 안녕과 조화다.

【관자 3】 원문 28

형形(몸)이 바르지 않으면 덕德이 오지 않고, 중中이 고요하지 않으면 심이 다스려지지 않는다. 형을 바르게 하여 덕을 잡으며 인仁은 천天처럼 하고 의義는 지地처럼 하면, 넘쳐흘러 저절로 신명의 극極에 이르고 환히 비추어 만물을 알게 된다. 의義에 맞으면 지키는 데 차질이 없다. 물物로 감각기관을 어지럽히지 않으며, 감각기관으로 마음을 어지럽히지 않는 것, 그것을 중득中得이라고 한다.

신神은 스스로(자유롭게) 몸에 있다. 그것이 한 번 가고 한 번 오는 것은 능히 생각할 수 있는 사람이 없다. 그것을 잃으면 반드시 어지러워지고, 그것을 얻으면 반드시 다스려진다. 공경하게 그 집을 청소하면, 정精이 장차 스스로 온다. 생각을 고요하게 하여 그것을 생각하고, 마음을 편안하게 하여 그것을 다스리라. 용모를 엄숙하게 하고 태도를 공경하게 하면 정精이 장차 안정되리라. 그것을 얻고 그것을 결코 버리지 말라. 귀와 눈이 잘못되지 않고 마음에는 다른 도모가 없게 되리라. 바른 마음이 중中에 있으면 만물이 법도를 얻게 되리라.

도道는 천하에 가득 차 백성이 있는 곳에는 어디든 있으나 백성은 그것을 알 수 없다. 한 마디를 이해하면 위로는 하늘을 살필 수 있고 아래로는 땅의 극처에 이를 수 있으며 구주九州를 두루 가득 채울 수 있다. 이해한다는 것은 무엇을 말하는가? 마음이 편안한(다스려지는) 데 달려 있다. 내 마음이 다스려지면 감각기관들도 다스려지며, 내 마음이 편안하면 감각기관들도 편안하다. 다스리는 것도 심이요 편안하게 하는 것도 심이다. 심은 심장인 심에 있으니, 심 속에 또 심이 있는 것이다. 그 심의 심에서는 음音(혹은 의意)이 언言에 앞선다. 음(혹은 의)이 있은 다음에 형形이 있고, 형이 있은 다음에 언이 있고, 언이 있은 다음에 마음을 쓰며使, 마음을 쓴 다음에 다스려진다. 다스려지지 못하면 어지러워지고 어지러워지면 곧 죽는다.

정精이 (중에) 있으면 저절로 (생명이) 생겨난다. 그것은 밖으로 편안한 빛을 발하고 안으로 온축되면 샘의 원천이 되며, 크게浩然 조화롭고 평안하여 기氣의 못淵이 된다. 그 샘이 마르지 않는 한 사체四體는 곧 견고할 것이며, 그 샘이 다하지 않는 한 구규는 순조롭게 통할 것이다. 그래서 천지를 궁구할 수 있으며 사해를 덮을 수 있다. 안中으로는 미혹된 뜻이 없을 것이며 밖으로는 나쁜 재앙이 없을 것이다. 그의 심이 안에서 온전하고 그의 형(몸)은 밖에서 온전하며, 하늘의 재앙을 만나지 않고 사람의 해악도 만나지 않는 그러한 사람을 성인이라고 한다.

「**내업**」

위에서 나온 심에 대한 『관자』의 여러 생각이 다시 한번 반복되고 있다. 신神의 내주來住와 관련하여 마음의 정靜뿐 아니라 몸의 정正을 그 조건으로 이야기하는 부분, 마음으로서의 심과 심장으로서의 심 사이의 연속성과 구별을 이야기하고 있는 부분은 흥미롭다. 작자는 마음의 온전함과 몸의 온전함心全于中, 形全于外을 성인의 조건으로 제시하고 있다. 그에 따르면 성인은 자연과 인간으로 말미암는 각각의 위험 요소로부터 자유로운 존재다. 기본적으로 양생에 관한 관심이 논의의 배경을 이루고 있다.

【대학 1】 원문 29

이른바 몸을 닦는 것은 마음을 바로잡는 데 달려 있다. 몸에 분내는 것이 있으면 마음은 바름을 얻을 수 없으며, 두려움이 있으면 바름을 얻을 수 없으며, 애호하는 것이 있으면 바름을 얻을 수 없으며, 근심 걱정이 있으면 바름을 얻을 수 없다. 마음이 있지 않으면 보아도 보이지 않으며 들어도 들리지 않으며 먹어도 맛을 알지 못한다. 이 때문에 몸을 닦는 것은 마음을 바로잡는 데 있다고 한 것이다.

『예기』「대학」

정자程子는 "'몸에 무엇이 있으면'이라고 할 때의 '몸身'은 심心이 되어야 마땅하다"고 했다. 주희는 "이 네 가지는 모두 심心의 용用으로, 사람에게 없을 수 없는 것이다. 그러나 하나라도 있을 때 살피지 못하면 욕망이 움직이고 감정이 이겨, 용의 행하는 바가 간혹 바름을 잃지 않을 수 없게 된다. 마음이 보존되어 있지 않으면 그로써 몸을 검속할 것(곧 주체)이 없어진다. 그래서 군자는 반드시 여기에서 살펴서 경敬으로써 그것을 바로잡는다. 그런 다음에 이 마음은 항상 보존되어 몸이 닦이지 않은 바가 없게 되는 것이다"라고 했다.

마음이 바름을 잃으면 감각기관 또한 기능을 잃게 된다. 그러므로 마음을 바로잡는 것이 중요하다. 그리고 그것이 수양의 관건이 된다. 몸의 수양이란 바르게 세계와 관계하는 것이요, 보고 듣는 감각으로부터 시작된다. 내적 주체성이 제대로 잡혀 있지 않으면 감각기관이 제 기능을 잃고, 결과적으로 외부세계와의 관계는 제대로 맺어질 수 없다.

심에 대한 이러한 이해는 아래의 「중용」과 함께, 위의 『관자』의 그것과 비슷한 듯하면서도 구별된다. 이처럼 심이 욕망을 넘어서야 그 본래의 자유로운 상태에 이를 수 있으며 따라서 감각기관도 제대로 작동해 세계와의 관계가 원활하고 왜곡 없이 이루어질 수 있다는 생각은 이 시기의 상식이자 공통된 생각이라고 할 수 있다. 『관자』가 위에서 마음에 대해서는 정靜을, 몸에 대해서는 정正을 이야기한 데 대해, 여기서 마음에 대해서 정正을, 몸에 대해서는 수修를 쓴 것도 흥미로운 대비다.

【중용 1】 원문 30

천天이 명령命한 것을 성性이라고 하며, 성에 따른 것을 도道라고 하며, 도를 닦은 것을 교敎라고 한다. 도라고 하는 것은 우리가 잠시도 떠날 수 없는 것이며, 떠날 수 있다면 도가 아니다. 그런 까닭에 군자는 보이지 않는 곳에서 경계하고 삼가며 들리지 않는 곳에서 두려워하고 무서워한다. (도는) 숨겨진 곳에서 가장 잘 나타나고 미미한 곳에서 가장 현저하다. 그러므로 군자는 독獨을 삼가는 것이다. (마음에) 희로애락喜怒愛樂이 아직 드러나지 않은 상태를 중中이라고 하고, 드러났으되 절도에 맞는 것을 화和라고 한다. 중이라는 것은 천하의 대본大本이며, 화라는 것은 천하의 달도達道다. 중화를 이루면 천지가 제자리를 잡고 만물이 자라난다.

『예기』「중용中庸」

천天, 명命, 성性, 도道, 교敎라고 하는 이 시기 주요한 이론적 용어들이 서로 엮이면서 제시되고 있다. 이것은 맹자와 순자의 사상과 밀접한 관련을 가질 뿐 아니라, 자연주의 사상으로서의 도가, 일면 신비적 요소가 가미된 『관자』 등 당대의 사유들과 긴밀히 얽혀 있다. 교를 강조한 데서 유가가 그 중심이나 지향점에 있음을 알 수 있다. 교는 글자 자체에서 명확하듯이 학學과 내용상으로는 동일하기 때문이다. 주희는 그것을 성性과 도道

에 따라 성인이 제정한 유교적 제도 곧 예악과 형정刑政으로 풀었다. 또한 독獨에 대해서는 앞의 은미隱微와 같은 의미로 보아서, "다른 사람은 알지 못하고 나만 홀로 알고 있는 곳"이라고 해석했다. 즉, 내 마음속의 미세한 변화幾를 뜻한다고 본 것이다. 독은 혹은 독처獨處, 곧 혼자 있을 때를 의미하는 것으로 해석되기도 한다.

희로애락의 미발未發과 이발已發의 구분은 우리 마음이 어떻게 평정에 이를 수 있는가와 관련하여 제시된 것이겠지만, 송대에 이르러 불교의 심 이해와의 관련 속에서 새로운 철학적 의미를 부여받는다. 미발은 곧 마음이 고요한 상태로, 선불교의 명상 상태와 유사한 것으로 이해되기 쉬웠다. 또한 미발 공부와 관련하여 신유학자들이 채용한 정좌靜坐의 방법은 선불교의 좌선법에서 온 혐의가 있었다. 그리고 미발의 중中은 어떤 깨달음의 상태로 해석될 소지가 있었다.

이정二程 이래 신유학의 미발론을 독자적인 관점으로 정리한 주희는 최종적으로, 미발은 우리의 일상적인 마음이 잠시 고요한 상태로 있는 것으로, 그 고요함은 어느 순간 자연스럽게 움직여 의식으로 발현된다고 보았다. 마음의 자연적인 순환 리듬 속의 한 계기를 이루는 것으로 결코 모든 사유가 사라진 공허하고 적막한 무無의 순간이나 절대적 초월의 순간이 아니라는 것이다. 또한 중은 깨달음의 상태와 같은 것이 아니라 마음이 고요한 가운데 가장 순수한 본연의 상태를 드러낸 것으로 성性의 상태 혹은 성과 일치한 상태로 이해되어야 한다고 주장했다. 이와 관련하여 더 자세한 내용은 주희 부분의 인용과 해설을 참고하기 바란다.

07
단계

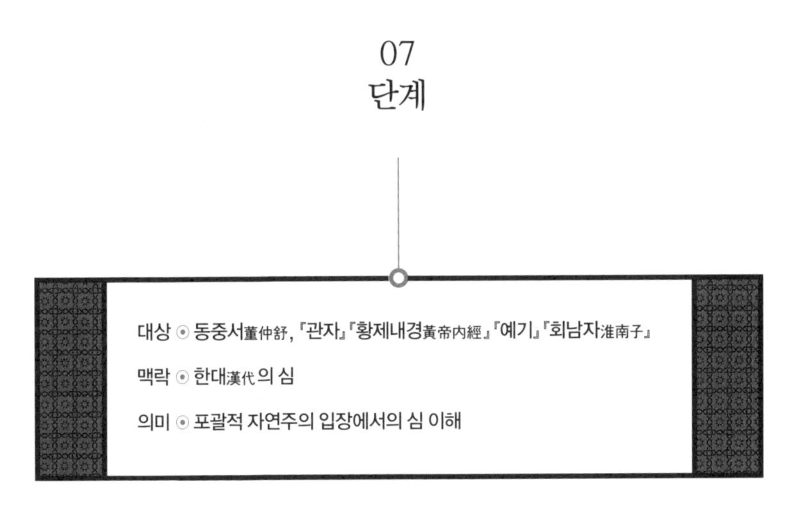

진한秦漢은 고대 동아시아 문명이 중국에서 한 차례 결집을 이루어 문명의 정체성이 어느 정도 명확하게 확립된 시기였다. 중국인 혹은 한인漢人들은 생활세계에 대한 자신감에 차 자신들이 유일한 문명이라고 자부했다. 그 시기는 한편으로는 천하 통치의 필요성에서, 다른 한편으로는 그러한 문화적 자부심에서 자연과 인간에 관한 고대의 모든 지식이 체계적으로 통합되고 정리되어 그야말로 한학漢學이 확립되었다.

인간에 대한 지식도 마찬가지였다. 인간의 심리적, 정서적, 신체적, 생리적 제 측면이 논의되고 정리되었다. 대체로 그것은 자연을 중심으로 유비적으로 인간을 포괄해나간 포괄적 자연주의의 입장이다. 여기서 핵심 개념은 음양陰陽과 오행五行이며, 인간의 이상적 삶은 '조화調和'였다. 그러한 생각들을 우리는 『황제내경』 등의 의서醫書와 『관자』나 『회남자』 『여씨춘추呂氏春秋』 등의 종합적 저작들에서 발견할 수 있다. 또한 동중서董仲舒(약 기원전 179~기원전 104) 등은 그러한 환경 속에서 유가의 탁월성을 확보하고 변증하기 위해 노력했다.

【동중서 1】 원문 31

하늘이 명령한 것을 명命이라고 부르니, 명은 성인이 아니면 행해지지 않는다. 타고난 그대로의 질박質樸을 성이라고 부르니, 성은 교화敎化가 아니면 이루어지지 않는다. 사람의 욕구를 정情이라고 하니, 정은 제도制度가 아니면 조절되지 않는다. 그런 까닭에 왕王은 위로는 하늘의 뜻을 받드는 데 삼가 그로써 명命에 순종하며, 아래로 교훈을 밝게 하여 백성을 교화하기에 힘쓰고 그로써 성을 완성하며, 법도의 마땅함을 바로잡아 상하의 순서를 구별하고 그로써 욕구를 막는다. 이 세 가지를 닦음으로 대본大本이 이루어진다.

「거현량대책擧賢良對策 3」

도道가 빠져 있지만 이는 분명히 앞서 보았던 「중용」에 "천명지위성天命之謂性" 운운한 것에 대한 해설로 볼 수 있다. 성인의 교화와 제도를 강조하는 것은 교에 대한 강조와 일맥상통하며 유가적 지향성을 명확하게 보여준다. 명命-성性-정情이 성에 해당된다면, 성인-교화-제도는 심에 해당되는 것으로, 자연의 선재성先在性과 그에 대한 인간적 활동의 중요성을 말하고 있다. 기본적으로 자연주의적 관점 위에서 유교의 독자성을 확보하려 하고 있다.

【동중서 2】 원문 32

내부에서 모든 악惡을 억제하여 외부로 발현되지 못하게 하는 것이 심이다. 그래서 심이라는 명칭은 임袵으로부터 왔다. 만약 사람이 기氣를 받음에 악한 것이 없다면 심은 무엇을 억제하겠는가? 나는 심이라는 명칭이 사람의 진실한 모습誠을 얻은 것으로서, 사람의 본성性에는 탐욕貪도 있고 인애仁도 있어서 인애의 기와 탐욕의 기 두 가지가 몸에 있다고 생각한다. 신身이라는 명칭은 천天에서 취한 것이다. 천이 음의 작용과 양의 작용 두 가지를 가지고 있다면 신 또한 탐욕의 본성과 인애의 본성 두 가지를 가지고 있으며, 천이 음과 양의 금지禁를 가지고 있다면 신도 정과 욕의 억제袵를 가지고 있어서 천도天道와 하나가 된다. 그래서 음은 봄과 여름에는 행해지지 못하고, 달의 백魄(달빛)은 항상 햇빛에 가려 문득 온전하다가 문득 상하다가 한다. 하늘이 음을 금지하는 것이 이와 같으니, 사람이 어찌 자신의 욕欲을 덜어내고 자신의 정情을 멈춤으로써 천天에 응하지 않을 수 있겠는가? 하늘이 금하는 것을 신도 금지한다. 그러므로 '신身은 천天과 같다'고 한 것이다. 하늘이 금지한 것을 금하는 것이지 하늘을 금지하는 것이 아니다.

「심찰명호深察名號」

동중서는 여기에서 심心을 그 음音의 유사성에 기초하여 임衽으로 해설했다. 임은 옷깃을 여미는 것으로서, 제어하고 단속하는 활동, 문화적 활동을 은유하는 듯하다. 자연으로 주어진 것을 제어하는 인간적인 능력과 활동이 곧 심이라는 것이다. 신身을 마찬가지 방식으로, 즉 음의 유사성에 기초하여 천으로 연결시킨 것도 매우 흥미롭다. 또한 천과 인人의 상관적 유사성을 말하고 있다. 그만큼 심의 지위는 절대적이지 않다. 자연과 인간은 서로 어울러 통합되어 있다. 최고의 이상은 '조화'다.

【관자 4】 원문 33

사람은 물水이다. 남자와 여자의 정기精氣를 합하면 물이 흘러 형체를 이룬다. 석 달이 되면 태아는 빨기咀 시작한다. 무엇을 빠는가? 오미五味다. 오미는 무엇을 낳는가? 오장五藏이다. 신맛酸은 비脾를 주主로 하고, 짠맛鹹은 폐肺를 주로 하고, 매운맛辛은 신腎을 주로 하고, 쓴맛苦은 간肝을 주로 하고, 단맛甘은 심心을 주로 한다. 오장이 이미 갖추어지면 그것들은 육肉을 낳는다. 비는 격막膈을 낳고, 폐는 골骨을 낳고, 신은 뇌腦를 낳고, 간은 피부革를 낳고, 심은 육肉을 낳는다. 오육五肉이 갖추어지면 그 뒤에 발하여 구규九竅가 된다. 비는 발하여 코가 되고, 간은 발하여 눈이 되고, 신은 발하여 귀가 되고, 폐는 발하여 (입이 되고, 심은 발하여) 규竅가 된다. 다섯 달이 되면 태아의 형체가 완성되며 열 달이 되면 태어난다.

태어나면서 눈은 보고 귀는 들으며 심은 생각한다. 눈이 보는 것은 다만 산릉山陵 같은 현저한 것만이 아니라 희미하고 작은 것들을 또한 살피며, 귀가 듣는 것은 다만 우레가 치는 소리만이 아니라 한숨 소리나 아기 울음소리를 또한 살피며, 심이 생각하는 것은 다만 조악한 것만을 아는 것이 아니라 미묘한 것을 살핀다. 그러므로 정精이 반드시 필요하다. 그래서 물이 옥玉에 모이면 구덕九德이 나오며, 건蹇이 엉켜 사람이 되면 구규와 오려五慮가 나온다. 이것이 곧 그 정精이다. 정과 추麤와 탁濁과 건蹇은 보존되어야 할 것이고 잃어버릴 수 없는 것이다.

「수지水地」

인간은 자연의 일부이며 축소판이다. 인간은 자연으로부터 발생했으며 자연의 구조는 인간에 그대로 적용된다. 심이 심장이면서 사유하는 기관이라는 것이 자연주의적 입장에서 서술되고 있다. 심은 거친 것도 알고 미묘한 것도 자세히 살필 수 있는데 그것은 심 자체에 추麤도 있고 정精도 있기 때문이라고 설명하고 있다. 여기서 정精은 기본적으로 자연 속에 있는 것이라 할 수 있겠다. 그러나 그것이 어떤 신神적인 것과 연관되어 수련을 통해 체득될 수 있는 신비한 능력으로 이해되기도 한다. 『관자』 안에 그런 면이 또한 있음은 위에서 지적한 바와 같다.

【황제내경 1】 원문 34

(1) 심은 생명의 근본이요, 신神이 변화한 것變이다.

『소문素問』「육절장상론六節臟象論」

(2) 심은 몸身의 혈맥血脈을 주관한다.

『소문』「위론痿論」

(3) 모든 혈은 심에 속한다.

『소문』「오장생성五臟生成」

(4) 심은 신神을 저장한다. 신과 지志를 주관한다.

『영추경靈樞經』「구침론九針論」

(5) 오장五臟 육부六腑는 심이 그들의 주인이 된다.

『영추경』「오륭진액별五癃津液別」

(6) 심은 신神의 집舍이다.

『영추경靈樞經』「대혹론大惑論」

심은 심장으로 혈맥을 주관하는 것이요, 오장육부의 주인이다. 이는 곧 심을 신체의 일부이되 신체의 주인 혹은 군주로 이해하는 것을 이어받았다. 그것은 또한 신神의 집으로 신이 머물러 작용하는, 즉 의식 및 사유활동을 하는 기관이다. 심의 활동은 그 안에 신이 머물고 있기 때문에 이뤄진다. 그때의 신은 앞의 『관자』에 나온 정精에 가까운 것이고 둘 사이의 구분은 거의 없다. 따라서 다른 곳에서는 정신精神이라 쓰이기도 한다.

【황제내경 2】 원문 35

황제黃帝가 기백岐伯에게 물어 말했다. "무릇 자刺(침)의 법은 먼저 반드시 신神에 근본해야 한다. 혈血, 맥脈, 영營, 기氣, 정신精神 이것들은 오장이 저장하고 있는 바다. 그것이 음일淫佚하여 오장으로부터 떠나면 정精을 잃어버리게 되고, 혼백은 비양飛揚하고, 지의志意는 황란恍亂하며, 지려智慮는 몸을 떠나게 되는데 그 이유는 무엇인가? 하늘이 벌을 내린 것인가? 사람의 과실인가? 무엇을 덕德, 기, 생生, 정, 신, 혼魂, 백魄, 심心, 의意, 지志, 사思, 지智, 여慮라고 하는가? 그러한 것들에 대해 묻는다."

기백이 답했다. "천天이 나에게 있는 것이 덕德이요, 지地가 나에게 있는 것이 기氣입니다. (인간은) 덕이 흐르고 기가 엷어져 생겨난 존재입니다. 그러므로 생生의 내원을 정精이라고 하며, 두 정이 서로 치는 것을 신神이라고 하며, 신에 따라 왕래하는 것을 혼魂이라고 하며, 정精과 나란히 출입하는 것을 백魄이라고 하며, 그로써 물에 임하는 것所以任物者을 심心이라고 하며, 심이 생각하는 것을 의意라고 하며, 의가 보존한 것을 지志라고 하며, 지에 따라 변화하는 것을 사思라고 하며, 사에 따라 멀리 생각하는 것을 여慮라고 하며, 여에 의하여 물物에 대처하는 것을 지智라고 합니다. 그러므로 지자智者의 양생은 반드시 사시四時에 따라 한서寒暑에 적절하게 하며, 희로喜怒를 조화하여 거처를 평안히 하며, 음양에 절도를 주어 강유剛柔를 조절하니, 이와 같이 하면 사벽邪辟한 것이 이르지 않고 장생구시長生久視할 수 있습니다.

그러므로 출척怵惕(놀람)하고 사려思慮(생각)하는 것은 신神을 상하게 하고, 신이 상하면 두려움과 무서움恐懼이 흘러넘쳐 그치지 않습니다. 슬픔과 애통悲哀으로 말미암아 중中을 움직이면 고갈되고 끊어져 생명을 잃게 되며, 기쁨과 즐거움은 신을 흩어 저장되지 못하게 하며, 근심과 걱정은 기를 폐색閉塞하여 운행하지 못하게 하며, 노怒가 가득한 것은 미혹을 가져와 질서를 잃게 만들며, 두려움과 무서움은 신을 격동시켜 거둬지지 않게 합니다. 심心은 출척하고 사려하면 신을 상하게 하고, 신이 상하면 두렵고 무서워져서 위축되며, 지방이 깨지고 살이 벗겨지며, 모발이 거칠어지고 용모가 시들어 겨울에 죽습니다. 비脾는 근심하고 걱정하여 풀지 않으면 의意를 상하게 하고, 의가 상하면 흐리고 어지러워지며, 사지가 움직이지 않게 되고, 모발이 거칠어지고 용모가 시들어 봄에 죽습니다. 간肝은 슬프고 애통하여 중中을 움직이면 혼을 상하게 하고, 혼이 상하면 미치고 망령되어 정精하지 못하고, 정하지 못하면 바르지 않으며, 그 사람이 위축되어 근육에 경련이 일어나며, 모발이 거칠어지고 용모가 시들어 가을에 죽습니다. 폐肺는 기쁨과 즐거움이 한계가 없으면 백魄이 상하며, 백이 상하면 미치고, 미치면 의意가 사람다움을 남겨두지 않으며, 피부가 검게 되고 모발이 거칠어지고 용모가 시들어 여름에 죽습니다. 신腎은 노怒를 성하게 하여 그치지 않으면 지志가 상하며, 지가 상하면 전에 한 말을 잘 잊으며 허리와 척추를 써서 부앙굴신俯仰屈伸하지 못하게 되며, 모발이 거칠어지고 용모가 시들어 늦여름에 죽습니다. 무섭고 두려워지되 풀지 않으면 정精이 상하게 되고, 정이 상하면 뼈가 저리게 되고 정精이 때때로 아래로 내려오게 됩니다. 그러므로 오상은 장정藏精을 주관하는 것으로서, 상하게 해서는 안 되며, 상하면 지키는 것(건강)을 잃고 음허陰虛해집니다. 음허해지면 기가 없어지고 기가 없으면 죽습니다. 이런 까닭에 침을 쓰는 자는 병자의 용태를 세밀하게 살펴서, 그로써 정신혼백의 존망存亡 득실得失의 뜻을 알아야 합니다. 오장이 이미 상했으면 침으로 그것을 다스리는 것이 불가능해집니다.

간은 혈血을 저장하고, 혈은 혼魂을 깃들게 합니다. 그러므로 간기肝氣가 허하면 무서워지며 실하면 분노하게 됩니다. 비는 영營을 저장하고, 영은 의意를 깃들게 합니다. 그러므로 비기脾氣가 허하면 사지를 쓸 수 없게 되고 오장이 불안해지며 실하면 배가 부르고 경수가 이롭지 않게 됩니다. 심은 맥脈을 저장하고, 맥은 신神을 깃들게 합니다. 그러므로 심기心氣가 허하면 슬프고 실하면 웃음이 쉬지 않습니다. 폐는 기氣를 저장하고 기는 백魄을 깃들게 합니다. 그러므로 폐기肺氣가 허하면 코가 막혀 이롭지 않으며 기가 적어지고 실하면 숨이 차고 가슴이 답답한 증상이 멈춥니다. 신은 정精을 저장하고 정은 지志를 깃들게 합니다. 그러므로 신기腎氣가 허하면 고갈厥되고 실하면 팽창脹하여 오장이 불안해집니다. 반드시 오장의 병형病形을 살펴 그로써 그 기의 허실을 알아서 삼가 조절해야 합니다."

『영추경』「본신本神」

오장을 중심으로 인간의 신체와 정신·심리적, 정서적 요소들을 관계적으로 통합하여 기술하고 있다. 그것을 표로 나타내면 다음과 같다.

오장	저장 물질	담긴 정신	관련 정서	관련 신체	관련 병증
심心	맥脈	신神	출척怵惕, 사려思慮	지방, 살	공구恐懼
비脾	영營	의意	우수憂愁	사지	만란悗亂
간肝	혈血	혼魂	비애悲哀	근육	광망부정狂忘不精
폐肺	기氣	백魄	희락喜樂	피부	광狂, 의불존인意不存人
신腎	정精	지志	노怒	척추	망기전언忘其前言

전체적으로 인간의 통합된 건강을 지향하는 양생적 관점에서 서술되었다. 정신과 정서가 단지 심장이 아니라 오장五臟에 분산 배치되는 것도 흥미롭다. 그만큼 인간 이해에 있어 신체성이 강조된 것이다. 인체에 대한 당대의 진전된 이해를 바탕으로 매우 세련되고 구체적으로 서술되었지만, 기본적으로 『노자』의 "그 마음을 비우고 그 배를 채우도록 하며, 그 뜻을 약하게 하고 그 뼈를 튼튼하게 한다"(3장)를 계승했다. 건전한 자연주의적 소박함을 견지하는 것이야말로 양생의 기초라는 것이다. 여기서 사유하는 심은 그러한 자연주의적 삶에 장애를 가져올 수 있는 것으로, 소극적으로 파악된다.

【예기 1】 원문 36

유우씨有虞氏(순舜) 시대의 제사에서는 기氣를 숭상했다. 피와 생고기, 육즙이 있는 고기를 제사에 드린 것은 기를 사용한 것이다. 은殷나라 사람들은 소리聲를 숭상했다. 그래서 어떠한 냄새와 풍미가 있기 전에(희생을 잡기 전에) 음악을 연주했다. 음악을 세 차례 연주한 뒤에 나가서 희생을 맞이했다. 음악 소리를 울리는 것은 하늘과 땅 사이에 있는 모두에게 알리는 것이다. 주周나라 사람은 향취臭를 숭상했다. 술을 붓는 관灌의 예禮에서 창주鬯酒의 향취를 사용했다. 울鬱(울금鬱金)이 창鬯과 섞이면 향취는 내려가陰 연천淵泉(지하세계)에 이른다. 관灌에는 규장圭璋을 사용하는데 옥기玉氣를 쓰는 것이다. 관을 행한 뒤에 희생을 맞이하는데 음기陰氣를 이르게 하는 것이다. 소蕭(쑥)가 서직黍稷과 섞이면 향취는 올라가陽 장옥牆屋에 이른다. 그러므로 전奠(술 등을 올림)한 뒤에 소를 전(희생의 기름) 및 향薌(기장)과 섞어서 태운다. 모든 제사는 여기에서 신중을 기한다. 혼기魂氣는 하늘로 돌아가고 형백形魄은 땅으로 돌아가니 그러므로 제사에서는 그들을 각각 음과 양에서 구한다는 생각이 있게 되었다. 은나라 사람은 먼저 양에서 그것을 구했고, 주나라 사람은 먼저 음에서 그것을 구했다.

「교특생」

혼魂과 백魄의 문제. 인간은 정신적 실체라고도 할 수 있는 혼과 백, 그리고 육체의 결합으로 이해된다. 혼은 정신적인 것, 생명력을 담고 있는 영혼과 같은 것으로 하늘로 올라가고, 백은 육체에 좀더 밀착된 것으로 육체를 움직이게 하며 사후에도 분리되지 않는 것으로 이해되었다. 죽음은 혼이 백과 육체를 떠나는 것이고, 제사를 지내기 위해서는 먼저 혼과 백을 한자리에 불러 모으는 절차가 있어야 한다. 혼과 백은 또한 각각이 상승하는 양陽, 하강하는 음陰과 결부되어 있다.

우리 마음은 심장이자 심장의 작용을 통해 나타나는 것으로, 한편으로는 혼과 백이 결합했을 때, 즉 신적인 것이 육체에 임하여 결합했을 때 살아 있는 심장의 사유활동을 통해 발생하는 어떤 것이다.

【주희 1】 원문 37

물었다. "전에 선생님께서 말씀하신 것을 들으니 '귀와 눈의 정명精明한 것은 백魄이고, 입과 코가 호흡하는 것이 혼魂이다'라는 말이 옳기는 하지만 미진하다고 하셨습니다. 귀와 눈이 정명할 수 있는 소이所以가 백이고, 입과 코가 호흡할 수 있는 소이가 혼이라고 하면 옳습니까?" 대답하셨다. "그렇다. 보건대 백은 형체 있는 무엇이 이면에 있는 것이니 아마 수정과 같고, 그래서 발출하여 이목의 정명이 된다. 또한 달의 경우 검은 웅덩이는 백이며 빛은 혼이다. 사람의 신체를 생각해보니 혼과 백도 그와 같은 것이다. 사람이 태어날 때 혼과 백은 서로 만나고 죽으면 헤어져 각각 흩어져 간다. 혼은 양이므로 위로 흩어지고 백은 음이므로 아래로 내려간다." 또 말씀하셨다. "음은 장수藏受(저장과 수용)를 주로 하며, 양은 운용運用(운행과 작용)을 주로 한다. 무릇 능히 기억할 수 있는 것은 백이 장수하는 바요, 운용하고 발출하는 데 이르러서야 혼이다. 이 두 가지 것은 본래 서로 분리되지 않는다. 그가 기억할 수 있는 것은 백이지만 발출하는 것은 곧 혼이며, 지각할 수 있는 것은 백이지만 지각을 발출하는 것은 혼이다. 비록 각자 음과 양에 분속되지만 음과 양 안에서 또한 각각 음과 양이 있다." 어떤 이가 말했다. "대개 백은 형체에 속하고 혼은 정신에 속합니다." 말씀하셨다. "정精은 또한 백이고 신神은 또한 혼이다." 또 말씀하셨다. "백이 성하면 귀와 눈이 총명하고 기억을 잘한다. 그래서 노인들은 눈이 흐리고 귀가 어두운 경우가 많으며, 일을 기억하지 못할 때가 많다. 이것은 백이 쇠약해 적어졌기 때문이다. 『노자』는 '영백營魄을 싣는다'고 했다. 이는 혼으로 백을 지키는 것이다. 대개 혼은 뜨겁고 백은 차가우며, 혼은 동적이고 백은 정적이다. 혼으로 백을 지킬 수 있으면 혼은 지킨 바로써 또한 고요하며, 백은 혼으로써 생의生意를 갖게 되며, 혼의 뜨거움은 질서(서늘함)를 낳고 백의 차가움은 따뜻함을 낳는다. 오직 그 두 가지가 분리되지 않기에, 양은 건조하지 않고 음은 정체하지 않아서 조화를 얻게 된다. 그렇지 않다면 혼은 점점 더 동적으로 백은 점점 더 정적으로 되어 혼은 점점 더 뜨겁고 백은 점점 더 차가워진다. 그 두 가지가 서로 분리되면 조화를 얻을 수 없어 죽게 된다." 또 말씀하셨다. "수水는 일一이고, 화火는 이二다. 백으로 혼을 싣고, 이로 일을 지키면 수와 화가 잘 결합固濟하여 서로 분리되지 않아 그를 통해 수명을 늘릴 수 있다. 양생가들이 수많은 말을 하여 용호龍虎를 말하고 연홍鉛汞(납과 수은)을 말하고 감리坎離(물과 불)를 말하지만 그 방법은 다만 그와 같을 따름이다. 그러므로 '백을 싣고 혼을 껴안아 떨어지지 않게 할 수 있는가? 기를 오로지하여 부드러움을 이뤄 영아와 같이 할 수 있는가?'라고 말한 것이다. 지금의 도가는 다만 외면으로 치달리고 있으니 어찌 이른바 '백을 싣고 일을 지켜 떨어지지 않게 할 수 있는가?'라는 말의 의미를 알겠는가? 소강절은 말했다. '노자는 『역易』의 체體를 얻었고, 맹자는 『역易』의 용用을 얻었다'고 했다. 소강절의 학문은 그 취지가 노장과 약간 유사하다." 어떤 이가 말했다. "(소강절의 말은) 노자는 발용發用할 수 없다는 것 아닙니까?" 말씀하셨다. "노자는 다만 수장收藏하려고만 하고 방산放散하지는 않는다는 것이다."

『주자어류朱子語類』 87:160

한대에 형성된 인간과 우주에 대한 자연주의적 이해는 송대의 주희에 이르기까지 계속해서 영향을 미쳤다. 주희는 여기서 양생의 원리에 대해 이야기하고 있다. 분리는 죽음이고 결합은 삶이며, 조화는 건강과 장수다. 조화는 결합을 공고하게 하고 분리에 저항한다. 이것이 양생의 기본 원리라는 것이다. 지각하고 기억할 수 있는 능력은 백魄에 속하지만 실제로 지각과 기억활동을 하는 것은 혼魂에 속한다고 보는 것도 흥미롭다. 혼백은 영혼靈魂과 비슷한 것이라고 할 수 있지만 다른 자연물과 마찬가지로 음양 곧 기를 본질로 한다는 점에서 불멸하는 정신적 실체인 영혼과는 구별된다. 영혼이라는 말 자체가 전통적인 혼백과 구별하기 위해 마테오 리치 등이 고안해낸 말이다.

【회남자 1】 원문 38

맑고 깨끗하고 고요하며 유쾌한 것이 인간의 본성性(자연)이다. 의儀(법규)와 표表(표준)와 규規와 구矩는 일의 제도制(인위)다. 사람의 본성을 알아 그 스스로를 기름에 잘못이 없고, 일의 제도를 알아 그 조치함에 의혹이 없으며, 한 단서를 발하면 무한하게 그것을 펼치고, 팔극八極에 두루 미치되 한 대롱에 그것을 모으는 것 그것을 마음心이라 한다. 근본을 보면서 동시에 지엽도 알고 지향해가는 바를 관찰하되 동시에 그 귀착하는 바를 보며, 하나를 잡고 만 가지에 응하고 요체를 장악하여 세밀한 데까지 다스리는 것 그것을 술術이라고 한다. 거처함에 할 바를 알고, 감에 갈 바를 알고, 일에서 잡을 바를 알고, 움직임에 말미암을 바를 아는 것 그것을 도道라고 한다. 도라는 것은 앞에 두어도 앞으로 기울어지지 않고 뒤에 두어도 뒤로 기울어지지 않으며, 평범한 것(좁은 공간) 속에 넣어두어도 막히지 않고 천하에 펼쳐 두어도 더 펴지지 않는다. 그렇기 때문에 다른 사람이 나를 탁월하다고 칭찬하고 기리도록 하는 것은 마음의 힘이요, 다른 사람들이 나를 깎아내리고 비난하고 꾸짖도록 하는 것도 마음의 죄다. (…) 화禍가 오는 것도 사람이 스스로 낳은 것이요, 복福이 오는 것도 사람이 스스로 이룬 것이다. 화와 복은 같은 문으로 들어오고, 이익과 해악은 서로 이웃해 있으니, 신성神聖한 사람이 아니면 그것을 분간할 수 있는 사람이 없다.

「인간훈人間訓」

성性과 심心의 관계 그것은 곧 자연과 인간의 관계에 대응하는 것이고, 제制와 술術은 국가 제도와 그 속에서의 인간 생존과 관련된 개념들이다. 바로 이러한 것들이 전국시대 이래 세속화된 중국 세계의 주 관심사였다. 그것은 또한 화와 복에 대한 관심이고, 양생론과 밀접한 관련이 있었다. 도덕 역시 그러한 화복과 관련하여 정당화된다. 도덕은 화복의 원리로서 자연의 원리와 밀접한 것으로 이해되었다. 결국 인간 자신이 스스로의 실천을 통해 가져온다는 것이다. 전국시대에서 진한 시기에 이르기까지 중국에는 세속적 자연주의가 지배적이었으며, 도덕과 신비주의는 그 속으로 자연스럽게 통합되어갔다. 그것이 곧 이후 중국 문명의 기본 특징이 되었다. 심은 인간의 생生과 복福을 위해 복무하는 것이 되었다.

08
단계

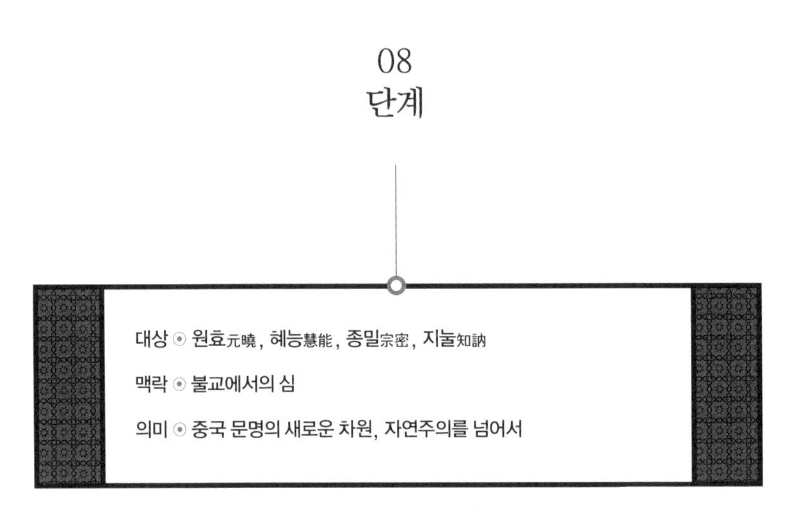

후한대에 이르러 이제 새로운 정신이 중국과 동아시아에 나타났다. 그것은 한대의 자연주의를 넘어서는 새로운 정신세계를 제시한 것이었다. 또한 공동체적 제약, 그 전통을 넘어 개인의 초월과 구원을 전망케 할 새로운 세계, 부처님의 세계에 대한 전망을 제시한 것이었다.

동아시아인들은 점차 불교적 세계의 핵심을 심이라는 개념으로 응축할 수 있다고 생각하게 되었다. 그런 생각은 유식唯識(법상종法相宗)과 천태종, 화엄종을 거쳐 선불교에 이르러 정점에 달했다. 그런데 심 개념은 불교적 세계를 설명해주는 동시에 이미 불교적 세계의 극복을 담지하고 있었다. 그것은 공空이라는 개념에 비해 그들에게 더 친숙했으며, 그에 대한 자신의 사유의 역사를 지닌 오래된 개념이었던 것이다. 여기서는 화엄 단계의 인식을 보여주는 원효元曉(617~686)의 『대승기신론소大乘起信論疏』와 『별기別記』, 동아시아 선불교의 탄생을 보여주는 『육조단경六祖壇經』, 송대의 신유학자들에게도 영향을 끼쳤으며 선禪과 교敎의 일치를 모색했던 규봉圭峰 종밀宗密(780~841)의 「원인론原人論」, 그리고 고려시대에 선교 일치를 주장한 선사 지눌知訥(1158~1210)의 「권수정혜결사문勸修定慧結社文」 등에서 일부 구절을 옮겨보았다.

【원효 1】 원문 39

(「대승기신론大乘起信論」) 일심一心의 법法(존재, 진리)에 의지해 두 개의 문이 있으니, 무엇을 둘이라고 하는가? 하나는 심 진여문眞如門이며, 둘은 심 생멸문生滅門이다. 이 두 개의 문은 모두 각각 일체의 법法을 아우른다. 이는 무슨 뜻인가? 그 두 개의 문이 서로 분리되어 있지 않다는 것이다.

(「대승기신론소大乘起信論疏」) 처음에 "일심의 법에 의지해 두 개의 문이 있다"고 한 것은 불경(『능가경楞伽經』)에서 "적멸寂滅을 일심一心이라 이름하며, 일심을 여래장如來藏이라 이름한다"고 한 것이다. 여기서 "심 진여문"이라는 것은 곧 그 경經에 말한바 "적멸을 일심이라고 이름한다"를 해석한 것이며, "심 생멸문"이라고 한 것은 경에 말한바 "일심을 여래장이라 이름한다"를 해석한 것이

다. 어째서 그러한가.

일체 법은 생도 없고 멸도 없어 본래 적정寂靜하여 오직 이 일심만 있으니, 그러한 것을 심 진여문이라고 한다. 그 때문에 "적멸을 일심이라고 이름한다"고 했다. 또한 이 일심은 체體는 본각本覺(본래적인 깨달음)이지만 무명無明(무지)에 따라 동작動作하며 생멸한다. 그래서 이 문에서는 여래의 성性이 숨어서 나타지 않으므로 여래장이라 한 것이다. 이는 불경에서 "여래장은 선과 악의 원인이고, 일체의 살아 있는 것을 두루 일으켜 만들 수 있다. 비유하자면 마술사가 마술을 부려 여러 가지를 변형시키고 나타내는 것과 같다. 이러한 뜻이 생멸문에 있기 때문에 "일심을 여래장이라 이름한다"고 했다. 이것은 일심의 생멸문을 드러낸 것으로, 아래(「기신론」)에서 "심 생멸은 여래장에 의지하기 때문에 생멸심이 있는 것이다. (…) 이 식識에는 두 가지 뜻이 있으니, 하나는 각覺의 뜻이고 둘은 불각不覺의 뜻이다"라고 한 것과 같다. (그러므로) 단지 생멸심生滅心만을 취하여 생멸문을 삼은 것이 아니라, 생멸 자체와 생멸상生滅相을 통취通取하여 모두 생멸문 안에 둔 뜻을 알아야 한다.

두 개의 문이 이러한데 어째서 일심一心이 되는가? 생각건대 염染과 정淨의 모든 법이 그 본성에 둘이 없으니, 진眞과 망妄의 두 문에 차이가 있을 수 없다. 그러므로 '일一'이라고 이름한 것이며, 여기 둘이 없는 곳이 모든 법의 진실한 모습中實으로서 허공虛空과 같지 않으니, 본성이 저절로 신묘하게 이해한다神解. 그러므로 '심心'이라고 이름한 것이다.

(「대승기신론별기大乘起信論別記」) 진여문은 제법諸法(모든 존재)의 통상通相(공통된 모습이나 요소)이고, 통상의 바깥에 다른 제법이 있지 않으니, 제법은 모두 통상에 의해 포섭된다. 예를 들면 미진微塵(흙)은 와기瓦器(토기)의 통상이며 통상 바깥에 다른 와기가 있지 않으므로 와기는 모두 미진에 의해 포섭되는 것과 같으니, 진여문도 그와 같다. 생멸문은 곧 이 진여를 선과 불선의 인因(직접 원인)으로 하고, 연緣(간접 원인)과 더불어 화합하여 제법을 변형하고 만들어낸다變作. 비록 실제로 제법을 변형하고 만들어내지만 항상 참된 본성眞性은 파괴하지 않는다. 그러므로 이 문에서는 또한 진여를 포섭한다. 예를 들면 미진의 성性이 모여 와기를 만들어내지만 항상 미진의 성상性相을 잃지 않으므로 와기의 문이 곧 미진을 포섭하는 것과 같으니, 생멸문도 그와 같다. 설사 두 문에 비록 다른 체體가 없다고 해도, 두 문이 서로 어긋나서 통하지 않는 것이라면 마땅히 진여문 중에 이理(진리)는 포섭해도 사事(사실)는 포섭하지 않을 것이며, 생멸문 중에 사는 포섭해도 이는 포섭하지 않을 것이다. 그러나 지금 두 문은 서로 융통融通하여 한계의 구분이 없다. 그러므로 모두 각각 일체의 이理와 사事, 제법을 통섭通攝한다. 그러므로 "두 개의 문이 서로 분리되어 있지 않다"라고 말한 것이다.

이상 『대승기신론소기회본大乘起信論疏記會本』 「해석분解釋分」

「대승기신론」은 인도의 마명馬鳴(약 100~약 160)의 것이고, 「소」와 「별기」는 원효의 것이다. 「대승기신론」에 따르면 일심에서 모든 것이 나왔다. 거기에는 두 개의 차원이 있으니, 하나는 진여의 차원으로 모든 진실한 세계를 가능하게 하는 통로이며 생멸이 없는 차원이다. 다른 하나는 생멸의 차원으로 나고 죽는 현실의 세계, 무지와 고통이 있는 현실세계를 가능케 하는 통로다. 그러나 결국 둘은 별개가 아니며, 생멸이 곧 진여이고 진여가 곧 생멸이라는 게 기본 생각이다.

무지와 고통의 현실세계 바깥에 따로 진실한 세계가 있는 것이 아니니, 진여문은 진여의 측면에서 생멸을 아우르는 것이요, 생멸문은 생멸의 측면에서 진여를 아우른다. 결국 둘은 제각각이지만 또한 서로 떨어질 수 없는 하나의 다른 측면이다. 이른바 상즉불리相卽不離다. 그 궁극적 한 가지가 바로 하나인 마음 곧 일심이며, 그것은 부처의 마음이자 중생의 마음이다. 문제는 중생의 마음을 없애는 것이 아니라, 근본적인 무지無知를 제거하고 일심을 바르게 깨닫는 데에 이르는 것이다. 그를 통해 세계를 진실하게 볼 수 있으며 고苦에서 해탈할 수 있다.

【육조단경 1】 원문 40

(오조五祖 홍인弘忍이) 『금강경金剛經』을 강설하여 "마땅히 머무를 바 없이 그 마음을 내어라"라고 말하는 데에 이르자, 혜능은 즉시 일체 만법萬法이 자성自性을 떠나지 않는다는 것을 크게 깨달

아 오조에게 고하여 말하기를 "자성이 본래 청정清淨했음을 어찌 기대했겠습니까, 자성이 본래 생멸하지 않음을 어찌 기대했겠습니까, 자성이 본래 구족具足함을 어찌 기대했겠습니까, 자성이 본래 동요한 적이 없다는 것을 어찌 기대했겠습니까, 자성이 능히 만법을 낳는다는 것을 어찌 기대하겠습니까!"라고 했다. 오조는 그가 본성本性을 깨달았음을 알아차리고 혜능에게 말하기를 "본심本心을 알지 못하면 법을 배워도 유익함이 없으며, 만약 스스로의 본심을 안다면 스스로의 본성을 알게 되니, 곧 장부丈夫요 천인사天人師(하늘과 인간의 스승)요 부처佛라고 이름한다"고 했다. 늦은 밤에 법法을 주니, 사람들이 모두 알지 못했다. 곧 돈교頓敎와 의발衣鉢을 전수하여 말하기를 "너는 제6대 조사祖師다. 마음을 잘 보호하여 널리 생명을 구제하라. 법을 전파하여 단절되지 않도록 하라"고 했다.

『육조단경六祖壇經』「자서품自序品」

육조六祖 혜능慧能(638~713)이 오조五祖 홍인弘忍에게서 법法을 전수받는 장면이다. 중국 선불교(남종선南宗禪)가 탄생하는 장면이다. 본심과 본성에 대한 깨달음을 강조했다. 본심이 곧 본성이라는 것, 우리 마음이 곧 절대적 본체임을 깨닫는 것이다. 여기서 돈교頓敎는 점교漸敎와 대비하여 말한 것으로 즉각적이고 완전한 깨달음을 강조한다.

스승이 말했다. "너희는 주의해서 들으라. 후대의 길 잃은 이들이 다만 중생을 알면 곧 부처를 볼 수 있으며, 만약 중생을 알지 못하면 만겁 동안 부처를 찾아도 만나기 어려울 것이다. 나는 지금 너희에게 가르침을 준다. 자기 마음의 중생을 알면 자기 마음의 불성을 보게 되리라. 부처를 보기를 원한다면 다만 중생을 알아야 한다. 중생이 부처를 모르는 것이지 부처가 중생을 모르는 것이 아니다. 만약 자성自性을 깨달으면 중생이 부처이고, 자성을 모르면 부처가 중생이다. 자성이 평등하면 중생이 부처이고, 자성이 사험邪險하면 부처가 중생이다. 너희의 마음이 만약 험곡險曲하면 곧 부처가 중생 중에 있고, 일념一念이 평직平直하면 곧 중생이 부처가 된다. 내 마음에 저절로 부처가 있으니, 스스로의 부처가 참된 부처다. 만약 자신에게 부처의 마음이 없으면 어디에서 참된 부처를 구하겠는가. 너희 자신의 마음이 부처이니 다시 여우처럼 의심하지 말라. 외부에 능히 건립할 수 있는 어떤 것도 없다. 모두 본심이 만 가지 법을 낳은 것이다. 그래서 경전에 '마음이 생기면 종종의 법이 생기며, 마음이 사라지면 종종의 법도 사라진다'고 했다."

『육조단경』「부촉품付囑品」

육조 혜능이 죽음을 앞두고 마지막으로 제자들에게 유훈을 남기는 장면이다. 선불교 깨달음의 핵심을 담고 있다. 자신의 마음이 곧 부처이며, 중생이 곧 부처임을 깨달아야 한다는 것이다. 모든 존재의 근원에 마음을 두고 있다. 그 마음은 절대적인 것이지만 절대적인 마음은 바로 현상하는 마음 그대로이지 현실의 마음에서 떠나 절대적 마음이 있지 않다고 한다. 이때 역설적으로 현실의 마음은 자연의 속박에서 벗어나 절대적 자유의 경지로 비약할 수 있다고 보았다. '마음이 생기면 종종의 법이 생기며, 마음이 사라지면 종종의 법도 사라진다'는 말은 「대승기신론大乘起信論」에 나온다.

【지눌 1】 원문 42

공손히 들으니, '땅으로 인하여 넘어진 자는 땅으로 인하여 일어난다'고 했다. 땅을 떠나 일어나기를 구한다면 옳지 못하다. 일심一心이 미혹되어 한없는 번뇌를 일으키는 자가 중생이며, 일심을 깨달아 한없는 묘용을 일으키는 자가 모든 부처다. 미혹과 깨달음은 비록 다르지만 요체는 일심에 말미암으니 마음을 떠나 부처를 구하는 자는 또한 옳지 못하다.

「권수정혜결사문勸修定慧結社文」

'땅으로 인하여 넘어진 자는 땅으로 인하여 일어난다'는 말은 『화엄경감응약기華嚴經感應略記』 권1 등에 나오는 말이다. 마음은 모든 현상의 근원이요 모든 문제의 근원이지만, 또한 모든 문제 해결의 근원이기도 하다는 것이다. 그것은 바로 문제를 일으키는 이 마음 외에 구원을 구할 별도의 무엇이 있는 게 아니기 때문이다. 그래서 그것은 결국 일심이라고 말할 수 있다. 일심은 위에서 본바 일찍이 원효가 「대승기신론」을 기초로 하여 도달한 개념이기도 하다.

【종밀 1】 원문 43

그런데 받은 기氣를 굴려서展轉 근본을 미루어가보면 곧 혼일混一의 원기元氣이며, 일어난 마음을 굴려서 근원을 궁구하여보면 곧 진일眞一의 영심靈心이다. 실상을 말해보면, 심心 바깥에 다른 법法이 있지 않으며, 원기元氣 또한 심의 전변轉變에 따른 것으로, 앞의 전식轉識이 현상시킨 경境(대상)으로서 아라야식의 상분相分에 소속된다. 처음에 일념一念의 업상業相이 나뉘어 심心과 경境의 둘로 되는 것이다. 심이 이미 세밀한 것으로부터 거친 것에 이르기까지 굴려서 생각을 망령되이 하다가 이윽고 업業을 만들어내는 데까지 이른다.(이는 앞에서 말한 바와 같다.) 경境 또한 미세한 것에서 현저한 것에 이르기까지 굴려서 이윽고 천지에 이른다.(그들에 따르면, 태역太易으로부터 시작하여 오중五重의 굴림運轉

을 통해 곧 태극太極에 이르며, 태극은 양의兩儀를 낳는다. 그들이 자연自然 대도大道를 말하는 것은 마치 여기에서 진성眞性을 말하는 것과 비슷해 보이지만, 그 실상은 다만 일념의 능변能變 견분見分일 뿐이며, 그들이 원기를 말하는 것은 여기에서 일념의 초동初動을 말하는 것과 비슷해 보이지만, 그 실상은 다만 경계境界의 상相일 뿐이다.)

업이 이미 성숙하면, 즉 부모로부터 두 기를 품수받아 업식業識과 화합하여 인신人身을 이루게 된다. 이에 따르면 심식心識이 전변하는 경境은 곧 이분二分으로 이룬다. 일분一分은 심식과 화합하여 인간을 이루는 것이요, 일분은 심식과 화합하지 않은 것으로 즉 천지와 산하와 국읍國邑을 이룬다. 삼재三才 중에 오직 인간이 영靈한 것은 심신心神과 합하기 때문이다. 붓다가 "내內 사대四大와 외外 사대는 같지 않다"고 한 것이 바로 이것이다.

슬프다, 배움이 적은 자들은 분분하게 잘못 집착하도다. 도류道流들에게 말하노니, 성불成佛하고자 하는 이는 반드시 거친 것과 세밀한 것, 근본적인 것과 지엽적인 것을 명확하게 알아야 비로소 지엽적인 것을 버리고 본질적인 것에로 돌아가서 심心의 근원을 반조할 수 있으며, 거친 것을 다하고 세밀한 것까지 제거하여 영성靈性이 현현顯現하여, 명법名法과 보신報身을 통달하지 않은 것이 없게 될 수 있으며, 응현應現이 무궁하여 화신불化身佛이라 이름할 수 있다.

『원인론原人論』「회통본말会通本末」

심心을 통해 우리 자신에 대해 이해할 수 있으며, 문제를 해결할 수 있다고 말한다. 육체적인 것이 아니라 정신적인 것, 자연스러운 것을 넘어 본질적인 것에로 돌아갈 때 진실을 알 수 있음을 말하고 있다. 일종의 인간에 대한 이원적 이해를 제시하고 있는 것이다. 외적인 것에 대해 내적인 것의 우위를 주장하고 있다. 즉, 기氣를 중심으로 한 전통적 인간 이해에 대해 심을 중심으로 한 불교적 인간 이해를 제안하고, 불교적 인간 이해가 더 탁월하다는 주장을 펼치고 있다.

09
단계

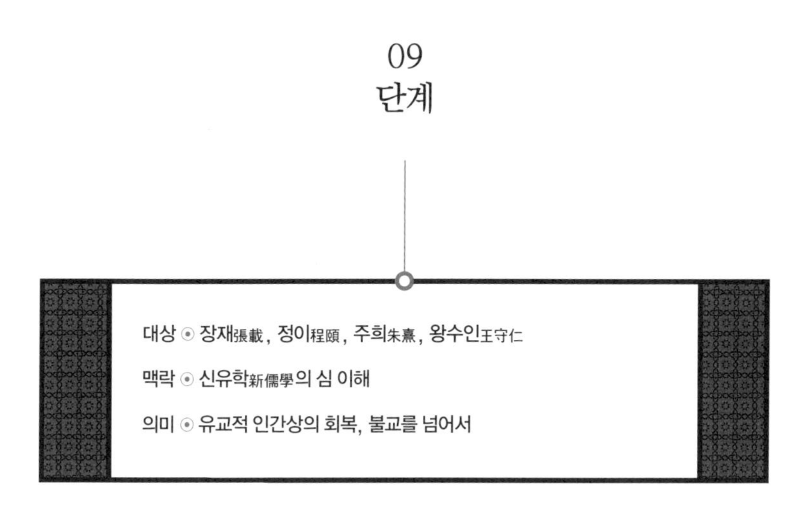

송대에 이르면 공맹의 유학 전통에 대한 새로운 해석이 시도되는 등 삶을 다시 해명, 구성, 실천하려는 노력들이 펼쳐졌다. 이른바 신유학의 시대가 열린 것이다. 신유학자들은 전래의 자연주의적 일원론과 불교의 이원론적 사유를, 현실에 대한 정치적이고 도덕적인 관심을 중심으로 지양하여, 이원적 일원론이라고 할 도덕적 이상주의를 전개했다. 그러한 관점은 자신들의 심에 대한 이해에도 적극적으로 반영되었다.

남송 시기에 활약한 주희는 이정二程 이래의 이학理學과 북송 시기의 다양한 도학道學 전통을 수용하고 종합 정리해 신유학의 심학心學을 포괄적으로 정립했다. 그의 심학은 원과 명대를 거치면서 다양하게 전개되어, 명에 이르면 심 자체의 역동성에 좀더 집중하는 새로운 경향, 즉 왕수인과 그의 제자들에 의해 이른바 양명학陽明學이 형성돼 새로운 국면에 접어들었으며, 조선에서는 퇴계와 율곡을 거쳐 양명학과 거리를 두면서 독자적인 심학의 전통이 형성되었다. 조선 성리학의 심학에 대해서는 별도로 다룰 것이며 여기서는 중국 신유학에서 심학의 전개를 보여주는 자료들을 주희를 중심으로 살펴보고자 한다.

【정이 1】 원문 44

백온伯溫이 또 물었다. "맹자는 심心과 성性과 천天에 대해 말했는데, 그것들은 다만 일리一理(동일한 이)입니까?" 대답하셨다. "그렇습니다. 이理로부터 말하면 그것을 천이라고 하며, 품부받은 것으로부터 말하면 성이라고 하고, 사람에게 있는 것으로부터 말하면 심이라고 합니다." 또 물었다. "무릇 운용하는 곳이 심입니까?" 말씀하셨다. "그것은 의意입니다." 체棣가 물었다. "의는 심이 발한 것입니까?" 말씀하셨다. "심이 있고 난 후에 의가 있습니다." 또 물었다. "맹자는 심에 대해 '나고 듦에 정해진 때가 없다'고 말했는데, 어떻습니까?" 대답하셨다. "심은 나고 듦이 없습니다. 맹자는 다만 잡고 놓는 것에 근거하여 그렇게 말한 것입니다." 백온이 또 물었다. "사람이 외물을 쫓아가는 경우가 있는데, 그것은 심이 쫓아가는 것입니까?" 말씀하셨다. "심에는 나고 듦이 없으니 외물을 쫓아가는 것은 욕구

欲입니다."

『이정유서二程遺書』「이천잡록伊川雜錄」

정이程頤(1033~1107, 이천伊川)의 심에 대한 생각이 잘 간추려져 있다. 백온은 소옹邵雍(1011~1077)의 아들 소백온邵伯溫(1057~1134)이다. 체는 당체唐棣(당언사唐彦思)로서 이 어록의 기록자이기도 하다. 천과 심과 성이 근본적으로는 같으며, 그 각각은 동일한 이理의 여러 양상을 표현한 말이라고 한다. 의意에 대해, 심의 출입出入에 대해 말하고 있다. 출입은 내외內外를 전제한 것으로 심은 안에 있지만, 외부 세계와 적극적으로 소통하고 반응하면서 관계를 맺는 것이므로 안에 제한되지 않는다. 그런 점에서 자칫하면 외물에 이끌려 안의 중심성을 잊고 외부로 나갈 수 있다. 이른바 "잡으면 보존되지만, 놓으면 상실하고 마는 것이다操則存, 舍則亡." 하지만 실제로 심이 밖으로 나가는 것은 아니다. 다만 그 중심성 혹은 주재主宰를 잃는 것이 문제다. 의와 욕欲은 모두 외부세계에 대해 심이 움직여 밖으로 나가는 것과 관련된 개념으로 바로 거기서 문제가 발생할 수 있다.

【장재 1】 원문 45

(1) 태허太虛로 말미암아 천天이라는 이름이 있게 되었다. 기화氣化로 말미암아 도道라는 이름이 있게 되었다. 허虛와 기氣를 합하

여 성性이라는 이름이 있게 되었다. 성과 지각知覺을 합하여 심心이라는 이름이 있게 되었다.

『정몽正蒙』「태화太和」

⑵ 성性은 만물의 동일한 근원一源이고, 내가 개인적으로 얻어 가진 것이 아니다. 오직 대인大人만이 그 도를 다할 수 있다. 그러므로 그가 설 때는 반드시 함께 서고, 알 때는 반드시 함께 알며, 사랑할 때는 반드시 함께 사랑하고, 이룰 때도 혼자서만 이루지 않는다. 저 스스로 가리고 막아서 우리의 이理에 순종할 줄 모르는 사람들은 나도 그들을 어찌할 수 없다. (…) 심心이 성性을 다할 수 있다는 것은 "사람이 도를 크게 할 수 있다"는 것에 해당되며, 성은 그 마음을 검속할 줄 모른다는 것은 "도가 사람을 크게 하는 것이 아니다"라는 것에 해당된다. (…) 형체가 있고 나서 기질지성氣質之性이 있으니 그것을 잘 돌이켜 회복하면 천지지성天地之性이 보존된다. 그러므로 기질지성을 군자는 성性으로 여기지 않음이 있다.

『정몽』「성명誠明」

장재張載(1020~1077, 횡거橫渠)의 글이다. 심이 개인적 실천을 담당하는 주체라면, 성性은 모든 존재의 공통된 기반으로 하늘에 근원을 둔 것이고, 명命이라 할 수도 있고 도라 할 수 있는 순선純善의 것이다. 그것은 우리가 그러한 근원성에 스스로 자리 잡을 때 온전히 실현될 수 있다. 그렇게 할 수 있는 자가 대인이고 성인이다. 현실적으로 인간은 기의 제한을 받고, 성性도 기질의 제한을 받는 기질지성이다. 그러나 그 심층에는 성의 본래 모습 곧 천지지성이 그대로 있으므로, 잘 돌이키기만 하면 천지지성을 회복할 수 있으며, 실현할 수 있다. 그러므로 천지지성과 기질지성은 별개가 아니며, 기질 혹은 기 또한 담일湛一한 기와 다르지 않다. 문제는 심이 그것을 잘 돌이키느냐 돌이키지 못하느냐에 달려 있다. 장재는 심에 대해 성과 지각이 합한 것이라고 한다. 개별적인 심이 보편적인 성을 다른 존재와의 관계 속에서 실현해가는 능동적 활동이 바로 '지각'이라는 것이다. 이러한 생각들은 다음에서 살펴볼 주희에게 계승되는데, 그 과정에서 분석적인 엄밀성이 더해졌다.

【주희 2: 심은 기氣다】 원문 46

(1) 심心은 기氣의 정상精爽이다.

『주자어류朱子語類』 5:28

(2) 물었다. "인심은 형이상입니까, 형이하입니까?" 대납하셨다. "간과 폐와 같은 오장의 심은 실로 하나의 사물입니다. 지금 학자들이 말하는 잡으면 있고 놓으면 없는 심은 그 자체가 신명불측神明不測의 존재입니다. 그러므로 오장의 심은 병이 들면 약을

써서 보양할 수 있지만, 이 심은 창포나 복령으로 보양할 수 있는 것이 아닙니다." 물었다. "그렇다면 심의 이理는 곧 형이상입니까?" 대답하셨다. "심은 성性에 비하면 약간 형적이 있지만, 기氣에 비하면 자연히 더 신령한 것입니다."

『주자어류』 5:41

주희는 심은 어디까지나 기라고 말한다. 즉, 그것은 신체성과 밀접하게 결합되어 있다. 다만 그것은 정상精爽한 기다. 정상이란 정밀하고 상쾌하다는 뜻이다. 거칠지 않고 시원시원하게 통하는 매우 좋은 매체라는 것이다. 심은 소통의 기관이며 매체다. 기 자체가 매체적이라고 할 수 있는데, 심은 그 기 중에서 가장 탁월한 성격을 지녔다는 말이다. 그런 점에서 심은 자신의 신체성에서 벗어날 가능성 또한 지녔다고 할 수 있다.

주희는 또한 오장의 심과 신명의 심을 구분하고 있다. 오장의 심은 분명 형이하의 존재이지만, 신명의 심은 단순히 형이하의 것, 곧 유형有形의 것이라고 말하기 어렵다. 신명神明이고 불측不測의 존재이기 때문이다. 즉, 심은 기에 비해서는 더 영적靈的이다. 그것은 일반의 신체성을 뛰어넘는다. 그렇다고 해서 그것을 물질과 구별되는 영혼과 같은 존재로 생각해서는 안 된다. 단지 그 자취가 우리의 일상 경험 영역에서 포착되기 어려운 성격이라 신명불측하다는 것이다. 따라서 그것을 이나 성과 같은 형이상의 존재라고 할 수도 없다.

(1) 성性은 이理다. 심心은 그것을 속에 담아 싣고 있으면서 밖으로 발용하는 것이다.

『주자어류』 5:48

(2) 물었다. "심이라고 하는 것에는 모든 이가 갖추어져 있습니다. 그것이 발현하는 선善은 본래 심에서 나온 것이라고 할 수 있습니다. 그것이 발현하는 불선不善은 모두 기품氣稟과 물욕物欲의 사사로움인데 또한 심에서 나온 것입니까?" 대답하셨다. "본래 심의 본체는 아닙니다. 그러나 또한 심에서 나온 것입니다." 또 물었다. "그것이 이른바 인심人心입니까?" 대답하셨다. "그렇습니다." 자승子升이 인하여 물었다. "인심은 또한 선과 악을 겸합니까?" 대답하셨다. "또한 겸하여 말한 것입니다."

『주자어류』 5:33

(3) 순僴 등이 성性에 대해 말하는 것을 보고서 말씀하셨다. "성을 논함에는 먼저 성이 어떤 것인가 하는 것을 알아야 한다.(필대必大의 기록에는 이 아래에 '성은 결국 무형의 것이요, 다만 이 하나의 도리가 그것이다'라는 말이 있다.) 정자程子는 '성은 이理다'라고 했는데 이 설이 가장 좋다. 지금 또한 이로 말하면, 결국은 형태가 없고 다만 하나의 도리다. 사람에서는 인의예지가 성이다. 그런

데 그 네 가지에 무슨 형상이 있겠는가, 다만 그러한 도리가 있을 뿐이다. 이러한 도리가 있으면 곧 허다한 사건이 나올 수 있으니, 그리하여 측은惻隱과 수오羞惡와 사손辭遜과 시비是非가 가능해지는 것이다. 비유하자면 약藥의 성질을 논하는 것과 같다. 성질이 차갑거나 뜨거운 것은 약 자체에서는 또한 그 형상을 말할 수 있는 곳이 없다. 다만 그것을 복용한 뒤에 차갑게 작용할 수도 있고 뜨겁게 작용할 수도 있으니 곧 성이요 인의예지다. 맹자는 '인의예지는 심에 뿌리를 두고 있다'고 했다. 만약 '측은지심'이라고 말한다면 이것은 곧 심 위에서 정情을 말한 것이다." 또 말씀하셨다. "소강절邵康節은 '성性은 도道의 형체이며, 심은 성의 부곽郛郭이다'라고 했는데 이 설은 매우 좋다. 대개 도는 형체가 없으며 다만 성이 곧 도의 형체다. 그러나 만약 심이 없으면 성은 어디에 있을 수 있는가! 반드시 심(개체적 마음)이 있어야 곧 그 성을 수습하여 발용해낸다. 대개 성 중에 있는 도리는 다만 인의예지이니 곧 실리實다. 우리 유가에서는 성을 실로 이해하지만, 불교에서는 성을 공空으로 여긴다. 성을 가리켜 심이라고 말하면 안 된다. 지금 사람들은 자주 심을 가지고서 성을 말하는데 반드시 먼저 알아야 비로소 말할 수 있다.(필대의 기록에는 '만약 지각을 가지고 있는 것을 가리켜 성이라고 한다면 다만 심心을 말한 것일 뿐이다'라고 했다.) 만약 천명지성天命之性이 있으면 곧 기질이 있다. 만약 천명지성이 심에 뿌리를 두고 있다고 한다면, 기질지성은 또한 어디에 자리 잡을 수 있겠는가! '인심은 위태롭고 도심은 희미하다'고 한 것은 모두 심이니, 도심만 심이고 인심은 심이 아니라고 해서는 안 된다!" 또 말씀하셨다. "희로애락이 미발未發한 때는 다만 혼연渾然이고, 이른바 기질지성 또한 모두 그 가운데에 있다. 희로애락에 이르면 곧 다만 정情이다."

『주자어류』 4:39

여기서 주희는 심에 모든 이理가 갖춰져 있다고 말한다. 곧 이의 실천과 관련하여, 심은 정상한 기의 성질로 인해 이를 가장 높은 수준에서 실현할 수 있는 충만한 가능성을 지닌 신명神明이자 영적 존재다. 동시에 심은 어디까지나 기氣이며 외재적이고 객관적인 이를 실현하며 실천할 수 있다. 또한 그러한 실현 혹은 실천을 자기 실현, 곧 내재성의 실현으로 수행할 수 있는 존재다. 심에 갖춰진 이는 곧 성性인데, 심은 모든 이를 자신의 본래적 성향인 성으로 지니고 있다. 그리고 심의 이 실천은 곧 외재적 규범의 실천이 아니라 내적 성향의 실현이기도 하다. 그것은 심이 적어도 자신의 신체성과 관련해서 본다면 그것을 넘어선 보편적 성질, 혹은 그러한 가능성을 내면에 자신의 본래성으로, 심층적 성향으로 갖추고 있다는 것이다. 주희는 그러한 심층적 성향을 천명지성이라고 불렀다.

그러나 심은 또한 기(질료적 매체)이며 형形(개체)의 한계 속에 있으므로 본래적 성향을 실현하는 데는 장애가 있을 수 있다. 그것이 바로 기품氣稟과 물욕(즉, 사욕)으로 말미암는 장애로 선과 악의 가능성이다. 기품과 물욕의 장애를 안은 심을 인심人心이라고 했다. 인심은 악의 가능성을 지니지만 본래는 선하며, 선의 가능성으로 충만하다는 점에는 변함이 없다. 그러므로 궁극적으로는 선이지만 현실적으로 선악을 겸한다고 말할 수 있다. 인심의 그러한 측면을 주희는 기질지성이라고 말한다. 기질지성과 본연지성은 원래 장재가 창안했는데, 그들에 따르면 기질지성 외에 또 다른 본연지성이 있지 않다. 그것들은 마음에 있는 하나의 성향의 표층과 심층이다. 기질지성은 결국 본연지성의 현실태인 것이다.

【주희 4 : 심은 모든 이理를 갖추고 만사萬事에 응한다】 원문 48

(1) 심은 사람의 신명神明으로서, 뭇 이理를 갖추고 만사萬事에 응하는 것이다. 성性은 심이 갖춘 이이고, 천天은 또 이가 좇아 나온 곳이다. 사람이 심을 가진 것이 전체가 아닌 경우가 없다. 그러나 이를 궁구하지 않으면 가린 바가 있어서 심의 분량을 다할 수 없는 경우가 있다. 그러므로 심의 전체를 능히 극도로 다하지 않음이 없는 자는 반드시 이를 궁구하여 알지 못하는 것이 없는 자다. 이미 이理를 알고 나면 좇아 나온 곳 또한 그에서 벗어나지 않는다.

『맹자집주孟子集註』「진심盡心 상」 主注

(2) 명덕明德은 사람이 하늘로부터 얻은 것으로서, 허령불매虛靈不昧(텅 비고 신령하며 어둡지 않다)하여, 그로써 뭇 이理를 갖추고

만사에 응하는 것이다. 그렇더라도 기품氣稟에 구속되고 인욕人欲에 은폐되면 때때로 어두워진다. 그러나 그 본체의 밝음은 일찍이 종식된 적이 없다. 그러므로 학자는 반드시 그 발한 바에 근거하여 드디어 그를 밝혀 처음을 회복해야 한다. 새롭게 한다는 것은 옛것을 개혁함을 말한다. (이 장의 취지는) 이미 스스로 자신의 명덕을 밝게 하고 나서는 마땅히 미루어 다른 사람에게 미쳐가서 그들로 하여금 또한 그 옛날의 물든 더러움을 제거하게 해야 한다는 것이다.

『대학장구大學章句』 경經 1장 주注

(1)은 『맹자』의 한 구절(盡其心者, 知其性, 知其性, 則知天矣)에 대한 해설이고, (2)는 『대학』의 한 구절(大學之道, 在明明德, 在新民, 在止於至善)에 대한 해설이다. (1)을 통해 명덕은 곧 심임을 알 수 있다. 신명과 허령불매虛靈不昧는 서로 통한다. 나중에 퇴계 이황은 심의 신명과 허령불매의 성질은 단지 기의 정상한 성질에서 나오는 것이라고 보지 않았다. 그것이 갖춘 이理로 말미암는다는 것이다. 세상에 있는 모든 것이 이와 기의 결합이지만, 인간에게 그 이는 신명과 허령불매를 가능케 하는 방식으로 작용한다는 것이다. 왜 그런 일이 일어날까? 그것은 결국 인간이 갖춘 기의 성질 때문이라고 해야 하지 않을까? 바로 그 점에 대해 퇴계도 부인하지 않았지만 그것으로는 부족하다고 본 듯하다. 사단四端도 정情이지만 기氣만을 통해 해명되는 데는 뭔가 부족함이 있고 이발理發이라고 해야 비로소 충분히 해명되었다고 생

각했던 것과 같다. 이와 관련해서는 아래 퇴계 부분의 인용과 해설을 참고하기 바란다.

【주희 5 : 심은 지각知覺이다(인심과 도심)】 원문 49

(1) 사람과 동물이 생겨남에 모두 이 성性을 가지고 있으며, 또한 모두 이 기氣를 가지고 있다. 기로 말한다면 지각과 운동은 사람과 동물이 다르지 않은 듯하지만, (그러나) 이理로 말한다면 인의예지를 품부받은 것이 어찌 동물이 얻어서 온전히 할 수 있는 것이겠는가? 이것이 사람의 성性이 선하지 않음이 없어서 만물의 영靈이 되는 까닭이다.

『맹자집주』「고자告子 상」 주注

(2) 물었다. "심은 지각이고, 성性은 이理입니다. 심과 이는 어떻게 관통하여 하나가 되는 것입니까?" 대답하셨다. "가서 관통할 필요가 없으니, 본래 관통해 있다." "어떻게 본래 관통되어 있는지요?" 대답하셨다. "이는 심이 없으면 붙어 있을 곳이 없다."

『주자어류』 5:26

(3) 물었다. "지각은 심의 영靈이 본래 그와 같은 것입니까, 아니면 기의 작용입니까?" 대답하셨다. "전적으로 기인 것이 아니라

먼저 지각의 이理가 있다. 이는 지각하지 않지만, 기가 모여 형체를 이루면 이와 기가 합하여 곧 지각할 수 있다. 비유하자면 여기 등불이 기름을 얻어 빛을 내게 되는 것과 같다." 물었다. "심이 발하는 곳은 기입니까?" 대답하셨다. "또한 다만 지각이다."

『주자어류』 5:24

(4) 심은 사람의 지각으로, 안中에서 주인主이 되어 밖外에 응應하는 것이다. 그것이 형기形氣에서 발하는 것을 지적하여 말하면 인심人心이라고 하고, 그것이 의리義理에서 발하는 것을 지적하여 말하면 도심道心이라고 한다. 인심은 사적인 것이 되기 쉽고 공적이기는 어렵다. 그래서 위태롭다고 한 것이다. 도심은 밝기는 어렵고 어둡기는 쉽다. 그래서 희미하다고 한 것이다. 오직 정밀함精으로써 그것을 살펴 형기의 사사로움을 섞지 않으며, 하나一로 그것을 지켜 의리의 바름에 순수하여, 도심이 항상 그의 주인이 되고 인심이 명령에 순종하게 한다면, 위태로운 것은 편안해질 것이고 희미한 것은 현저해져, 움직이고 고요하며 말하고 행동함에 저절로 과불급의 차질이 없을 것이며 진실로 그 중中을 잡을 수 있다.

『서집전書集傳』「대우모大禹謨」 채침蔡沈의 주注

(5) 심의 허령지각은 하나일 따름이다. 그런데 인심과 도심의 다름이 있다고 하는 것은 그것이 혹은 형기形氣의 사私에서 생겨나

고, 혹은 성명性命의 정正에 근원하여 그로써 지각되는 것이 같지 않고, 그래서 위태하여 불안하고 미묘하여 보기 어렵기 때문이다. 그러나 사람은 이 형形을 가지지 않은 자가 없고 그러므로 비록 상지上智라고 하더라도 인심이 없을 수 없으며, 또한 이 성性을 가지고 있지 않은 사람이 없고 그러므로 비록 하우下愚라고 하더라도 도심이 없을 수 없다. 두 가지가 방촌方寸 사이에 섞여 있어, 그것을 다스릴 방법을 알지 못하면 위태로운 것은 더욱 위태로워지고 희미한 것은 더욱 희미해져서, 천리天理의 공이 끝내 저 인욕人欲의 사를 이길 수 없다. 정밀함은 저 둘 사이를 살펴서 섞지 않는 것이요, 일一은 그 본심의 바름을 지켜서 떠나지 않는 것이다. 이에 종사하여 잠시의 끊어짐도 없게 하여, 반드시 도심으로 하여금 항상 한 몸의 주인이 되도록 하고 인심은 매양 그 명령에 순종하도록 한다면, 위태로운 것은 편안해질 것이요 희미한 것은 현저해져 움직임과 고요함과 말함과 행동함에서 저절로 과불급의 차질이 없게 될 것이다. 저 요堯·순舜·우禹 임금은 천하의 큰 성인들이며, 천하를 서로 전하는 것은 천하의 큰일이다. 천하의 큰 성인으로서 천하의 큰일을 행함에, 그 주고받는 때에 간곡하게 교훈을 내린 것이 이와 같은 것에 지나지 않았으니, 천하의 이理가 어찌 그것에 덧붙일 것이 있겠는가?

『중용장구中庸章句』「중용장구 서序」

(6) 인심이란 이 몸이 가진 지각이며 기욕嗜慾이다. 예를 들어 이

른바 '내가 인仁을 욕구한다' '마음의 욕구에 따른다' '본성의 욕구가 외물에 자극을 받아 움직인다' 등으로 말하는 것이다. 이러한 것이 어찌 없을 수 있겠는가? 다만 외물外物이 유혹하여 함닉陷溺에까지 이르면 해害가 되는 것이다. 그러므로 성인이 생각하기를 이들 인심에 지각과 기욕이 있는데 주재하는 바가 없으면 흘러서 돌이킬 것을 잊어버리니 그에 의지해서는 편안할 수 없어 위태롭다고 하신 것이다. 도심은 곧 의리의 마음이니 인심의 주재가 될 수 있으며, 인심은 그에 의지하여 그것을 준칙準으로 삼을 만하다.

(4)는 『서경書經』 「대우모大禹謨」의 구절(人心惟危, 道心惟微. 惟精惟一, 允執厥中)에 관한 주자의 제자 채침蔡沈의 주석으로 역시 주희의 생각이 반영되어 있다. 심이 만사에 응하는 데 있어 심의 지각적 성격은 매우 중요하다. 심은 외부 대상세계에 대해 지각 작용을 통해 소통한다. 지각 혹은 허령지각은 심이 외부와 관계하면서 인지하고 자연스럽게 반응하는 감응적 관계를 맺을 수 있게 해주는 마음의 능력이며 실현이다. 주희는 심의 그러한 지각 작용에 두 가지 양상이 있다고 말한다. 이른바 인심과 도심이 그것이다.

인심의 지각은 형기에서 발한 것, 곧 우리 신체 욕구와 관련이 있다면, 도심의 지각은 의리에서 발한 것, 곧 이에 대한 인식과 의리의 실천과 관련 있다. 인간은 신체를 지닌 자연의 일부로 기를 기반으로 한 상호 감응의 관계에서 벗어날 수 없지만, 또한 인간은 자연 속의 탁월한 존재로 이를 기반으로 한 소통, 이의 인식(이에는 내외의 구별이 없다)과 자발적 실천이라는 방식으로 외부와 관계 맺을 수 있다. 그러한 이理의 자발성에 기초하여 삶을 이끌어갈 때 도덕적 실천은 견고해질 수 있다. 그것은 곧 인심이 도심에 안정되게 잘 듣고 좇는 것으로서 도덕적인 삶의 비결이라는 것이 주희의 인심도심론의 핵심이다.

【주희 6 : 심과 주재主宰(심통성정心統性情의 첫째 의미)】 원문 50

(1) 정이의 "성은 곧 이다"라는 명제와, 장재의 "심은 성과 정을 통괄한다"라는 명제, 이 둘은 결코 깨뜨릴 수 없는 것이다.

『주자어류』 5:70

(2) 이지履之가 미발 전의 심과 성의 분별을 물었다. 대답하셨다. "심에는 체용體用이 있으니, 미발 전이 심의 체體이며 이발의 때가 곧 심의 용用이다. 어떻게 그렇게 말할 수 있는가! 대개 주재 운용하는 것은 곧 심이며, 성은 곧 그렇게 할 수 있는 이理이기 때문이다. 성은 일정하게(변함없이) 여기에 있는 것이고, 주재 운용하는 것은 심에 달려 있다. 정情은 다만 몇 개의 길이며, 그 길에 따라 그렇게 가는 것이 또한 심이다."

『주자어류』 5:62

(3) 심은 주재를 가리킨다. 동動과 정靜에 모두 주재하며, 정의 때에는 주재하지 않다가 동의 때에 미쳐 바야흐로 주재함이 있는 것이 아니다. 주재를 말하면 혼연한 체통體統은 그 가운데 저절로 있다. 심은 성과 정을 통섭하는 것이요, 모호하게 성정性情과 한가지가 되어 분별없는 것이 아니다.

『주자어류』 5:72

(4) 심은 성性의 주인이 되어 정情을 실행한다. 그래서 "희로애락의 미발을 중中이라고 하고, 발하여 모두 절도에 맞는 것을 화和라고 한다"고 했다. 심은 공부하는 장소다.

『주자어류』 5:75

심은 주재하는 것, 곧 주체성이다. 그런 점에서 성·정과 구별된다. 그것은 개체적 주체성이다. 도덕 실천의 주체이며 공부의 주체다. 그 최종점에서는 천인합일天人合一의 경지에 이른다 하더라도, 그 과정에서 주체성의 확립을 망각해서는 안 된다. 바로 그 점이 유교가 불교 및 도교와 유사하면서도 구별되는 이유다. 신유학의 이론적인 노력은 바로 그러한 보편적 동일성의 이상 위에 그러한 이상을 실현하는 개체의 주체성을 명확히 하고자 하는 데 집중되며, 그것을 가장 명현하게 보여주는 것이 심통성정 명제다.

심의 주재는 곧 심 자신의 가능성과 현실성에 대해 빈틈없이 주체적으로 작용함을 말한다. 주희는 주재의 측면에서 심은 성의 주인이라고 말한다. 그것은 곧 이理의 주인이라는 말이기도 하다. 그때 심의 주재활동은 곧 기氣를 배제할 수 없고 결국 기의 활동이지만, 단순히 기만인 것은 아니다. 이의 주인이 되기 위해서는 그것 자체가 이이지 않으면 안 된다. 즉, 성性 곧 이로 말미암는 마음으로서의 도심道心이지 않으면 안 된다. 도심이 인심을 주재할 수 있도록 하는 것, 그를 통해 이의 지배를 관철하는 것이 곧 주재와 주체성의 의미다. 따라서 그를 위해서는 심의 자기 수양이 반드시 요구된다. 그런 점에서 심은 바로 그러한 수양 공부의 장소다.

【주희 7 : 장소-매체로서의 심(심통성정의 둘째 의미)】 원문 51

(1) 성은 곧 심이 지닌 이다. 심은 곧 이가 모이는 장소다.(아래의 심은 요록饒錄에는 성으로 되어 있다.)

『주자어류』 5:47

(2) 심의 동動과 성의 동에 대해 물었다. 대답하셨다: "동하는 곳(장소)이 심이며, 동하는 것이 성이다."

『주자어류』 5:49

(3) 성과 정과 심에 대해서는 오직 맹자와 장횡거가 잘 말했다. 인仁은 성性이고, 측은은 정情인데, 반드시 심 위에서 발출하여 나

온다. 심은 성과 정을 통괄한 것이다. 성은 다만 본래 이와 같아야 한다는 것이다. 다만 이理이고 어떤 사물이 있는 것이 아니다. 만약 어떤 사물이라면 이미 선도 있고 반드시 악도 있다. 오직 어떤 사물도 아니고 다만 이이므로 선하지 않음이 없는 것이다.

『주자어류』 5:69

심은 성 곧 이를 현실세계에서 실현해내는 주체이지만, 발현되는 성의 입장에서 본다면 그것은 성의 발현이 이루어지는 장소, 즉 매체의 성격을 지닌다. 여기 인용은 심의 그러한 장소-매체로서의 성격을 분명히 보여준다. 장소-매체로서의 심에서 위의 주체의 측면이 보유한 개체성이 약화되거나 소멸될 수 있다. 심을 제대로 이해하려면 바로 그러한 두 측면이 통합되어야만 한다. 심의 주재와 주체성은 심이 성, 즉 이와 온전히 일치함으로써, 그러한 실천을 함으로써 바르게 정립될 수 있으며, 그것은 곧 심을 통한 이의 자기실현이 온전히 이루어지는 것을 뜻한다는 점에서, 그러한 두 측면은 하나로 통일될 수밖에 없다고 하겠다.

【주희 8 : 미발未發과 이발已發 그리고 심 공부】 원문 52

(1) "'희로애락의 미발을 중이라고 한다'는 것은 다만 사려미맹思慮未萌이며 조금의 사욕도 없으니 자연스럽게 편의偏倚한(한쪽으

로 치우치거나 기울어진) 바가 없다. 이른바 '적연부동寂然不動'이니 이것을 중中이라고 한다. 그러나 딱 잘라 둘로 나뉘어 불교에서 말하는 덩어리처럼 있는 것이 아니다. 다만 마음이 자연스럽게 미발의 때가 있고 자연스럽게 이발의 때가 있는 것이다. 이처럼 아직 사려가 무언가를 하려는 게 싹트지 않은 때는 반드시 중이요 체體이며, 생각이 일어나서 무언가를 하려고 함에 그 적절함을 얻었을 때가 화和요 용用이라는 것이다. 다만 그러한 순간들은 서로 뒤섞여 있어서, 만약 딱 잘라서 어느 때는 미발의 때요 어느 때는 이발의 때라고 생각한다면 말이 되지 않는다. 지금 학자들 중 어떤 이가 매일 반일 동안은 정靜 공부를 한다고 하면, 그것은 곧 이 병에 걸린 것이다." 말했다. "희로애락이 미발인데도 중하지 않는 경우는 어떻습니까?" 대답하셨다. "그것은 오히려 기질이 혼탁하고 사욕에 압도당해 객이 와서 주인이 된 경우다. 따라서 그것이 미발인 때에는 다만 돌덩어리와 마찬가지여서 쪼개고 부숴도 열리지 않으며, 그것이 발해서는 다만 어그러진 상태로 되는 것이다." 말하기를 "그것은 어두운 때에 성찰하지 않아서 그런 것이 아닙니까? 어떻습니까?" 대답하셨다. "성찰을 말하면 곧 여씨呂氏의 구중求中(중을 구함)이니, 오히려 이발已發이다. 정이천이 말한 바와 같이 '다만 평소에 함양하는 것이 옳다.'" 또 말했다. "보아하니 사람들은 평소에 미발의 때는 적으며 이발의 때는 많습니다." 말씀하셨다. "그러하다."

『주자어류』 62:118

(2) 존양存養은 정靜 공부다. 정의 때는 중中이니 그때에는 과불급이 없고 편의하는 바가 없기 때문이다. 성찰은 동動 공부다. 동의 때는 화和다. 생각과 행위가 있자마자 곧 동이다. 발하여 절도에 맞아 어긋나거나 틀린 것이 없음이 곧 화다. 그 정의 때는 사려가 미맹未萌하고 지각이 불매不昧하니 곧 복괘復卦에 이른바 "천지의 마음을 본다"라고 한 것으로, 정靜 중의 동動이다. 동의 때에는 발하여 모두 절도에 맞고 그 원칙에 머무는 것이니 곧 간괘艮卦에 '그 몸을 얻지 못하고 그 사람을 보지 못한다'고 한 것으로, 동 중의 정이다. 궁리와 독서는 모두 동 중의 공부다.

『주자어류』 62:148

(3) 도부道夫가 말했다. "나종언羅從彦(예장預章) 선생은 학자들에 정좌靜坐 중에 '희로애락이 미발한 것을 중이라고 한다'고 할 때의 미발이 어떤 기상氣象인지를 보라고 가르쳤습니다. 이동李侗(연평延平) 선생은 나종언 선생의 뜻이 진학進學(학문의 진보)에 힘이 될 뿐 아니라 겸하여 또한 양심養心(마음을 기르는 공부)의 요체라고 여겼습니다. 그러나 (정이천의) 『유서遺書』에는 말하기를 '생각하면 곧 이발已發이다'라고 했습니다. 예전에 저는 그것이 앞에 든 두 선생의 가르침과 충돌하는 것이 아닌가 의심했습니다. 세밀하게 생각해보면 역시 매우 긴요한 것이어서 고찰하지 않을 수 없습니다." 직경直卿이 말했다. "이 질문 또한 매우 절실합니다. 다만 정이천 선생은 매우 세밀하게 분석했고 체와 용이

분명한 것이라고 한다면, 나종언 선생은 본원을 탐색했고 도체道體를 통견洞見하신 것입니다. 두 분은 모두 세상에 큰 공이 있습니다. 잘 살펴보면 또한 '함께 행해도 서로 어긋나지 않는다'는 것에 해당됩니다. 하물며 나종언 선생은 정좌하는 가운데 그것을 보신 것으로, 그 사려미맹과 허령불매한 기상을 저절로 볼 수 있는 바가 있으니, 처음부터 미발을 해치지 않습니다. 또한 소계명蘇季明이 '(중中을) 구求한다'는 것으로 질문했는데, 구하는 것은 사려가 아니면 불가능합니다. 이것이 이천 선생께서 힘써 그 차이를 구별하신 이유입니다." 선생이 말씀하셨다. "공이 비록 이처럼 나종언 선생의 말을 분해했으나, 끝내 아마 병통이 있을 것이다. 명도明道 같은 이도 정좌를 학으로 삼을 만하다고 했고, 사상채謝上蔡 또한 정을 많이 해도 무방하다고 말한 바 있다. 그러나 그 설은 끝내 (정靜에) 치우친 바가 있으니, 조금이라도 치우치면 곧 병이 된다. 도리는 저절로 동動의 때도 있고 저절로 정의 때도 있다. 학자는 다만 '경敬으로 안을 곧게 하고, 의義로써 밖을 바르게 한다.' 세상에 도리가 아닌 곳이 없어서, 비록 지극히 미세하고 지극히 작은 곳에도 도리가 있다는 것을 알아 곧 도리로써 처신해야 하고, 오로지 정한 곳에 나아가 구해서는 안 된다. 그래서 정이천이 '다만 경을 쓰고 정을 쓰지 않는다'고 말한 것이 곧 균형잡힌 말이다. 또한 아마도 그는 경험한 바가 많았기에 본 바가 그렇게 바르고 치우치지 않은 것이다. 만약 세상의 대단히 분요紛擾한 사람을 기준으로 그것을 본다면, 만약 정할 수 있으면 본래 좋은 것이다. 그러나 만약 강학講學이라고 한다면 조금의 치우침도 있어서는 안 된다. 마치 천웅天雄과 부자附子 같은 것은 냉冷한 성질의 사람이 그것을 먹으면 좋지만, 천하의 모든 사람이 그것을 먹게 하려 하면 안 되는 것과 같다."

『주자어류』 102:3

(4) 대개 미발의 때에는 다만 희로애락의 치우침이 아직 있지 않을 뿐이다. (그때에는) 그 눈에는 보이는 것이 있고 귀에는 들리는 것이 있어도 마땅히 더욱 정명精明하여 어지러울 수 없으니, 어찌 심이 없어 보아도 보이지 않고 들어도 들리지 않는 상태와 같겠는가? 그러나 그 정靜의 때에 이미 지각이 있다고 말한다면 어찌 정이라고 할 수 있겠는가. 그리고 『주역周易』의 '복復에서 천지의 마음을 본다'를 인용하여 설명하려는 것 또한 이해할 수 없다. 대개 지정至靜의 때에 당하면, 다만 능지각能知覺하는 것만 있고 소지각所知覺한 것은 아직 있지 않다. 그러므로 정靜 중에 물物이 있다고 하는 것은 되지만 그렇다고 '생각하자마자 곧 이발已發이다'라고 한 것으로 비견하면 안 된다. 또한 곤괘坤卦의 순음純陰이라도 양陽이 없는 것은 아니라고 하는 것은 되지만 그렇다고 복괘復卦의 한 양이 이미 움직인 것과 비견하면 안 된다.

『중용혹문中庸或問』 1:13

능지각能知覺이란 잠재적 지각 상태 혹은 환한 자각은 있지만 아직 적극적인 대상 의식은 없는 상태를 가리키는 것으로 보인다. 어디까지나 사려미맹을 유지한 가운데 지각불매를 이야기하려는 것이다. 사려미맹이라고 해서 아무것도 들리지 않고 아무것도 보이지 않는 암흑 상태로 생각해서는 안 되지만 그렇다고 어떤 대상에 대한 지각이 있는 상태로 여겨서도 안 된다는 것이다. 그것이 기가 아니라 이에 의해 주도적으로 규정되는 상태라는 점에서 지각지리를 가리킨다고 해석할 수도 있다. 그러므로 그것은 치우친 것이 없고 순선하다고 할 수 있다.

미발과 이발은 또한 구별되기는 하되 연속적이다. 어느 것이 다른 하나를 압도하는 절대적 순간일 수 없다는 것이 주자의 생각이다. 미발 곧 정靜은 마음의 자연적인 순환 리듬 속의 한 계기를 이루며 결코 모든 사유가 사라진 공허하고 적막한 무無의 순간이나 절대적 초월의 순간이 아니다. 따라서 미발의 때는 구하거나 집착해서는 안 되고 자연스럽게 순간순간 만나져야 하고 만나면 그에 따라 고요히 머물면서 경敬으로 유지하고 함양해야 하며, 자연스럽게 이발로 넘어가면 또한 살피고 이해하는 공부를 해야 한다는 것이다. (2)에서 "천지의 마음을 본다"고 한 것은 복괘復卦의 단전彖傳에 나온 말이고, '그 몸을 보지 못하고 그 사람을 보지 못한다'고 한 것은 간괘艮卦의 괘사를 축약 인용한 것이다.

(1) 물었다. "의意는 심의 운용처運用處입니까, 발처發處입니까?" 대답하셨다. "운용이 곧 발이다." 물었다. "정情도 발처인데, 어떻게 구별합니까?" 대답하셨다. "정은 성性의 발인데, 정은 그렇게 발출된 것이요, 의는 그렇게 해야 한다고 주장하는 것이다. 예를 들어 어떤 것을 사랑하는 것은 정이며, 그래서 가서 그것을 사랑하는 것은 의다. 정은 배나 수레와 같고, 의는 사람이 가서 그 배와 수레를 운전하는 것과 같다."

『주자어류』 5:82

(2) 이몽선李夢先이 정情과 의意의 구별에 대해 물었다. 대답하셨다. "정은 할 수 있는 것이고, 의는 가서 온갖 계교計較를 써서 하는 것이다. 의는 이 정이 있음으로 인해 그로 말미암아 쓰는 것이다."

『주자어류』 5:85

(3) 물었다: "정과 의는 어떻게 체인합니까?" 대답하셨다. "성性과 정情은 하나다. 성은 움직이지 않으며, 정은 동처動處이며, 의意는 주향走向(지향)이 있는 것이다. 예를 들어 호오好惡는 정이며, '미인을 좋아하고, 악취를 싫어하는' 것은 곧 의다."

『주자어류』 5:86

(4) "성性은 곧 천리天理다. 만물이 품부받은 것이요, 한 이理도 갖추지 못한 것이 없다. 심心은 한 몸의 주재다. 의意는 심이 발한 것所發이며, 정情은 심이 동한 것所動이요, 지志는 심이 가는 것所之으로, 정과 의에 비하면 더욱 무겁다. 기氣는 즉 나의 혈기血氣로서 몸을 채우고 있는 것으로, 그것들에 비한다면 형기形器가 있어 좀 거친 것이다." 또 말하시기를 "심을 버리고는 성을 볼 곳이 없으며, 성을 버리고는 심을 볼 곳이 없다"고 했다.

『주자어류』 5:88

(5) "심心이 가는 것을 지志라고 하고, 해日가 가는 것을 시時라고 한다. 지志 자는 지之와 심心의 결합이고, 시旹 자는 지之와 일日의 결합이다. 예를들어(오시午時는) 해가 오午에 있을 때이고(인시寅時는) 인寅에 있을 때이다. 글자를 만든 취지가 그에서 말미암는다. 지志는 심이 가는 것이요, 곧바로 가는 것이다. 의意는 또한 지志가 경영하여 왕래하는 것이다. 그것은 지의 다리다. 무릇 경영하고 도모하고 왕래하는 것은 모두 의다. 그래서 장횡거는 말했다. '지志는 공적이고 의는 사적이다.'" 물었다. "정情과 의를 비교하면 어떻습니까?" 대답하셨다. "정은 또한 의의 골자다. 지와 의는 모두 정에 속하지만 정이 상대적으로 큰 개념이다. 성과 정의 글자는 모두 심을 성분으로 가지기에, '심은 성과 정을 통괄한다'고 했다. 심은 체體와 용用을 겸하여 말한 것이다. 성은 심의 이理이고,

정은 심의 용이다."

『주자어류』 5:89

(6) 의意와 지志에 대해 물었다. 대답하셨다. "장횡거가 말했다. '의와 지를 비교하여 말한다면 지는 공이고 의는 사이며, 지는 강하고 의는 유하며, 지는 양이고, 의는 음이다.'"

『주자어류』 5:90

(7) 지志는 해야 한다고 공연히 주장하는 일이고, 의意는 사적으로 잠잠히 행하는 가운데 드러나는 것이다. 지는 정벌하는 것과 같고, 의는 침략하는 것과 같다.

『주자어류』 5:91

(8) 물었다. "하늘이 명한 것이 성性이고, 몸을 채우고 있는 것이 기氣이고, 외물에 감촉한 것이 정情이고, 주재가 심心이고, 서서 어떤 곳을 향해 가는 것이 지志이고, 생각하는 바가 있는 것이 의意이고, 좇아가는 바가 있는 것이 욕欲입니다." 답하여 말씀하셨다. "이 말 중 어떤 것은 맞고 어떤 것은 틀렸으나, 모두 억지 생각에서 나온 것이다. 요약하자면 급히 논할 수 없으며, 함영涵泳 완색玩索하여 오래되면 마땅히 저절로 알게 된다." 수銖가 일찍이 선생을 뵈었을 때 말씀하셨다. "개념을 정의하는 것은 매우 어렵다. 예를 들어 성性을 말할 때에는 천지지성天地之性도 있고

기질지성氣質之性도 있으며, 인仁을 말할 때에는 정이천은 전언專言의 인이 있고 편언偏言의 인이 있다고 했다. 이러한 것들은 또한 묵식심통默識心通(묵묵히 생각하여 마음으로 깨달음)해야 한다."

『주자어류』 5:98

정情과 의意의 차이, 의와 지志의 차이 등에 대해서 말하고 있다. 정이 성性으로부터 자연스럽게 발현된 것이라면, 의는 인간의 판단과 의지가 개입된 것이다. 정이 인간의 의지에 의해 좌우될 수 없다는 뜻에서 자연의 일이라고 한다면, 의는 그러한 자연적 감정에 대해 이성적으로 판단하고 헤아리며 의도하고 의지하는 인간적 활동이다. 의와 지의 차이에 대해서는, 의가 마음속으로 판단하고 의도하는 사적인 것이라면, 지는 그것을 부려 밖으로 의지하는 공적인 것으로 보았다. 이 둘 사이의 구분은 그리 명료하지 않지만 실천의 맥락에서는 유의미한 구분일 수 있다. 주희는 이러한 것은 모두 심心상에서 일어난 것이요, 심이 발현되는 다양한 양상을 표현한 것으로서, 공부하고 실천하는 데 유용한 만큼의 정확도를 가지고서 정의한 것이라고 하고, 깊은 사색과 실천 가운데 자연스럽게 이해될 수 있는 것이라고 했다.

(보내주신 편지에서) "오로지 본심本心만을 구하다가 드디어 물리物理를 버리게 되는 문제가 있다"고 지적했습니다. 그것은 대개 그 (참된) 본심을 잃어버렸기 때문입니다. 무릇 물리는 내 마음에서 벗어나지 않으니, 내 마음 밖에서 물리를 구한다면 물리는 없을 것입니다. 물리를 버리고서 내 마음을 구한다면 내 마음은 또한 어떤 물건이란 말입니까? 마음의 체는 성性이고, 성은 곧 이理입니다. 그러므로 어버이께 효도하는 마음이 있다면 곧 효의 이가 있는 것이고 어버이께 효도하는 마음이 없다면 곧 효의 이가 없는 것입니다. 임금에게 충성하는 마음이 있으면 곧 충의 이가 있는 것이고 임금에게 충성하는 마음이 없으면 곧 충의 이가 없는 것입니다. 이理가 어찌 내 마음 바깥에 있겠습니까?

회암晦菴(주희)은 "사람이 학문을 하는 근거는 다만 마음心과 이일 따름이다. 마음은 비록 한 몸의 주인이지만 실로 천하의 이를 관할하고, 이는 비록 만사萬事에 산재하여 있으나 실은 한 사람의 마음 바깥에 있지 않다"고 했습니다. 이 말은 한 번 나누고 한 번 합하는 사이에 이미 학자들이 마음과 이를 둘로 여기는 폐단을 열어놓고 말았습니다. 이것이 후세에 '오로지 본심을 구하다가 드디어 물리를 버리게 되는' 근심이 생긴 까닭으로, 바로 마음이 곧 이임을 알지 못하는 데 말미암는 것입니다. 무릇 마음 바깥에서 물리를 구하므로 어두워 통달하지 못하는 곳이 생기는 것입니다. 이것은 고자의 의외義外(의는 마음 바깥에 있다)의 설이며, 맹자는 그런 까닭에 그것이 의를 모르는 것이라고 했던 것입니다.

마음은 하나일 따름인데, 그 전체의 측달惻怛로부터 말하면 그것을 인仁이라고 하고, 그 적절함을 얻은 것으로 말하면 그것을 의義라 하고, 그 조리條理로써 말하면 그것을 이라고 합니다. 마음 바깥에서 인을 구해서는 안 되며, 마음 바깥에서 의를 구해서도 안 되니, 유독 마음 바깥에서 이를 구해서 되겠습니까? 마음 바깥에서 이를 구하는 것, 그것이 인식과 실천이 둘이 되는 까닭입니다. 내 마음에서 이를 구하는 것, 그것이 성문聖門의 지행합일知行合一의 가르침입니다. 그대는 또한 무엇을 의심합니까?

『전습록傳習錄』 133

양명이 친구 고린顧璘(1476~1545, 호는 동교東橋)에게 보낸 편지 중 일부다. 양명은 사물의 이치 곧 물리는 내 마음을 벗어나지 않는다고 말한다. 마음이 곧 이理라는 것이다. 주희의 공부 방법에 대해, 마음과 이를 일단 구분하고 그다음 실천을 통해 그 둘의 통합을 구하는 것이라고 요약하고, 그것이 바로 이의 인식知과 실천行을 분열시켰다고 비판했다. 인용된 주희의 말은 『대학혹문大學或問』에 나온다.

양명은 마음이 곧 이이므로, 마음 바깥에서 따로 이를 인식할 필요가 없으며, 마음의 본래 모습이 곧 이이고, 본심을 실현하는 것이 곧 이의 실천이라고 주장한다. 즉, 마음에서 성性을 찾고 외부 사물에서 이를 찾아 그것을 인식하고 나서 실천하는 것先知後行이 아니라, 순수하게 발현된 마음인 마음의 본체體가 곧 성이고 이라는 것이다. 따라서 이와 마음의 간격은 없으며, 인식과 실천의 간격도 사라진다고 주장한다. 그것이 곧 지행합일이다.

이것은 우리 관심을 도덕 실천에 집중시키며, 마음의 선한 활동을 그대로 보편적인 성이요 절대적인 이라고 함으로써, 마음의 주체적 능동성을 극도로 강조한 것이다.

【왕수인 2】 원문 55

마음은 몸의 주인이며, 마음의 허령명각虛靈明覺은 이른바 본연의 양지良知다. 그 허령명각한 양지가 외부 자극에 응하여 움직이는 것을 의意라고 한다. 지知가 있고 난 다음에 의意가 있고, 지가 없으면 의가 없으니, 지가 의의 체體 아닌가? 의가 작용하는 곳에는 반드시 그 물物이 있으니 물은 곧 사事다. 만약 의가 부모를 섬기는 데 작용하면 곧 부모를 섬기는 것이 일물一物이 되고, 의가 백성을 다스리는 데 작용하면 곧 백성을 다스리는 것이 일물이 되고, 의가 독서에 작용하면 곧 독서가 일물이 되고, 의가 송사訟事를 듣는 데 작용하면 곧 송사를 듣는 것이 일물이 된다. 무릇 의가 작용하는 곳에는 물이 없는 곳이 없고, 의가 있으면 곧 물이 있고, 의가 없으면 물이 없다. 물은 의의 작용이 아니겠는가?

『전습록』 137

앞의 인용과 마찬가지로 양명이 고동교에게 답한 편지에 나오는 한 대목이다. 마음을 몸의 주인으로 보는 것이나 허령명각으로 보는 것은 주희와 같지만, 허령명각을 양지라고 보는 것은 다르다. 주희의 허령명각은 외부 사물에 반응할 수 있는 지각 능력을 의미한다. 그때 지각 혹은 마음의 지각활동은 내재적 이, 곧 성의 자연스러운 발출의 성격을 지니는 동시에 외부 사물에 있는 객관적 이理에 대한 인식이다. 양명의 경우 지각활동은 양지 본체의 실현이라는 측면만이 강조되며, 외부 사물에 있는 객관적 이에 대한 인식은 배제된다. 주희가 강조한 외부 사물의 객관적 이에 대한 인식 곧 격물궁리, 격물치지의 측면이 배제되는 것이다.

【왕수인 3】 원문 56

무릇 사람이란 천지天地의 마음입니다. 천지만물은 본래 나와 한 몸이니, 백성의 곤고困苦와 비통悲痛 어느 것이 내 몸의 절실한 고통이 아니겠습니까? 내 몸의 고통을 알지 못하면 시비지심是非

之心이 없는 것입니다. 시비지심은 생각하지 않고도 알고, 배우지 않고도 능한 것으로, 이른바 '양지良知'입니다. 양지가 사람 마음에 있는 것은 성인과 어리석은 자에게 차이가 없으며 천하 고금에 동일한 것입니다. 세상의 군자가 오직 그 양지를 힘쓰면 저절로 시비를 공변되게 하고, 호오好惡를 같이 하며, 다른 사람 보기를 자기와 같이 하고, 나라 보기를 집안 보는 것같이 하여, 천지만물을 한 몸으로 여기게 되니 천하가 다스려지지 않기를 구해도 그럴 수 없습니다.

옛사람들이 (타인의) 선善을 보면 마치 자기에게서 나온 것처럼 한 것만이 아니고, (타인의) 악惡을 보아도 마치 자기가 그에 들어간 것처럼 한 것만이 아니며, 백성이 굶주리고 빠진 것을 보기를 자기가 굶주리고 빠진 것처럼 하여, 한 사람이라도 은택을 얻지 못한 자가 있으면 마치 자기가 밀어서 웅덩이에 빠뜨린 것처럼 할 수 있었던 것은 고의로 그렇게 해 천하의 신뢰를 얻고자 한 것이 아니고, 그 양지를 실현하기에 힘써서 스스로 만족하기를 구해서입니다. 요와 순과 삼왕三王 등의 성인이 말함에 백성 중 믿지 않은 자가 없었던 것은 그 양지를 실현하여 말했기 때문이며, 행동함에 백성 중 기뻐하지 않은 자가 없었던 것은 그 양지를 실현하여 행했기 때문입니다. 그러므로 백성은 빛나고 밝아(즐겁고 만족하여), 죽여도 원망하지 않았으며 이롭게 하여도 공덕으로 여기지 않았습니다. 그 시혜가 야만족들에게까지 미쳐 모든 혈기 있는 자가 존경하고 친애하지 않은 이가 없었으니, 그 양지가 동일하기 때문입니다. 아아! 성인이 천하를 다스림이 어찌 그리 간단하고 쉬운지요!

『전습록』 179

본문은 섭표聶豹(1487~1563. 자는 문위文蔚, 호는 쌍강雙江)에게 보낸 편지의 일부분이다. 삼왕은 하·은·주 삼대 왕조의 창립자인 우·탕·문왕(혹은 무왕)을 가리키는 듯하다. 양명은 사람이 천지의 마음이고, 천지만물은 본래 나와 한 몸이라고 말한다. 우리 인간의 마음, 나의 마음이 곧 천지의 마음으로서, 나는 개체를 훌쩍 뛰어넘은 보편적인 나다. 인간은 바로 그러한 보편적인 자아가 될 수 있는 자기초월적 존재라는 것이다. 이를 단적으로 보여주는 것이 바로 양지다. 남의 고통을 나의 고통으로 여길 줄 아는 그러한 마음이다. 양명은 양지야말로 성인이 천하를 다스리는 비결이라고 말한다. 이제 지배자의 조건인 마음의 능력은 양지를 실현하는 능력, 곧 치량지致良知의 능력이다.

【왕수인 4】 원문 57

『대학』에서 말하는 '신身'은 곧 귀와 눈과 입과 코와 사지四肢가 그것이다. 몸을 닦고자 하는 것은 곧 눈으로는 예禮가 아니면 보지 않고, 귀로는 예가 아니면 듣지 않고, 입으로는 예가 아니면 말하지 않고, 사지로는 예가 아니면 움직이지 않는 것이다. 몸을 닦으려고 한다면 몸 위에서 어떻게 공부할 것인가? 마음은 몸의 주재이니, 눈은 비록 보지만 보게 하는 것은 마음이며, 귀는 비록 듣지만 듣게 하는 것은 마음이고, 입과 사지는 비록 말하고 행동하지만 말하고 행동하게 하는 것은 마음이다. 그러므로 몸을 닦고자 한다면 자신의 심체를 체득하여 항상 확연대공廓然大公하여 조금도 바르지 않은 곳이 없도록 해야 한다. 주재가 한번 바르면 눈이 틔어 저절로 예가 아닌 것을 보지 않게 되며, 귀가 틔어 저절로 예가 아닌 것을 보지 않게 되며, 입과 사지가 틔어 예가 아닌 것을 말하거나 행동하지 않게 된다. 이것이 곧 '몸을 닦는 것은 마음을 바르게 하는 데 있다'고 하는 것이다.

그런데 지선至善이 마음의 본체다. 마음의 본체에 어찌 선하지 않은 것이 있겠는가? 만약 지금 마음을 바르게 하고자 한다면, 본체상의 어느 곳에서 공부할 수 있겠는가? 반드시 마음이 발동한 곳에 나아가야 비로소 힘을 쓸 수 있다. 마음의 발동은 불선함이 없을 수 없으므로 그곳에서 힘을 쓰는 것이니, 곧 '뜻을 성실히 하는 데 있다는 것이다.' 만약 일념一念이 선을 좋아하는 데서 발하면, 곧 굳건하게 나아가 선을 좋아하며, 일념이 악을 미워하는 데서 발하면, 곧 굳건하게 나아가 악을 미워한다. 뜻意이 발한 것이 이미 성실(진실)하다면 그 본체가 어떻게 바르지 않겠는가? 그러므로 마음을 바로잡으려 한다면 뜻을 성실히 하는 데 있다고 한 것이다. 공부는 성의誠意에 이르러 비로소 확실한 근거著落處가 있게 되는 것이다.

그러나 성의의 근본은 또한 치지致知에 있다. 이른바 "다른 사람들은 비록 알지 못해도 자기는 홀로 안다"고 하는 것, 그것은 바로 내 마음의 양지를 가리킨다. 그러나 선을 알았다고 하더라도 오히려 그 양지를 의지하여 행하지 않고, 불선을 알았다고 하더라도 오히려 그 양지를 의지하여 제거하지 않는다면 양지는 곧 가려지고 만다. 이는 치지하지 못한 것이다. 내 마음의 양지는 이미 끝까지 확충하지 못하면 선을 비록 좋아할 줄 알아도 착실하게 좋아하지 못하고, 악을 미워할 줄 알아도 착실하게 미워할 수 없으니, 어떻게 뜻이 진실해질 수 있겠는가? 그러므로 치지는 뜻이 성실해지는 근본인 것이다.

그러나 또한 공중에 매달린 치지는 아니니, 치지는 실사實事에서 바로잡는 데 있다. 만약 뜻이 선을 행하는 데 있다면 곧 그 일에 나아가 행하며, 뜻이 악을 제거하는 데 있다면 곧 그 일에 나아가 행하지 말아야 한다. 악을 제거한다는 것은 본래 바르지 못한 것을 바로잡아 바른 데로 돌리는 것이지만, 선을 행하면 불선이 바르게 되므로 또한 바르지 못한 것을 바로잡아 바른 데로 돌리는 것이 된다. 그와 같다면 내 마음의 양지는 사욕私欲이 가리는 것이 없게 되고 그 끝까지 실현할 수 있으며, 뜻이 발한 것도 선을 좋아하고 악을 제거하여 성실하지 않음이 없게 된다. 뜻을 성실하게 하는 공부의 실제 착수처着手處는 격물格物(일에서 바로잡는 것)에 있다. 만약 이와 같이 격물한다면 누구나 다 할 수 있으니, "사람들은 모두 요·순이 될 수 있다"고 한 것은 바로 여기에 이유가 있다.

『전습록』 317

이것은 황직黃直(자는 이방以方)의 기록이다. 이 부분은 『대학』의 앞부분 내용을 해설하는 성격의 글이다. 양명은 『대학』에서 "몸을 닦는 것은 마음을 바르게 하는 데 있다"고 말한 것에 대해, 그것은 마음이 몸의 주재이기 때문이라고 말한다. 즉, 마음은 몸의 주재로서, 몸을 움직이는 것이 마음이므로 몸을 닦기 위해서는 마음을 바르게 해야 한다는 것이다. 그런데 또한 마음 자체, 그 본체는 지선至善한 것이므로 바로잡을 것이 없고, 바로잡는다는 것은 마음이 발동한 곳 즉 뜻意에서 해야 한다고 한다. 뜻에는 불선이 없을 수 없기 때문이다. 그래서 『대학』에서는 "(마음을 바르게 하는 것은) 뜻을 성실하게 하는 데 있다"고 한 것이다. 양명은 또한 『대학』에서 '성의誠意는 치지致知에 있다'고 한 것에 대해, 치지를 치량지致良知, 곧 양지를 실현하는 것으로 해석했다. 그리고 격물을 '일을 바로잡는 것'이라고 해석하여, 『대학』에서 '치지는 격물에 있다'고 한 것에 대해, 양지의 실현은 곧 실제 일에서 바로잡는 것을 의미한다고 했다. 이는 주희가 사물에서의 이理의 인식을 기초로 『대학』을 해석한 것에 대해 '양지의 실현'을 중심으로 새롭게 해석한 것이다. 그만큼 실천적 역동성이 강화되었다.

10
단계

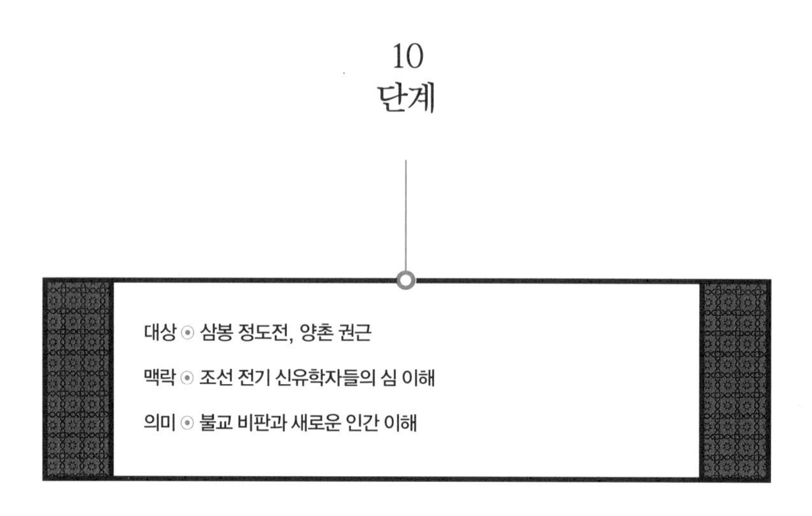

삼봉三峯 정도전鄭道傳(1342~1398)은 혁명가로서 고려와 조선의 단절과 조선의 문화적 방향 설정을 대표하는 사상가였다. 그는 「심기리편心氣理篇」를 통해 자신의 수준에서 유교, 불교, 도교 간의 대화를 시도한다. 유교의 탁월성을 주장하려 한 의도가 있지만, 변증법적 형식을 취한 신선함과 각 사상의 세계관적 지향에 대한 간결한 파악에서 그가 보여준 대담함과 박력은 오늘날에도 음미해볼 만한 가치를 지닌다. 불교를 이원론적으로, 그에 대해 도교를 일원론적으로, 그리고 유교를 그 둘의 종합 즉 이원적 일원론으로 파악하고 있다.

양촌陽村 권근權近(1352~1409)은 「심기리편」에 대한 상세한 주석을 남긴 것에서도 알 수 있듯이 정도전의 사상적 방향을 계승했지만, 나름대로의 처지와 상황 속에서, 고려에서 조선으로 이어지는 연속성과 단절의 경계, 사상적으로는 불교와 유교(성리학)의 경계에서 치열하게 사유했다. 그것은 자연스럽게 그를 심心과 심학에로 이끌었다. 그가 편찬한 『입학도설入學圖說』에서 그러한 관심의 일단을 읽을 수 있다.

【정도전 1】 원문 58

(1) 심이 기를 비난함心難氣

모든 모양相을 가진 것들은 그 종류가 매우 많으나, 오직 내(곧 심心)가 가장 신령靈하여 그 가운데에 홀로 서 있다獨立. 나의 본체體는 고요하여 거울이 빈 것과 같으니, 인연을 따르면서도 변하지 않고 변화에 응하여도 다함이 없다. 그런데 너(곧 기氣)의 사대四大(지地·수水·화火·풍風)가 임시로 모여假合 형체形를 이룸으로 말미암아, 눈이 생겨 빛을 보고자 하며 귀가 생겨 소리를 듣고자 한다. 선과 악은 또한 환상幻으로서 그림자를 인연因緣하여 생겨나, 나를 상하게 하고 나를 해치니 내가 편안함寧을 얻지 못한다. 모양을 끊고 형체體를 떠나 생각도 없고 정情도 잊어버려, 밝으면서 고요하고 침묵하는 가운데 항상 깨어 있으면, 네가 비록 격동시키려 하나 어찌 나의 밝음을 가릴 수 있겠는가?

『삼봉집三峯集』 권10 「심기리편心氣理篇」

삼봉은 불교의 핵심 개념을 심으로 보았다. 이는 화엄을 거쳐 선불교로 나아간 당시 불교의 사정을 반영한다. 원효가 모든 것을 낳는 일심一心에 주목했고 지눌이 모든 문제의 근원이자 궁극적 해결의 열쇠로 심을 주목했듯이 동아시아 불교의 최종 결론은 결국 '마음'이 문제라는 것이다. 그런 점에서 삼봉이 불교의 핵심 개념으로 심을 지목한 것은 적절했다. 이때 심은 모든 존재 중에 탁월한 것이며 신령하고 고요한 것이다. 심은 외부세계와의 관계 속에서 변화하지만 그 자체의 청정清淨함은 변하지 않는 깨어 있는 밝음이라고 자기를 기술한다.

삼봉은 그와 대비해서 도교의 핵심 개념을 기氣라고 파악하고, 심과 기를 대립시켰다. 기는 곧 몸을 이루는 것이고, 욕망의 근원이며 자신의 욕망에 따라 선악을 분별하는 근원으로서 심의 청정함을 깨는 적이다. 심과 기의 대립은 얼핏 정신과 육체의 대립으로 볼 수도 있다. 즉, 이원론적이다. 불교의 구원은 마음이 육체로 말미암는 모든 욕망을 넘어서서 청정함을 갖게 되는 것, 곧 번뇌로부터 해방, 육체로부터의 해방이다. 따라서 이를 위해 불교에서는 육체성을 부정하거나 초월하여, 육체로 말미암는 일체의 욕망과 번뇌를 끊고 깨어 있는 정신을 유지하는 것을 방법으로 제시한다.

(2) 기가 심을 비난함氣難心

나(곧 기)는 아득한 태고로부터 있어 심원하고 어두컴컴하며, 자연의 참된 모습 그대로天眞 스스로 그러하니自然 무어라 이름붙일 수 없다. 만물의 처음에 무엇을 의지하여 생겼는가? 내가 엉기고 내가 모여 형상形을 이루고 생명의 기운精이 있게 되었다. 내가 만약 없었다면 심心이 어찌 홀로 신령할 수 있었겠는가? 아아, 너 지식을 가지고 있음이 모든 재앙의 싹이다. 미치지 못한 바를 생각하고 이루지 못할 바를 염려하며, 이익을 꾀하고 손해를 따지고 욕됨을 근심하고 영화榮華를 흠모한다. 얼음같이 차갑고 불같이 뜨거워 주야로 도모하느라 분주하니, 생명의 기운이 날로 흔들리고 신神이 편안함을 얻을 수 없다. 내가 망령되이 움직이지 않으면 안內이 이에 고요하고 전일專一해지며, 마치 나무가 이에 마른 것 같게 되고 마치 재灰가 되어 다시 타오르지 않는 것 같게 된다. 염려하는 것도 없고 하는 일도 없이 도道의 온전함을 체득할 것이니, 너爾의 지식이 비록 뚫으려고 해도 어찌 나의 타고난 천진함天을 해칠 수 있겠는가?

『삼봉집』 권10 「심기리편」

이번에는 도교 측의 반론이다. 심, 곧 마음은 생각하고 염려하고 지식을 가지고서 계산하며 따지는 존재다. 바로 그러한 것이 오히려 우리의 천진天眞한 소박함과 건강을 해친다. 소박한 자연주의 입장에서 정신주의에 대해 공격하는 것이라 할 수 있다. 동아시아의 전통적 세계관이라고 할 수 있는 일원론의 입장에서 외래 종교인 이원론에 대해 반론을 제기한 것이기도 하다.

일원론적 입장에서 정신은 물질의 연속 과정 속에서 생겨난 것이며, 이차적이다. 정신이 물질을 부정하는 순간 자기모순에 빠지며 분열증을 겪을 것이다. 즉, 건강을 해치게 된다. 심은 스스로 독립해 있다고 생각하지만 결국 기氣에 속할 수밖에 없는 기 의존적 존재다.

또한 심은 생각하고 알고 계획하는 것인데 그것이야말로 생명을 해치는 것이다. 그러므로 필요한 것은 마음의 생각과 염려, 도모를 멈춰 원초적 생명의 기운精을 안정시키고 신神을 편안하게 하는 것, 곧 자연적이고 소박한 생명력을 회복하고 온전히 하는 것이다.

(3) 이가 심과 기를 타이름理諭心氣

아 맑고 맑은 그 이理는 천지에 앞서 있도다. 기는 나(곧 이)로 말미암아 생긴 것이요 심心 또한 나를 품부받았다. 내가 없으면 심은 이해利害로 달려갈 것이요, 내가 없으면 기는 피와 살의 몸 덩어리軀일 뿐이다. 꿈틀거리며蠢然 움직여 금수와 같은 길로 돌아갈 것이니 아아, 그것들과 다른 것이 거의 없으리라. 저 어린아이가 포복하여 우물로 들어가는 것을 보면 (자연스럽게) 측은의 정이 생기니, 유자儒者는 그러므로 염려念가 생기는 것을 두려워하지 않는다. 죽을 만하면(죽어야 하면) 죽는 것은 의義가 몸보다 소중하기 때문이니, 군자는 그러므로 자신을 죽여 인仁을 이룬다. 성인이 계신 지 천 년 너머 지나니 학學은 거짓되고 언설言說

은 혼란스러워져, 기로써 도를 삼기도 하고 심으로써 종宗을 삼기도 한다. 의롭지 못하면서 장수하면 거북이나 뱀 따위일 것이요, 눈 감고 앉아만 있으면 흙이나 나무의 형해形骸일 뿐이다. 내가 너 심을 보존하고 있으면 형철瑩徹하고 허명虛明할 것이요, 내가 너 기를 기르면 호연浩然한 기가 생길 것이다. 선성先聖이 남기신 가르침에 '도道에는 두 개의 높은 것이 없다'고 했으니, 심이여 기여 공경히 이 말을 받을지어다.

『삼봉집』 권10 「심기리편」

삼봉은 유교의 핵심 개념을 이理로 파악하고 있다. 그것은 우주의 근원적 존재로서 기 이전에 기의 근거이자 근원적인 원리로서 존재한다. 그것은 도덕적 성격을 지닌 것이다. 기로 대변되는 개체적 생명 자체는 근원적 가치를 지니지 못한다. 따라서 우리는 인仁을 실천하기 위해 생명을 내놓을 수 있고 또 그렇게 해야 한다. 이는 도교의 생명 중심에 대한 비판이다.

한편 그것은 또한 개체적 존재로서의 심에 명령을 내리는 것이다. 심은 자기 존재의 원리로서 이가 있으며 그 명령에 따르지 않을 수 없다. 따라서 불교에서처럼 심을 독존獨尊의 것으로 삼을 수 없다. 삼봉은 또한 불교에서는 마음의 청정을 위해 일체의 정념이 일어나는 것을 부정하지만, 유교에서는 측은과 같은 자연스러운 도덕적 감정이 일어나는 것을 두려워하지 않는다고 말한다. 그것은 우리 마음에 품부된 이理, 곧 성性인 인仁으로 말미암아 자연스럽게 생기는 것이기 때문이다.

삼봉에 따르면 유교는 기氣로 대변되는 도가의 자연주의적 일원론과 심心으로 대변되는 불교의 정신주의적 이원론을 통합하여 도덕주의의 이원적 일원론을 취하고 있다. 그는 유교에 존심存心과 양기養氣의 방법이 있음을 지적하고, 결국 유교는 도가의 생명 중시와 불교의 구원(청정)을 모두 지양하는 동시에 좀더 높은 도덕 수준에서 둘 모두를 구현할 수 있다고 주장한다.

【권근 1】 원문 59

주희가 이르기를 "하늘은 음양오행으로 만물을 조화·생성시켰다. 기氣로써 형체를 이루고, 이理 또한 부여했다"고 했다. 지금 그 말에 근거해서 이 그림[입학도설天人心性合一之圖]을 그렸다.

이 그림은 삼가 주자周子의 「태극도설太極圖說」과 주자朱子의 『중용장구中庸章句』에 나오는 이론에 따라 그린 것이다. 사람의 심心과 성性에 나아가 이와 기, 선과 악이 다르다는 것을 밝혀 배우는 자들에게 보이고자 한 것이다. 그러므로 만물이 조화·생성되는 모습은 다루지 않았다.

그런데 사람과 동물의 생명은 그 이는 동일하지만, 기는 통달하고 막힘通塞과, 치우침과 올바름偏正의 차이가 있다. 올바르고 통달한 기를 얻은 것이 사람이고, 치우치고 막힌 기를 얻은 것이 동물이다. 이 그림에서 본다면 성誠 자 동그라미에 해당되는 것

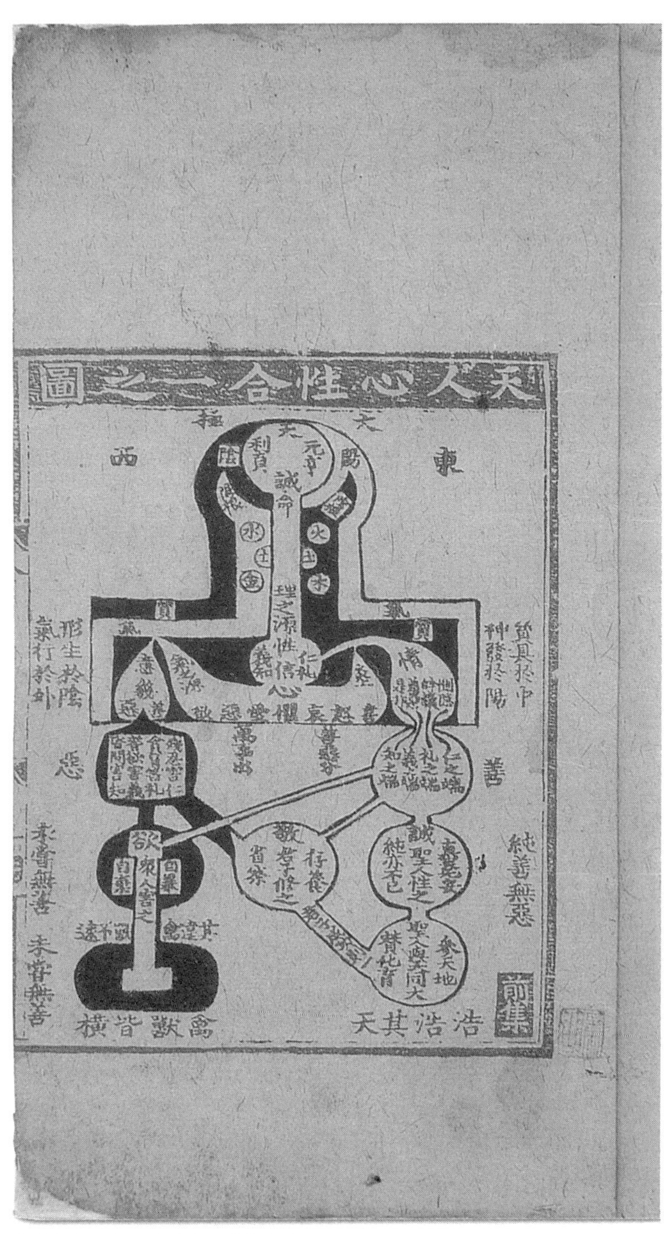

⊙ 『입학도설』 중 「천인심성합일지도」.

이 가장 정밀하고精 가장 통달한通 것을 얻어 성인이 되고, 경敬 자 동그라미에 속한 것은 바르고正 통달한 것을 얻어 군자君子[33]가 되며, 욕欲 자 동그라미에 속한 것은 치우치고偏 막힌塞 것을 얻어 중인衆人[34]이 된다. 그 아래에 금수禽獸(동물)가 가로로 누워 있고, 그보다 더 치우치고 막힌 것을 얻은 것이 식물이다.[35] 이렇게 본다면 만물이 조화·생성되는 모습도 그 안에 포함하고 있다고 할 수 있다.

하늘과 땅의 조화는 낳고 또 낳아 다함이 없어生生不窮, 가는 것이 다하면 오는 것이 잇는다. 사람과 동물과 식물은 그 형形이 천 가지이고 상狀이 만 가지라도 각각 부여받은 본질을 갖추고 있다各正性命. 이는 모두 동일한 태극太極으로부터 유출된 것이다. 그러므로 만물은 각각 하나의 이를 갖추며 모든 이는 동일하게 한 근원에서 나왔다. 풀 한 포기 나무 한 그루가 모두 하나씩 태극을 가지며, 천하에 성性 바깥에 놓인 것은 아무것도 없다. 그러므로『중용』에서는 '자신의 본성을 다 (알고 다 실현)할 수 있는 사람은 다른 사람의 본성도 다 할 수 있으며, 동물(사물)의 본성도 다 할 수 있고, 그래서 하늘과 땅이 조화·양육하는 일을 도울 수 있다'고 했다. 아아! 지극하도다!

『입학도설入學圖說』「천인심성합일지도天人心性合一之圖」

『입학도설』은 권근이 1390년에 지은 것이다. 말 그대로 '성리학 입문'이다. 처음에 인용된 주희의 말은 『중용장구』 수장首章에 대한 주석의 일부다. 주자周子는 주돈이周敦頤(1017~1073, 염계濂溪)다. 조선 초기의 이론적 수요에 대한 나름의 대답이 담겨 있으며, 사단칠정론의 근원이 되는 문제의식을 엿볼 수 있다. 사단을 이理의 근원源과 성性에 연결시키고 성발위정性發爲情에 따라 정情에 배치하고, 무유불선無有不善이라 했다. 칠정을 기氣의 근원에 연결시키고 심 아래에 배치하여 선악분善惡分이라고 했다. 또한 심의 발용으로 의意를 별도로 배치하고 기선악幾善惡이라고 했다. 이는 칠정과 의를 거의 같은 위상으로 보는 것이다. 하지만 칠정과 의의 관계에 대해서는 자세히 설명하지 않았다. 사단과 달리 칠정에는 선악이 있기 때문으로 추정된다. 성의 발현으로서의 정情과 심의 발용으로서의 의를 구분하였으며, 칠정은 의에 가까운 것으로 해석했다. 이러한 배치는 뒤에 다시 보겠지만 호병문의 설을 일부 받아들인 것이다. 심과 성의 이러한 구분은 그림이 전체적으로 이와 기 사이의 대립적인 측면을 강조하는 것과 관련이 있다. 그것은 당대 이기에 대한 이해와 심성에 관한 일반적인 견해를 반영하고 있다. 실천적 덕목으로 성誠과 경敬을 구분하여 이해하는 관점도 흥미롭다.

【권근 2】 **원문 60**

심은 사람이 하늘로부터 얻어 몸을 주관하는 것이다. 이와 기가 묘하게 합한 것이며, 텅 비고 신령하며 밝고 투철하여虛靈洞徹 신

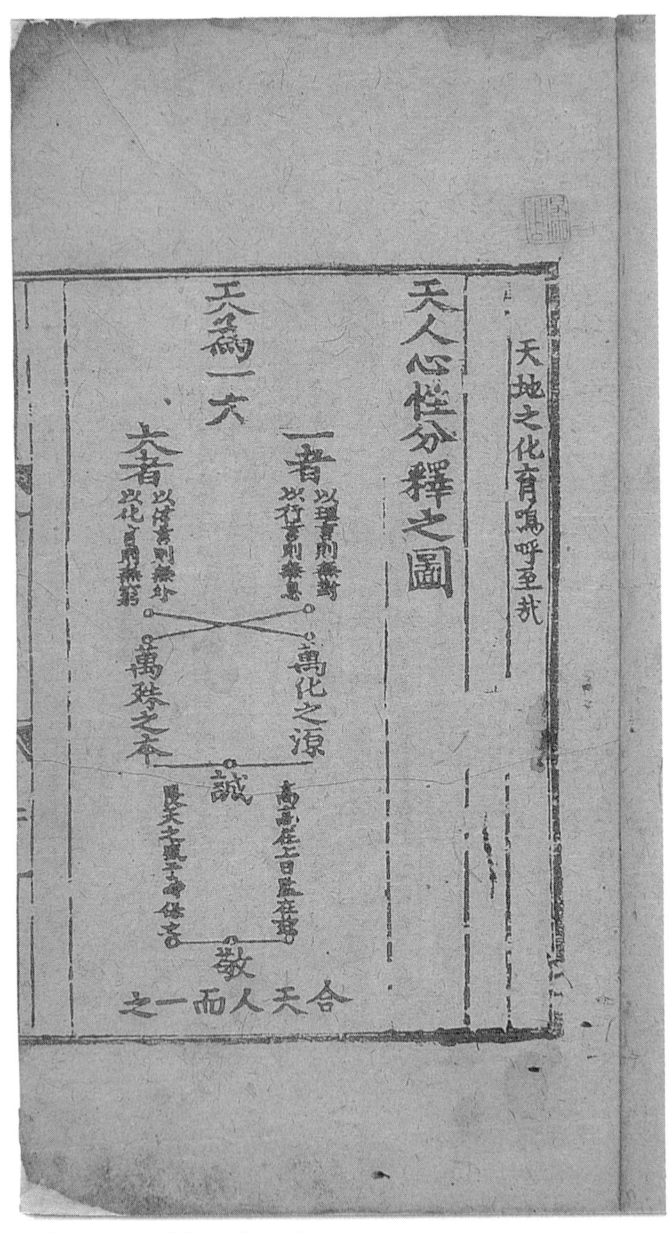

⊙ 『입학도설』 중 「천인심성분석지도」.

명의 집이 되며 본성과 감정을 통괄한다統性情. 이른바 "명덕明德으로서 뭇 이理를 갖추고 만사에 반응하는 것인데, 부여된 기의 구속을 받고 물욕에 가려서, 그것이 작용하여 드러남에는 때때로 어두워진다"고 하는 것이다. 그러므로 배우는 자들은 반드시 경敬으로 자신의 내면을 올곧게 하여 어두움을 제거하고 밝음을 회복해야 한다.

그 글자의 형태가 네모난 것은 그것이 신체의 중심, 사방 한 촌의 자리에 있음을 상징한 것이다. 글자 가운데의 한 점은 성리性理의 근원을 상징한 것으로, 지극히 원만하고 지극히 바른 것이어서 치우치거나 이지러진 데가 없는, 심의 본체心之體다. 그 아래 오목한 모양의 획은 마음의 중심이 텅 빈 것을 상징한다. 오직 텅 비었으므로 뭇 이를 갖출 수 있는 것이다. 그 획 머리의 뾰족한 부분은 기氣의 근원을 상징한다. 기는 (이와) 묘합妙合하여 마음을 이룬다.

그 획 꼬리의 아래에서 위로 삐친 부분은 마음이 오행 가운데 불火에 속하므로 불이 타오르는 모습을 상징한 것이다. 마음이 밝게 비추어 만사에 반응할 수 있는 것은 이 때문이다. 글자 오른편의 내리찍은 한 점은 성이 발하여 정이 되는 것性發爲情을 상징한 것으로 심의 작용心之用이다. 글자 왼편의 한 점은 심이 발하여 의가 되는 것心發爲意을 상징한다. 이 또한 심의 작용이다. 심은 본체가 하나인데 작용은 둘이다. 부여된 성에 근원을 가지고 발한 것이 도심道心이며 정情에 속한다. 그것은 처음에는 선하지 않은 것이 없으나 단서가 희미하여 보기 어렵다. 그래서 "도심은 희미하다"고 한 것이다. 반드시 경敬을 위주로 하여 확충해나가야 한다. 형기形氣(형체를 이루는 기)에서 생긴 것은 인심人心이라고 하는데, 의意에 속한다. 나뉘어져 선善도 되고 악惡도 된다. 그 기세가 위태로워 추락하기 쉽다. 그래서 "인심은 위태롭다"고 한 것이다.

또한 더욱 반드시 경을 위주로 하여 이겨내고 다스려야 한다. 욕심이 자라나는 것을 막고 천리天理의 올바름을 가득 채워야 한다. 항상 도심을 주인으로 삼고, 인심이 그에게 순종하도록 한 뒤에야 위태로운 것은 편안해지고 희미한 것은 분명하게 되어 모든 행동거지에 잘못이 없다. 성현과 더불어 한곳으로 돌아가고 자연의 조화에 참여하여 도울 수 있는 상태에 저절로 순조롭게 도달한다. 그렇게 하지 않으면 욕심이 날로 자라나고 천리는 날로 소멸되어 마음의 작용이 욕심에 따라 이익을 다투는 일에서 벗어나지 못하니 사람의 모습이 짐승과 다름없게 될 것이다. 이 어찌 두려워 삼가야 할 일이 아닌가?

『입학도설』「천인심성분석지도天人心性分釋之圖」

양촌이 대체로 주희의 심에 대한 이해를 계승하고 있음을 알 수 있다. 심의 작용을 '심이 발하여 된 의'와 '성이 발하여 된 정'으로 나누는 것은 호병문胡炳文(1250~1333)의 설에 연원을 두었다. 이는 조선 초기 성리학을 도입하면서 중앙 학계에서 일반적으로 받아들인 설로 보인다. 권근은 의意를 인심에 연결시키고 정情을 도심에 연결시키면서, 심의 본체는 하나이지만 작용은 둘이라고 하는 '체일용이體一用二'의 주장을 펼쳤다. 심에 대한 이러한 견해는 나중에 조선에서 심에 대한 이해가 깊어지면서, 특히 퇴계와 고봉 사이의 사단칠정 논변이 진행되면서 비판적인 각도에서 재론되며, 율곡에게서도 비판을 받았다. 어쨌든 '심이 드러난 것心發'과 '성이 드러난 것性發'을 나누어 보는 것 자체는 심성에 대한 사색이 나름대로 깊어진 것을 보여준다.

11
단계

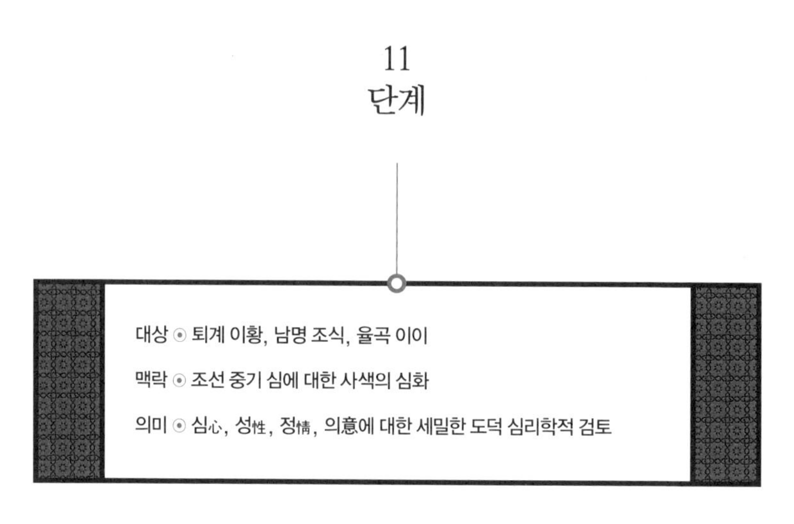

조선 전기는 고려시대 불교 심학의 전통 위에서 중국 원·명 시기의 주륙朱陸 절충적, 심학적 학풍을 가진 중국 학자들이 펴낸 사서四書 주석류의 영향을 강하게 받아 일단의 심학풍을 형성하고 있었다. 조선 중기 퇴계退溪 이황李滉(1501~1570)의 단계에 이르러서는 이전의 학술에 대한 전면적이고 철저한 반성을 통해 독자적인 조선 성리학이 정립되었다. 퇴계와 고봉高峯 기대승奇大升(1527~1572) 사이에 있었던 사단칠정 논변이 잘 보여주듯이, 퇴계를 비롯한 당시 조선 신유학자들은 한편으로 주희의 이학-심학적 전통 위에서 이理에 대한 사유를 심화시키고 다양한 논변을 통해 이론적인 명확성과 견고함에 이르고자 했으며, 다른 한편으로는 향약鄕約을 통해 향촌을 유교적 윤리에 따라 교화하고자 노력하고 또한 유교 인재를 양성하기 위해 각 지역 기반의 서원書院 설립을 적극 추진하는 등 당대의 사회문화적 상황에서 이理에 대한 자신들의 자득自得을 바탕으로 개인적인 삶과 사회 정치적 질서를 철저하게 변혁시키고자 노력했다.

율곡栗谷 이이李珥(1536~1584)는 퇴계가 세운 조선 성리학의 기초 위에서, 이기론에 대한 깨달음과 합리적 해명을 기초로 심心을 기氣로 규정하고, 기 상에서의 심의 유위적有爲的 실천을 강조하는 독자적인 학풍을 세웠다. 한편 퇴계와 같은 해에 태어난 남명南冥 조식曺植(1501~1572)은 당시 퇴계 등에 의해 주도되던 사변적 경향을 비판하고, 확고하고 강직한 유교적 실천의식 위에서 매우 강한 실천적 지향성을 띤 학풍을 구성했다.

조선 중기, 성리학의 이러한 형성과 전개는 명에서 양명학이 등장하여 심의 본체적 성격을 강조하고 본심 속 양지良知의 자각과 실천을 중시하는 데로 나아갔던 것과 대조된다.

【이황 1】 **원문 61**

(1) 우선 내가 들은 선유들의 '마음에 체와 용이 있다'는 설들을 가지고 그것을 밝혀보니, 그 설들은 모두 소종래所從來(유래, 근거, 전거)가 있었다. 그 적寂과 감感을 체와 용이라 한 것은 『주역周易』에 근본한 것이며, 동動과 정靜을 체와 용이라 한 것은 『예기禮記』에 근본한 것이며, 미발未發과 이발已發을 체와 용이라 한 것은 자사子思(『중용』)에 근본했고, 성性과 정情을 체와 용이라 한

것은 『맹자孟子』에 근본한 것인데, 모두 마음의 체와 용에 대한 것이다. 대개 사람의 한 마음은 비록 천지 사방에 가득 차고 고금에 걸쳐 있으며 유명幽明을 꿰뚫고 온갖 은미함을 관철하고 있다 하더라도 요점은 이 두 글자(체와 용)에서 벗어나지 않는다. 그러므로 체와 용이란 개념이 비록 선진先秦 시대의 글에는 보이지 않지만 정자와 주자 이래로 여러 유학자가 도道를 논하고 마음을 논함에 있어 이것으로 주장을 삼지 않은 이가 없어서, 강론하고 변석하여 밝혀지지 않을까 두려워했으며, 진북계陳北溪는 심설心說에서 더욱 극진히 말했으니, 어찌 일찍이 마음에 체와 용이 없다고 말한 사람이 있었겠는가?

『퇴계집退溪集』 권41 「심무체용변心無體用辯」

위의 글과 아래에 계속 이어지는 인용문은 퇴계가 64세 되던 해, 1564년 10월에 지은 「심무체용변心無體用辯」이다. 퇴계 문집 간행 시 편집본으로 사용된 초본에는 다음과 같은 설명이 붙어 있다. "당시 김취려金就礪(자가 이정而精)가 퇴계 선생을 뵈려고 했는데, 종실인 종성령鍾城令이 「심무체용설心無體用說」을 지어 김취려에게 주고 선생에게 질의토록 했다. 선생은 이 글을 지어 그것을 비판했다." 종성령은 연방蓮坊 이구李球(?~1573)를 가리킨다. 그는 화담花潭 서경덕徐敬德(1489~1546)의 문인으로, 효령대군孝寧大君 보補의 증손이며, 군호君號가 종성령이다. 이구는 심에 체와 용이 없다는 설을 주장했고, 이 글은 그에 대한 퇴계의 반론이라는 것이다. 현실의 심을 넘어서는 절대적 본심本心을 포착하고 강조하려는 것이 연로蓮老의 취지였던 듯하며, 그에 대해 체용일원體用一源, 현미무간顯微無間의 관점에서 현실의 심을 떠나지 않고, 그에 즉해서 본심의 절대성을 포착해야 한다는 것이 퇴계의 논리였다. 이는 곧 현실세계를 떠나 본체를 구하는 것의 위험성을 지적하고, 현실의 윤리적 세계를 떠나지 않는다는 유교적 관점에 충실하려 한 것이다. 절략하여 인용한다.

퇴계는 먼저 경전의 말을 인용함으로써 그들의 권위에 호소하여 심에 체용이 있음을 입증하려 한다. 심에 체용을 두는 것은 『주역』『예기』『중용』『맹자』에 근거한다는 것이다. 그것은 마음의 동과 정, 미발과 이발의 구분, 그리고 성과 정의 구분에 기초하여 그 각각을 체와 용으로 본다. 즉 마음을 본체와 그의 작용으로 본다는 것이다. 본체 바깥에 작용이 있지 않고, 작용 바깥에서 본체를 구할 수 없지만, 그 둘 사이에는 어쨌든 구별이 있다. 그 둘 사이의 불가분성과 연속성을 말할 수 있지만 그럼에도 단순한 무분별의 동일성으로 이해해서는 안 된다. 미발은 미발, 이발은 이발, 성은 성, 정은 정이라는 것이다. 연로는 차별성의 세계 너머 궁극적 동일성에 방점을 두는 듯하며, 퇴계는 그것이 불교의 세계로 넘어가지 않을까 우려하고 있다. 진북계陳北溪는 주희의 제자 진순陳淳(1159~1223)이며, 그의 심설心說이란 그의 저서인 『북계자의北溪字義』 중 심에 대한 설명을 가리키는 듯하다.

(2) 지금 연로蓮老의 말에 "마음에 본디 체와 용이 있지만, 그 근본을 찾아보면 체와 용이 없다"고 했다. 나는 정자程子가 다음과 같이 말한 것을 들었다. "마음은 하나일 뿐이지만 체를 가리켜 말한 것도 있고 용을 가리켜 말한 것도 있다." 이제 이미 체와 용이 있는 것을 가리켜 마음이라 했다면 마음에 대한 설명은 그것으로 이미 남김이 없이 된 것이다. 그런데 또 어찌 따로 체와 용이 없는 마음이 있어서 그것들의 근본이 되어 마음 앞에 있을 수 있겠는가.

『퇴계집』 권41 「심무체용변」

연로는 일상의 마음과 그를 넘어서는 근본적인 마음을 구별한 것으로 보인다. 그 근본적인 마음은 마음의 체와 용을 넘어선 궁극적인 본체이며 양명학의 본심에 대한 생각과도 통할 수 있다. 또한 그것은 화담의 문하에서 생겨난 경향성 중 하나로, 미발의 체험을 강조하는 것과 관련 있다.

퇴계가 마음에 체용이 없다는 주장에 반대하는 것은 바로 그러한 지점에 대해 의혹의 눈길을 둔 것이다. 즉, 그러한 것들은 자칫 현실과 본체를 분리시켜, 현실을 넘어서 본체의 세계를 지향해가도록 만들 수도 있다. 그것은 현실에 즉해서 본체를 찾고 현실세계 속에서 이를 실천하고자 했던 유가적 세계관 혹은 주자학적 세계관으로부터 이탈할 가능성이 있다.

(3) 또 연로가 말하기를 "동動과 정靜은 내용이 있는 이實理이고, 체와 용은 비어 있는 개념虛名이다. 도道와 이理는 본래 체와 용이 없지만 동과 정을 체와 용으로 삼는다" 했다. 나는 생각건대 도와 이에 동과 정이 있기 때문에, 그 정한 것을 가리켜 체라 하고 동한 것을 가리켜 용이라 하는 것이다. 그렇다면 도와 이의 동하고 정하는 내용이 곧 도와 이의 체와 용의 내용인 것이다. 그런데 또 어찌 따로 체와 용이 없는 하나의 도리가 있어서 그것들의 근본이 되어서 동과 정(의 도와 이)에 앞서 있을 수 있겠는가.

『퇴계집』 권41 「심무체용변」

마음에 체용이 없다는 주장은 이理에도 체용이 없다는 주장으로 나아간다. 현실의 동과 정의 세계가 있으면, 그를 가능케 하는 동의 이와 정의 이가 있게 마련이고 그것이 곧 이의 체와 용이라고 할 수 있는데, 연로에 따르면 그러한 동정의 이, 곧 이의 체용을 넘어서서 더욱 근원적인 이가 있다는 것이다. 그 근원적인 이는 체용과 동정에 앞서 있는 것으로서, 분화 이전의 동일성을 더욱 강조하는 입장이다.

(4) 연로가 또 말했다. "체體 자는 상象에서 나왔고, 용用 자는 동

動에서 나왔다. 동 전에 어찌 용이 있겠으며, 상 전에 어찌 체가 있겠는가?" 또 소자邵子(소옹邵雍)의 "본래는 체가 없다"는 말을 인용하여 말하기를 "(본래) 체가 없다면, 용도 없다는 것을 알 수 있다"라고 했다.

나는 생각건대 체용에는 두 가지가 있다. 즉, 도와 이에 나아가 말한 것이 있으니 '아득하여 조짐이 없으나 온갖 상이 빠짐없이 갖춰져 있다沖漠無眹而萬象森然已具'는 것이 그것이며, 사事와 물物에 나아가 말한 것이 있으니 '배는 물에 다닐 수 있고 수레는 육지에 다닐 수 있으므로 배는 물에서 다니고 수레는 육지에서 다닌다'는 말이다.

그러므로 주자는 여자약呂子約에게 답하는 편지에서 말하기를, "형이상자形而上者로부터 말하면 아득한 것沖漠者은 본래 체가 되고, 사와 물에서 발현한 것은 그것의 용이 된다. 그러나 만약 형이하자形而下者로 말하면 사와 물이 또 체가 되고 그 이가 발현하는 것이 용이 된다. 따라서 일률적으로 형이상자를 도道의 체라 하고, 천하의 달도達道 다섯 가지를 도의 용이라 할 수는 없다"고 했다.

지금 배와 수레의 형상을 체라 하고 물에 다니고 육지에 다니는 것을 용이라 한다면, '상 전에는 체가 없고 동 전에는 용이 없다'라고 해도 괜찮다. 그러나 만약 아득한 것을 체로 삼는다면 이 체는 상 전에 있는 것이 아닌가? 온갖 상이 여기에 갖춰져 있는 것을 용으로 삼는다면, 이 용은 동 전에 있는 것이 아닌가? 이것으로 본다면, 연로가 말하는 '체는 상에서 나오고 용은 동에서 나온다'는 것은 다만 형이하의 사와 물의 체와 용을 말한 것으로, 아래 일변으로 떨어져 있는 것이요, 실로 형이상의, 아득하여 조짐이 없는 체용일원體用一源의 오묘함을 내버린 것이다. 오직 그는 형상의 말단에서 견해가 막혀 있기 때문에 '상 전에는 체가 없다'라고 한 것이며, 소자邵子의 말을 인용하여 증거로 삼았으나, 소자가 '체가 없다'고 한 것은 다만 형체가 없다고 말한 것일 뿐이고 아득한 체가 없다고 말하는 것은 아님을 특히 알지 못했다. 그가 체를 인식한 것이 이미 완전하지 못했으니 그가 용을 인식한 것도 완전할 수 없음은 말할 필요도 없이 알 수 있다.

『퇴계집』 권41 「심무체용변」

연로의 체용에 대한 이해를 비판하고, 퇴계 자신의 체용론體用論을 제시한다. 연로는 체용은 형체와 운동이 있는 현상세계에 대한 서술어로서 쓸 수 있을 뿐이고, 본체 세계를 설명하는 개념으로서는 부적절하다고 비판한다. 그에 대해 퇴계는 체용에 두 가지 용법이 있다고 반론한다. 즉, 현상세계의 경우와 본체 세계를 설명하는 개념으로서의 두 가지다. 퇴계는 본체 세계는 곧 이理의 세계이고 현상세계의 근거를 이루는 것으로, 현상세계에 즉하여 명확히 알 수 있고 말할 수 있는 것으로 보았다. 그래서 연로가 본체의 세계를 체용 이전에 두는 것은 현상세계를 본체 세계와 분리시키는 것으로, 본체세계를 지나치게 신비화할 우려가 있다고 비판했다.

그것은 본체세계를 제대로 파악하지 못한 것일 뿐 아니라 현상세계도 제대로 파악하지 못했다는 것이다.

(5) 일찍이 들으니, 옛날 선현들 중에도 의론이 지나치게 높은 자가 있어 역시 이러한 병통을 면하지 못했다. 예컨대 양구산楊龜山(양시楊時) 같은 이는 도의 고묘高妙함을 극언極言하여 "인과 의는 그것으로 도를 다하기에 부족하다"고 했는데, 이것은 곧 장자와 열자列子가 인의仁義를 작게 여겨, 도를 아득하고窈冥 파악하기 어려운昏默 것으로 여긴 것과 같다. 또한 호오봉胡五峰(호굉胡宏)은 성性의 고묘함을 극언하여 "선善은 그것으로 성을 말하기에 부족하다"고 했는데, 이것은 선의 비근卑近함이 성에 누가 될까 염려하다가 도리어 고자告子의 "성은 여울물과 같아 동쪽으로도 서쪽으로도 흐를 수 있다"는 설로 떨어진 것이다.

호광중胡廣仲(호실胡實)은 동정動靜의 묘함을 극언하여 "동정 이외에 따로 동과 상대되지 않는 정과, 정과 상대되지 않는 동이 있다"고 했는데, 이것은 지금 연로가 말한 "상象 전에 어찌 체가 있었겠으며, 동 전에 어찌 용이 있었겠느냐"는 설과 말은 비록 다르나 뜻은 같다. 한쪽은 동정을 조잡하고 천근한 것으로 여기기 때문에 그 앞서 상대가 없는 것을 가리켜 동정의 묘妙로 생각한 것이며, 다른 한쪽은 체용을 조잡하고 천근한 것으로 여기기 때문에 그 앞서 체용이 없는 것을 가리켜 도와 마음의 묘라고 생각한 것이다. 그들은 이른바 묘처妙處가 한 번 체이고 한 번 용이며, 한 번 동하고 한 번 정하는 사이에 있고, 그 외에는 따로 묘처가 없음을 특히 알지 못했다.

훌륭하도다! 주부자朱夫子(주희)는 호광중의 설을 반박하여 다음과 같이 말했다: "동과 상대하지 않으면 정이라 이름하지 않으며, 정과 상대하지 않으면 동이라 이름하지 않는다." 나도 또한 다음과 같이 말한다. "이미 정을 가리켜 체라 했으니 다시 체가 없는 곳이라고 가리킬 곳이 없으며, 이미 동을 가리켜 용이라 했다면 다시 용이 없는 곳이라고 가리킬 곳이 없다." 그러므로 세 선현의 설을 합하여 그 병통이 있는 곳을 보면 연로의 병통을 알 수 있다.

『퇴계집』 권41 「심무체용변」

편집 형식으로 보아, 처음 변설을 짓고 나중에 추가한 내용인 듯하다. 퇴계가 연로의 심무체용을 비판하는 이유를 양시楊時, 호굉, 호실의 예와 비교하여 명확하게 서술하고 있다. 퇴계는 마음이 어떤 신비한 궁극적 체험의 장소가 아니라, 일상적인 도야와 실천의 장이 되기를 원했다. 퇴계는 그것이, 미발 체험을 강조했던 도남학道南學과 이발에서의 찰식察識을 강조했던 호남학湖南學 모두를 지양하여 종합했던 주희의 길을 이어받는 것이라고 여겼다.

측은惻隱·수오羞惡·사양辭讓·시비是非는 어디로부터 발현한 것입니까? 인仁·의義·예禮·지智의 성性에서 발한 것입니다. 희喜·노怒·애哀·구懼·애愛·오惡·욕欲은 어디로부터 발현한 것입니까? 외물外物이 형기形氣를 접촉함에 마음이 안에서 움직이되 경境(외부세계)에 인연하여 나온 것입니다.

사단四端의 발현은 맹자가 심心이라 했으니 심은 본래 이理와 기氣가 합쳐진 것입니다. 그러나 그 가리켜 말한 바는 이에 주된 바가 있습니다. 왜 그렇습니까? 인·의·예·지의 성이 순수하게 안에 있는데, 사단은 그것의 단서端緖이기 때문입니다.

칠정의 발현은 주자가 "본래 당연한 법칙이 있다"고 했으니 이理가 없는 것이 아닙니다. 그러나 그 가리켜 말한 바는 기에 있습니다. 왜 그렇습니까? 외물이 접촉해옴에 쉽게 느껴 먼저 움직이는 것은 형기 만한 것이 없는데, 칠정은 그것의 묘맥苗脈이기 때문입니다.

어찌 안에서는 순리純理이다가 발현하자마자 기와 섞이고, 바깥에서 감촉하는 것은 형기인데 그 발현함은 이의 본체가 되겠습니까? 사단은 모두 선하므로 "사단의 마음이 없으면 사람이 아니다"라고 하고, "그 정은 선할 수 있다"고 했습니다. 칠정은 선악이 아직 정해지지 않았습니다. 그러므로 한번 발현함에 잘 살피지 않으면 마음이 바름을 얻지 못하고, 반드시 발현하여 절도에 맞은 뒤에야 화和라고 말합니다.

이로 보면 양자는 비록 모두 이와 기에서 벗어나 있지 않지만, 소종래所從來를 따라서 각각 주된 바와 중한 바를 가리켜 말한다면, 어떤 것은 이이고 어떤 것은 기라고 하는 것이 어찌 안 될 것이 있겠습니까?

『퇴계집』 권16 「답기명언答奇明彦 논사단칠정제일서論四端七情第一書」

1559년 10월 24일 퇴계가 고봉에게 답한 편지에 별폭別幅으로 보낸 글의 일부분이다. 이 글은 퇴계 자신이 편성한 『자성록自省錄』에는 「답기명언사단칠정분이기변일서答奇明彦四端七情分理氣辨一書」로, 『퇴계집』에는 「답기명언논사단칠정제일서答奇明彦論四端七情第一書」로 수록되어 있다. 이 글에서 퇴계와 고봉 사이의 사단칠정 논변의 핵심 논점들이 제시되기 시작했다. 퇴계는 사단과 칠정 사이에는 소종래所從來, 소주所主, 소중所重에서 구별이 있다고 주장한다. 기본적으로는 사단이 순선純善한 본연지성의 실현이라고 하는 측면에 초점을 둔 개념이므로 이발理發이라면, 칠정은 외부 사물과의 감응 속에서 형기가 작용하는 맥락에 초점을 둔 개념이므로 기발氣發이라는 것이다.

이 편지는 나중에 고봉의 반론을 받고서 퇴계가 두 번째 편지를 보낼 때 일부 내용을 고쳤다. 개정본에는 "그 발현함은 이의 본체가 되겠습니까其發爲理之本體耶?"라고 한 것이 "그 발현함은 도리어 이이고 기가 아니겠습니까其發顧爲理不爲氣耶?"로 고쳐져 있고, "칠정은 선악이 아직 정해지지 않았습니다. 그러므로 한번 발현함에 잘 살피지 못하면 마음이 바름을 얻지 못하고, 반드시 발현하여 절도에 맞은 뒤에야 화和라고 말합니다七情善惡未定也, 故一有之而不能察, 則心不得其正, 而必發而中節, 然後乃謂之和"라고 한 것이 "칠정은 본래 선하지만 악에로 흐르기 쉽습니다. 그러므로 그 발현하여 절도에 맞는 것을 곧 화和라고 합니다. 그 한번 발현함에 잘 살피지 못하면 마음은 이미 그 바름을 얻지 못합니다七情本善, 而易流於惡, 故其發而中節者, 乃謂之和. 一有之而不能察, 則心已不得其正矣"로 고쳐져 있다. 그리고 '소중所重'이라고 한 것을 삭제했다. 이러한 변경과 삭제의 의미는 그 자체를 세심하게 음미해 볼 필요가 있다.

【이황 3】 원문 63

(1) 이상 세 그림 중에서 상도上圖는 임은林隱 정씨程氏가 그렸으며 그 해설도 그가 썼습니다. 그 중도中圖와 하도下圖 두 그림은 신臣이 감히 성현들께서 이론을 세워 가르침을 드리운 원래의 뜻을 미루어 생각하여 그린 것입니다.

『퇴계집』 권7 「심통성정도설心統性情圖說」

퇴계가 1568년, 갓 즉위한 선조에게 그림을 그리고 해설을 써서 올린 『성학십도聖學十圖』 중 제6도 「심통성정도心統性情圖」는 마음 공부의 바탕이

되는 마음의 구조에 대해 명확하게 제시하고 있다. 그것은 원나라 유학자 정복심程復心의 「심통성정도」를 기초로 하되, 기대승과의 사단칠정 논변을 거치면서 도달한 자신의 정교한 이해를 바탕으로 보완하여 완성한 것이었다. 위 글과 아래에 이어지는 글은 「심통성정도」에 붙어 있는 도설圖說 중 퇴계 자신이 쓴 부분을 뽑아서 번역했다.

위 글에서 정씨는 원나라 정복심(1279~1368)을 가리킨다. 그의 자는 자견子見이고, 임은林隱은 호다. 저서에 『사서장도四書章圖』 3권이 있다. 『성학십도』에는 그의 저술로서 「심통성정도心統性情圖」 상도上圖와 그에 대한 도설 외에도 「서명도西銘圖」 「심학도心學圖」와 「심학도설心學圖說」이 수록되었다.

(2) 그 중도中圖는 품부받은 기氣 가운데 나아가 본연지성을 지적해 기품을 섞지 않고서 말한 것입니다. 자사(곧 『중용』)가 말한 '천명지성天命之性', 맹자가 말한 '성선'의 성, 정자가 말한 '성즉리'의 성, 장자張子가 말한 '천지지성天地之性'이 그것입니다. 그 성을 말한 것이 이미 이와 같으니, 그러므로 그것이 발하여 정이 된 것도 모두 선한 것을 가리켜 말했습니다. 자사가 말한 '중절中節'의 정, 맹자가 말한 '사단四端'의 정, 정자가 말한 '어찌 불선不善으로 이름할 수 있겠는가?'의 정, 주자가 말한 '성으로부터 흘러나와 본래 선하지 않음이 없다'는 정이 그것입니다.

『퇴계집』 권7 「심통성정도설」

퇴계 자신이 그린 중도에 대해 설명한 것이다. 성性 곧 성발위정性發爲情에서, 기氣를 섞지 않고 본연지성에 초점을 두어 기술한 것이라고 한다. 장자는 장재張載다. 그는 자신의 저서 『정몽正蒙』「성명誠明」에서 다음과 같이 말했다. "형체가 있고 나서 기질지성이 있으니 그것을 잘 돌이켜 회복하면 천지지성이 보존된다. 그러므로 기질지성을 군자는 성性으로 여기지 않음이 있다." 여기서는 사단과 칠정이 구별되지 않으며 칠정 속에 사단이 포괄된다고 해도 무방하다. 현실세계의 궁극적 연속성, 동일성의 관점이다. 그러나 이것은 하나의 이상화된 풍경일 뿐이며, 심이 처한 현실의 한 측면만을 보여줄 뿐이다. 심이 놓인 현실의 온전한 모습은 이어지는 하도와 함께 볼 때 제대로 그려질 수 있다.

(3) 그 하도下圖는 이와 기를 합하여 말한 것입니다. 공자가 말한 '서로 비슷하다'는 성, 정자가 말한 '성이 곧 기이며, 기가 곧 성이다'라고 하는 성, 장자가 말한 '기질지성', 주자가 말한 '비록 기 속에 있다 하더라도 기는 스스로 기이고 성은 스스로 성이어서 서로 섞이지 않는다'라고 하는 성 등이 그것입니다. 성을 말한 것이 이미 이와 같으니, 그러므로 그것이 발하여 정이 되는 것도 이理와 기가 서로 수반하거나 혹 서로 해치기도 하는 곳에서 말했습니다.

사단의 정은 이理가 발하고 기가 따른 것으로 본래 순선하여 악이 없지만, 반드시 이의 발함이 온전하게 이루어지기 전에 기에 가려진 연후에 흘러가서 선하지 않게 되고, 칠정은 기가 발하고 이가 그것에 타는 것으로 역시 불선함이 있지 않으나, 만약 기가 발하는 것이 절도에 맞지 않아 그 이를 멸하면 방자하게 되어 악이 된다고 한 것이 그것입니다.

이와 같기 때문에 정자의 말에 "성을 논하면서 기를 논하지 않으면 갖추어지지 않은 것이고, 기를 논하면서 성을 논하지 않으면 밝지 못한 것이다. 그것들을 둘로 나누면 옳지 않다"고 했습니다. 그렇다면 맹자와 자사가 다만 이理만을 가리켜 말한 것은 갖추어지지 못한 것이 아니라, 기를 아울러 말하면 성의 본래 선함을 드러낼 수 없었기 때문인 것입니다. 이것이 중도의 뜻입니다.

『퇴계집』 권7 「심통성정도설」

하도에 대한 설명이다. 이와 기를 통합한 관점에서 마음에 대해 설명했고 기질지성에 초점을 뒀다. 인용된 공자의 말은 『논어』 「양화陽貨」에 "성은 서로 비슷하지만 습관에 따라 서로 멀어진다性相近也 習相遠也"고 한 것이다. 정자는 정호程顥(명도明道)다. 인용된 것은 『이정유서二程遺書』 권1에 "타고나는 것을 성이라 한다. 성은 곧 기이며 기가 곧 성이니, 타고난 것을 말하는 것이다生之謂性 性卽氣, 氣卽性, 生之謂也"라고 한 것이다. 주자는 주희로서 인용한 내용은 『주자어류』 권5에 나오는 말이다.

혹자는 퇴계의 논리가 본연지성과 기질지성을 분리하여, 본연지성에서 발현한 것을 사단이라 보고, 기질지성에서 발현한 것을 칠정으로 본 것이라고 설명한다. 그러나 여기서 분명하게 알 수 있듯이 그것은 오해다. 퇴계에 따르면, 사단과 칠정은 중도의 관점에서는 모두 본연지성의 발현이며, 하도의 관점에서는 모두 기질지성의 발현이다. 퇴계에게 있어서도 현실적으로 있는 것은 기질지성이며, 본연지성은 기질지성과 따로 있지 않다.

기질지성은 이와 기의 결합이며, 따라서 그것의 발현에서 이와 기가 서로 수반하는 가운데 둘 사이의 주도성 다툼이 있을 수 있다는 것이고, 발현된 정의 내용상 이가 주가 되느냐 기가 주가 되느냐에 따라 이발과 기발을 구별할 수 있다는 것이 퇴계의 생각이었다.

(4) 요약하자면, 이와 기를 겸하고 성과 정을 통괄하는 것은 마음입니다. 성이 발하여 정이 되는 때가 곧 한 마음의 기미幾微로서, 온갖 변화의 지도리로서 선과 악이 그로부터 나누어지는 바입니다. 배우는 자가 진실로 경敬을 잡는 데 오로지하여 천리天理와 인욕人欲의 구분에 어둡지 않고 더욱 여기에서 삼가기를 지극히 하여, 마음이 아직 발하지 않았을 때에는 보존하여 기르는存養 공부를 깊이 하고, 마음이 이미 발했을 때에는 반성하고 살피는省察 습관을 능히 익숙하게 하여, 진실로 오래도록 힘써 그치지 않을 수 있다면 이른바 '정밀하게 살피고 하나를 지키고 진실하게 중中을 잡는' 성학聖學과 '본체를 보존하여 작용에 응하는'

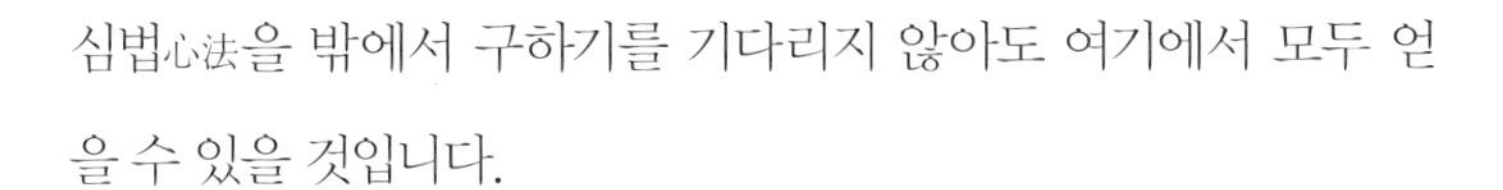

심법心法을 밖에서 구하기를 기다리지 않아도 여기에서 모두 얻을 수 있을 것입니다.

『퇴계집』 권7 「심통성정도설」

퇴계는 심이 이와 기를 겸하고, 성과 정을 통괄한다고 말한다. 바로 거기에 사단칠정의 대설對說의 가능 근거가 있다. 이와 기의 상호 작용을 고려하지 않을 수 없기 때문이다. 이가 주로 작용하면 사단이고, 기가 주로 작용하면 칠정이라는 것이다. 바로 그러한 현실 위에 구체적인 수양론이 펼쳐질 수 있다. 또한 성학과 심법이 온전히 해명될 수 있다. 『상서』 「대우모」에 "오직 정밀하게 하고 오직 전일하게 하여 그 중中을 진실하게 잡아야 하오"라고 한 것에 대해 주희는 '정밀하게 하'는 것은 살피는 인식 공부이고, '전일하게 하'는 것은 선을 지키는 실천 공부라고 풀이했다. 즉, 인식과 실천, 존체와 응용 모든 면에서 빠짐없는 공부가 가능해진다는 것이다. 이것이 퇴계가 사단칠정 논변을 중시한 이유였다.

【이황 4】 원문 64

이와 기가 합하여 심이 되면, 자연스럽게 허령지각의 묘가 있게 된다. 고요할 때 뭇 이理를 갖춘 것이 성性이고, 이 성을 가득 채워 싣고 있는 것이 심이며, 움직일 때 만사에 응한 것이 정情이고, 이 정을 널리 펴서 발용發用하는 것이 또한 심이다. 그래서 "심은 성과 정을 통괄한다"고 말했다.

『퇴계집』 권18 「답기명언」

퇴계는 심의 허령지각은 단지 기에 의지하는 것이 아니라 이와 기의 합으로 말미암은 것이라고 생각한다. 이것은 일반적으로 모든 현실의 사물들이 이와 기의 결합이라는 의미에서이기도 하지만, 특별한 의미 또한 지니고 있다. 즉, 이어지는 인용에서도 알 수 있는바, 퇴계는 우리 인간이 외부세계와 소통하는 지각활동은 다른 동물이 자연적 감응의 관계 속에서 이루어지는 것과는 달리, 뭇 이를 싣고 그것을 자각적으로 현실세계에서 이루는 도덕적 실천의 성격을 지닌다고 보았다. 이理에 대한 자각은 심 자신이 이와 다른 기이기 때문에 가능하지만 또한 어떤 점에서는 자기 자신이 이이기 때문에, 그 내부에 이미 이가 있기 때문에, 그 이가 자기를 드러내기에 가능한 것이다. 따라서 자신에 내재한 이의 측면을 배제할 수 없다. 퇴계는 심통성정은 바로 심의 그러한 본질과 작용, 곧 이와 기의 합으로서, 성을 싣고 만사에 응하여 정을 발현해내는 주체를 뜻한다고 보았다. 결국 퇴계는 심의 지각과 주재는 단지 인간의 심이 특별한 기이기 때문이 아니라 그것이 이와 관계 맺는 특별한 방식 때문이라고 여긴 것이다.

반면 율곡 계통의 학자들은 대체로 심의 허령지각은 기의 정상한 성질에 말미암는다고 생각한다. 일반적인 존재 구성의 측면에서 볼 때 사람의 심의 특별한 성격은 보편적인 이가 어떤 개별적인(유적類的) 역할을 하는 것이 아니라, 개별적인 심기의 특별한 성질에 기인한다고 보는 것이 합리적이라 여겼기 때문이다.

【이황 5】 원문 65

심의 허령과 지각에 관하여 격암格菴 조씨趙氏가 운운한 것도 또한 보내온 편지에서 잘못 보신 것입니다. 무릇 혈기가 있는 것은 본래 다 지각이 있습니다. 그러나 조수鳥獸의 치우치고 막힌 지각이 어찌 우리 인간의 가장 신령한 지각과 같겠습니까? 하물며 여기서 지각을 언급한 것은 실로 성인들이 전수한 심법의 '위태하고 은미하고 정밀하고 한결같다'는 뜻을 인하여 이 두 글자에 허령虛靈을 아울러 말하여, 인심의 체와 용의 묘를 밝힌 것입니다. 읽는 자는 마땅히 마음이 지각하는 곳에 나아가서 완미玩味하고 체인體認하여 바른 뜻을 생각해내야 비로소 진실하게 알아서 어긋남이 없을 것입니다. 어찌 멀리 조수의 지각을 끌어다가 바른 뜻을 어지럽게 함으로써 의심해서는 안 될 곳에 의심을 둘 수 있겠습니까? 일반인들의 지각이 성현과 다른 까닭은 곧 기가 구속하고 욕심이 어둡게 하여 자연히 본성을 상실하게 되었기 때문입니다. 또 어찌 그것을 근거로 사람의 마음이 알지도 깨닫지도 못한다고 의심하는 것이 마땅하겠습니까? (보내온 편지에 "지각은 아마 이렇게 해석할 수 없을 것입니다. 지금 중인衆人에서 금수에 이르기까지 모두 지각이 있으니, 이들이 어찌 그 소당연所當然을 알고 소이연所以然을 깨달을 수 있는 자이겠습니까?"라고 했습니다.)

『퇴계집』「답이숙헌문목答李叔獻問目」

율곡의 질문에 답한 편지에 나오는 말이다. 「중용장구서」의 '허령지각'에 대한 소주小註에서 격암 조씨가 지각에 대해 "지知는 그 소당연을 아는 것이며, 각覺은 그 소이연을 아는 것이다知是識其所當然, 覺是悟其所以然"라고 한 데 대해, 율곡이 이견을 제시하며 질문한 것에 대해 퇴계가 답변한 내용이다. 퇴계는 인간의 지각은 기본적으로 이理의 인식을 의미한다고 말하고, 율곡은 금수나 일반인, 곧 욕망을 가진 일반인들의 지각활동 일반에 초점을 두어 말한다. 퇴계는 지각에는 동물과 공유하는 측면이 분명히 있지만, 여기서의 문맥은 인간 마음 수양의 핵심을 말하는 것이므로, 지각의 특별한 의미로 이해한 격암 조씨의 풀이가 잘못되지는 않았다고 본다. 격암 조씨는 남송시대의 학자 조순손趙順孫(1215~1277, 자는 화중和仲)이다.

【이황 6】 원문 66

정자程子의 '심은 본래 선하다'는 설에 대하여, 주자는 조금 온당치 못한 점이 있다고 했습니다. 대개 '심'이라고 한 이상 이미 이와 기를 겸한 것이고, 기는 곧 거기에 잡스러운 것이 섞여드는 것이 없을 수 없습니다. 그렇다면 사람은 본래 사려 동작이 발하기를 기다리지 않고도 불선의 뿌리가 이미 방촌 가운데 있는 것이니 어찌 선하다고 할 수 있겠습니까? 그러므로 조금 온당치 못하다고 한 것입니다. 그러나 그 처음 상태에 근본을 두어 말한다면 심의 미발未發에는 기가 아직 (그 개별성에서) 적극적으로 작용하지 않아氣未用事, 본체가 허명虛明한 때이니 본래 선하지 않음이 없습니다. 그러므로 주자가 다른 날 이 문제에 대해 논할 때는 또한 '심의 본체를 가리켜 정자의 뜻을 발명한다면 끝내 온당치 못한 것은 아니다'라고 말했습니다. 그를 통해 그러한 사정을 또한 알 수 있습니다.

『퇴계집』 권24 「답정자중별지答鄭子中別紙」

퇴계는 심의 본체는 선하지만, 심은 이와 기의 결합이므로, 불선의 뿌리가 이미 있다고 말한다. 다만 심이 구체적으로 활동하지 않은 상태인 미발의 경우, 그 심의 기가 아직 개별적 특성을 드러내는 작용을 하지 않고 있으므로氣未用事, 있을 수 있는 불선이 드러나지 않을 뿐이라고 말한다.

【이황 7】 **원문 67**

변론하여 말한다. 심에 근본을 두지 않고 단지 외부의 모양과 범

절만 강구한다면 이는 진실로 분장한 배우扮戱子와 다를 바가 없을 것이다. (왕양명은) 홀로 백성의 떳떳한 법도와 사물의 법칙이 하늘이 내린 참되고 지극한 이理가 아님이 없음을 듣지 못한 것인가? 또한 주자의 이른바 '경敬을 위주로 하여 근본을 세우고, 이를 궁구하여 지식을 확장한다'는 말을 듣지 못한 것인가? 심心이 경敬을 주로 하면서 사물의 참되고 지극한 이理를 궁구하면, 심은 이의理義에 밝아져 눈 속에 소가 전체로 보이지 않고 분해되어 보이는 것과 같이 되어, 안과 밖의 구분 없이 환히 알게 되고內外融徹, 정밀한 것에서 거친 것에 이르기까지 하나로 관통하게 된다精粗一致. 이로부터 성의誠意하고, 정심正心하고, 수신修身하여, 가家와 국國으로 미루어가고 천하에 달達하게 하면, 물이 성대하게 흐르는 것처럼 막을 수 없게 될 것이다. 이와 같은 자를 분칠한 배우라고 말할 수 있겠는가?

양명陽明은 외물이 마음에 장애가 될 것이라는 것만 걱정하고 백성의 떳떳한 법도와 사물의 법칙이라고 하는 참되고 지극한 이가 곧 우리 심이 본래 갖추고 있는 이임을 모르는 것이다. (또한) 학문을 강론하고 이를 궁구하는 것은 바로 본심의 체를 밝히고 본심의 용을 통달하게 하기 위함인데 도리어 사사물물事事物物을 전부 제거하여 본심에 끌어들여 뭉뚱그려 말하려고 한다면 그것은 불교의 견해와 무엇이 다른가?

『퇴계집』 권41 「전습록논변」

왕양명王陽明, 곧 왕수인의 『전습록』에 대한 비판이다. 왕수인은 심즉리心卽理를 주장하지만, 그것은 오히려 심과 이를 분리하여 생각하는 것으로서 결국 이와는 상관없이 심에서 진리를 찾은 불교와 다름없다고 비판한다. 심과 이의 하나됨의 관점에서, 학문사변學問思辨이 필요 없는 것이 아니라 오히려 학문사변, 궁리窮理, 격물치지格物致知를 통해서 본심의 체를 밝히고 본심의 용을 통달할 수 있으며, 심과 이의 하나됨을 참되게 실현할 수 있다고 주장했다. 본문 중 '눈 속에 소가 전체로 보이지 않고 분해되어 보이는 것과 같이 되며'라는 구절은 『장자』 「양생주養生主」 '포정해우胞丁解牛'의 고사에서 따온 것이다.

【이황 8】 원문 68

변론하여 말한다. 양명은 '이제 사람이 강습하고 토론하여 앎이 참되게 되기를 기다려 비로소 행行 공부를 하니 드디어 종신토록 행하지 못하고 또한 종신토록 알지도 못하는 것이다'라고 했다. 이 말은 바로 말학들이 오직 귀로 듣고 입으로 말하는 것을 일삼는 폐단에 절실하게 들어맞는 비판이다. 그러나 이런 폐단을 구하기 위하여 억지로 지행합일의 이론을 구성했는데, 이 단락은 비록 매우 세밀하게 변설辯說했지만, 말이 교묘할수록 그 뜻은 더욱 진리에서 멀어졌으니 무엇 때문인가? 그는 미색美色을 보고 악취惡臭를 맡는 것은 지知에 소속시키고, 미색을 좋아하고 악취를 싫어하는 것을 행行에 소속시켜, 보고 맡을 때 이미 저절로 좋아하고 싫어하게 되는 것이지, 보고 난 후에 다시 마음을 써서 좋아하는 것이 아니며, 맡고 난 후에 다시 마음을 써서 싫어하는 것이 아니라고 생각하여 이것을 지행합일의 증거로 삼은 듯하다. (…)

대개 인간의 심 중에서 형기形氣에서 발현한 것은 배우지 않고도 스스로 알고 힘쓰지 않고도 스스로 할 수 있어, 좋아하고 싫어하는 바가 겉과 속이 같다. 그러므로 미색을 보자마자 곧 그 아름다움을 알아 마음으로 진실로 그것을 좋아하며, 악취를 맡자마자 곧 그 나쁨을 알아 마음으로 실로 그것을 싫어하니, '행行이 지知에 깃들어 있다'고 말해도 된다. 그러나 의리義理에 이르면 그렇지 않다. 배우지 않으면 알지 못하고 힘쓰지 않으면 할 수 없다. 밖으로 행해지는 것이 반드시 안의 진실한 모습은 아니다. 그러므로 선을 보고도 선인 줄 알지 못하는 경우도 있고, 선인 줄 알고도 마음으로 그것을 좋아하지 않는 경우도 있다. 그런데도 선을 볼 때 이미 스스로(저절로) 좋아한다고 하면 되겠는가? (또한) 선하지 않은 것을 보고도 그것이 악惡임을 알지 못하는 경우도 있고, 악인 줄 알고도 마음으로 그것을 싫어하지 않는 경우도 있다. 그런데도 악인 줄 알았을 때 이미 스스로(저절로) 싫어한다고 하면 되겠는가?

그러므로 『대학大學』에서 저 겉과 속이 동일한 호오好惡를 빌려서 그것으로 배우는 자들이 스스로 속이지 말 것을 권면한 것은 좋지만, 양명이 이에 저 형기形氣의 작용을 가지고서 그것으로 이 의리義理에서의 지행知行에 관한 설을 밝히려고 한다면 크게 옳지 않다. 그러므로 의리의 지행은 합하여 말하면 본래 서로 기다려 함께 행하여 하나라도 빠뜨려서는 안 되며, 나누어 말하면 지를 행이라고 말할 수 없음이 행을 지라고 말할 수 없음과 같다. 어찌 결합하여 하나로 할 수 있겠는가?

또한 성현의 학은 심에 근본을 두면서 사물을 관통한다. 그러므로 선을 좋아하면 마음으로 그것을 좋아할 뿐 아니라 반드시 그 선을 행사行事에서 실현하니, 미색을 좋아하면 반드시 그것을 얻기를 구하는 것과 같으며, 악을 미워하면 마음으로 그것을 미워할 뿐 아니라 반드시 그 악을 행사에서 제거하니, 악취를 싫어하면 결단코 그것을 제거하기를 힘쓰는 것과 같다. (…)

병들어 아픈 것을 알고 그 처리함이 제대로 된 도道(방도)를 얻어야 바야흐로 그것을 병들어 아픈 것의 지행이라고 할 수 있을 것이다. 배고프고 추운 것을 알고 그 처리함이 제대로 된 도를 얻어야 바야흐로 배고프고 추운 것의 지행이다. 만약 아파하는 것만 가지고 행이라고 한다면 행하는 것은 혈기일 뿐이며 의리가 아니다. 만약 배고프고 추운 것을 행이라고 한다면 행하는 것은 인심일 뿐이며 도심이 아니다. 또 아플 때 아픔을 알고, 배고프고 추울 때 배고프고 추운 것을 아는 것은 거리를 다니는 일반인이나 걸인 그리고 금수도 모두 그것을 할 수 있다. 그와 같은 것을 지행이라고 한다면 학문을 귀하게 여겨서 무엇하겠는가?

『퇴계집』 권41 「전습록논변」

퇴계는 양명이 주장한 지행합일설은 인간의 마음 중에서 형기에서 발현한 것을 기준으로 하여 말한 것으로서, 의리義理의 영역, 곧 도덕적 실천에는 적용할 수 없다는 점을 강조했다.

【조식 1】 원문 69

「신명사도神明舍圖」

태일太一인 참된 군주眞君
명당明堂에서 정사政事를 편다.
안으로는 총재冢宰가 주관하고
밖으로는 백규百揆가 살핀다.
승정원과 중추원에서 왕명을 출납하고
충忠과 신信이 말을 다듬는다.
네 자字로 된 부신符信를 발부하고(화和·항恒·직直·방方이 그것이다)
백 가지 금지禁止의 깃발을 세운다.

아홉 구멍의 사악함은
삼요三要에서 처음 발생한다.
움직임의 기미幾微가 있을 때 용감하게 싸워 이기고
나아가 갈라 죽여야 한다.
궁궐에 돌아와 임금 앞에 복명復命함에
요순堯舜의 시절이다.
세 관문을 닫아 막으니
맑은 들판 끝이 없다.
돌아와 하나로 복귀하니
시동尸童처럼 조용하고 연못처럼 고요하다.

『남명집南冥集』 권1 「신명사명神明舍銘」

「신명사도」 그림에서 분명히 확인할 수 있듯이 남명은 마음을 하나의 나라로, 성읍城邑으로 비유했다. 글 제목의 '신명사神明舍'란 신명이 사는 집이라는 의미로 신명은 곧 마음이다. 마음이 사는 집은 육체일 수도 있고 마음일 수도 있다. 처소로서의 마음(대표적인 것이 심장) 안에 살고 있는 마음이 신명이다.

태일太一은 궁극적 근원자이며 주재자를 가리킨다. 『장자』 「천하天下」에 나온다(建之以常無有, 主之以太一). 그것은 도교에서는 북극신北極神을 가리키며 태을太乙이라고도 한다. 진군眞君 역시 『장자』 「제물론齊物論」에 나온다(其遞相爲君臣乎? 其有眞君存焉). 주재자, 군주를 뜻한다. 이는 심의 가장 심층

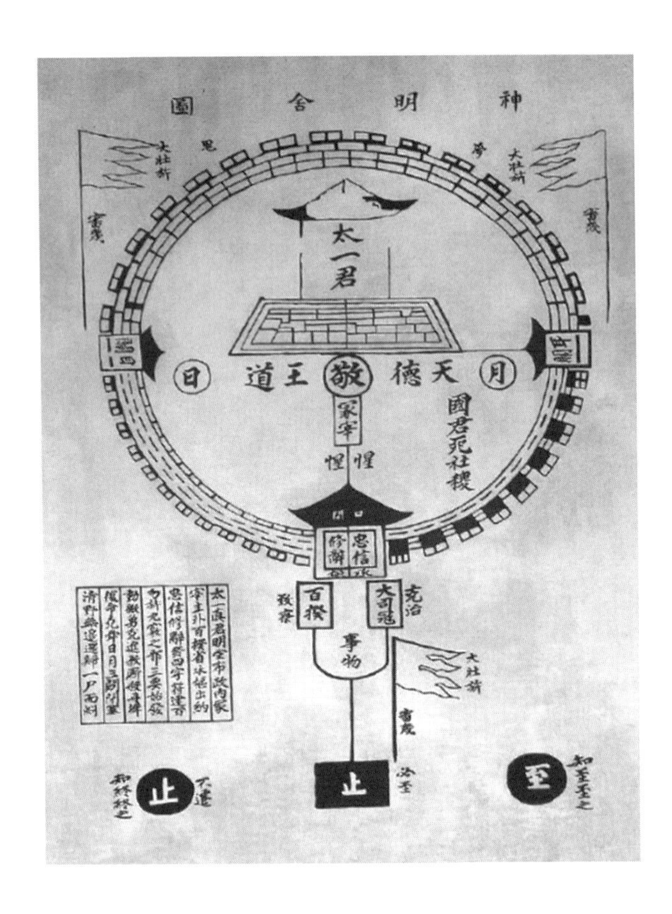

⊙ 신명사도

에 있는 것으로 궁극적 주재자로서의 마음을 가리키는 듯하다. 군주는 가장 큰 존재요 둘일 수 없으므로 태일이라고 한 것이다. 몸은 마음의 나라 성곽城郭이다. 그 깊숙한 곳에 있는 명당明堂은 마음이고, 그 마음에서 몸을 다스리는 신적 존재가 바로 태일의 진군으로서 또한 마음속의 마음, 심층의 마음이라고 할 수 있다.

총재는 마음의 나라 총리總理로서 아마도 사유思를, 백규는 백관百官으로서 모든 신체와 감각기관을 뜻하는 것으로 보인다. 그것들이 기능을 잘 발휘할 때 마음의 나라가 잘 다스려진다. 입은 마음의 명령 곧 말을 발하는데, 말은 진실忠하고 신실信할 것이 요구된다. 또한 그 나라에서 통용되는 신표 혹은 자격증(시민권)은 조화和와 항상됨恒과 곧음直과 바름方이다. 그러한 덕성이 요구된다. 또한 해서는 안 되는 온갖 금지 사항이 있다.

사악함이 이 나라의 적이다. 그것은 구규九竅로부터 들어와 생기는데, 그 주요 관문은 삼요三要다. 구규는 앞에서 한 번 나온 것처럼 아홉 개의 구멍으로 귀, 눈, 입, 코와 요도, 항문이다. 『주례周禮』「천관天官 · 질의疾醫」에 나오는 "兩之以九竅之變"이란 구절에 대해 정현鄭玄의 주에서는 "陽竅七, 陰竅二"라고 했다. 삼요는 눈과 귀와 입을 가리킨다. 『음부경陰符經』에 "九竅之邪, 在乎三要, 可以動靜"이라고 했고, 그 주에 "太公曰: '三要者, 耳 · 目 · 口也"라고 했다. 이 세 가지 귀와 눈과 입은 듣고, 보고, 말하는 것으로서, 『논어』에서 "예가 아니면 보지도, 듣지도, 말하지도, 행동하지도 말라非禮勿視, 非禮勿聽, 非禮勿言, 非禮勿動"고 한 것 가운데 앞의 세 가지에 해당된다. 정이천이 그것을 소재로 「사물잠四勿箴」을 지은 것은 유명하다. 기미幾微 즉 문제가 현저해지기 전 초기 단계에서 문제를 잡아 해결하고 완전히 제압하도록 하는 것은 마음 공부에서 많이 이야기되는 바다.

마음이 전쟁에서 이기고 돌아와 다시 평화의 상태에 이르는 것은 요순 시절과 같은 태평성대가 온 것에 비유할 수 있다. 또한 감각기관을 닫고 마음이 고요한 상태에 있을 때, 그것은 바로 곧 태일太一의 상태, 우주의 근원적 동일성에서 무한한 자유를 누리는 것에 비유할 수 있다. 그러나 그저 적막한 죽음의 상태가 아니라 마음이 자신을 함양하는 때이며, 마치 『주역』의 복괘復卦가 그러하고, 건괘乾卦의 초효初爻가 그러하듯 생명이 잠복하여 다시 시작을 준비하는 때다.

남명은 태일이나 진군, 구규, 삼요 등 도가적이고 도교적인 용어들을 자유롭게 썼다. 유학자로서 어떤 확고한 자신감과 자득自得을 배경으로 삼은 것이라 생각된다.

【이이 1】 원문 70

이는 형이상의 것이며, 기는 형이하의 것입니다. 둘은 서로 분리될 수 없습니다. 분리될 수 없기 때문에 그 발용發用은 하나이니 각각의 발용이 있다고 할 수는 없습니다. 만약 각각의 발용이 있다면 이가 발용할 때 기는 혹 미치지 못하는 경우가 있고, 기가 발용할 때 이가 혹 미치지 못하는 경우가 있을 것입니다. 만약 그렇게 되면 이와 기는 서로 분리되기도 하고 합하기도 하며, 선과 후가 있어 동과 정에 끝이 있고 음과 양에 시작이 있게 될 것입니다. 그 오류는 작지 않습니다.

그러나 이는 무위無爲이고, 기는 유위有爲입니다. (…) 이의 본연한 것은 본래 순선純善인데, 기를 타고 발용함에 비로소 선악이 나뉩니다. 기를 타고 발용함에 선과 악이 있는 것만 보고서 이의 본연을 알지 못한다면 이는 대본大本을 알지 못하는 것입니다. 이의 본연만 보고서 그것이 기를 타고서 발용하여 어떤 경우에는 흘러서 악이 되는 것을 알지 못한다면 도적을 자식으로 인정하는 것과 같습니다. 이런 까닭에 성인은 근심하여, 정情이 그 성명性命의 본연한 것을 곧바로 실현한 경우를 도심이라고 명명함으로써 사람들이 보존하여 기르고 확충하도록 했고, 정이 형기에 가려서 성명의 본연함을 곧바로 실현하지 못하면 인심이라 불러 사람들이 과불급過不及을 살펴 절제하도록 했습니다. (…) 만약 도심을 확충하고 인심을 절제할 수 있으며 형색(몸과 안색)이 각각 그 법칙을 따를 수 있게 하면 모든 말과 행동에서 성명의 본연이 아님이 없게 됩니다. 이것이 예로부터 성현들이 전해준 심법의 종지宗旨입니다.

『율곡전서栗谷全書』 권10 「답성호원答成浩原」

율곡 사상의 대원칙이 천명되고 있다. 그는 먼저 이와 기의 분별을 분명히 했다. 이는 형이상의 것으로 무형이며, 기는 형이하의 것으로 유형이다. 현실세계에서 이는 그 자체 움직일 수 있는 형체가 없고 오직 기를 통해 기의 원리로서 작용하며 그 자체로는 무위無爲하다. 따라서 이와 기는 불상리不相離요, 그 발용도 통합된 하나의 발용이 있을 뿐이다. 각자 발용한다는 의미에서의 호발互發은 있을 수 없다.

이는 원리로서 순선하지만, 기를 타고 발용하는 현실에서는 기의 구체성에 따라 선과 악으로 나뉜다. 바로 거기서 악을 제거하고 선을 지양하는 도덕 실천과 수양의 필요성이 생겨난다. 기가 이 곧 성명 본연의 순선함을 그대로 실현한 것이라 할 수 있는 도심은 보존하여 기르고 확충하는 방법으로 수양하고, 기가 적극적으로 작용하여 이의 본연의 순선함을 은폐하거나 왜곡할 가능성이 있는 인심은 살펴 절제하고 제어하는 방법으로 수양해야 한다.

【이이 2】 원문 71

이理에는 한 글자도 더할 수 없고 한 터럭의 수양 노력도 더할 수 없습니다. 이는 본래부터 선하니 어떻게 수양할 수 있겠습니까? 성현의 천 마디 만 마디 수많은 말은 단지 사람들로 하여금 그 기를 검속하여 기의 본연을 회복하게 한 것일 뿐입니다. 기의 본연이란 '호연지기'입니다. 호연지기가 천지에 가득 차면 본래부터 선한 이가 조금도 가려짐이 없게 됩니다. 이것이 맹자의 '양기론養氣論'이 성문聖門에 공功이 있는 이유입니다. 만약 '기가 발하고 이는 타는 한 길氣發理乘一途'이 아니라 이 역시 별도로 작용함이 있다면, 이는 무위라고 말할 수 없습니다. 공자께서 어째서 "사람은 도를 넓힐 수 있으나, 도는 사람을 넓힐 수 없다人能弘道, 非道弘人"고 하셨겠습니까? 이렇게 본다면 기가 발하고 이는 타는 한 길이 명백하고 평탄합니다.

『율곡전서』 권10 「답성호원」

율곡은 이기의 발용(작용)에 대한 자신의 견해를 '기가 발하고 이는 타는 한 길氣發理乘一途'이라고 명확히 말한다. 그리고 그것은 우리의 수양적 활동이 이가 아닌 기를 중심으로 이뤄져야 함을 함축한다고 말한다. 그는 『맹자』 「공손추 상」의 '호연지기' 양기론養氣論과 『논어』 「위영공衛靈公」에서 '인능홍도人能弘道, 비도홍인非道弘人'이라고 한 부분을 인용하고, 자신의 견해가 바로 유교의 정통한 견해임을 주장하고자 한다. 수양에서 주체적 노력의 중요성을 분명히 한 것이다.

【이이 3】 원문 72

(1) 내가 계응季鷹에게 말하기를, "대개 기질지성氣質之性은 별개의 성이 아니고, 기질이 성(곧 본연지성)을 싸고 태어날 때 함께 태어났기 때문에 그것도 성性이라 한 것입니다. 기질은 그릇器과 같고 성은 물과 같으니, 청정한 그릇에 물을 담은 것은 성인이

요, 그릇 속에 모래나 진흙이 있는 것은 중인中人이며, 완전히 진흙 속에 물이 있는 것은 하등下等의 사람입니다. 금수 같은 것에 이르면 비록 막히기는 했으나 물이 없는 것은 아닙니다. 비유하자면 물기가 있는 흙덩이 같아서 끝내 맑게 할 수 없으니, 대개 습성濕性(습기)이 이미 말라버려 맑게 할 방법이 없고 또 그 물이 있는 것을 보지 못하기 때문입니다. 그러나 또한 물이 없다고 할 수는 없습니다.

성인은 (자연스럽게 발현하는 그의) 정情이 법도에 꼭 맞지 않는 것이 없다면, 군자는 정이 혹 법도에 맞지 않는 경우가 있어도 (생각하고 판단한 그의) 의意는 법도에 맞지 않는 것이 없고, 일반인常人은 어떤 경우에는 정이 법도에 들어맞지만 의가 법도에 맞지 않으며 어떤 경우에는 정이 법도에 맞지 않으나 의는 법도에 맞습니다. (그러므로) 만약 정이 불선함이 없다고 여기고 정에 내맡겨 행한다면 어찌 일을 그르치지 않을 수 있겠습니까? 주자는 "정은 성의 작용이요, 성은 정의 본체이며, 심은 성과 정의 주인이다"라고 했습니다. 이 말 또한 기질을 포함하여 말한 것이니, 살피지 않을 수 없습니다.

『율곡전서』 권14 「논심성정論心性情」

계응季鷹은 송한필宋翰弼의 자다. 송한필은 호가 운곡雲谷으로 율곡의 친구 구봉龜峯 송익필宋翼弼(1534~1599)의 아우다. 정情과 의意와 관련하여 성인과 군자, 일반인의 차이를 서술한 점이 흥미롭다. 성인은 그 정이 그대로 선하다. 자연스럽게 발현된 마음이 그대로 순선한 본연지성의 실현이다. 반면 군자는 아직 그러한 '자연-자유'의 경지에는 이르지 못하여 정에 선하지 않은 것이 섞여 있을 수 있다. 하지만 그는 발현된 마음을 생각하고 판단하여 바른 데로 이끌어가는 측면, 곧 의의 측면에서는 늘 올바를 수 있다. 일반인은 그러한 판단에서도 잘못을 범할 수 있어 군자와 또한 차별된다. 정과 의를 이렇듯 뚜렷이 구별하는 것은 율곡의 특징이다. 율곡의 관점에서 수양 공부하는 일반인들에게는 당연히 먼저 의를 성실하고 진실하게 하는 것이 필요한데, 그것은 올바르게 생각하고 판단하는 마음의 반성적이고 주체적인 역할을 강조하는 데로 나아간다.

(2) 내가 강릉에 있을 때 기명언奇明彦(기대승)이 퇴계와 더불어 사단칠정을 논한 편지들을 보니, 퇴계는 "사단四端은 이理에서 발하고, 칠정七情은 기氣에서 발한다"고 했고, 명언은 "사단과 칠정은 원래 두 개의 정이 아니고, 칠정 중에 이에서 발한 것이 사단이다"라고 했다. 왕복한 말이 1만여 자에 이르렀지만 끝내 서로 의견이 맞지 않았다. 나는 말한다. "명언의 논설이 나의 의견에 딱 일치한다. 대개 성에는 인·의·예·지·신이 있고, 정에는 희·노·애·락·애·오·욕이 있으니 이와 같을 따름이다. 오상 외에 다른 성이 없고, 칠정 외에 다른 정이 없으니, 칠정 가운데 인

욕이 섞이지 않고 순수하게 천리에서 나온 것이 사단이다."

『율곡전서』 권14 「논심성정」

사단칠정 논변에 대해 자신이 퇴계가 아닌 고봉의 입장에 가깝다고 말하고 있다. 사단과 칠정은 모두 정으로, 기본적으로 칠정 안에 사단이 포함된다는 것이다. 이는 기질지성과 본연지성이 별개의 성이 아닌 것과 같다고 율곡은 말한다. 성이 발한 것이 정이라고 할 때, 성도 하나요 따라서 정도 하나다. 본연지성이 발한 것은 사단이고, 기질지성이 발한 것은 칠정이라는 식으로 구별하여 말할 수 없다는 것이다.

(3) 을축년(1565) 설날에 내가 강릉부사 김문길金文吉(첨경添慶)과 말하다가 측은惻隱의 정에 화제가 미쳤다. 김문길이 "사단은 중절中節(절도에 맞는 것)이라는 표현을 쓸 수 없다"고 했다. 나는 "사단은 이미 발한 마음이니 중절이라고 지정하여 말할 수 있습니다. 대개 마음이 이미 발했으면 곧 중절이냐 부중절이냐의 분별이 있습니다. 어찌 중절도 아니요 부중절도 아닌 정이 있겠습니까?"라고 했다. 김문길은 "도적이 사형당하는 것을 보고 측은한 마음이 생긴다면 이것도 중절이라고 말할 수 있는가?" 했다. 나는 "죄로 여길 만한 것에 대해서는 죄로 여기되, 그가 죽게 된

것에 대해서 슬퍼하는 것은 천지가 만물을 낳는 마음이니 어찌 부중절이라고 말하겠습니까? 우禹가 가던 수레에서 내려 형벌을 받는 죄인을 위해 울었다고 한 것이 그에 해당됩니다"라고 했다.

『율곡전서』 권14 「논심성정」

김문길은 김첨경(1525~1583)으로 문길은 자다. 김문길의 주장은 사단에 속하는 측은의 정이 중절, 부중절의 여부와 관계없이 선하다는 것으로 보인다. 측은의 정도 부중절한 경우, 즉 마땅히 죽여야 할 죄인의 죽음을 보고도 측은의 마음이 생길 수 있지만 그것 역시 측은임은 변함없다는 것이다. 측은이 측은인 이유는 인仁의 발현이라는 점에 있고, 따라서 기와의 관련성보다는 이와의 관련성이 더 지배적이며, 결국 기발이라기보다는 이발로 봐야 한다는 결론이 도출될 수 있다. 율곡에게는 당연히 측은도 이미 발한 마음으로서 기의 발현이다. 그리고 사형수에 대한 측은은 부중절이 아니라 중절이라고 했다. 그런데 사단도 기의 발현이라면 사단에도 중절과 부중절이 있을 수 있는 것인가? 답변은 두 가지가 될 수 있다. 사단의 마음에도 당연히 부중절한 경우가 있을 수 있다. 혹은 그 부중절한 사단은 더 이상 사단이 아니므로 사단에는 부중절이 없다. 율곡은 전자의 답변을 하였으며, 퇴계는 후자의 입장을 취한 바 있다. 우禹의 고사는 유향劉向의 『설원說苑』 권1 「군도君道」에 나온다.

(4) 나는 말한다. "정추만鄭秋巒의 「천명도天命圖」에 사단을 아래에 그려두고 의意 자는 위에 그려두었는데, 이것은 잘못이다. 대개 배우는 자들은 가까이서 생각하고 힘써 행하는 것을 급선무로 삼아야 한다. 천명에 대해서는 갑자기 말할 수 있는 것이 아니다."

『율곡전서』 권14 「논심성정」

율곡은 먼저 정이 있고, 그다음에 의가 있다고 보았다. 따라서 정인 사단을 의 아래에 배치하는 것은 마음의 발생 순서에 맞지 않는다는 것이다. 정과 의의 관계에 대해서는 아래 인용 자료에서 상세히 이야기하고 있다.

【이이 4】 원문 73

자고子固가 나에게 들려 이야기하다가 자연스럽게 말이 심·성·정에 미쳤다. 내가 "공은 이 세 개념에 대해 하나하나 다 이해할 수 있습니까?" 하니, 자고가 "아닙니다. '성이 발하여 정이 되고, 심이 발하여 의가 된다'고 말하는 것은 특히 잘 모르겠습니다"라고 했다. 나는 다음과 같이 말했다. "공이 그것에 대하여 깨닫기 어렵다고 하시니 아마도 심·성·정에 대해 거의 보신 바가 있는 것입니다. 선유의 이 설은 따로 의도하는 바가 있었고 직접적으로 심성心性을 논한 것은 아니었는데, 지금 학자들은 이 설에 오도되어 심과 성을 나누어 두 작용이 있다고 여기고, 정과 의를 나누어 두 갈래가 있다고 여기니 매우 안타깝습니다. 지금 공은 스스로 거기에 의심이 있다고 하시니 거의 참된 지식眞知을 가진 것입니다.

성性은 심의 이理요, 정情은 심의 동動입니다. 정이 동한 뒤에 그 정에 인연하여 계교計較(계산하고 비교하여 생각함)하는 것이 의意입니다. 만일 심과 성을 둘로 나눈다면 도道와 기器를 서로 분리시킬 수 있다는 것이 됩니다. 또한 정과 의를 둘로 나눈다면 인간의 마음에 두 가지 근본이 있게 됩니다. 어찌 크게 어긋난 것이 아니겠습니까? 반드시 성·심·정·의가 다만 한길(경로)이면서 각각 경계境界(구분)가 있는 것임을 안 연후에야 어긋나지 않았다고 할 수 있습니다.

무엇을 한길(경로)이라 말한 것입니까? 심이 아직 발하지 않았을 때는 성이요, 이미 발하면 정이며, 발한 뒤에 생각하고 헤아리는商量 것이 의가 되니, 이것이 한길인 것입니다. 각각 경계가 있다는 것은 무슨 말입니까? 심이 고요히 동하지 않을 때는 성의 경계요, 감촉하여 드디어 통할 때는 정의 경계이며, 자극하는(느끼는) 바에 따라 실을 풀어내듯이 생각하고 헤아리는 것이 의의 경계가 되니, 다만 한마음一心이지만 각각 경계가 있는 것입니다."

『율곡전서』 권14 「잡기雜記」

(설) 자고는 윤근수尹根壽(1537~1616)의 자다. 호가 월정月汀이고, 윤두수尹斗壽의 동생이다. '성이 발하여 정이 되고, 심이 발하여 의가 된다'고 하는 것은 앞에서 나온바 호병문의 설이다. 이것이 율곡 당대에도 심성에 대한 기본적인 이론으로 회자되었던 듯하다. 그에 대해 율곡은 통렬하게 비판한다. 심과 성은 도道와 기器의 관계에 있는 것으로서, 한 몸으로 작용하지 서로 분리된 각자의 작용은 없다는 것이다. 또한 정과 의도 마음의 발용에서 시간상 차례로 일어나지 두 근원에서 각각 일어나는 병립竝立 대대待對의 것은 아니라는 얘기다.

이렇게 해서 율곡에 의해 권근으로 대변되는 조선 전기의 마음에 대한 이론은 극복되었다고 할 수 있다. 그것은 곧 성에서 정으로 이어지는 마음의 과정을 절대적인 선의 실현으로, 심에서 의로 이어지는 마음의 과정을 현실의 선악세계로 보는 것이 함축할 수 있는 문제점, 절대적 세계와 도덕(현실)계를 분화시킴으로써 도덕 실천이 이루어지는 현실세계를 부차적이고 수준이 낮은 세계로 보고, 그 위에 절대의 세계를 설정할 수 있는 그러한 세계의 이원화에 대한 우려를 불식시킨 것이라고 할 수 있다. 모름지기 유교적 세계는 바로 이 현실의 세계가 바로 유일한 절대 세계이며, 절대가 실현되는 현장이라는 일원성을 이탈해서는 안 된다는 것이다. 필자가 보기에 바로 그러한 이탈의 문제야말로 율곡이 퇴계의 사칠설四七說에 대해 집요하게 문제를 제기한 속사정이이라 여겨진다. 물론 그것은 바로 그 점에서는 퇴계를 조선 전기의 심학의 수준에서 파악한 것이라 할 수 있으며, 따라서 퇴계에 대한 오해였다고 할 수 있다.

【이이 5】 원문 74

(1) 신이 생각건대, 천리天理가 사람에게 부여된 것을 성性이라 하고, 성과 기를 합하여 한 몸의 주재가 된 것을 심이라 하며, 심이 사물에 감응하여 외부로 발현한 것을 정이라고 합니다. 성은 심의 본체요, 정은 심의 작용이며, 심은 미발과 이발의 총명總名이므로, '심은 성과 정을 통괄한다心統性情'고 말하는 것입니다.
성의 항목은 다섯이 있으니 인·의·예·지·신이요, 정의 항목은 일곱이 있으니 희·노·애·구·애·오·욕입니다. 정이 발현할 때 도의道義를 위하여 발하는 것이 있으니, 예를 들어 어버이에게 효도하고자 하고, 임금에게 충성하고자 하며, 어린애가 우물에 빠지는 것을 볼 때 측은(슬퍼하고 고통스러워함)하게 여기고, 의義가 아닌 것을 볼 때 수오羞惡(부끄러워하며 미워함)를 느끼며, 종묘宗廟를 지나갈 때 공경恭敬(공손하고 경건함)하는 등의 것입니다. 그러한 것들을 도심이라 부릅니다. 또한 구체口體(입과 몸)를 위하여 발하는 것이 있으니, 예를 들어 배고플 때 먹으려 하고, 추울 때 입으려 하며, 힘들 때 쉬고자 하고, 정精이 차면 결혼할 생각을 하는 것입니다. 그러한 것들을 인심이라 부릅니다.

『율곡전서』 권14 「인심도심도설人心道心圖說 임오壬午 · 봉교제진奉敎製進」

심, 성, 정의 구분에 대해 말하고, 그 세 개념의 상관관계를 설명하는 명제인 '심통성정心統性情'에 대해 설명했다. 또한 인심과 도심의 구분에 대해 설명했다. 율곡은 인심과 도심은 모두 정의 발현으로 무엇을 지향하고 있는가, 도의道義인가 구체口體인가에 따라 나뉜다고 보았다. 도덕적인 감정 혹은 욕구가 도심이고, 신체적 욕구에 해당되는 것이 인심이다. 임오壬午는 1582년이다.

---

(2) 이와 기는 혼융하여 원래 서로 떨어질 수 없습니다. 한 덩어리여서 원래 서로 떠나지 않으니, 심이 동하여 정이 될 때 발하는 것은 기이고 발하는 까닭은 이입니다. 기가 아니면 발할 수 있는 능력이 없고 이가 아니면 발할 까닭이 없으니, 어찌 이발理發과 기발氣發의 다름이 있겠습니까?

다만 도심은 비록 기에서 분리되지 않지만 그것이 발할 때는 도의道義를 위한 것(목적-원인으로 한 것)이므로 그것을 성명性命에 소속시킨 것이며, 인심은 비록 또한 이에 근본을 두었지만 그것이 발할 때는 구체를 위하므로 그것을 형기에 소속시킨 것입니다. 방촌方寸의 마음 가운데 처음에는 두 가지 마음이 없었지만, 다만 발하는 곳에서 그러한 두 가지 단서가 있는 것입니다.

그러므로 도심을 발하는 것(발할 수 있는 능력)도 (인심과 마찬가지로) 기이지만, 성명이 아니면 도심은 생기지 않으며, 인심의 근원에 있는 것도 (도심과 마찬가지로) 이이지만, 형기가 아니면 인심은 생기지 않습니다. 이것이 (도심과 인심 사이에) 혹원或原과 혹생或生, 공과 사의 다름이 있게 되는 이유입니다.

『율곡전서』 권14 「인심도심도설 임오·봉교제진」

이理는 마음이 발현하는 까닭, 즉 목적 혹은 이유와 근거에 해당되고, 기氣는 마음이 실제로 발현할 수 있는 힘, 에너지에 해당된다. 그러므로 마음의 발현은 이와 기 두 원인이 다 있어야 성립할 수 있으며, 각각의 발현은 있을 수 없다. 이것은 퇴계의 '사단四端 이발理發, 칠정七情 기발氣發' 이론을 원천적으로 봉쇄하는 것이다. 인심과 도심은 그 발생 기원(혹은 과정)상에서 이발, 기발로 나뉘는 것이 아니라, 그것이 도의道義를 지향하는가 구체口體를 지향하는가 하는 지향·목적의 구체적인 내용에 의해 구분된다는 것이다. 다시 말하면, 그 발생에서는 그 둘 모두 이(목적, 근거)와 기(능력, 능력-원인)의 연합에 의한 것이므로 서로 구분되지 않는다는 것이다.

(3) 도심은 순전히 천리天理이므로 선이 있지만 악은 없으며, 인심은 천리도 있고 인욕도 있으므로 선도 있고 악도 있습니다. 예를 들어 먹어야 할 때 먹고 입어야 할 때 입는 것은 성현도 면할 수 없으니 그것은 천리이지만, 식색食色의 생각으로 흘러서 악을 행한다면 그것은 인욕입니다. 도심은 다만 지킬 수 있을 따름이

지만, 인심은 쉽게 인욕으로 흐르기 때문에 비록 선하다 하더라도 위태롭습니다. 마음을 다스리는 자는 한 생각이 일어났을 때 그것이 도심인 줄 알면 확장하여 충만하게 하고, 그것이 인심인 줄 알면 정밀하게 살피고 반드시 도심으로 절제해야 합니다. 그래서 인심이 항상 도심의 명령에 순종하게 되면 인심도 도심이 될 것입니다. 어찌 이가 보존되지 않겠으며, 어찌 욕이 막아지지 않겠습니까?

진서산眞西山이 천리와 인욕을 논한 것이 지극히 분명하여 학자가 공부하는 데 매우 유익합니다. 그러나 인심을 오로지 인욕으로 돌려 한뜻으로 극복하여 다스리려 했으니 미진한 바가 있었습니다. 주자가 이미 "비록 상지上智라도 인심이 없을 수 없다"고 했으니, 성인도 인심을 가집니다. 어찌 그것을 전부 인욕이라고 할 수 있겠습니까?

이로써 본다면 칠정은 곧 인심과 도심, 선과 악의 총명總名입니다. 맹자가 칠정 중에서 선한 쪽만 뽑아내어 사단이라고 지목한 것이니, 사단은 곧 도심 및 인심의 선한 것입니다.

『율곡전서』 권14 「인심도심도설 임오·봉교제진」

도심은 순전히 천리이지만, 인심에는 천리의 측면도 있고 인욕의 측면도 있다고 한다. 그러므로 인심은 인욕과 구별된다. 인심은 그 자체로는 천리에 따라 있을 수밖에 없지만 그것이 신체의 보존(욕구)을 지향한다는 점에서 악으로 흐르기 쉬우며, 실제로 그렇게 흐른 것이 인욕이라고 정의할 수 있다. 율곡은 또한 도심과 인심 각각에 대해 마음 공부를 어떻게 할 것인가를 친절하게 제시하고 있다. 진서산은 진덕수眞德秀(1178~1235)다. 칠정은 인심과 도심 전체를 아우른 큰 개념이고, 사단은 인심 중 선한 것과 도심을 가리키는 작은 개념이라고 말한다. 즉, 사단은 칠정에 포함된다는 것이다.

(4) 논자 중 어떤 이는 사단을 도심으로 칠정을 인심으로 여깁니다. 사단은 본래 도심이라고 말할 수 있지만, 칠정을 어찌 단지 인심이라고 말할 수 있겠습니까? 칠정 외에는 다른 정이 없는데 만일 인심만을 일컫는 것이라 한다면, 이것은 그 절반(인심)만 들고 그 절반(도심)은 버린 것입니다. 자사子思는 칠정이 아직 발현하지 않은 미발을 중中이라 하고, 이미 발현한 이발을 화和라고 하여, 성과 정의 전체 덕성을 논하면서 단지 칠정만을 들어 말했으니, 그가 어찌 치우치게 인심만 들어 말했을 리 있겠습니까? 이것은 명백하여 의심할 수 없습니다.

『율곡전서』 권14 「인심도심도설 임오·봉교제진」

사단을 도심에, 칠정을 인심과 동일시하여 이해할 수 있다는 것은 퇴계

당대에 이미 논의된 바 있다. 그러한 동일시는 사단을 이발로, 칠정을 기발로 규정하는 데 있어 유력한 근거나 전거가 될 수 있었다. 그러나 퇴계는 그러한 동일시가 가능한 한편 그런 논리에 문제가 있을 수 있음도 지적한 바 있다. 따라서 퇴계가 자신의 사단칠정설을 주희의 인심도심설에 근거해서 제시한 것은 아니었다고 할 수 있다. 사칠설을 인심도심과 동일시할 수 있다고 적극적으로 주장한 인물은 율곡의 친구이자 율곡과 함께 또 하나의 사단칠정 논변을 펼친 우계牛溪 성혼成渾(1535~1598)이었다.

(5) 성은 심에 갖춰져 있으며, 발현해서는 정이 됩니다. 성이 이미 본래 선하므로 정도 마땅히 선하지 않음이 없어야 할 텐데, 정에 혹 불선한 것이 있음은 무엇 때문입니까?
이는 본래 순선하지만 기에는 청탁이 있는데, 기는 이를 담는 그릇입니다. 그것이 아직 발현하지 않은 미발의 때에는 기가 아직 용사用事하지 않으므로(기가 아직 그 개별적 영향력을 발휘하지 않으므로) 중中의 체體가 순선하다가, 그것이 발현함에 이르러 선과 악이 비로소 나뉩니다. 선한 것은 청기淸氣가 발동한 것이고 악한 것은 탁기濁氣가 발동한 것이나 그 근본은 다만 천리일 뿐입니다. 정 중에 선한 것은 맑고 밝은 기를 타고 천리를 따라 곧장 발출하여 그 중을 잃지 않아서 그것이 인·의·예·지의 단서端임을 볼 수 있기 때문에 그것을 지목하여 사단이라 했습니다. 정에 불선한 것은 비록 또한 이理에 근본했으나, 이미 오염되고 탁한汚濁 기에 의해 가려져서 그 본래의 체를 잃고 곁으로 삐져나와橫生 혹은 지나치기도 하고 혹은 미치지 못하기도 하여, 인仁에 근본했지만 도리어 인을 해치고, 의義에 근본했지만 도리어 의를 해치며, 예禮에 근본했지만 도리어 예를 해치고, 지智에 근본했지만 도리어 지를 해치므로 사단이라 말하지 못하는 것입니다. 주자周子는 "오성五性이 감응하여 움직임에 선과 악이 나뉜다"고 했고, 정자程子는 "선과 악이 모두 천리다"라고 했으며, 주자朱子는 "천리로 인하여 인욕이 있다"고 했으니 모두 이런 뜻이었습니다.

지금의 학자들은 선악이 기의 청탁에 말미암음을 알지 못하기에, 그것을 설명하려고 하나 성공하지 못하고 있습니다. 그러므로 '이가 발한 것은 선이 되고 기가 발한 것은 악이 된다'고 설명하여 이와 기가 서로 분리되는 잘못을 범했으니, 이것은 밝지 못한 이론입니다. 신은 어리석고 참람함을 헤아리지 않고 삼가 이와 같이 그림圖을 그렸습니다.

『율곡전서』 권14 「인심도심도설 임오·봉교제진」

인심과 도심의 차이에 대한 자신의 견해를 정리하고 그림으로 그려두었다. 정의 선악, 곧 마음의 선과 악은 천리인 성으로서의 마음이 기를 통해 발현할 때, 그 기의 청탁에 따라 결정된 것이라는 견해를 제시했다. 이

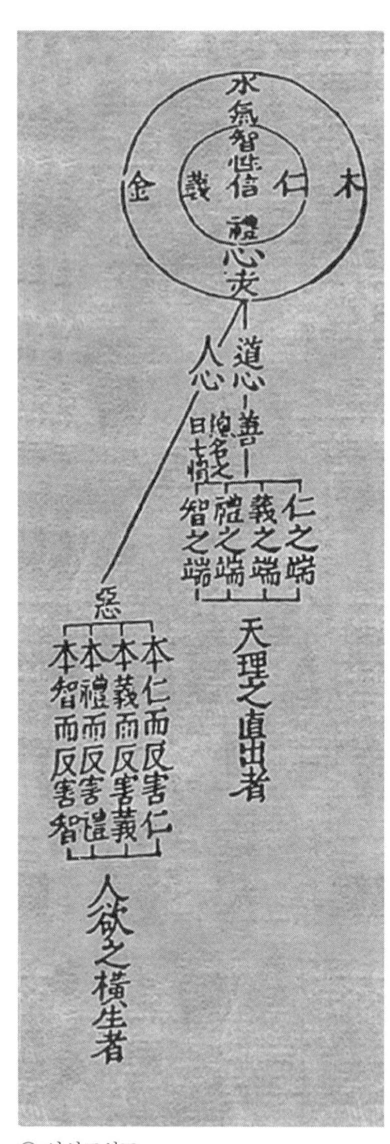
水
氣
智
性
信
木
仁
義
金
禮
心
火
道心
人心
善
總名之
曰七情
仁之端
義之端
禮之端
智之端
天理之直出者
惡
本仁而反害仁
本義而反害義
本禮而反害禮
本智而反害智
人欲之橫生者

⊙ 인심도심도

는 나중에 율곡학파 내에서도 논란을 일으킨 견해였다. 예를 들어 삼전三傳제자라 할 수 있는 농암農巖 김창협金昌協(1651~1708)은 자신의 「사단칠정설」에서 그러한 논리를 비판했다. 사단은 청기淸氣보다는 탁기濁氣가 지배적인 하등의 인간에게도 있는 보편적인 것인데, 그것의 선을 오로지 개인적인 우연성이라고 할 청기에 의존한 것으로 본다면 사단의 보편성을 설명하기 어렵다는 것이다.

【이이 6】 원문 75

(물었다.) "심의 지각은 기입니까? 이입니까?" 대답했다. "능지능각能知能覺(지각할 수 있는 능력)은 기이며, 그렇게 지각할 수 있는 근거(원리)는 이입니다." 물었다. "지각은 지智의 틀에 속합니까?" 대답했다. "지각은 곧 심입니다. 인의예지의 성을 전부 싣고 있으므로, 사단의 정情들이 그 깃들인 바에 따라 발현되는 것, 그것이 그 심의 지각입니다. 만약 지각이 단지 지의 틀에만 속한다면 인과 의는 작용할 수 없게 될 것입니다."

『율곡전서』 권31 「어록語錄 상」 김진강소록金振綱所錄 신사辛巳

이 어록은 율곡의 문인 김진강金振綱이 기록한 것으로, 여기 제시된 부분은 동문 간의 토론 내용이며, 답변자는 김진강 자신인 듯하다. 그러나 편집주에 따르면 율곡의 검토手閱를 거쳤다 하므로, 율곡 자신의 견해가 반영되었다고 볼 수 있다. 이 기록 말미에 적힌 해가 신사辛巳년(1581)이다. 답변자는 지각은 지智에 속한 것이고, 지만이 아니라 인의예지 전체를 발현하는 역할을 한다고 한다. 이는 호락 논쟁 시기에 논란된 지와 지각의 관계 문제에 있어 율곡이 낙론洛論적 입장에 서 있었음을 보여준다.

【이이 7】 원문 76

물었다. "사람이 태어남에 다만 한 종류의 유기游氣를 품부받는데, 나뉘어 심기心氣와 신기身氣가 있게 되는 것은 어째서입니까?" 대답했다. "사람의 형체는 기로 이루어졌는데, 그중에서 통하고 맑은 것이 응결하여 심이 되는 것입니다." 물었다. "일반인의 기를 가지고 논한다면, 탁한 기 중에 맑고 통한 것이 오히려 인심의 허령이 된다고 하겠지만, 성인의 기에 이르면 순전히 맑은 기일 뿐인데 무엇이 심기가 되고 무엇이 신기가 되는 것입니까?" 대답했다. "성인 또한 맑은 기 중 정상精爽한 기가 응결하여 심이 됩니다." 물었다. "심기와 신기는 서로 표리가 됩니까?" 대답했다. "그 기는 하나이면서 둘이요, 둘이면서 하나입니다. 심기는 신기 속에 포함되며, 신기는 심기 속에 뿌리를 내리고 있습니다. (신기는) 안에 심기의 허령虛靈이 없으면, 몸의 병과 상처를 알 길이 없으며 모래나 돌 같은 것과 똑같은 무감각한 존재가 되고 맙니다."

『율곡전서』 권31 「어록 상」

위에 인용된 것에 이어 기록된 것이다. 질문은 심기와 신기의 차이에 대한 것이다. 답변자는 기본적으로 기 중에 통하고 맑고 정상한 것이 응결하여 심이 된다고 했다. 그리고 둘 사이에는 하나이면서 둘이요, 둘이면서도 하나인 관계가 성립한다고 했다.

12
단계

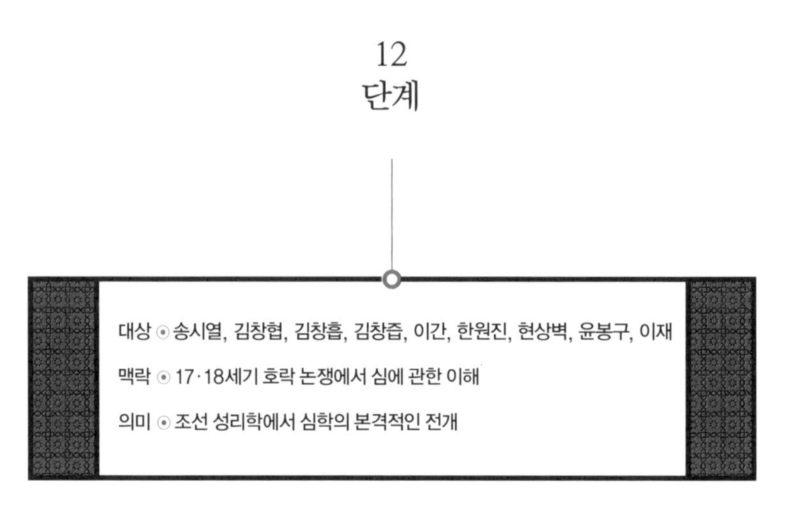

17, 18세기 조선의 율곡학파 학자들 내부에서 농암 김창협을 종주로 하는 서울 지역의 학자들은 낙학洛學을 형성했고, 수암遂菴 권상하權尙夏(1641~1721)를 종주로 하는 충청 지역의 학자들은 호학湖學을 형성했다. 그들은 각 학파 내부에서 그리고 각 학파 간에 심성心性의 제 문제를 두고 치열하게 논변을 제기했다. 이른바 호락 논쟁이다. 호락 논쟁의 주요 논점은 심의 지각知覺과 지智의 관계 문제, 심의 미발未發에 대한 이해과 실천의 문제, 심의 명덕明德의 보편성 문제, 그리고 인간과 동물 본성의 동이同異 문제 등 기본적으로 심에 대한 이해를 둘러싸고 일어났다. 그것은 곧 인간, 더 구체적으로는 사대부의 자기 정체성 규명과 밀접한 관련을 지녔다.

논쟁이 펼쳐지면서 조선 성리학은 그동안의 성리학 혹은 신유학에 대한 자신의 이해를 종합적으로 검토·정리했으며, 이를 통해 마음과 몸의 관계에 대해 정밀하고 새로운 이론이 전개되기도 했다. 그것은 한편으로는 양 난 뒤 유교사회의 재정립과 유교 이념의 강화라는 시대적 추이와 과제에 부응했으며, 다른 한편으로는 시대 흐름에 뒤따르는 사대부의 자기 역할 해명과 그들의 개성적이고 주체적인 정신의 성장과 전개였다. 이를 통해 조선 성리학은 정점에 이르렀으며, 이제 새로운 실학의 시대로 접어들면서 그 전제요 토양이자 동시에 지양하고 극복해야 할 대상이 되었다.

심(마음)에 대한 이해는 그러한 계승과 극복에서 핵심이 되었다. 여기서는 전체 내용이 아닌 마음의 이해와 관련하여 제시된 주요 논점을 보여주는 글들을 주제별로 임의로 선택해 번역했다.

지와 지각

지각知覺은 마음의 본질적 작용으로 마음을 이해하는 데 핵심 개념이다. 지각을 심心의 작용으로 볼 것인가 아니면 성性 곧 지智의 작용으로 볼 것인가? 각각의 규정이 나름의 타당성을 지닌다 할 때 둘 사이의 관계를 어떻게 설정할 것인가는 심과 성 사이의 구분과 관련해서 관심의 대상이 되었다. 그 문제에 대해서는 이미 퇴계와 율곡이 언급했으며, 호락 논쟁 시기에 본격적으로 논의되기 전에 우암尤庵 송시열宋時烈이 그와 관련된 의견을 개진한 바도 있다. 대체로 낙학 쪽에서는 지각을 심의 용用으로 보고 지의 용用은 '시비是非'로 보아, 지의 용으로 볼 수 없다고 주장하는 반면, 호학 쪽에서는 지각을 지의 용으로 볼 수도 있고 심의 용으로 볼 수 있으며, 결국 지의 용이 심의 용을 포괄할 수 있다고 여겼다.

낙학이 심과 성의 구분에 기초를 두었다면, 호학은 낙학의 입장이 결국 심과 성을 분리시키고 이심이용론二心二用論에 빠질 것이라 비판한다. 이는 조선 전기의 성발性發 심발心發의 구분론에 대해 율곡이 비판한 바와 같은 맥락이다. 그러나 낙학의 심성 구분론과 그에 입각한 지각론이 조선 전기 심성론의 수준에 머물렀던 것은 아니다. 그것은 율곡 이래 심의 주체적 능동성을 강조하는 점을 계승하며, 또한 심학적 분위기가 팽배하던 당시 동아시아의 시대적 추이와 요구에 적극적으로 대응하는 면이 있었다고 볼 수 있다.

【송시열 1】 원문 77

지각을 심에 소속시키는 것은 주자 일생의 학설이다. 그러나 그는 한 곳에서는 또한 지각을 지智에 소속시켰다. 이점에 대해서는 자세히 나누어 변석하지 않으면 안 된다. 생각건대, 앞에서 말한 지각이 심의 텅 비어 밝고 어둡지 않음虛明不昧을 일반적으로 말한 것이라면, 뒤에서 말한 지각은『맹자』주에서 이른바, 일의 소당연所當然을 알고 이理의 소이연所以然을 깨닫는 것에 해당된다. 그래서 심에 속한 것과 지智에 속한 것의 다름이 있게 된다.(『주자대전』「답반겸지答潘謙之」에 자세히 보인다.) (…) 지각을 심에 소속시키는 것은 주자 일생의 가르침이다. 그런데 「답오회숙서答吳晦叔書」에서는 곧 지각을 지智의 작용으로 보았다. 이로써 앞뒤의 설이 달라진 것은 아니다. 무릇 지각에는 두 가지가 있으니, 텅 비어 신령하여 운행하고 작용하면서虛靈運用 배고픔과 배부름, 춥고 따뜻함을 아는 것은 심의 작용이고 이는 주렴계周濂溪와 정자程子가 말하는 지각이며, 일의 소당연을 알고 이理의 소이연을 깨닫는 것은 지의 작용이고 이는 이윤伊尹이 말하는 지각이다. 두 가지는 각각 지시하는 바가 있으니 혼륜하여 말할 수 없다. 대개 심은 기이며 지智는 성이고 성은 곧 이理이니, 기와 이 둘은 떨어질 수 없으며 또한 섞일 수도 없다.

『송자대전宋子大全』 권131 「간서잡록看書雜錄」

송시열은 주자가 지각에 대해 심의 용用으로 보는 경우와 지智의 용으로 보는 두 입장을 함께 지적했다. 그리고 그 각각을 감각지각感覺知覺과 의리지각義理知覺에 해당되는 것으로 해석했다. 즉 감각지각은 심의 작용으로, 의리지각(인식)은 지의 작용으로 볼 수 있다. 따라서 주자의 두 입장은 지각의 내용 각각을 설명해주는 것으로 조화·통합될 수 있다고 여겼다. 이는 도덕적 지식과 감각적 지식 사이의 관련성을 성리학의 심성론적 도식을 통해 어떻게 해명할 수 있을까 하는 문제로 이해된다는 점에서 흥미롭다. 그의 후학들에 이르러 지각을 지의 용으로 볼 수 있는가의 문제를 둘러싸고 논쟁이 일어났다.

【김창협 1】 원문 78

생각건대, 두 사람의 설說은 다만 마음의 지각知覺 작용만을 말한 것으로, 지智와는 상관이 없다. 지라는 것은 마음이 대상에 대해 가치판단을 할 수 있는 근거理로서 명확한 준칙을 지닌 것이다. 반면 지각이란 이 마음의 허령함이 발휘된 것이며, 신묘하여 헤아릴 수 없다. 지각을 오로지 지의 작용이라고 해도 옳지 않은데 하물며 그것을 그대로 지라고 함이 옳겠는가? 또한 지는 이理이니 그것을 일러 중리衆理를 묘하게 다룬다거나 천리天理를 머금고 있다고 한다면, 그것은 곧 이로써 이를 묘하게 다룬다는 것이요, 이로써 이를 머금는다는 말이 되는데 이는 더욱 불합리해 보인다.(이상은 『대학장구』에 대한 농암의 차기箚記. 아래 부분부터 본 편지) (…)
대개 듣건대, 성性이란 심心이 갖춘 이理이며, 심이란 성이 담겨 있는 그릇器입니다. (…) 성이 아니라면 심이 준칙으로 삼을 것이 없어지며, 심이 아니라면 성은 제대로 발휘되지 못합니다. 이것이 바로 심과 성의 구별입니다. 둘 사이는 서로 떨어질 수 없지만, 또한 뒤섞일 수도 없습니다. 그러므로 심과 성에 대해 말하는 자는 심에 즉해서 성을 지적한다고 하면 되지만, 심을 그대로 성이라고 해서는 안 됩니다. (…)

내가 이 문제에 대해 오래전부터 의심을 품어왔지만 함부로 나의 생각이 옳다고 확신할 수 없었습니다. 그러다가 주자의 「답반겸지서答潘謙之書」를 보게 되었습니다. 그 내용은 다음과 같습니다. '성은 곧 이다. 정은 그 본성이 흘러나와 운용되는 실제 작용이다. 심의 지각은 이를 갖추고서 정을 실행하는 것이다. 지를 가지고 말한다면, 그를 통해 시비를 알게 되는 이理가 지이고 성이다. 무엇이 옳은지 그른지를 알아서 실제로 시비판단을 한 것이 정이다. 이를 갖추고서 무엇이 옳은지 그른지를 아는 것이 심이다.' 이는 심과 성을 매우 정밀하고 세밀하게 구분한 것입니다. (…) 아마도 그의 만년의 정론定論입니다. (…) 나는 이 글을 통해 비로소 전에 내가 품었던 의심이 망령된 것이 아니었음을 알게 되었습니다.

『농암집農巖集』 권14 「답민언휘答閔彦暉」 1

김창협은 1697년(정축丁丑) 성재誠齋 민이승閔以升(1649~1697)과 지각 문제에 대해 수차례에 걸쳐 편지를 통해 논변을 벌였다. 논변의 발단이 된 것은 『대학장구大學章句』 서문의 소주小註에 인용된 호병문과 번역番易 심씨沈氏의 말이었으며, 본문에서 두 사람의 설이라고 한 것은 이를 가리킨다. 내용은 다음과 같다. "주자는 『사서』에 주를 달면서 인仁을 '심이 갖춘 덕이며 사랑이라는 정의 근원理'이라 설명하고, 의義에 대해서는 '심의 제制(절제)이며, 일의 적절함宜'이라 하고, 예禮에 대해서는 '천리天理의 절문節이며, 인사人事의 의칙儀則'이라 하여, 각기 체용을 갖추어 설명했다. 그러나 유독 지智에 대해서는 밝게 설명하지 않았다. 나는 일찍이 감히 주자의 생각을 빌려 다음처럼 설명을 보충하려 했다. '지智란 심의 신명으로, 중리衆理를 묘하게 하여 만물을 주재하는 것이다.'"(호병문) "지智는 천리의 동정을 머금고 있는 틀機이며, 인사의 시비를 갖추고 있는 거울이다."(번역 심씨)

농암에 따르면 결국 지智는 성 곧 이로서, 심의 지각활동과 구분되어야 하며, 현실화된 정서情로서의 시비판단과도 구분되어야 한다. 성과 심, 심과 정 사이의 분별이 농암의 지각론의 기초라고 할 수 있다. 농암은 자신의 이해를 지지해줄 발언을 주자의 「답반겸지」(『주자대전』 권55)에서 발견한다. 이러한 그의 이해는 호학 측의 권상하와 한원진에게 전해져 크게 비판받았다. 그를 통해 양측의 사상적 지향성이 비교적 분명히 드러났으며, 상호 정체성 확립에서 중요한 역할을 했다.

한편 호병문과 번역 심씨의 설에 대해서는 이미 퇴계가 비판적으로 언급한 바 있어 흥미롭다.(『퇴계집』 권35 「답이굉중문목答李宏仲問目」 참고)

【권상하 1】 원문 79

(1) (채지홍의 질문) 주자께서는 "지각은 심의 작용이라"고도 하셨고, 또 "지智의 작용인데, 인仁도 그것을 겸하고 있다"고도 하셨습니다. '심의 작용'이라고 한 것은 그 말과 뜻이 정밀하고 명료하

여 논란거리가 없습니다. 반면 '지智의 작용'이라고 한 것은 의심 가는 바가 없을 수 없습니다. '그 일을 알고 그 이치를 안다'는 것은 지각 중 정미한 것에 해당되므로 실로 인仁의 실천에 익숙하고 그 지식이 또한 밝은 이들이라야 할 수 있는 일입니다. 그러나 '통증을 알고 춥고 더운 것을 안다'는 것은 짐승이나 미물이라도 혈기를 가지고 있기만 하다면 모두 그렇게 합니다. 이와 같은 일은 아마도 지智와는 상관이 없는 듯합니다. 어찌 '지의 작용'이라고 하겠습니까?

(2) (권상하의 답변) 마음은 비유하자면 거울과 같다. 지智는 그 거울이 밝은 소이연이고, 지각은 그 거울이 (사물을) 비추는 것과 같다. 시비를 분별한다는 것은 거울이 예쁘고 미운 것을 분별하는 것과 같다. 지금 '심의 작용' '지의 작용'이라고 해서 둘로 구분해서 보는 것은 정확한 견해가 아니다. 금수들은 단지 춥고 따뜻한 것을 알 뿐 아니라 배고프고 배부른 것을 알고 남녀를 알며 살기를 원하고 죽기는 싫어하는 등 사람과 가까운 것으로 말하자면 한둘이 아니다. 이것은 모두 지의 작용이다. 금수가 비록 그 (본체) 전체를 다 품수받지는 못했지만, 한 곳은 통하는 데가 있어, 완전히 품수받은 바가 없다고 말할 수는 없다.

『한수재집寒水齋集』 권12「답채군범答蔡君範」

이것은 수암(한수재) 권상하가 자신의 문인 봉암鳳巖 채지홍蔡之洪(1683~1741)에게 보낸 편지에서 지각 문제에 대해 답변한 것이다. (1)은 채지홍의 질문이고, (2)는 권상하의 답변이다. 내용은 심지心知와 지지智知의 구분에 대해(수암은 그것이 우암의 설에 연원을 두고 있음을 자각하지 못한 듯하다) 비판적으로 접근하면서, 심의 작용과 지의 작용을 지智의 작용으로 통합해 이해해야 함을 주장하는 것이다. 성에 기원하지 않는 심 혹은 정의 활동은 있을 수 없기 때문이다. 낙학 측에서 논의된 지각 문제와는 초점이 약간 다르지만 아래 인용에서 보듯이 여기서 확립된 입장은 농암의 지각설에 대한 비판으로 이어진다.

【권상하 2】 원문 80

삼주三洲(김창협)는 일찍이 지각 자체에 체와 용이 있다고 주장하여 자신의 견해를 확신했다. 나의 견해는 다음과 같다. 지각은 심의 용이며, 허령은 심의 체다. (심의 체가) 영활하고 또 (그 용이) 지각하는 소이연은 곧 지智다. 거울에 비유하면 지각은 (사물을) 비추는 것이다. (허)령은 (거울의) 밝음이다. 지는 그를 통해 밝게 되고 비추게 되는 바의 (소이연의) 이理다. 그렇다면 지각을 정의함에 심의 용이라 하든, 지의 용이라 하든 무방하다. 그러나 지금 (김창협은) 반드시 그것을 나누어 '시비만을 지의 단서라 하고, 지각은 다만 심에 속할 뿐 지에는 속하지 않는다'고 말한

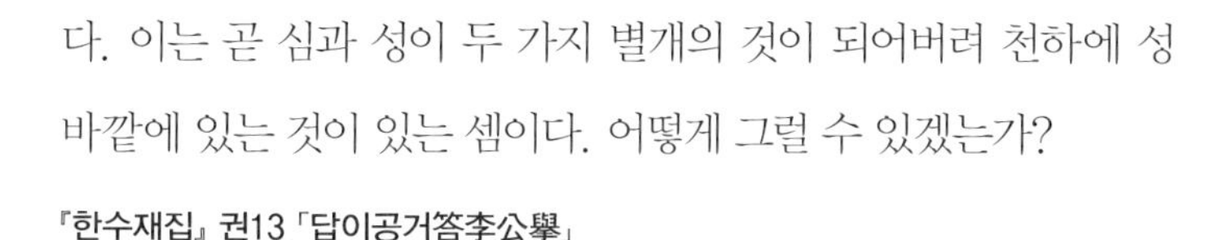
다. 이는 곧 심과 성이 두 가지 별개의 것이 되어버려 천하에 성 바깥에 있는 것이 있는 셈이다. 어떻게 그럴 수 있겠는가?

『한수재집』 권13 「답이공거答李公擧」

이것은 1709년 7월 권상하가 외암巍巖 이간李柬(1677~1727)에게 보낸 편지의 일부분이다. 권상하는 여기서 김창협의 지각론을 정면으로 비판했다. 김창협이 심과 성의 구별을 강조했다면, 권상하는 심의 제 양태가 성 바깥에 있는 것이 아님을 강조하고 있다. 권상하에게서 심은 성의 자기실현 이외에 따로 자리를 갖지 않는다. 미발에서의 심은 그대로 성이며, 이발의 심은 성의 자기실현이다. 이것은 성과 구분되는 심의 독자적 주재에 대해 그다지 주목하지 않는 입장이다. 이간은 권상하의 문인이고 이른바 강문팔학사의 한 사람으로서 호학에 속하지만 낙학 측과 밀접한 관련을 가지며, 학설의 구체적인 내용에서도 대체로 낙학과 같은 입장을 취하면서 동문 남당南塘 한원진韓元震(1682~1751)과 대립했다. 그래서 그의 사후 남당과 도암陶菴 이재李縡(1680~1746) 사이에 호락 논쟁이 본격화된 시기에 이르면, 낙학의 입장을 대표하는 학자로 부각되었다.

【한원진 1】 원문 81

주장洲丈(김창협)이 지각은 지智에 속하지 않는다고 주장하는 것은 세 가지 이유에서입니다. 첫째, 지각은 오직 마음의 덕을 일괄한 것인 반면, 지는 다섯 본성 가운데 하나라는 것입니다. 마음의 덕 전체를 다섯 본성의 하나에 치우치게 일치시킬 수는 없다는 것입니다. 그런데 이것은 지 또한 다섯 가지 본성을 능히 포괄하여 한 마음의 전체 덕성이 될 수 있음을 자세히 살피지 못한 듯합니다. 둘째, 지각은 기氣의 신령함인 반면, 지는 본성의 정貞이라는 것입니다. 기의 신령함을 본성의 용用으로 삼을 수는 없다는 것입니다. 그런데 이는 지각이 지에 속한 것은 이가 지각을 타고서 발현하는 것으로 지의 용이 된다는 말이지, 곧바로 기가 성의 작용이라는 말은 아님을 자세히 살피지 못한 듯합니다. 셋째, 지각은 이理를 갖추고서 정서를 실행한다는 것입니다. 그것이 지의 용이라고 한다면 지의 용이 어찌 그렇게 할 수 있겠는가 하는 것입니다. 그런데 이것은 또한 지각을 지의 용이라 함은 다만 동動 한편에서 말한 것이고, 만약 동과 정을 통하여 말한다면, 미발의 때에 지각이 갖춘 바의 이理는 전언專言하면 지智이며, 이발의 때에 지각이 실행하는 정情은 전언하면 지의 용인 것임을 자세히 살피지 못한 듯합니다. 그 두 가지 설(지각은 심의 용이라는 것과 지의 용이라는 것)은 애초에 서로 방해가 되지 않는 것입니다."

『남당집南塘集』 권7 「상사문上師門 신묘辛卯 오월」

이것은 1711년 5월, 남당 한원진이 권상하에게 보낸 편지의 일부분이다. 내용은 김창협의 지각론에 대한 비판이다. 먼저 농암의 주장을 지와 지각의 분리로 이해하고, 농암이 이를 주장하는 이유를 세 가지로 요약하여 비판했다.

【한원진 2】 원문 82

다만 그(김창협)는 주자의 「답반겸지서」를 지각知覺과 지智를 나누어 말하는 증거로 삼았습니다. (…) 그러나 가만히 그 편지의 취지를 살펴보니, 비록 심, 성, 정을 구별하는 데 주안점이 있는 듯하지만, 실은 심, 성, 정에 두 갈래의 발용發用이 있지 않음을 미루어 밝히며, 지의 편偏과 전專이 그 가운데 또한 다 들어 있습니다. 바로(오히려) 지각이 지智에 속함을 보여주는 증거가 될 듯합니다. 왜입니까? 그 편지 중 '소이지시비지리所以知是非之理'라는 구절은 바로 '지智'를 해석한 것입니다. 거기서 말한 '시비是非'란 곧 사물에 있는 시비를 가리키지 내 마음에서 시비를 가리는 정情을 가리키지 않습니다. 시비는 비록 사물에 있지만, 그것을 알게 되는 소이연의 이理는 심에 있으니 곧 지智입니다. 그렇다면 "지시비知是非"에서 '안다知'는 것은 바로 지智의 용用입니다. (…) 주자가 본래 말한 대로라면 "구지시비지리具知是非之理"라고 했고 또한 "소이지시비지리所以知是非之理"라 했지만, (김창협이 인용한 것은) '지知' 자를 빠뜨리고 다만 "구시비具是非"라고 하고 "소이시비所以是非"라고만 했습니다. 이는 곧 '시비'를 심에서 시비를 하는 정으로 이해하는 것입니다. 주자는 지知의 이理를 지智라고 했지만 주장(김창협)은 시비情의 이理를 지智라고 하며, 주자는 시비를 사물에 있는 시와 비로 보았지만 주장은 시비를 내 마음이 옳고 그른 것으로 보았습니다. 이처럼 그 말의 뜻이 다릅니다. (…) '지知'는 인식 주관能에 해당되고, '시비'는 인식 대상所에 해당됩니다. 지금 주장은 '지知' 자를 떼어내 시비를 심이 시비하는 정으로 이해했습니다. (…) 이는 곧 인식 대상과 인식 주관을 혼동하는 것입니다. (…) 아아! 지각이 지智의 용이 아니라면, 사람의 심心에는 두 가지 용이 있게 됩니다. 사단과 칠정을 비롯하여 기를 통해 발현하는 것 모두가 성의 용이라고 할 수 없게 됩니다. 또 허령을 성에 간여하지 않는 것이라 한다면, 이것은 사람의 심에 두 가지 근본을 두는 것이고, 이와 기는 나뉘어 상관없는 두 가지 사물이 되고 맙니다.

『남당집南塘集』 권7 「상사문上師門 신묘辛卯 오월」

한원진은 '시비'가 지의 용이 아니라 시비를 '안다'는 것이 지의 용이라고 주장한다. 즉 사단 중 시비는 이미 지知 또는 지각의 작용을 전제로 하는데, 시비의 이理 곧 성性인 지智는 객관적 시비가 아니라 그 시비를 분별하는 지知의 근거다. 이제 지智는 일반적인 인식 작용 곧 심의 지각활동의 근거가 된다. 지각은 심의 용이면서 동시에 성 곧 지智의 용이라는 것이다. 이는 그의 스승 권상하의 김창협 비판을 이은 것으로 그를 더욱 세련하게 만들었다.

그는 나아가 지각을 지智에서 분리시킨다면 심이 둘로 분열되는 문제점이 있음을 지적했다. 또한 지각과 시비는 결국 하나의 과정으로 귀착된다는 것이다. 위의 낙학 측이 심·성·정 사이의 구별을 강조했다면, 여기 호학 측에서는 심·성·정 사이의 통합이 강조된다. 이는 결국 성과 구별되는 심의 독자성을 인정하느냐 하지 않느냐는 입장 차이다.

【김창흡 1】 원문 83

운봉雲峰(호병문)이 인용한 주자의 설은 원래 지知를 해석했을 뿐 지智를 해석한 것은 아니다. 그것을 지智에 대한 해석으로 이해한 이는 운봉이 처음이었다. 그의 실책은 이중적이라 할 수 있다. 첫째, 도道와 기器는 상하관계인데, 체를 끌어내려 용으로 삼았으니 이것이 그 실책이다. 둘째, 그 용 가운데서 정리定理와 명각明覺은 경위經緯의 관계인데, 이를 섞어서 하나로 한 것이 또한 실책이다. 필경은 각覺을 성性으로 삼은 것이니 상하관계와 경위의 관계 모두가 어지러워졌다. 그 혼란함 가운데 문제가 발생한 연원을 살피면 경위의 관계가 먼저 잘못되고, 그에 따라서 상하관계가 무너진 것이다. (…)

심은 성과 정을 묘합妙合한 것을 말한다. 고요하게 있을 때는 다섯 가지 성을 갖추고 있고, 자극에 따라 움직일 때는 사단의 정을 드러낸다. 그 모두가 심의 활동이다. 그런데 그것의 지각 작용의 오묘함은 텅 비고 완전하여 자취를 남기지 않는다. 그것이 성과 혼동되기 쉬운 까닭이 여기에 있다.

심과 성을 구분하는 데 어려움이 따름은 이미 오래된 사실이다. 그러나 사실 심은 곧 정상精爽한 기이며, 기 중에서도 화火에 속한 것이다. 그것이 빛을 내어 뿜어 비추지 않는 것이 없어서, 다섯 가지 성의 유행流行이 그를 통해 드러남은 이 때문이다. (…) (그러나 물론 성이 그것을 통해 드러난다고 하더라도) 그 본연의 조리條理, 각각 갖추어진 싹 자체가 그것에 의존하여 비로소 있게 된다는 것은 아니다.

인仁의 이理는 발하여 측은이라는 정이 된다. 측은이라는 정은 (심의) 각覺 작용이 없으면 불가능하지만 그렇다고 각이 곧 측은인 것은 아니다. (…) 지智의 이理는 발하여 시비라는 정이 된다. 시비라는 정은 (마음의) 각 작용이 아니면 불가능하지만 각이 곧 시비인 것은 아니다. (…) 다섯 가지 성은 하나의 각 작용을 타고서 현실화된다. 측은이라는 정서에서 시비라는 정서에 이르기까지가 그것이다. 그런데 시비를 '안다知'고 할 때도 같이 (심의 지각과 마찬가지로) 지知라고 함으로써 (지智의 경우는) 지知로써 지知를 탄다는 것이 되므로 혼동에 빠지기 쉬운 것이 당연하다.

그러나 그 뒤섞인 가운데서도 각각 귀착되는 점이 있다. 밝게 비추고 영묘한炳然靈妙 것은 심의 작용으로 귀착되고, 확연하게 가르고 변함없는判然貞固 것은 지智의 작용으로 귀착된다. 심과 성과 정이 서로 나뉘고 합해지는 묘한 이치는 바로 여기에 있다.

대개 심에 미발과 이발이 있어 성과 정이 나뉘며, 지知에 밝게 비추는 것炳然과 명확히 나누는 것判然이 있기에 심과 정이 쪼개진다. 성과 정이 나뉘는 것은 그 형세가 일관되지만, 심과 정이 나뉘는 것은 그 형세가 횡橫인 것과 직直인 것이 있다. 그렇다면 성과 정의 관계는 상하의 관계이고 (…) 심과 정의 관계는 경위의 관계다. (…)

성과 정의 구별은 말하기 쉬운 듯한데, 심과 정의 구별은 살피기 어렵다. 오직 주자만이 명확하게 구별해서 다음과 같이 말했다. "시비를 하는 소이所以가 본성이다. 시비를 알고서知 실제로 시비하는 것이 정이라면, 시비를 각覺하는 것은 심이다." 무릇 시비를 알아서 시비하는 것은 시비를 하는 소이(곧 성性)의 잉仍이고 그 말은 직접적이어서 조리條理의 뜻이 있다고 한다면, 그 시비를 각한다는 것은 시비를 하는 소이(곧 성性)의 즉卽이고 그 말은 급해서 민첩하고 오묘한 맛이 드러난다. 이 두 가지 대설對說에 즉하여, 경위經緯의 세勢를 거의 명백하게 이해할 수 있다.

그러나 또한 섞어서 말한다면, '안다知'고 하는 것은 정에 속하고, '각覺'이라는 것은 심에 속하지만 '지각知覺'이라고 할 때 통상 심에 소속시키는 것은 그것이 조력照力(밝게 비추는 힘)을 갖기 때문이다. '시비를 안다'고 할 때의 '시비'는 정에 속하고, '시비를 각한다'고 할 때의 '시비'는 심에 속하지만 '시비시비'의 끝을 반드시 정으로 돌리는 것은 그것이 정체定體(고정된 기준)를 가지기 때문이다.

『삼연집三淵集』 권25 「논지자설論智字說」

호병문이 지智를 마음의 지각활동과 관련해서 정의했고, 이것이 농암과 민언휘 사이의 지각 논변의 계기를 주었던 사실은 앞서 살펴본 대로다. 논변 과정에서 농암은 지智와 지각知覺을 엄격하게 구분했다. 지각이 마음의 일반적인 활동, 곧 본성과 정서를 매개하고 통괄·주재하는 것을 나타낸다면, 지智는 본성으로서 시비지심이라는 현실화된 정서의 근원과 준칙이 된다. 농암에 따르면 운봉은 결국 마음과 본성을 제대로 분별하지 못한 실책을 범했다. 이는 도와 기 사이의 구분 문제에 해당된다.

삼연은 거기에 덧붙여 정리定理와 명각明覺의 분별 문제를 제기하고, 그 둘 사이를 제대로 분별치 못함으로 도道와 기器 사이의 관계를 분별치 못하게 된 것이라 말한다. 이는 곧 마음의 지각활동의 두 측면을 제대로 구분하지 못했다는 것이다. 그것은 곧 심과 정의 구별 문제다.

정은 성의 발현이다. 그것은 곧 잉仍이라는 것으로 명확한 질서條理가 있다. 인仁은 측은으로, 의義는 수오羞惡로, 예禮는 사양辭讓(또는 공경恭敬)으로, 지智는 시비是非로 실현된다. 지智의 작용으로서의 시비는 '지시비知是非'로서 또한 일종의 지각이며, 곧 판연判然의 측면에서의 지각이다. 반면 이러한 오성 전체를 실현하는 심의 명각明覺은 즉卽으로서 조력照力을 갖추고 있다. 그것은 심의 작용으로서의 지각으로 병연炳然의 측면에서의 지각이다.

삼연은 그러한 두 지각, 곧 심의 지각과 정의 지각 사이에는 경위의 관계가 있다고 한다. 심이 그 조력을 특징으로 한다면 정은 성이라는 일정한 근거, 표준을 지닌 것을 특징으로 한다. 그래서 이를 정리定理 혹은 정체定體라고도 표현했다. 정의 현실화가 심의 조력에 힘입은 것이라면, 심의 조력은 정 혹은 성이라는 표준이 없으면 방향감각을 잃어버린다. 이런 점에서는 심과 정은 서로 의존적이다. 결국 우리의 인식 및 실천은 명각明覺과 정리定理, 즉 심과 정(혹은 성)이라는 두 요소가 다 있어야만 비로소 가능해진다는 것이다.

농암은 지각을 성과 정을 매개하는 심의 일반적인 활동과 관련시키고, 지智를 가치판단是非하는 정과 연결하여 둘을 무관한 것으로 취급했다. 이는 호학 측의 격렬한 비판을 불러일으켰다. 이에 반해 삼연은 시비하는 정과, 심의 일반적 지각활동 사이의 관계를 설명하고 이를 통합하여 마음의 지각활동의 두 측면으로 이해함으로써 비난(혹은 비난의 소지)에서 벗어난 것이라 할 수 있다. 지智에 대한 삼연의 논의는 농암에 비해 세련되었으며, 낙학의 종지와 관련하여 호학의 반론을 적절하게 처리하면서 마음의 독자성을 확보할 수 있는 이론적 터전을 마련한 것이라 평가할 수 있다.

미발 지각

주희가 일련의 사상적 전회 과정을 거쳐, 미발을 단지 이理 차원의 성性으로 이해할 뿐만 아니라 기氣 차원의 심心의 한 상태로 이해하고, 이를 바탕으로 해서 이理를 마음의 동정動靜 전체에 관련된 것으로 만들며 동시에 마음의 이발과 미발 상태 각각에서의 공부론을 정립한 사실은 잘 알려져 있다. 그는 미발의 상태를 '아직 사려가 발생하지 않았으나 지각은 어둡지 않은 상태思慮未萌, 知覺不昧'라고 정의했다. 그런데 지각이 어둡지 않다면 어떤 지각이 있다는 것이며, 또한 그것은 '아직 사려가 발생하지 않았다'라는 규정과 충돌하는 것이 아닌가? 그것은 미발에서의 공부를 어떻게 이해할 수 있는가와도 밀접하게 연관되어 있다. 이러한 문제는 주자 당대에도 여러 차례 논란을 거쳤으며, 조선 성리학에서도 마찬가지였다. 특히 호락논쟁 시기에 전면적으로 토론되었다. 아래에 인용한 것들은 그중 일부다.

【한원진 3】 원문 84

미발未發 때의 기상氣像과 정의情意와 지두地頭와 시절時節은 과연 어떠한가? 만약 그 명연冥然(어두운 상태)하여 각覺이 없는 상태를 미발이라고 한다면, 명연하여 각이 없는 것은 곧 혼기昏氣가 용사用事하여 그 허명虛明의 체體를 잃어버린 것이므로 미발이라고 할 수 없다. (또한) 만약 그 지각하는 바가 있는 것을 미발이라고 한다면 지각하는 바가 있는 데로 넘어가니 곧 이미 이 마음이 외부 사물의 자극을 받아 그 지정至靜의 체體를 움직인 것이므로 또한 미발이라고 할 수 없다. 그렇다면 반드시 그 지극히 허하고 지극히 정靜한 가운데 다만 능지능각能知能覺한 것은 있지만 소지소각所知所覺의 일은 없을 때 비로소 미발이라고 할 수 있다. (…) 또한 그(정이程頤)가 말한 '정靜한 가운데 물物이 있다'거나 '지각불매知覺不昧'라고 하는 등의 설은 모두 이 능지각한 것을 가리키고 실제로 소지각한 것이 있음은 아니라는 것을 알 수 있다.

『남당집南塘集』 권14 「답채군범答蔡君範」, 1714년 5월

남당은 미발에서의 지각불매와 사려미맹 규정 사이의 긴장을 능지각과 소지각의 구별을 통해 해명한다. 즉 미발의 지각은 소지각所知覺이 아니라 능지각能知覺이라는 것이다. 이는 앞서 살펴보았듯 이미 주희가 취한 입장이기도 하다. 그런데 문제는 과연 '능지각'이라는 것이 무엇을 가리키는가 하는 데 있다.

【현상벽 1】 원문 85

(정이程頤가) '정한 가운데 물이 있다靜中有物'고 한 것은 이른바 다만 능지능각能知能覺한 것을 가지고 있다는 말로서, 지각知覺의

이理를 말한다. 퇴계가 '지극히 허한 가운데 지극히 실한 것이 있다'고 말한 것이 그것이다. 『주자어류』에서 곧바로 그것을 지각이 이미 동한 것으로 말한 것은 능지능각이라고 하는 것과는 같지 않다. 나는 일찍이 이에 대해(주자의 견해에 모순이나 충돌이 있음에 대해) 당혹감을 느꼈다. 만약 무물無物이라고 말한다면 이는 곧 그 이理가 없다는 것이니 불교의 이른바 적멸寂滅과 거의 차이가 없게 된다.

『관봉유고冠峯遺稿』 권4 「답신명윤答申明允(경暻)」

관봉冠峯 현상벽玄尙壁은 남당과 함께 권상하의 문하로서 이른바 강문팔학사江門八學士의 한 사람이다. 능지능각을 어떤 지각 상태가 아니라 지각의 이理를 가리키는 것이라 말한다. 그렇다면 그것은 성性으로 보는 것을 의미하지 않는가? 그런데 미발의 심은 성이기도 하지만, 또한 마음의 어떤 상태라는 점에서 단순히 이理와 동일시하는 것에는 미진한 점이 있는 듯하다. 본문에서 관봉이 퇴계의 말을 인용하고 있듯이 이러한 입장은 실은 퇴계가 취한 입장이기도 한데, 그것은 미발의 '지각불매'의 측면, 즉 단지 일체의 의식이 없는 상태가 아니라 순수 의식의 상태에 대해, 기를 통해서라기보다는 이를 통해 해명함으로써 그 상태가 갖는 순선純善, 중中의 측면을 기의 어떤 상태에 의존시키지 않으려는 의도가 숨어 있었다. 그것은 그가 사단을 이발로 규정한 것과 호응하는바 같은 취지라고 할 수 있다.

【김창협 2】 원문 86

지각에 대해서 말하자면 그것은 본래 마음의 온전한 본체의 밝고 신령한 것昭昭靈靈者을 가리키는바, 비록 외부 사물이 아직 이르지 않아 사려가 싹트지 않은 때에도 방촌方寸 가운데서 본래 항상 명료하여 어둡지 않다. (…) '미발에도 지각의 이理는 없는 것이 아니다'라고 말한 것은 비록 가깝게 갔다고 하더라도, 그 인식한 것이 오류에 빠진 것이 바로 여기에 있다. 그것은 대개 미발의 때에 지각이 있다고 말하기를 꺼리기에 '(그것)의 이理'라는 말을 반드시 붙인 것이지만, 오히려 그 미발의 때에 비록 소지소각은 없지만 그 능지능각한 것은 명료하지 않은 적이 없음을 알지 못한 것이다. 어찌 다만 그 이理만 있겠는가? 만약 이것을 잘 이해한다면 허령이 오로지 정靜에만 해당되는 것이 아니며, 지각이 오로지 동動에만 해당되는 것이 아니어서 그 둘을 체와 용으로 나눌 수 없음을 알 것이다.

『농암집』 권19 「답도이答道以」, 1707년

이 편지는 농암이 자신의 동문이자 처남인 지촌芝村 이희조李喜朝(1655~1724)와 미발 문제에 대한 논변(1704~1706년)을 벌인 뒤 문인이자 족친인 김시좌金時佐(1664~1727)에게 보낸 것이다. 농암은 미발에 지각의 이理만 있다는 것은 부족하고, 지각불매知覺不昧함을 강조하고 있다. 그것은 물론 이발에서의 지각과 같은 구체적인 내용이 있는 소지각所知覺은 아니겠지만, 능지각能知覺 역시 어떤 지각의 상태로 봐야 한다는 것이다. 즉 어떤 구체적인 지각이 있진 않지만 그렇다고 해서 완전히 적멸한 것도 아닌, 외부세계에 대해 깨어 있는 어떤 각성 상태를 염두에 둔 것으로 보인다. 농암이 그것을 체용론에 근거해 주장하고 있음도 주목할 만하다.

【김창흡 1】 원문 87

> 이 몇 가지 인용문을 보면 미발에 이미 지각이 있음을 알 수 있다. 어찌 다만 지각의 이理만 있다고 말할 수 있겠는가? 그리고 불火의 밝게 빛남光明과 환하게 비춤照燭을 또한 체와 용으로 나누어 말할 수 있겠지만 그러나 그 이른바 체와 용이라는 것은 다만 동시同時의 일이다. 광명이 있는데 환하게 비추지 않는 때는 있지 않다. 만약 미발의 때에는 다만 허령만 있고 지각이 없다고 하면 어찌 불의 체용과 다르지 않겠는가?
>
> 『포음집圃陰集』 권3 「답어순서答魚舜瑞」

농암은 능지각이 실제의 지각 내용은 없지만, 그러한 지각을 결과할 수 있는 순수하고 명료한 주체의 자각 상태라고 이해했다. 이는 분명히 미발의 중中의 상태를, 그에서의 이理 혹은 성性의 역할에 초점을 두고 해명하기보다는 심心 곧 기氣의 상태에 초점을 두어 해명하려는 입장이다. 이것은 동생 포음圃陰 김창즙金昌緝(1662~1713)에 의해 체용론의 관점에서 더욱 명료하게 표현되었다. 이러한 입장은 지각의 이로 보는 입장에 비해 미발에서의 지각을 훨씬 적극적으로 해석하는 것이다.

【김창흡 2】 원문 88

(주자에서) 이른바 미발은 현실로부터 초월해 있어 일체의 공부를 허용하지 않는 그런 상태가 아니었다. 그것으로 중겸仲謙(이현익)이 말한 것과 비교해본다면 과연 누가 높고 누가 낮은가? 또한 중겸이 말하는 본체는 과연 천상에 매달려 있고 인간세계에는 속하지 않은 것이란 말인가? 무릇 성은 심에 의해 통괄되며, 심은 자체에 일삼는 바事가 있다. 『주자어류』에서는 "아직 발하지 않은 미발을 중中이라 하고, 발하면 화和라고 한다. 심은 공부를 하는 곳이다"라고 했다. 그렇다면 어찌 마음 공부에 발發과 미발未發 사이의 간격이 있겠는가? 지금 본체를 인간사의 바깥에 밀어두고 공부가 보존할 바가 아니라 한다면, 이는 미발의 영역指頭을 지나치게 높게 본 것이요, 공부는 또 지나치게 무겁게 생각한 것이다. 나의 생각으로 논해본다면, 미발 공부가 어찌 진실로 말로 표현할 수 없는 것이겠는가? 처음은 나간 마음을 거두어들여 깊이 은밀한 데 감추어두는 것收放藏密이요, 중간은 본

체를 맞이하여 밝게 살피는 것當體照管이며, 끝은 견고하고 오랫동안 은밀하고 간약하게 지키며 보존하는 것이다保有貞久隱約. 이런 것들이 미발 공부의 모습意象으로 말로 구체적으로 표현할 수 있는 것이다. (…) (그러나) 왕왕 중도中道를 잃으면 어두운 데 빠지거나 홀로 아득히 멀리 가 의지할 곳을 잃어버리거나 한다. 어두운 데 빠진 이가 여자약呂子約이라면, 의지할 곳 없이 고립된 이가 중겸(이현일)이다."

『삼연집』 권21 「답이현익별지答李顯益別紙」

미발 문제에서 또 하나 중요한 것은 미발에서의 공부 가능성과 그 구체성을 둘러싼 것이다. 이는 주로 낙학 내부에서 논의되었던 문제였다. 위의 인용은 미발에서의 공부 문제에 대해 집중적으로 논의했던 정암正庵 이현익李顯益(1678~1717)에 대해 삼연 김창흡金昌翕(1653~1722)이 비판적으로 논평한 글이다. 여자약은 여조검呂祖儉(?~1196)으로 주희의 친구 여조겸呂祖謙의 동생이다.

삼연은 글의 말미에서 미발 공부의 가능성을 부정한 양 극단의 입장으로 여조검과 이현익을 들고 비판을 가했다. 어떤 식이든 공부를 한다면 그것은 곧 이발已發에로 넘어가는 것이라 하여 미발에서의 공부를 부정했던 여조검은 미발을 지나치게 사려미맹 중심으로 해석하여 '어두운 데 빠진' 것이라 한다면, 반면 미발을 공부의 구경처究竟處로 삼아 미발에서의 공부를 부정했던 이현익은 미발을 인간의 현실적인 마음에서 분리시켜 지나치게 높은 경지에 둠으로써 '의지할 곳 없이 고립'되었다는 것이다. 결국 삼연에 따르면 미발은 그렇게 어두운 곳도 환한 곳도 아닌, 우리의 일상 경험 가운데 잡아 의지하여 나갈 수 있는, 공부의 처소가 되기에 넉넉한 곳이다.

삼연은 글 속에서 미발 공부를 세 단계로 나누어 총괄하여 제시하고 있다. 첫째는 나간 마음을 거두어들여 은밀한 데 감추어두는 수렴收斂 공부이며, 둘째는 그 본체를 맞이하여 밝히 살피는 것인 체인體認 공부이고, 셋째는 오랫동안 은밀하고 간약하게 지키고 보존하는 것인 함양涵養 공부다. 삼연은 수렴과 체인과 함양을 계기적으로 전개되는 미발 공부의 각 요소로 배치하여 종합적으로 이해했다. 이는 통상 주희의 미발 공부 이론으로 지적하는 수렴과 함양뿐 아니라 도남학道南學의 체인적 요소도 미발 공부 속에 적극적으로 끌어들임으로써 미발 공부 이론을 집대성했다고 할 수 있으며, 또한 낙학 측의 미발과 미발에서의 공부에 대한 관심과 이해를 잘 보여준다.

심의 본질, 심과 기질의 분리, 심의 중심성

낙학 측에서 미발에 관한 문제가 지각의 유무 문제와 미발에서의 공부 문제에 집중했다면, 호학 측에서는 미발 심체心體의 순선純善 문제 혹은 미발에서 기질氣質의 유무 문제에 집중했다. 남당 한원진이 미발에서도 기질의 잠재적 영향력을 인정하지 않으면 안 된다고 본 데 대해서, 외암 이간은 미발에서의 심은 심체로서 순선하며 기질의 영향력이 일체 배제되어 있다고 주장한다. 즉 미발에서는 '심과 성이 일치하고, 이와 기가 같은 내용을 가진다心性一致, 理氣同實'고 하여 심이 성과 이를 온전히 실현하고 있다고 했다. 이는 곧 현실세계에서 성과 이를 실현하는 심의 역량과 가능성을 높이 평가하는 동시에 반드시 이를 실현할 것을 기약하는 의도가 있었다. 그가 실심實心과 실리實理를 강조한 것은 그러한 의미다. 그 과정에서 심과 기질, 심기心氣와 형기形氣를 명확히 구분하여 심을 거의 이理에 가깝게 이해하는 이론적 진전을 보였다. 그것은 심의 주관적 능동성을 극도로 강조한 것으로, 도암 이재에 이르러서 더욱 명확히 표명되었다. 한원진은 그러한 이론의 진전에 대해 명분론적 관점에서 강력히 반발하여, 그것이 결국 기순선氣純善을 주장하는 것으로서, 이와 기, 인과 물, 화華와 이夷의 구분에 철저하지 못해 혼란을 야기한다고 비판했다.

【한원진 4】 원문 89

저의 견해는 마음이 아직 발현하기 전未發之前에는 성을 말하면 선하지 않음이 없으나 기질을 말하면 악이 없을 수 없으니, 그 둘은 섞일 수 없으며 또한 분리될 수도 없다는 것입니다. 그 섞일 수 없음으로부터 그 성의 선하지 않음이 없음을 곧바로 지적直指하면 본연지성이고 이른바 중이며, 그 분리될 수 없음으로부터 그 기의 선과 악이 있음을 겸하여 지적兼指하면 기질지성이고,

중이라고 할 수 없습니다. 이것이 이른바 이와 기의 분설과 합설이 그러하다는 것입니다. 이 말에 대해 만약 또 그렇지 않다고 여기시면 저는 앞으로는 입을 닫고 혀를 묶어서 다시 말할 수 없게 되기를 청합니다.

『남당집』 권9 「여이공거與李公擧 간柬 별지別紙 신묘辛卯 유월」

남당 한원진이 외암 이간에게 1711년 6월에 보낸 편지다. 미발의 전에도 기질을 말할 수 있다는 입장이다. 미발은 성性의 상태이지만, 또한 그것이 마음의 어떤 상태인 한 기질로부터 자유로울 수 없다는 것이다. 미발이라고 하더라도, 기질을 배제하고 성을 직지直指하면 본연지성이고 중中이라 할 수 있지만, 만약 기질을 함께 고려하여 겸지兼知한다면 기질지성이고 중中이라 할 수 없다는 것이다.

【이간 1】 원문 90

주자는 "미발의 때에는 요순으로부터 길거리 사람들에 이르기까지 동일하다"고 했고, 율곡 선생은 "일반인들도 다행히 한순간 미발의 때가 있으면 곧 이 (마음의) 온전한 체體가 담연湛然하여 성인과 더불어 다르지 않다"고 했습니다. 이 두 설을 가지고 미발의 취지를 구해보면, 성인이든 평범한 사람이든 관계없이 반드시 마음의 온전한 체는 고요하여 움직이지 않습니다. 사방 한 촌의 작은 공간이 마치 물이 고요하게 있는 것과 같고, 거울이 밝게 비추는 것과 같으니, 이른바 맑거나 탁하고 순수하거나 잡된 온갖 다양한 것이 다만 한가지로 모두 맑고 지극히 순수합니다.(이것이 기氣의 본래 모습입니다.) 그래서 그 치우치지 않고 기울지 않은 온당하고 올바른 체가 또한 여기에서 정립되니, 천하의 큰 근본大本입니다.

『외암유고巍巖遺稿』 권7 「답한덕소별지答韓德昭別紙 임진壬辰」

위의 편지에 대한 답변으로 이간이 1712년 한원진에게 보낸 편지의 일부분이다. 여기서 천하의 큰 근본이란 곧 미발未發의 대본지성大本之性, 본연지성本然之性이다. 미발의 본성의 선함은 비록 기氣(혹은 기질)와 함께 있으나 그 기로부터 영향을 받지 않는다. 즉, 성인이든 일반인이든 관계없이 보편적으로 동일하다는 것이다. 외암은 1713년에 쓴 글에서는 명덕明德을 성인과 범인이 공유하는 허령불매한 본체라고 했다.(明德是聖凡之所同得者也. 夫氣稟所拘, 人欲所蔽, 其昏明固有萬不齊矣. 獨其虛靈不昧之本體, 則聖凡初何間然也, 『외암유고』 권12 「미발유선악변未發有善惡辨」) 즉 외암은 마음心은 그 본래성에서 볼 때 기품氣稟의 영향을 받지 않는 보편성을 지닌 것으로 파악했다. 그 미발의 때가 그러하고, 본연지성이 그러하고, 명덕이 그러하다는 것이다.

【이간 2】 원문 91

마음心을 기질氣質이라고 하는 것은 대강 말한 것이다. 몸을 가득 채우고 있는 혈육의 기氣는 무릇 어느 것이 기질이 아니겠는가. 오직 우리 몸을 규범에 따라 질서 있게 하고, 만 가지 변화를 주재하는 것은 다만 사방 한 촌의 마음에서 하는 것이다. 그것이야말로 주자가 "기의 정상精爽으로서 성에 비하면 미세한 자취가 있는 듯하나, 기에 비한다면 자연히 더욱 신령한 것이다"라고 했고, 또한 "하늘로부터 얻은 허령불매한 것"이라고 했으며, 나아가 "허명통철虛明洞澈하여 온갖 이理를 다 갖춘 것"이라고 했다. (…) 그렇다면 일반인의 사방 한 촌의 마음속에서, 그 혈육형질血肉形質의 기는 찌꺼기이지만 그 형질의 기보다 정상한 것이며, 그 청탁수박淸濁粹駁은 천차만별이나 그것은 본래 밝은 체本明之體로서 성인에게나 일반인에게나 동일하게 그러한 것이다.

『외암유고』 권12 「미발유선악변未發有善惡辨」

혈기血氣와 형기形氣에 대한 심기心氣의 독특성을 말하고 있다. 그것은 곧 신체에 대한 마음의 독특성이기도 하다. 신체의 기가 거친 찌꺼기査滓라면 마음의 기인 심기는 정밀하고 상쾌精爽하며, 신체의 기가 온갖 다양성과 차이를 가졌다면 심기는 본래 밝은 바탕을 가져 모든 사람에게 동일한 성격을 지니며 온갖 이를 다 갖추고 있다고 한다. 따라서 마음은 만 가지 변화를 주재할 수 있는 것이다.

【이간 3】 원문 92

아, 천하의 물은 심을 가지지 않은 것이 없으나 명덕 본체는 오직 인간만이 홀로 가지고 있다. 천하의 성은 선하지 않은 것이 없으나 사람이 모두 요순이 될 수 있음은 물物이 함께하지 못한다. 그래서 "천지天地의 성性에서 사람이 귀하다"고 했다. 그런데 그 귀한 바는 성이 아니다. 곧 심이다. 사람은 귀하고 물은 천함에, 비교하는 바는 이 심이니, 심이라는 것이 혈육의 기氣이겠는가? 본래 밝은 체體本明之體를 말하는 것이겠는가? 본래 밝은 체가 성인과 범인 사이에 진실로 같지 않은 것이 있다면 그 혈기의 고르지 않음은 마침내 또한 무엇으로 기준을 삼아 고르게 할 것인가? 그렇다면 사람이 요순이 될 수 있다 하고 심이 만물보다 귀하다고 한 것이 실질이 없는 공언이 되고 말 것이다. 그러한가?

『외암유고』 권12 「미발유선악변」

외암은 인간의 탁월성이 심에 있다고 한다. 호락 논쟁의 주요한 주제 중 하나인 인물성동이론人物性同異論에서 외암은 인간과 동물의 성이 같다고 주장한 바 있다. 그런데 심의 문제와 관련해서는 인간과 동물이 다르다고 말한다. 그가 모든 점에서 인간과 동물의 동일성을 주장하진 않았음을 확인할 수 있다. 인간과 동물은 다르다. 다만 그 근거는 성性이 아니라 심心이라는 것이다. 동일한 성을 부여받았다고 해도, 실제로 그 성을 충만히 실현할 가능성은 인간에게만 주어져 있다. 그 가능성의 소재所在이며 또한 그것을 현실화하기 위한 운동을 할 수 있는 힘을 지닌 것이 바로 심心이다. 또한 그 심에서 인간은 평등하다고 말한다. 그만큼 인간의 본질에서 심, 곧 마음이 차지하는 중요성을 강조했다. 이는 또한 심과 성의 구분을 강조하는 낙학의 취지와 궤를 같이한다.

【이간 4】 원문 93

이른바 실사實事라고 한다면 반드시 '이기동실理氣同實'하고 '심성일치心性一致'하기를 기다린 뒤에야 비로소 실사라고 할 수 있다. 무엇 때문인가? 대개 이미 요순의 성이 있고 또 반드시 요순의 심이 있은 연후에 비로소 요순이라고 부를 수 있다. 이것이 실사다. 저 도척盜跖이나 장교莊蹻와 같은 도적에게 홀로 그 성이 없는가? 그 마음이 요순이 아니기에 도적에 그칠 뿐이다. 어찌 그 성이 요순과 같다고 하여 도적을 끌어 요순에로 올릴 수 있겠는가? 그것이 실사가 아님이 또한 분명하다. 하물며 중中은 저절로 중이 될 수 있는 것이 아니니 미발 이후에 중이며, 화和는 저절로 화가 될 수 있는 것이 아니니 중절中節한 뒤에 화다. 그렇다면 성

性과 도道가 심을 기다린 것이 오래다. 심이 부정不正한데 성이 스스로 중中할 수 있는가? 기氣가 순하지 않은 데 이理가 스스로 화할 수 있는가? 천하에 그런 것이 있는가?

『외암유고』 권12 「미발유선악변」

외암은 이理든 성性이든 그것을 현실 속에서 구현하는 심을 통해 비로소 참된 의미를 얻을 수 있다고 보았다. 그는 이와 성을 현실 속에서 실제로 실천하는 인간의 활동을 그만큼 강조한 것이라고 할 수 있다. 심과 성의 일치, 이와 기의 일치 뒤에 비로소 공허한 이론이 아니라 참된 일實事이 된다고 그는 말한다.

【윤봉구 1】 원문 94

심은 전언專言하면 성과 정을 통괄하고, 단언單言하면 기입니다. 이 기는 비록 품수한바 정영精英한 것이 방촌 중에 갖추어져 있는 것이라 해도, 기는 균일하지 못하므로 고르지 못한 것에 따라 각각 청탁이 생깁니다. 그러므로 성인과 일반인이 비록 같은 성을 갖추고 있다 해도 일반인이 성인처럼 곧장 성을 실현하지 못하는 것은 청탁의 제약을 받아 다르지 않을 수 없기 때문입니다. 반드시 (기질을) 변화시키는 공부를 더해 조금의 찌꺼기渣滓도 없이 맑고 밝고 순수한 데 이른 연후에야 성을 다 발휘하여 성인과 같을 수 있습니다. 이것이 하나의 주장입니다.

성인과 일반인이 같은 것은 성에 그치지 않으며, 심 또한 같습니다. 심의 본체는 담연湛然 허명虛明해서 애초에 성인과 일반인 사이의 청탁 구별이 있을 수 없습니다. 구별이 있게 되는 것은 신체軀殼와 혈기血氣에 청탁과 수박粹駁의 다름이 있어서 심 본체의 담연한 것이 그 탁박한 것에 엄폐되어 능히 발현되지 못하기 때문이니, 그때 비로소 성인과 일반인의 구별이 생깁니다. 이것이 또 하나의 주장입니다.

이것은 문의文義와 훈고訓詁의 같고 다름異同에 지나지 않는 것이 아니라, 실로 심학의 근원源頭에 관계므로 한번 논변하여 시비를 가리지 않을 수 없습니다. 하물며 그 각각이 주장하는 바가 또한 단지 한둘의 우매한 학동이 우연히 말하여 주장하게 된 그런 것이 아니니, 후생後生이 따르고 배척해야 할 진리로서 또한 그 나뉜 그대로 방임할 수 없고 마땅히 분변해야겠습니다. 모르겠습니다. 집사執事의 정론定論은 어떠한지요?"

『도암집陶菴集』 권10 「답윤서응答尹瑞膺 봉구鳳九 심설변문心說辨問 을묘乙卯」

이는 병계屛溪 윤봉구尹鳳九(1681~1767)가 도암 이재에게 보낸 질문으로, 도암이 그에 대한 답변으로 보낸 편지 앞에 실려 있다. 도암이 답장을 보낸 해는 1735년이다. 호학과 낙학 사이의 논쟁점이 분명하게 적시되어 있다.

호학의 입장이 심은 기이므로, 어디까지나 기질의 영향력으로부터 자유롭지 못해 기질 변화의 노력이 있은 뒤에야 심이 성을 다할 수 있다고 한다면, 낙학의 입장은 심의 본체는 담연·허명하여 성이 성인과 일반인에 차이가 없듯이 심도 성인과 일반인에게 차이가 없다는 것이다. 따라서 기질을 변화시키는 노력과 함께 심의 본체를 더욱 강화하고 그에 의지하는 것이 필요하다는 이야기다. 아래에 이에 대한 도암의 답변을 수록해두었다.

【이재 1】 원문 95

저는 다음과 같이 생각합니다. 심은 본래 기이지만 반드시 성과 기를 합해서 말해야 그 의미가 완비됩니다. 그래서 예로부터 심을 말함에 오로지 기만으로 단지單指하여 말하지는 않았습니다. 만약 그 속에서 기만을 단지하여 말하면 이는 같지만 기는 차이가 있으므로, 성인과 일반인의 심은 고르지 않음이 있다고 하게 됩니다. 그러나 기라는 것은 비록 청탁과 수박의 다름이 있을 수 있으나 그 근본은 담일湛一할 따름입니다. 심은 또한 기의 정상精爽이고, 또 이理를 합하여 말한다면 오로지 기氣 한 글자만 붙일 수는 없습니다. 그러므로 그 본체의 담연湛然함은 성인과 일반인이 동일합니다. 미발의 때에 그것을 볼 수 있습니다. 어떠한지요. 어떠한지요.

『도암집』 권10 「답윤서응 봉구 심설변문 을묘」

도암은 낙학의 입장에서, 심은 기이지만 정상한 기이고, 기의 본체는 담연하고 순일하여 성인과 일반인 사이에 차별 없이 동일하다고 말한다. 그리고 그 배경에는 심이 단지 기가 아니라 성 혹은 이와 기의 결합이라는 사실이 있다고 말한다.

【이재 2】 원문 96

그러나 이 기는 이에 대립해서 말하면 본래 둘이지만 근본은 하나일 뿐입니다. 일반인의 품부받은 바는 비록 청탁과 수박의 고르지 않음이 있으나, 그 탁박한 가운데 본체의 담연함은 존재하지 않은 적이 없습니다. 하물며 기라는 것은 변동이 무궁하여, 형질이 한번 결정되면 바꿀 수 없는 것과는 다릅니다. 그러므로 만약 맑게 다스리는澄治 공부를 더하면 탁한 것은 청하게 되고 박한 것은 수하게 될 수 있습니다. 만약 그런 것이 아니라면 기질을 변화시키는 공부를 어디에 시행할 수 있겠습니까. 다만 타고난 기질의 제약을 받고 물욕에 의해 가리면, 담일湛一한 본체가 쉽게 드러나지 않고, 오직 미발의 때에 그것을 간략히 볼 수 있는 것입니다. (그래서) 저는 『중용』 수장首章에 대해 논할 때 매양 미발의 때에는 기질氣質 두 글자를 붙일 수 없다고 했습니다. (…) 듣건대 호중湖中의 사우士友들 다수가 명덕明德에 분수分數가 있음을 주장한다고 하니, 마음으로 적이 우려하고 탄식한 바가 오래되었습니다. 귀서貴書는 그렇지 않으니 어찌 전한 자가 잘못 전한 것이겠습니까? 그러나 명덕은 곧 본심本心입니다. 귀하의 견해가 이미 심 위에서 기氣라는 글자를 주장함이 지나쳤으니, 비록 오로지 덕德(명덕)을 성性에 소속시키고자 하나 성은 또한 심에서 떠나지 않으므로 끝내 분수가 있음을 면하지 못할 듯합니다."

『도암집』 권10 「답유서응변문答尹瑞膺辨問 병진丙辰」

역시 병계에게 보낸 편지로 1736년의 것이다. 호학의 입장이 심을 기로 보는 데 고착됨으로써, 그리고 기에 대해 지나치게 좁게 이해함으로써 심의 보편성을 제대로 파악하지 못하고 있음을 지적했다. 끝 부분에 명덕에 관한 논란이 있음을 전하고 있다. 명덕은 곧 뭇 이치를 갖추고 만사에 응할 수 있는, 우리에게 주어진 마음의 보편적 덕성이다. 따라서 그것은 모든 사람에게 동일하게 주어져 있는 것이라고 봐야 한다. 그래야 또한 그것을 통해 성에 복귀하여 성을 온전히 다할 가능성을 말할 수 있게 된다. 그런데 명덕은 엄연히 심이므로, 낙학에서처럼 그것을 본심으로 본다면 보편성을 이야기하는 데 문제가 없지만, 호락에서처럼 심을 기로 본다면 명덕에도 성인과 일반인 사이에 차별 곧 분수分數가 생김을 면할 수 없게 된다는 것이다.

지금 사람들은 모두 담일허명湛一虛明한 기가 청탁수박淸濁粹駁의 기와 본래 다만 하나의 기임을 알지 못한다. 그러므로 드디어 미발 때의 허명한 기를 순수·지선한 것이라 생각하며, 또한 반드시 '기가 순선한 연후에 성이 바야흐로 순선하다'고 말한다. 그 기질에 선악이 섞여 있음을 아는 자는 곧 기질을 배척하여 마음 바깥의 것이라 생각한다. 마음이 곧 기질임을 아는 자는 또한 미발의 기질을 아울러 순선하다고 한다. 그들의 취지는 본래 성선性善을 밝히려는 것이었으나, 도리어 성선을 끌어당겨 선악이 섞여 있는 기질의 구덩이에 빠뜨리고 만 것이다. 이는 곧 여러 사상가가 기를 성이라고 생각한 누추함이나 불교의 본심本心의 학學과 같은 길을 걸어간 것이다. 어찌 애석해하지 않을 수 있겠는가?"

『남당집南塘集』 권32 「서옥계여여호한천왕복서후書玉溪與黎湖寒泉往復書後」

남당이 1744년에 쓴 글이다. 낙학의 입장이 담일허명한 기에 대해 지나치게 낙관적인 생각으로 그에 의존하려는 경향이 있으며, 따라서 주관주의에 빠질 위험성이 있다는 것이다. 그는 아무리 순수한 기라도 청탁과 수박을 잠재적으로 지닌다는 점에서 결국 기일 수밖에 없음을 강조한다. 그러므로 우리가 우리 삶의 기초를 두어야 할 곳은 기가 아니라 이理라는 것이다. 그리고 그것이 결국 성性을 기氣로 보는 고자告子적인 입장이나, 불교의 본심本心 학으로 빠지고 말 것이라고 경고한다.

【한원진 6】 원문 98

옛날부터 이단異端의 학설은 모두 구별하지 않는 것을 특징으로 한다. 노장의 '제물齊物'과 고자告子가 '생生을 성性이라고 한다'는 것이 모두 그러하다. 지금 학자들은 사람과 사물의 성性이 동일하게 오상五常을 갖추고 있다고 말한다. 이것은 사람과 금수를 구별하지 않는 것이다. 불교에서는 '심은 선하다'고 하는데, 유자들 또한 '심은 선하다'고 한다. 이는 유교와 불교를 구별하지 않는 것이다. 또한 허형許衡을 성문聖門의 진유眞儒라고 한다. 이미 진유라고 하니 당연히 그 사람됨을 배운다. 이것은 화華와 이夷를 구별하지 않는 것이다. 이 세 가지 설은 장차 우리 도道에 무궁한 해가 될 것이다."

『남당집』 권20 「답권형숙答權亨叔 별지別紙 정묘丁卯 팔월」

1747년 8월 자신이 문인이자 권상하의 증손자인 권진응權震應(1711~1775)에게 보낸 편지의 일부다. 남당이 낙학의 이론을 비판한 이유가 명료하게 드러나 있다. 그것은 단지 이론상의 정합성이나 적합성 문제가 아니라, 당시 상황 속에서 정치적이고 실천적인 유효성을 문제삼은 것이었다. 남당이 정치적으로 상당히 보수적인 입장이었음을 알 수 있다.

13 단계

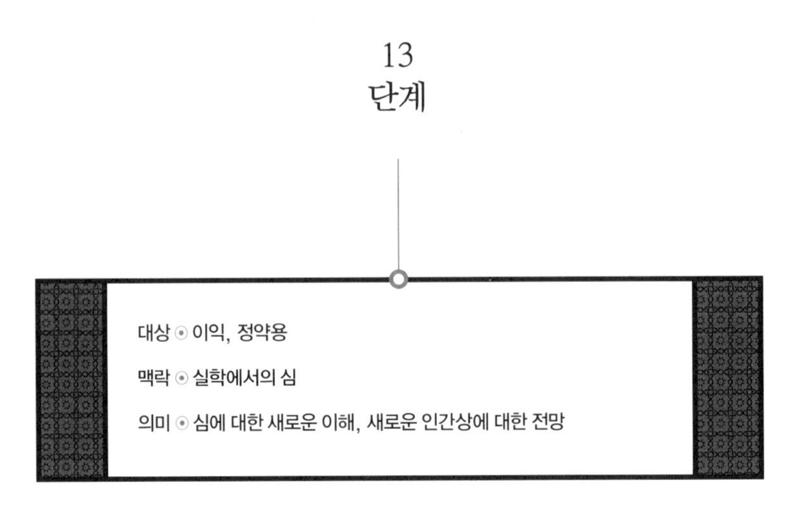

조선 후기의 사상적, 사회정치적 상황 속에서 실학實學의 길을 개척해 갔던 성호 이익은 조선 성리학의 일각에서 호락 논쟁 등을 통해 심학적 전통이 점점 깊어진 것과 별개로 독자적인 심학을 형성했다. 그의 심학은 한편으로는 퇴계 이래의 조선 성리학의 전통 위에서 구축되었지만 다른 한편으로는 마테오 리치로 대표되는 17세기 동아시아에서 서학西學의 유입에 대한 대응의 성격을 띤 것이었다. 그는 『천주실의天主實義』를 비롯해 다양한 서학서를 접하면서 전통적인 학문을 새로운 각도에서 반성했으며, 그러한 자신의 경험을 다양한 저술활동을 통해 표현했을 뿐 아니라, 자기 제자들에게 직접 전파했다. 그를 통해 성호학파 내에서 새롭고 진보적인 학자들이 양성되었으며, 그들은 전통 심학을 넘어서는 새로운 심학을 정립하려는 다양한 모색을 했다. 그러한 전통은 다산茶山 정약용丁若鏞(1762~1836)에게까지 전수되어 다산 실학을 형성하는 기초가 되었다. 그것은 서학을 통해 소개된 서구적 전통의 인간상에 대한 유교적 반응이자 대응으로서, 그 안에 유교의 한계를 넘어 혹은 유교의 재해석을 통한 새로운 인간상에 대한 전망을 함축하고 있었다.

【이익 1】 원문 99

심을 논한 것이 하나가 아니니, 풀과 나무의 심草木之心을 말한 것이 있고, 사람과 동물의 심人物之心을 말한 것이 있고, 하늘과 땅의 심天地之心을 말한 것이 있다. 심이란 말은 같은데, 같지 않음이 있는 것은 무슨 이유에서인가? 저 무딘 흙과 돌은 무심無心이라고 한다. 풀과 나무가 생장生長하고 쇠락하는 데 이르러서는 마치 심과 같은 것이 있는 듯하지만 지각은 없으니 다만 생장지심生長之心을 말할 수 있을 뿐이다. 금수에게 생장지심의 마음이 있음은 본래 풀이나 나무와 같은데 거기에다 또한 이른바 지각지심知覺之心을 가지고 있다. 무릇 금수는 나서 자라고 늙어 죽으며, 그 지체나 털과 깃은 기르면 충실해지고 상하고 훼손되었다가 다시 완전해지니, 이것은 초목지심과 조금의 다름도 없으나 지각과는 간여하지 않는다. 지각이라는 것은 추움을 알고 따뜻함을 느끼며 살려 하고 죽음을 싫어하는 등의 유가 그것이다. 지각은 나고 자라고 늙고 죽는 것에 대해 더할 수도 뺄 수도 없다. 그러므로 털이 빠지면 다시 나고 손톱이 떨어지면 다시 자라나지만, 지각은 그에 관여함이 없다. 이것은 두 가지가 각각 일물一物이 되어 그 작용이 서로 섞이지 않기 때문이다.

인간에 이르면, 그에게 생장 및 지각지심이 있음은 본래 금수와 같은데 거기에다 또한 이른바 이의지심理義之心이 있다. 지각지심은 알고 느끼는 데 그친다. 그러므로 그 작용은 이익을 좇고 해악을 피하는 데 지나지 않으니, 사람에서는 인심人心이 그것이다. 사람의 경우 반드시 하늘이 명한 소당연所當然을 주재主宰로 삼아, 그 하고자 함이 혹 삶보다 심하고 미워함이 혹 죽음보다 심하니, 도심道心이 그것이다. 그러므로 사람은 그를 풀과 나무에 비교하면 똑같이 생장지심이 있고, 금수에 비교하면 또한 똑같이 지각지심이 있지만, 그의 의리지심은 풀과 나무와 금수에게는 없는 것이다.

무엇으로 그것이 그러함을 알 수 있는가? 지금 마을에 철모르는 아이가 있는데 병이 비록 몸에 있으나 침이나 뜸이나 약 먹는 것을 두려워하여 그 마음속으로 이것들을 만나면 도무지 살아날 수 없다고 생각해도, 억지로 그것들을 시행하면 죽지 않고 다시 살 수 있다. 또한 만약 어떤 사람의 손가락 하나에 종기가 나서 손가락을 잃을 수도 있다는 것을 안다면 그 마음으로는 비록 속히 완쾌되고 싶겠지만, 그 병세가 어찌할 수 없으므로 반드시 기혈이 서로 운행하여 점차 새살이 돋아나야 나을 수 있다. 이것은 그 지각지심이 생장에는 도움이 되지 않음을 보여준다. 그러므로 말하기를 "사람은 풀과 나무의 생장과 금수의 지각이 함께 있으며 또한 그것을 의리지심으로 제어한다"고 했다. 순자는 "풀과 나무에게 생生은 있지만 지知가 없으며, 금수에게는 지知가 있지만 의義는 없으며, 사람에게는 생도 있고 지도 있고 또한 의도 있다"고 했다. 이는 이미 선유先儒의 감정勘定을 거친 이론이다. 『성리대전性理大全』을 보라. 그렇다면 사람에게 세 종류의 심이 있다는 것인가? 아니다. 인심과 도심은 본래 그렇게 두 양상으로 있고, 그것들 외에 심은 없다.

심은 본래 오장五臟의 하나다. 오직 사람과 금수에게만 있으며 풀과 나무에는 애초에 없다. 심은 성性을 싣는 것으로, 성은 이理이고 심은 기氣다. 이가 기를 제어하면 지각이 이에 따라 이의지심理義之心이 되고, 기가 치우쳐 이가 어두워지면 다만 지각지심知覺之心만 있게 되어 금수와 같아진다. 심의 명칭은 본래 심장心臟을 가진 것에서 나왔으니, 저 심장 없는 풀과 나무가 무슨 상관이 있겠는가? 그러나 그 상象으로 유추하여 말하면 풀과 나무가 생장하고 쇠락하고 감응하고 소저昭著하는 것이 마치 사람과 금수에게 심이 있는 듯 하므로 아울러 그런 이름을 주었으나 실제 내용은 같지 않다. 사람과 금수는 이미 자체로 심(장)이 있는 반면, (풀과 나무는) 비록 생장의 이理는 있으나 그것을 심이라고 한 적은 없다. 그래서 생장은 뿌리에 책임을 두고 뿌리는 물水을 주主로 한다면, 지각은 심장에 책임을 두고 심장은 불火을 주로 한다. 만약 지각을 뿌리에 책임지운다면 놀라운 것이요, 생장을 심장에 책임지운다면 잘못된 것이다. 물은 인간에서는 신腎이 되고, 신은 생장의 뿌리이므로 음식으로 윤택하게 하니, 풀과 나무의 뿌리에 물을 주는 것과 같다.

그 하늘과 땅의 심天地之心이라 함은 무엇인가? 그것은 풀과 나무의 마음과 마찬가지이니 또한 이른바 지각知覺이라는 것이 없는 것이다. 천이 어찌 일찍이 오장의 심을 가졌겠는가? 그것이 저절로 그렇게 운행하고 밝게 비추고 감응하여 이름은 이치가 본래 그러하고, 의지意가 있어서 그것을 하여 마치 사람이 마음을 쓰는 것과 한가지인 것은 아니다.

어째서 그것이 그러함을 알 수 있는가? 대개 복復(『역易』의 복괘復卦)으로 천지지심을 논하는 경우가 있으니, 사람에서는 병이 심해졌다가 다시 소생하며 깊이 잠들었다가 다시 깨어나는 것이다. 이에 즉해 보면 그 경계는 분명히 인간의 마음이 외물에 따라 감응하는 것과는 그 종류가 다르다. 또한 대개 휴구休咎(길흉吉凶)로 천지지심을 논하는 경우가 있는데, 사람에서는 영기營氣와 위기衛氣가 충만하고 잘 길러지면 길함이 안색에 나타나고, 기와 혈이 안에서 손상되면 흉함이 사체에 드러나는 것이니 분명히 인간의 마음이 외물에 따라 감응하는 것과는 그 종류가 다른 것이다. 무릇 그와 같은 것들은 인간에게서는 일찍이 심이라고 말한 적이 없지만 하늘에서는 곧 심이라고 일컫는다.

외물을 좇으며 사유하고 헤아리는 마음思量之心은 인간에게는 있지만 천지에는 있지 않다. 심이라는 명칭이 애초에 인간의 심장으로부터 나온 것이고, 풀과 나무, 하늘과 땅의 마음이라는 것은 다만 유추하여 말한 것이며 자세한 내용까지 동일한 것은 아님을 알 수 있다. 어떤 이들은 사람의 마음의 고요함과 움직임을 천지의 그것과 비교하여 나란히 두면서 조금의 차이도 없다고 하니, 어찌 꼬인 것이 아닌가?

그런데 풀과 나무의 뿌리는 아래에 있다. 하늘은 또한 무엇을 뿌리로 삼는가? 동정動靜하는 것은 음양인데, 양은 펴지고 음은 시든다. 뿌리는 반드시 정靜에 있는데, 정은 북쪽을 말한다. 그러므로 하늘의 마음을 논함에는 북극에 핵심을 두며 다시 심장으로 비유할 만한 것이 없다. 사람에게서는 생장과 쇠락이 또한 신腎을 뿌리로 삼지 않는 경우가 없으며, 그것을 심이라고 말한 적이 없다. 그 사단과 칠정은 방촌에서 관할되니, 그것을 심군心君(군주로서의 심)이라고 한다.

『성호전집星湖全集』 권41 「심설心說」

성호는 심에 생장生長, 지각知覺, 의리義理의 세 가지 의미가 있다고 하고, 그 중심적인 의미는 지각임을 지적한다. 즉 심은 심장에 어원을 둔 것으로 심장의 성질인 화火는 환히 비추는 특성이므로 지각 작용을 가능케 하는 원리라고 할 수 있다. 따라서 심장이 없는 초목지심이나 천지지심은 단지 비유상 심을 쓴 것에 불과하다고 말한다. 그리고 인간은 동물과 달리 지각지심에 멈추지 않고 거기에 의리지심의 측면이 더 있다고 말한다. 심의 세 측면의 구분에 대해 성호는 그것이 순자荀子에 연원을 두며, 이미 선유들에 의해 성리학적 검토를 거친 전통임을 굳이 덧붙인다. 인간의 경우 생장의 기관을 신腎으로, 지각의 기관을 심心으로 배치하여 이해했다. 또한 의리義理는 방촌의 심에 배치했다. 이는 곧 아래 인용에서 언급하는 신명지심神明之心에 해당될 것이다.

심에 대한 이러한 구분은 마테오 리치 등을 통해 소개된 서학에서의 혼에 대한 구분, 곧 생혼生魂, 각혼覺魂, 영혼靈魂의 구분을 상기시킨다. 아마 그 구분을 의식한 것이라 볼 수 있다. 그러나 성호는 영혼에 해당되는 것을 독자적인 것으로 보지 않고 심 혹은 심의 방촌으로, 즉 지각심知覺心과 연속적인 것으로 본다는 점에서 전통적인 심에 대한 이해의 연장선에 있다. 설혹 성호의 구분이 서학의 영향으로 성립된 것이라 해도, 성호는 분명 그것을 유교적 전통 위에서 재해석한 것이다. 따라서 둘 사이의 영향 관계 논란을 넘어 같고 다름을 세밀하게 독해함으로써 성호의 해석학적 작업의 새로움과 그 의의에 대해 성찰해내는 것이 필요하다.

【이익 2】 원문 100

심에는 혈육지심血肉之心이 있고, 신명지심神明之心이 있다. 혈육지심은 오장 가운데 하나로서, 즉 이른바 신명이 깃드는 집이라고 하는 것이다. 신명지심은 혈육지심 중 기의 정영精英한 것으로, 즉 이른바 (혈육지심 곧 심장을 집으로 삼고) 출입하고 존망한다고 하는 것이다. 혈육을 말하지 않으면 심의 동정과 성정의 근위根委를 밝힐 수 없고, 신명을 말하지 않으면 정靜에서 성을 통제·주재하고 동에서 정을 통제하는 것이 모두 심의 작용임을 밝힐 수 없다.

『성호전집』 권41 「심통성정도설心統性情圖說 병도并圖」

혈육지심과 신명지심을 구분했다. 혈육지심은 오장의 하나인 심장으로 신명이 깃드는 집이다. 신명지심은 혈육지심 중 기의 정영精英으로 이른바 출입존망出入存亡의 운동을 한다. 혈육을 말하지 않으면 심의 존재와 심이 활동의 자리임을 밝힐 수 없고, 신명을 말하지 않으면 성정을 통괄·주재하는 것이 심의 작용임을 밝힐 수 없다. 심은 총괄·주재하는 것이 핵심 활동이지만, 이 마음은 또한 혈육에 의존해 있다. 혈육을 떠나 심이 따로 있는 것이 아니라는 얘기다. 신명지심은 신체에 대한 인간의 주재와 자유를 가능하게 하며 심의 그러한 측면을 포착한 것이지만, 또한 혈육지심과 연속적인 것으로 파악되고 있음에 주의해야 한다.

【이익 3】 원문 101

무릇 인간에게 제(황제)가 있으니, 하늘 또한 제(천제天帝, 상제上

帝)라고 하며, 사람에게 심이 있으니 하늘 또한 심(천심天心)이라 한다. 이 이름은 인간으로부터 시작되었는데 하늘에 대해 비유를 사용한 것인가? 아니면 하늘에 먼저 이런 이름이 있었고 사람에게도 적용한 것인가? 인심이라는 이름은 먼저 심장에서 유래하는 것인가? 아니면 심은 본래 신명의 이름인데 나중에 심장을 병칭하게 된 것인가? 하늘의 상제는 이理를 가리켜 말한 것인가, 기氣를 가리켜 말한 것인가? 신명의 심은 또한 이를 가리킨 것인가, 기를 가리킨 것인가? 하늘의 상제와 인간 신명의 심은 세세한 부분까지 모두 동일한가?

이는 기 속에 있으면서 일찍이 분리된 적이 없으니, 기가 움직였는데 이가 움직이지 않은 경우는 없으며, 기는 정靜한데 이가 스스로 움직인 경우도 없다. 매우 미세하고 형적이 없는 심을 제멋대로 조잡하고 형적이 있는 기로 논할 수는 없다. 그렇다고 해서 기를 떠나 독자적으로 들고 나고 오르내리는 운동을 한다고 할 수는 없을 것 같다. 그것이 가슴 위로 올라가고 배 밑으로 내려갈 때 기기氣機를 타고서 그렇게 하는 것인가? 아니면 혹 기의 동정에 얽매이지 않고 독자적으로 운용하는 것인가? 사람에게는 심장이 있기 때문에 외물에 응하는 지각이 있으며, 풀과 나무에 그것이 없는 것은 심장이 없기 때문이다.

『성호전집』 권13 「여김상사중진與金上舍仲鎭 신축辛丑」

1721년에 보낸 편지다. 심의 신명이라는 성격에 대해 전통적인 이기론으로 명확하게 해명하기 어렵다는 점을 질문의 형식을 통해 표현하고 있다. 신명으로서의 심은 이라고 하기도 어렵고 기라고 하기도 어렵기 때문이다. 성호는 이와 기의 불리불가분한 어떤 지점에서 신명으로서의 심의 성격을 위치시키고 있다. 마음의 절대적이면서 동시에 개체적인 성격을 그렇게 표현한 것이다.

【이익 4】 원문 102

옛날 퇴계 선생이 『성학십도』를 올릴 때, 임금이 심통성정心統性情에 대해 묻자 답하기를 "천지를 가득 채운 것을 우리는 우리 몸體으로 삼으며, 천지를 통수統帥하는 것을 우리는 성性으로 삼습니다. 기가 형체를 이루며, 이가 그 가운데 갖추어져 있는 것입니다. 이와 기를 합하여 심이 되는데, 심은 한 몸의 주재입니다. 이른바 이가 그 가운데 갖추어져 있다고 하는 것은 성이며, 성으로부터 발용한 것이 정입니다"라고 하셨다. 그런데 나중에 선생은 스스로 미진했다고 하시고 그 미진한 까닭에 대해서는 말씀하지 않으셨다.

대개 성과 정을 통괄하는 것은 곧 신명의 심이지 폐와 간 등 오장 중의 유형有形의 심이 아니다. 저 심장이라고 하는 것은 한 덩어리의 혈육이라는 유형의 물에 지나지 않을 뿐이니, 어찌 동과 정의 구별이 있겠는가? 이미 동과 정이 없다면 미발의 성에서는 오히려 혹 논의할 수 있겠지만 어찌 다시 이발의 정을 통괄(통제)할 수 있겠는가?

천지를 가득 채운 것을 몸으로 삼는다는 것은 곧 형체다. 형체가 있은 뒤에 신명의 심이 혈육의 장기에 머무르고, 동정을 갖추고 적감寂感을 포괄함으로써 비로소 성정을 겸하여 통괄할 수 있다. 이른바 신명의 심이란 무엇인가? 이미 혈육의 심장이 있고 나서 그 심장 중 기의 정영한 것이 심장에 뿌리를 두면서도 심장에 제한당하지 않고 한 몸의 주재가 된다. 이른바 "출입에 정해진 때가 없고 그것이 어디로 향하는지 알지 못한다"고 한 것이 그것이다. 그러므로 능히 정하여 성을 통괄하고, 동하여 정을 통괄한다. 이것은 이가 기에 타고 있으면서 서로 떨어지지 못하는 것과 같다.

『성호전집』 권43 「심통성정해心統性情解」

통괄하고 주재하는 심통성정의 심은 신명지심이지 혈육지심이 아니다. 혈육지심은 유형의 물질 덩어리로서 동정이 있을 수 없으며, 따라서 이발已發의 정을 관할할 수 없다. 성호가 관심을 두는 것은 신명지심이며 그것을 혈육지심과 구별했다. 심은 주재하는 것으로 육체가 육체를 제어할 수 없기에 혈육지심과 분리된 신명지심을 말하지 않으면 안 된다. 그러나 신명지심은 혈육지심을 떠나 홀로 있을 수 없다. 혈육지심을 집으로 하며 혈육지심 중 정영精英한 기가 곧 신명지기다. 성호는 이것은 마치 이理와 기氣의 관계가 그러한 것과 같다고 한다. 이는 낙학에서 심(본심)과 기질을 구분하려 한 것과 기본적으로 유사한 취지다. 성호는 퇴계가 미진하게 여기게 된 원인이 바로 이 신명지심을 선명하게 포착하여 말하지 못했기 때문이라고 해석한다.

【이익 5】 원문 103

마음心을 거울에 비유하자니 거울은 비었지만空 살아 있지 않으며, 마음을 물에 비유하자니 물은 살아 있지만活 지각하지 않으며, 마음을 원숭이에 비유하자니 원숭이는 지각覺하지만 신령靈하지 못하다. 그렇다면 마음은 끝내 비유할 수 없는가? 비어 있는 것은 거울에 비유하고, 살아 있는 것은 물에 비유하고, 지각하는 것은 원숭이에 비유하고, 거기에다가 신령을 더하면 된다. 그러므로 사람으로 마음을 비유하는 것 또한 좋다. 사람이 방 안에 있는 것은 마치 마음이 몸 안에 있는 것과 같다. 움직이고 고요함과 말함과 행동함에 주장함이 있으니 그러므로 임금君이라고 한다. 이른바 "천군天君이 태연泰然하니 백체百體가 그의 명령을 따른다"고 한 것이다.

『성호사설星湖僿說』 권18 경사문經史門 「심心」

마음을 텅 비고 살아 있고 지각 작용을 하며 신령하다고 정의한 뒤 각각에 거울, 물, 원숭이, 인간으로 비유를 들었다. 또한 최종적으로 심의 주재 작용을 강조했다. 끝부분의 인용은 정이程頤의 「사물잠四勿箴」에 나오는 말이다.

【이익 6】 원문 104

'(주희가) 사단은 이理의 발현이고, 칠정은 기氣의 발현이다'라고 한 것은 지극한 진리다. 사단은 형기形氣에 인因하지 않고(형기의 영향을 받지 않고) 곧바로 발한 것이므로 이의 발현에 소속시킨 것이며, 칠정은 형기에 인하여 발현한 것이므로 기의 발현에 소속시킨 것이다. 그 '기의 발현'이라 한 것이 또한 어찌 일찍이 이의 발현이 아닌 적이 있는가?

퇴계에 이르러 '(사단은) 이가 발현하고 기가 따른理發氣隨 것이요, (칠정은) 기가 발현하고 이가 탄氣發理乘 것'이라는 이론이 생겼는데, '기가 따른다'에서의 '기'는 심기心氣에 속하고, '기의 발현'의 '기'는 형기形氣에 속한다. (그렇다면) '이가 탄다'는 것은 무엇을 타는 것인가? 기를 탈 따름이며, 그 기는 곧 '사단은 (…) 기가 따른 것'이라고 할 때의 '기'이며, '칠정은 기가 발현하고'라고 할 때의 '기'가 아니다. 이가 탔는데 기가 따르지 않는다면 또한 이 칠정도 이룰 수 없다. '기의 발현'의 '기'는 분명하게 형기의 기이니, 이미 '기의 발현'이라고 하고 또 '이 형기를 탄다'라고 한다면 옳겠는가? 나는 그래서 "이가 발하고 기가 따르는 것은 사단과 칠정이 똑같은 것이며, 칠정은 이가 발한 것 위에 다시 한 층의 묘맥(근원)이 있는 것이니 이른바 형기의 사사로움이 그것이다"라고 했다.

『사칠신편四七新編』「중발重跋」

성호는 『사칠신편四七新編』을 지어, 퇴계와 고봉 이래의 사단칠정 논변에 대해 포괄적이면서도 철저하게 검토했다. 인용한 부분은 성호가 나중에 하빈河濱 신후담愼後聃(1702~1761) 등의 의견을 참조해 고쳐 쓴 발문이다. 형기와 심기를 구분하고, 칠정 기발의 기는 형기를 말한다고 함으로써 그것이 성명性命에 대립하여 말한 것임을 분명히 했다. 여기서는 인용하지 않았지만 발문의 내용 중 본문에서 원래 취한 입장과는 충돌하는 부분, 곧 성인의 희로(이른바 공희로公喜怒)를 이발理發로 볼 것이냐, 기발氣發로 볼 것이냐 하는 입장에 대한 수정 의견이 들어 있어, 이 부분에 대한 인정을 둘러싸고 성호 사후 제자들 사이에 이견과 논란이 있었다.

【이익 7】 원문 105

장본청章本淸의 『도서편圖書編』에 "날마다 생각하고 염려하고 도

모함이 정精과 신神의 발설發洩이 아닌 것이 없다. 해가 저물어감에 들어가 편안히 쉬다가 때가 바야흐로 깊이 잠들면 이목耳目을 다 거두어들여 모든 생각과 염려도 다 잊게 된다. (그때에는) 신神이 신장腎臟으로 들어가 정精과 교통하고, 혼魂 또한 신을 따라가서 백魄과 붙어 있다. 그러므로 혈기가 흘러 관통하고 백맥이 근원으로 돌아간다. 그러다가 잠을 깨기 시작하면 신은 심에 깃들고, 완전히 깨고 나면 신은 눈目에서 논다. 이는 사람마다 다 그러한 것이요, 양생가의 '감坎(물)을 가져다가 이離(불)를 메꾼다'는 설은 아니다. 오직 밤이 되어 잠들 때는 신이 감坎으로 들어가는 까닭에 정精이 신을 얻어 더욱 충실해진다는 것이요, 낮이 되어 깰 때는 정이 이離에서 빛나는 까닭에 신이 정을 얻어서 더욱 왕성해진다는 것이다" 하였다.

이는 소자邵子의 『경세서經世書』에, "사람의 신神은 잠을 깨면 심장에 깃들고, 잠이 들면 신장에 깃든다"라 하고, "잠이 들려하면 비장脾臟에 있고 깊이 잠들면 신장에 있으며, 잠이 깨려고 하면 간장肝臟에 있고 완전히 잠이 깨면 심장에 있다"라고 하고, "사람의 신은 눈目에 깃든다"라는 등의 말에 근본을 둔 것이다. 그것들은 한 몸에 유행하는 신을 가지고 말한 것이고, 방촌方寸(에 살고 있는) 신명神明의 심心을 말한 것은 아니다.

신은 기氣의 정영精英으로, 한 몸에서 유행하는 것도 있고 방촌에 출입하는 것도 있다. 비유하여 말하면 마치 천지의 유행하는 기氣가 한 물건에 거점을 두고서 나갔다가 들어왔다(펴졌다 오므

려졌다) 하는 기와는 다른 것과 같다. 또『역서曆書』에 "사람의 신은 날마다 유행하니 어느 곳인들 이르지 않겠는가?"라고 한 것과 같다. (하지만) 그 신명의 심은 정靜할 때는 방촌이 담연하고, 동動할 때는 빛이 구해九垓를 비춘다. 어찌 두루 내달리는 이치가 있겠는가?

근세에 어떤 어른은 '(신명은) 신장을 실室로 삼고 심장을 당堂으로 삼아, 고요하여 움직이지 않을 때는 신에 들어가며, 감동되어 드디어 통할 때는 심으로 나간다. 이른바 신명의 심은 신을 큰 근본으로 삼는다'고 하고, 드디어 자신의 의론이 이전 사람이 발견하지 못한 깊은 진리를 얻는 것이라고 주장했다. 내가 일찍이 편지를 써서 질문해보았으나 인가印可를 받지 못했다. 우연히 이 편編을 보다가 그분의 설이 여기에 근거를 두었음을 알게 되었다. 아, 입론하는 것의 어려움이 이와 같다!

『성호사설』 권20 경사문經史門「신입우신神入于腎」

장본청은 명의 장황張潢(1527~1608)으로 본청은 자다. 소자는 소옹邵雍(1011~1077, 강절康節)이며,『경세서』는『황극경세서皇極經世書』다. 신腎은 오행에서 수에 해당되고, 심心은 화에 해당된다.『도서편』의 내용은 인간의 신神이 잠잘 때는 신腎에 들어가 고요히 머물고, 깨어 있을 때는 심으로 올라가 활동한다는 것으로, 이는 외암畏庵 이식李栻(1659~1729)이「당실명堂室銘」에서, 당堂을 심장에, 실室을 신장에 비유한 것과 같은 취지다. 성호가

'근세의 어떤 어른'이라고 한 것이 바로 이 외암을 가리킨다. 성호는 그에 대해 비판적인 입장을 취하여 서신을 통해 논변을 벌였으며, 「발이외암당실명跋李畏庵堂室銘」을 지어 자신의 생각을 정리했다. 비판의 핵심은 그것이 신神을 중심으로 인간의 마음을 논한 것으로, 마음의 개체적이고 주재적인 성격을 제대로 포착하지 못할 우려가 있다는 것이다.

【이익 8】 원문 106

무신년(1728) 정월 초6일, 나는 이익위장李翊衛丈(이식)을 성동城東의 남정동藍井洞 우사寓舍로 찾아가 뵈었다. 이장은 "일찍이 내가 심心과 신腎에 대한 설로 안산安山(이익)과 더불어 편지를 왕복했는데, 피차간에 합의를 보지 못하고 억지로 논변하는 혐의가 있어 스스로 그만두었다. 공은 이미 안산으로부터 그 대강의 내용을 들었을 것이다. 바라건대 그 어긋나고 잘못된 곳을 변척辨斥하여 나의 잘못을 깨닫게 해준다면 다행이겠다"라고 하셨다. 나는 대답하여 "그러한 미묘한 것은 저 같은 말학末學이 가볍게 논할 수 있는 것이 아닙니다. 변척하라는 말씀은 감히 받들지 못하겠습니다. 다만 일찍이 안산을 좇을 때, 말이 서양의 아니마亞尼瑪(영혼)의 학문에 미쳤는데 안산께서는 다음과 같이 말했습니다. '전에 고성장高城丈(이식)의 '신腎이 대본이고, 심은 대용大用'이라는 설을 보고서 그 잘못을 따진 적이 있다. 지금 아니마에 관한 문자를 보니, '뇌낭腦囊이 노顱(두개골)와 총囱(정수리) 사이에 있으면서 기함記含(기억)을 주관한다'는 등의 이야기가 있다. 그 설은 비록 경서에는 보이지 않으나 매우 합리적인 점이 있으므로 일반적인 도리로 삼는 데 지장이 없다. 그로 인해 고성장의 심신心腎 설을 다시 생각해보니 또한 그럴 만한 근거와 내력이 있는 듯하다.' 안산에게 들은 것은 이와 같습니다만, 그 설에 대해 더 따져 묻지는 못했습니다"라고 말했다. 이장은 "아니마의 학을 나는 지금 처음 듣는다. 그 학이 과연 어떠한 것인지, 안산의 설은 또한 그것을 어떻게 생각한 것인지에 대해서는 알지 못하겠다"라고 말했다. 나는 대답하여 "아니마에 관한 문자는 『천학정종天學正宗』이나 『영언여작靈言蠡勺』 등에서 그 학의 대략을 볼 수 있습니다. 그중 위의 뇌낭설腦囊說과 삼혼설三魂說 등은 안산께서 취하신 것이며, 천당지옥설天堂地獄說은 안산께서 배척하신 것입니다"라고 하였다.

『돈와서학변遯窩西學辨』 기문편紀聞編 「무신춘견이익위기문戊申春見李瀷衛紀聞 명名식栻, 거이천居利川」

성호의 제자 신후담이 외암 이식을 찾아가 만나서 나눈 대화를 기록했다. 이장은 외암이며 안산은 성호다. 초반부에 「당실명」을 둘러싼 논변에 대한 언급이 있으며, 그와 관련하여 성호가 서학의 뇌낭설을 접하고 외암의 신체심용설腎體心用說에 대해 새롭게 이해하게 되었음을 술회한 내용이 나온다. 뇌낭설은 삼비아시의 『영언여작』에 소개된 것으로, 뇌를 기억의 저장소로 일컫은 내용을 말한다. 그에 따르면 기억에는 이성적 기억靈記含이 있고 감각적 기억司記含이 있는데, 이성적 기억은 아니마의 본체에 의존하여 존재하고, 감각적 기억은 뇌낭(두뇌)에 머물며, 두뇌는 두개골 정수리 뒷부분에 있다고 한다. 성호는 심을 그 지각 작용과 관련해서는 심장에 근거지를 두고 활동하는 신명으로 이해하는 이전의 견해를 유지하는 동시에, 새로운 설을 받아들여 기억 작용의 중요성을 인정하고 기억은 다른 장부를 근거지로 두는 것도 이치상 그럴듯하다고 본 것이며, 그렇다면 외암이 심장 외에 신장을 신명의 또 하나의 근거지로 삼은 것 역시 다시 한번 긍정적으로 생각해볼 만하다고 한 것이다. 이를 통해 우리는 성호가 전통적인 사유 방식에 근본을 두면서도 새로운 지식으로 전통적인 지식을 재해석해 사유의 지평을 넓혀가는 모습을 볼 수 있다.

【마테오 리치 1】 원문 107

저 세계의 혼에는 세 가지 품品이 있습니다. 하품은 '생혼生魂'이라 하니 곧 풀과 나무의 혼이 그것입니다. 이 혼은 풀과 나무를 도와 생장하게 합니다. 풀과 나무가 마르고 시들면 혼 또한 소멸합니다. 중품은 '각혼覺魂'이라 하니 곧 금수의 혼입니다. 이것은 금수에 붙어서 성장과 발육을 하게 할 수 있으며, 그들로 하여금 눈과 귀로 보고 듣게 하고, 입과 코로 맛보고 냄새 맡게 하고, 지체肢體로 사물의 실정을 느끼도록覺 합니다. 그러나 도리道理를 추론할 수는 없습니다. 죽음에 이르면 혼 또한 멸합니다. 상품은 '영혼靈魂'이라 하니 곧 사람의 혼입니다. 이는 생혼과 각혼을 겸합니다. 사람의 성장과 영양을 도울 수 있으며, 사람으로 하여금 사물의 실상을 지각하게 하고, 사물들을 추론하여 이의理義를 명백히 분변明辨할 수 있게 합니다. 사람의 몸이 비록 죽는다 하더라도 이 혼은 죽지 않습니다. 대개 영원히 존재하며 소멸하지 않는 것입니다.

『천주실의天主實義』 상권 3-3

마테오 리치Matteo Ricci, 利瑪竇(1522~1610)가 자신의 『천주실의天主實義』에서 말한 혼삼품설魂三品說이다. 성호가 심을 생장지심, 지각지심, 이의지심으로 나눈 것과 흡사하다. 영향관계가 있음을 짐작할 수 있다. 그러나 성호의 심은 결코 마테오 리치의 혼이 아니라는 점에서 그러한 영향관계는 한계를 지닌다. 성호의 이의지심理義之心은 마테오 리치의 영혼과는 달리 불멸의 것이 아니다. 그 기능에 있어서도 이의지심은 추론이 아닌 주재主宰에 초점이 있다. 그것은 곧 심통성정의 심이고, 신명지심의 심에 해당된다. 성호에게서 신명지심은 혈육지심과 구분되지만 동시에 혈육지심에 의존하며 혈육지심의 일부다. 따라서 육신이 죽어 혈육지심이 소멸되면 신명지심도 사라진다. 하지만 마테오 리치의 혼삼품설은 심과 기질, 마음과 몸의 문제에 대해 성호가 깊이 생각할 기회를 주었으며, 이전의 성리설에 대해 새롭게 재해석할 공간을 마련해주었다. 그러한 공간 속에서 성호의 후학들, 곧 소남邵南 윤동규尹東奎(1695~1773), 하빈河濱 신후담愼後聃(1702~1761), 정산貞山 이병휴李秉休(1710~1776), 순암順菴 안정복安鼎福(1712~1791), 녹암鹿菴 권철신權哲身(1736~1801)을 거쳐 다산 정약용에까지 이르는 성호학파의 심학이 형성될 수 있었던 것이다.

【정약용 1】 원문 108

신神과 형形이 묘합妙合하여 사람을 이룬다. 신은 무형이며 또한 본래 무명無名이었다. 그것이 무형이었기에 이름을 빌려 '신神'이라고 했다.(귀신의 신을 빌린 것이다.) 심은 혈부血府로서 묘합의 추뉴樞紐가 되는 것이기에 이름을 빌려 '심'이라고도 했다.(심은 본래 오장 중 하나로 글자가 간이나 폐와 같다.) 죽어서 형을 떠나면 곧 이름하여 '혼魂'이라 했다. 맹자는 그것을 '대체大體'라고 했으며, 불가에서는 법신法身이라고 불렀다. 그것은 문자로는 전문 명칭이 없다.

『정본여유당전서定本與猶堂全書』 7, 89쪽, 『맹자요의孟子要義』「등문공滕文公」 제3第三

다산은 신神, 심心, 혼魂이 결국 같은 것이라고 말한다. 우리가 신神과 형

形, 곧 마음과 몸의 결합체라고 할 때, 그중 마음을 따로 떼내어 이름을 붙이려 할 때 부르게 된 다양한 이름이라는 것이다. 신은 무형이라는 측면에서 가져온 이름이며, 심은 심장과의 관련성에서 가져왔고, 혼은 죽고 난 다음 형形(몸)을 떠나기 때문에 쓴 이름이다. 그러나 어느 것도 딱 하나의 개념으로 표현할 수는 없고 세 측면이 다 있다는 것이다. 마음에 대한 다산의 이해가 전통적인 개념의 연속성 위에 있지만 또한 매우 독특한 것임을 알 수 있다. 다산에게서 그것은 인간의 도덕 주체로서, 신체形와 구별된 정신적 존재이며 영혼과 유사한(불멸성이 주장되는지는 확실치 않다) 어떤 존재인 것으로 보인다. 어쨌든 다산은 마음에 대해 전통적인 이기론을 통한 접근은 하지 않았음이 분명해 보인다.

【정약용 2】 원문 109

신과 형이 묘합하여 사람을 이룬다. 그러므로 그것은 고경古經에서는 총명總名하여 신身이라 하기도 하고, 또한 기己라 하기도 했다. 그러나 이른바 허령지각虛靈知覺이라는 것은 한 글자로 된 전문 용어가 없었다. 후세에 나누어서 말하려는 이들이 혹은 다른 글자를 가차假借하거나 글자를 결합하여 용어를 만들었다. 심心이라 하고, 신神이라 하고, 영靈이라 하고, 혼魂이라 한 것들은 모두 가차하여 말한 것이다. 맹자는 무형의 것을 대체라 하고 유형의 것을 소체라 했으며, 불교에서는 무형의 것을 법신이라 하고 유형의 것을 색신色身이라 했으니, 모두 글자를 결합하여 용어를 만든 것이다. 고경에서 심을 말한 것은 대체만을 가리키는 전문 명칭이 아니었다. 오직 그 안에 함축되어 있으면서 밖을 향하여 운용하는 것을 심이라 한 것이다. 진실로 오장의 중앙으로서 혈기를 주관한 것이 심이기 때문이었다. 신과 형이 묘합함에 그 발용처는 모두 혈기와 서로 수반하기에 이에 혈기가 주로 삼는 바를 가차하여 내충內衷의 통칭으로 삼았으며, 이 7개의 구멍이 뚫려 있고 감처럼 매달려 있는 것(심장)이 곧 그대로 나의 내충이라고 말하는 것은 아니었다.

『정본여유당전서』 6, 195쪽, 『심경밀험心經密驗』「심성총의心性總義」

다산은 인간이 신과 형의 결합이라고 한다. 그것은 곧 오늘날의 용어대로 마음과 몸의 결합이라는 것이다. 신身은 신체로서의 몸이 아니라 신神과 형形의 결합체로서의 몸이며, 그것이 기己, 즉 자아 혹은 자기다. 이때 마음은 그야말로 오늘날의 마인드mind라고 볼 수 있지 않을까? 그 마음을 일컫는 용어로 다산은 위에서 제시한 심, 신, 혼 외에 영靈을 추가하고 있다. 그리고 몸과 마음의 대립을 무형과 유형의 대립에 대응시키고, 맹자에게서의 대체大體와 소체小體, 불교에서의 법신法身과 색신色身 그 각각에 연결시켜 해명하고 있다. 다산에게서 마음은 몸과 분리 가능한, 몸과는 다른 어떤 것이기 때문에 전통적인 심 개념과 그대로 동일시할 수 없다. 다산은 그 점을 명확하게 인지하고 있었다.

【정약용 3】 원문 110

유형의 심은 우리 내장이며, 무형의 심은 우리 본체다. 즉 이른 바 허령불매한 것이다. (…) 그것은 무형의 체體이며, 혈육에 속하지 않은 것이며, 온갖 형상을 포괄하여 온갖 이치를 묘오妙悟할 수 있는 것이고, 사랑할 수 있고 미워할 수 있는 것이다. 그것은 우리가 태어난 처음에 하늘이 우리에게 부여해준 것이다.

『정본여유당전서』 6, 152쪽, 『대학강의大學講義』「전칠장傳七章」

심에 대한 다산의 이해를 간략히 표현하고 있다. 무형의 심과 유형의 심은 성호의 혈육지심과 신명지심에 어느 정도 대응하며, 그러한 측면을 계승했다고 할 수 있다. 그러나 다산은 성호와는 달리 이기론을 통해 설명하지 않았다는 점에서 한 걸음 더 나아갔다. 그에게 중요한 것은 무형과 유형이다. 다산이 무형의 심을 본체라고 한 것은 마음을 실체적인 것으로 봤기 때문일까? 다산에 따르면 그러한 심은 혈육에 속한 것이 아니다. 즉 육체적인 것이 아니다. 또한 이치를 깨닫는 지적 능력과 사랑하고 미워할 수 있는 감성적이고 도덕적인 판단과 실천력이 있는 것이다. 그것은 하늘이 부여한 어떤 정신적인 실체라고 할 수 있지 않을까?

【정약용 4】 원문 111

맹자는 성性을 논하면서 불선不善의 원인을 함닉陷溺에 돌렸는데, 송유宋儒들은 성을 논하면서 불선의 원인을 기질로 돌렸다. 함닉은 자기로 말미암은 것이니 구제할 방법이 있지만 기질은 하늘로 말미암는 것이니 벗어날 길이 없다. 사람들 중 누가 자포자기하면서 즐거이 비천한 하류에 스스로를 귀속시키려 하지 하겠는가? 하늘이 품부해준 것이 그 자체가 고르지 못하여, 어떤 이에게는 순전히 아름답고 순전히 맑은 기질을 주어서 요순이 되게 하고, 어떤 이에게는 순전히 나쁘고 탁한 기질을 주어 걸桀과 도척盜跖이 되게 한 것이라면, 하늘이 공정하지 못함이 어찌 여기까지 이르겠는가? (…) 이미 탁한 기를 주고는 또 악인의 호칭을 준다면, 어찌 걸과 도척에게 그리 각박하게 하는 것인가? 걸과 도척이 죽어서도 지각이 있다면, 매일 하늘을 보고 소리 내어 울면서 억울함을 호소할 것이다.

『정본여유당전서』 7, 200쪽, 『맹자요의』 「고자告子」 제6第六

다산이 우리 마음을 정신적 실체로 이해하려고 한 이유는 성리학에서 기질과 관련된 도덕 실천적 문제점을 염두에 둔 것이라 볼 수 있다. 즉, 기질론은 결국 도덕적 운명론으로 귀결되며 도덕 실천의 의지를 약화시킬 수 있다는 것이다. 기질로부터, 곧 혈육과 육체로부터 구별되거나 독립된 무형의 정신적 존재로서의 마음을 확보하고 확인하는 것이야말로 도덕 실천과 책임의 주체를 명확히 정립하는 것이요, 견실한 도덕 실천을 가능하게 할 기초라고 생각했기 때문이다.

【 정약용 5 】 원문 112

그러므로 천天은 사람에게 '자주지권自主之權(스스로 주인이 되는 권능)'을 주어, 그들로 하여금 선을 바라면 선을 행하고 악을 바라면 악을 행하여 유동하여 일정치 않도록 하였다. 그 결정권이 자기에게 있으니, 짐승들의 마음이 정해진 것定心과는 같지 않다. 따라서 선을 행하면 실제로 자기 공로가 되고 악을 행하면 실제로 자기 죄가 된다. 이것이 마음心의 권능權이며, 이른바 성性이 아니다. (…) 사람은 이(짐승)와 다르니, 선을 행할 수도 있고 악을 행할 수도 있다. 주장이 자기로 말미암으며 활동이 정해져 있지 않다. 따라서 선하면 곧 공이 되고 악하면 곧 죄가 된다. 더욱이 선을 행할 수 있고 악을 행할 수 있는 이치가 이미 반반이니 그 죄는 마땅히 감하거나 가볍게 할 수 없다. (또한) 스스로 만든 재앙은 피할 수 없다는 것은 성이 선하기 때문이다. 성이 선을 좋아하고 악을 부끄러워하는 것은 이미 진실로 확실하니, 이 성을 거슬러 악을 행한다면 그 죄책을 피할 수 있겠는가?

『정본여유당전서』 7, 94쪽 『맹자요의』 「등문공」 제3第三

인간의 마음에는 자유의 권능이 있다고 말한다. 동물이 정심定心 곧 정해진 본능에 따라 움직이는 것과는 다르다. 그것은 또한 우리에게 주어져 있는 자연적 경향성으로서의 성과도 다르다. 그것은 정해져 있는 것이 아니라 실천하는 자유이며, 명확하고 엄중한 도덕적 책임의 주체다. 다산이 마음을 형形과 구분하여 신神이라 하고, 육체와 구별되는 무형의 것으로 본 것은 바로 이러한 자주지권을 이야기하고자 했기 때문이다. 다산은 천天이 도덕적 경향성으로서의 성을 이미 주었으므로, 심의 도덕 실천은 그만큼 가벼워진 셈이며 그럼에도 악을 행한다면 더욱 책임을 피할 수 없는 것이라고 말한다.

3장

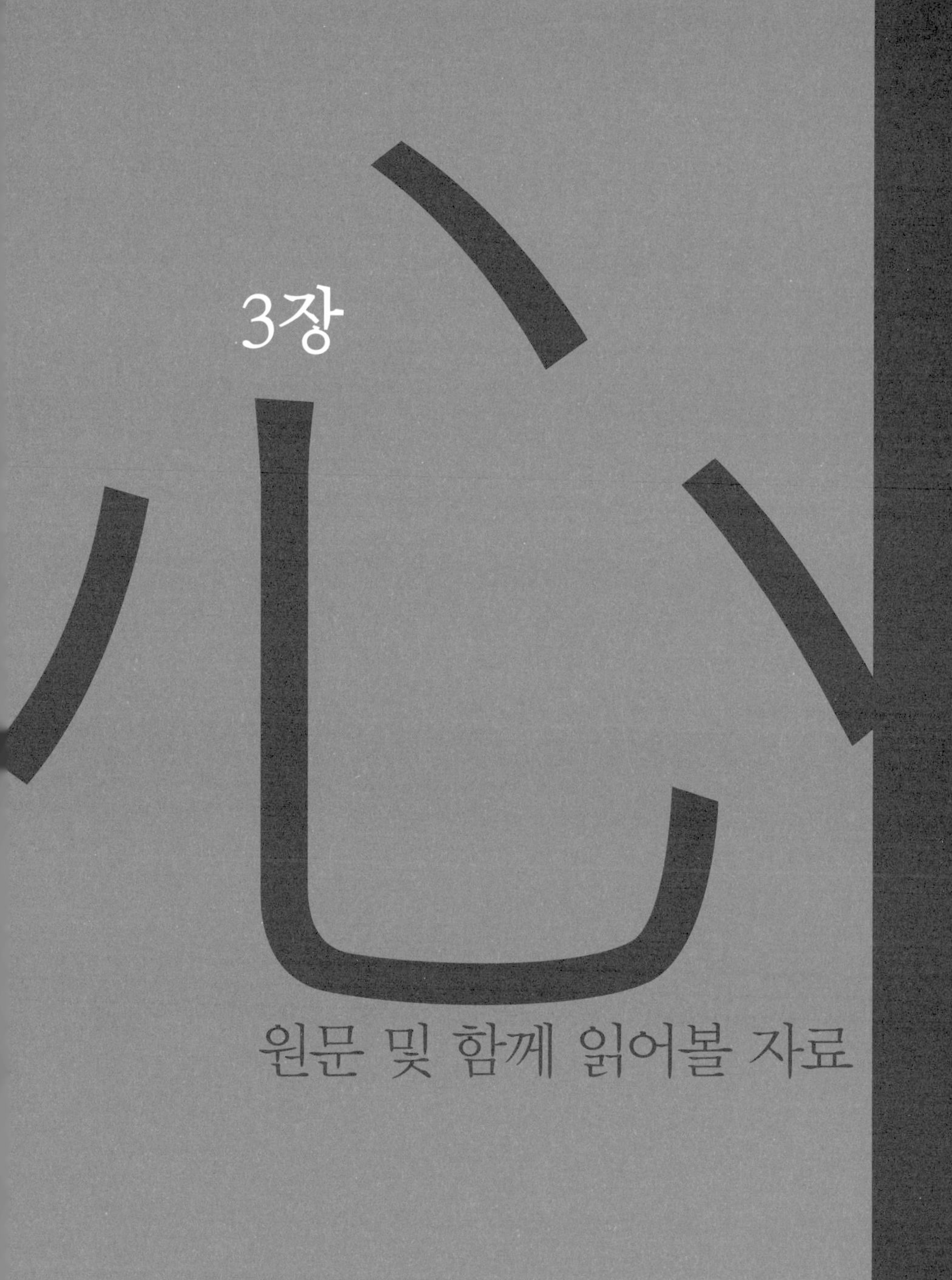

원문 및 함께 읽어볼 자료

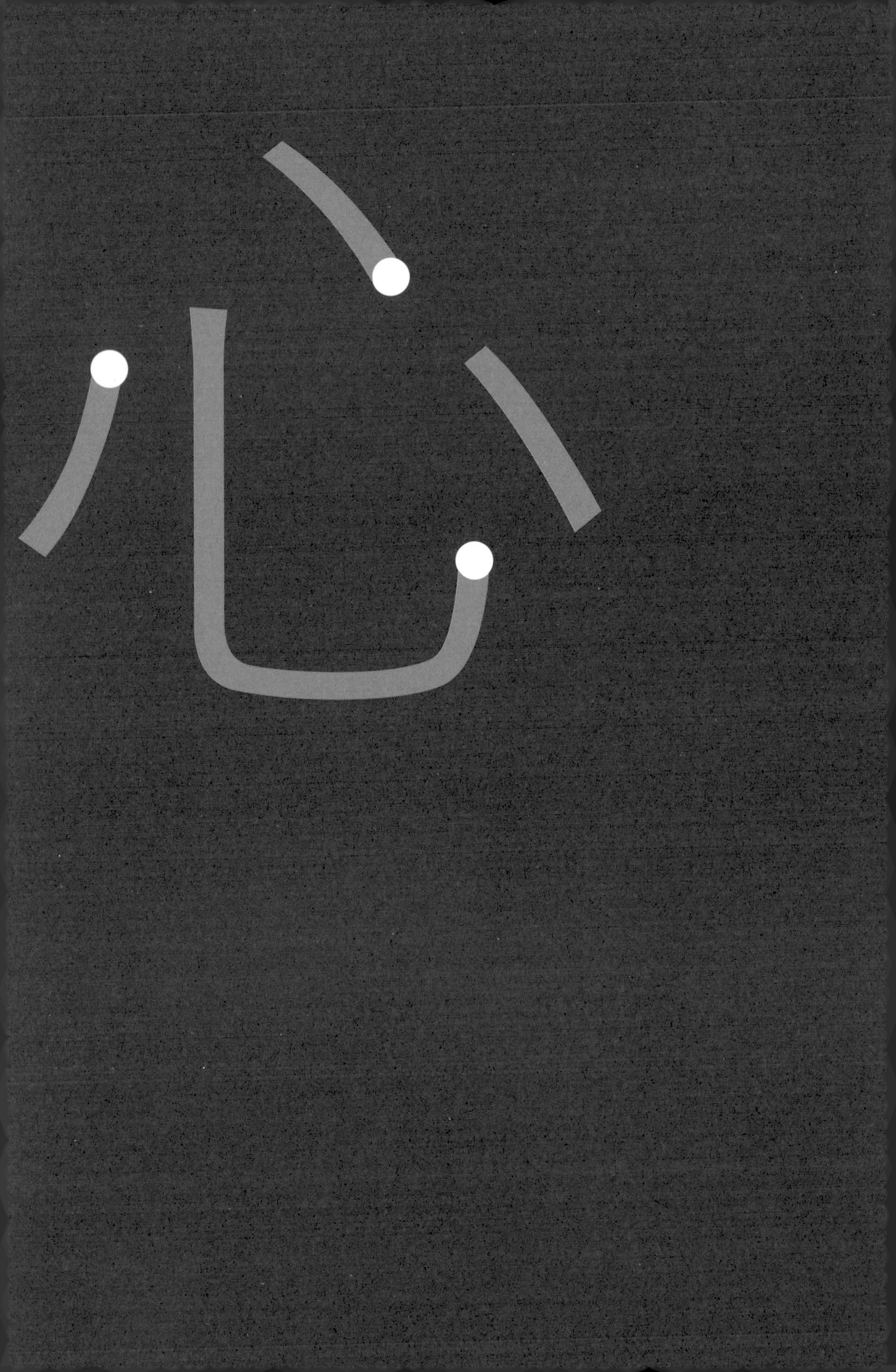

원문

【 설문해자 】 원문 1

人心, 土臟, 在身之中, 象形. 博士說以爲火藏. 凡心之屬皆從心. (『설문해자說文解字』)

【 서경 1 】 원문 2

今予其敷心腹腎腸, 歷告爾百姓于朕志. (『서경書經』「반경盤庚 하」)

【 시경 1 】 원문 3

陟彼南山, 言采其薇.

未見君子, 我心傷悲.

亦旣見止, 亦旣覯止,

我心則夷. (『시경詩經』「소남召南·초충草蟲」)

【 시경 2 】 원문 4

汎彼柏舟, 亦汎其流.

耿耿不寐, 如有隱憂.

微我無酒, 以敖以遊.

我心匪鑑, 不可以茹.

亦有兄弟, 不可以據.

薄言往愬, 逢彼之怒.

我心匪石, 不可轉也.

我心匪席, 不可卷也.

威儀棣棣, 不可選也.

憂心悄悄, 慍于羣小.

覯閔既多, 受侮不少.

靜言思之, 寤辟有摽.

日居月諸, 胡迭而微.

心之憂矣, 如匪澣衣.

靜言思之, 不能奮飛. (『시경』「패풍邶風·백주柏舟」)

【 시경 3 】 원문 5

悠悠昊天, 曰父母且.

無罪無辜, 亂如此憮.

昊天已威, 予愼無罪.

昊天泰憮, 予愼無辜.

(…)

奕奕寢廟, 君子作之.

秩秩大猷, 聖人莫之.

他人有心, 予忖度之.

躍躍毚兔, 遇犬獲之. (『시경』「소아小雅·교언巧言」)

【 서경 2 】 원문 6

王曰: 嗚呼, 封. 汝念哉. 今民將在祇遹乃文考, 紹聞衣德言. 往敷求于殷先哲王, 用保乂民. 汝丕遠惟商耉成人, 宅心知訓. 別求聞由古先哲王, 用康保民, 弘于天若. 德裕乃身, 不廢在王命.

王曰: 嗚呼, 小子封. 恫瘝乃身, 敬哉. 天畏棐忱. 民情大可見, 小人難保. 往盡乃心, 無康好逸豫, 乃其乂民. 我聞曰, '怨不在大, 亦不在小: 惠不惠, 懋不懋.' 已汝惟小子. 乃服惟弘王, 應保殷民. 亦惟助王, 宅天命, 作新民. (『서경』「주서周書·강고康誥」)

【 서경 3 】 원문 7

帝曰: "來禹, 降水儆予, 成允成功, 惟汝賢; 克勤于邦, 克儉于家, 不自滿假, 惟汝賢. 汝惟不矜, 天下莫與汝爭能; 汝惟不伐, 天下莫與汝爭功. 予懋乃德, 嘉乃丕績. 天之歷數在汝躬, 汝終陟元后. 人心惟危, 道心惟微, 惟精惟一, 允執厥中. 無稽之言勿聽, 弗詢之謀勿庸. 可愛非君, 可畏非民. 衆非元后何戴, 后非衆罔與守邦. 欽哉, 愼乃有位, 敬修其可願. 四海困窮, 天祿永終. 惟口出好興戎, 朕言不再." (『서경』「우서虞書·대우모大禹謨」)

【 논어 1 】 원문 8

七十而從心所欲不踰矩. (『논어論語』「위정爲政」)

【 논어 2 】 원문 9

子曰: "回也, 其心三月不違仁, 其餘則日月至焉而已." (『논어』「옹야雍也」)

【 논어 3 】 원문 10

子曰: "飽食終日, 無所用心, 難矣哉. 不有博奕者乎? 爲之猶賢乎已." (『논어』「양화陽貨」)

【 맹자 1 】 원문 11

耳目之官不思, 而蔽於物, 物交物, 則引之而已矣. 心之官則思, 思則得之, 不思則不得也. 此天之所與我者. (『맹자孟子』「고자告子 상」)

【 맹자 2 】 원문 12

孟子曰: "人皆有不忍人之心. 先王有不忍人之心, 斯有不忍人之政矣. 以不忍人之心, 行不忍人之政, 治天下可運之掌上. 所以謂人皆有不忍人之心者, 今人乍見孺子將入於井, 皆有怵惕惻隱之心. 非所以內交於孺子之父母也, 非所以要譽於鄕黨朋友也, 非惡其聲而然也. 由是觀之, 無惻隱之心, 非人也; 無羞惡之心, 非人也; 無辭讓之心, 非人也; 無是非之心, 非人也. 惻隱之心, 仁之端也;

羞惡之心, 義之端也; 辭讓之心, 禮之端也; 是非之心, 智之端也. 人之有是四端也, 猶其有四體也. 有是四端而自謂不能者, 自賊者也; 謂其君不能者, 賊其君者也. 凡有四端於我者, 知皆擴而充之矣, 若火之始然, 泉之始達. 苟能充之, 足以保四海; 苟不充之, 不足以事父母." (『맹자』「공손추公孫丑 상」)

【맹자 3】 원문 13

孟子曰: "牛山之木嘗美矣, 以其郊於大國也, 斧斤伐之, 可以爲美乎? 是其日夜之所息, 雨露之所潤, 非無萌蘖之生焉, 牛羊又從而牧之, 是以若彼濯濯也. 人見其濯濯也, 以爲未嘗有材焉, 此豈山之性也哉? 雖存乎人者, 豈無仁義之心哉? 其所以放其良心者, 亦猶斧斤之於木也, 旦旦而伐之, 可以爲美乎? 其日夜之所息, 平旦之氣, 其好惡與人相近也者幾希, 則其旦晝之所爲, 有梏亡之矣. 梏之反覆, 則其夜氣不足以存; 夜氣不足以存, 則其違禽獸不遠矣. 人見其禽獸也, 而以爲未嘗有才焉者, 是豈人之情也哉? 故苟得其養, 無物不長; 苟失其養, 無物不消. 孔子曰: '操則存, 舍則亡; 出入無時, 莫知其鄕.' 惟心之謂與?" (『맹자』「고자 상」)

【맹자 4】 원문 14

孟子曰: "仁, 人心也; 義, 人路也. 舍其路而弗由, 放其心而不知求, 哀哉! 人有雞犬放, 則知求之; 有放心, 而不知求. 學問之道無他, 求其放心而已矣." (『맹자』「고자 상」)

【 맹자 5 】 원문 15

孟子曰: "盡其心者, 知其性也. 知其性, 則知天矣. 存其心, 養其性, 所以事天也; 殀壽不貳, 修身以俟之, 所以立命也." (『맹자』「진심盡心 상」)

【 맹자 6 】 원문 16

孟子曰: "大人者, 不失其赤子之心者也." (『맹자』「이루離婁 하」)

【 맹자 7 】 원문 17

曰: "敢問夫子之不動心, 與告子之不動心, 可得聞與?" "告子曰: '不得於言, 勿求於心; 不得於心, 勿求於氣.' 不得於心, 勿求於氣, 可; 不得於言, 勿求於心, 不可. 夫志, 氣之帥也; 氣, 體之充也. 夫志至焉, 氣次焉. 故曰: '持其志, 無暴其氣.'" "旣曰'志至焉, 氣次焉', 又曰'持其志, 無暴其氣'者, 何也?" 曰: "志壹則動氣, 氣壹則動志也. 今夫蹶者趨者, 是氣也, 而反動其心."

"敢問夫子惡乎長?" 曰: "我知言, 我善養吾浩然之氣." "敢問何謂浩然之氣?" 曰: "難言也. 其爲氣也, 至大至剛, 以直養而無害, 則塞于天地之間. 其爲氣也, 配義與道, 無是, 餒也. 是集義所生者, 非義襲而取之也. 行有不慊於心, 則餒矣. 我故曰'告子未嘗知義', 以其外之也. 必有事焉而勿正, 心勿忘, 勿助長也. 無若宋人然. 宋人有閔其苗之不長而揠之者, 芒芒然歸. 謂其人曰: '今日病矣, 予助苗長矣.' 其子趨而往視之, 苗則槁矣. 天下之不助苗長者寡矣.

以爲無益而舍之者, 不耘苗者也; 助之長者, 揠苗者也. 非徒無益, 而又害之."

"何謂知言?" 曰: "詖辭知其所蔽, 淫辭知其所陷, 邪辭知其所離, 遁辭知其所窮. 生於其心, 害於其政; 發於其政, 害於其事. 聖人復起, 必從吾言矣." (『맹자』「공손추 상」)

【 순자 1 】 원문 18

散名之在人者: 生之所以然者謂之性. 性之和所生, 精合感應, 不事而自然謂之性. 性之好·惡·喜·怒·哀·樂謂之情. 情然而心爲之擇謂之慮. 心慮而能爲之動謂之僞. 慮積焉·能習焉而後成謂之僞. 正利而爲謂之事. 正義而爲謂之行. 所以知之在人者謂之知. 知有所合謂之智. 智所以能之在人者謂之能. 能有所合謂之能. 性傷謂之病. 節遇謂之命. 是散名之在人者也, 是後王之成名也. (『순자荀子』「정명正名」)

【 순자 2 】 원문 19

人何以知道? 曰, 心. 心何以知? 曰, 虛壹而靜. 心未嘗不臧也, 然而有所謂虛; 心未嘗不滿也, 然而有所謂一; 心未嘗不動也, 然而有所謂靜. 人生而有知, 知而有志. 志也者, 臧也. 然而有所謂虛, 不以所已臧害所將受謂之虛. 心生而有知, 知而有異. 異也者, 同時兼知之. 同時兼知之, 兩也. 然而有所謂一, 不以夫一害此一謂之壹. 心, 臥則夢, 偸則自行, 使之則謀. 故心未嘗不動也. 然而有所謂靜, 不以夢劇亂知謂之靜. 未得道而求道者, 謂之虛壹而靜, 作之則. 將須道者之虛則入, 將事道者之壹則盡, (盡?) 將思道者靜則察. 知道, 察知道, 行體道者也. 虛壹而靜, 謂之大淸明.

萬物莫形而不見, 莫見而不論, 莫論而失位. 坐於室而見四海, 處於今而論久遠, 疏觀萬物而知其情, 參稽治亂而通其度, 經緯天地而材官萬物, 制割大理而宇宙理矣. 恢恢廣廣, 孰知其極! 睪睪廣廣, 孰知其德! 涫涫紛紛, 孰知其形! 明參日月, 大滿八極, 夫是之謂大人! 夫惡有蔽矣哉!

心者, 形之君也而神明之主也, 出令而無所受令. 自禁也, 自使也; 自奪也, 自取也; 自行也, 自止也. 故口可劫而使墨云, 形可劫而詘申, 心不可劫而使易意. 是之則受, 非之則辭. 故曰: "心容, 其擇也無禁, 必自見, 其物也雜博, 其情之至也, 不貳." 『詩』云: "采采卷耳, 不盈頃筐. 嗟我懷人, 寘彼周行." 頃筐易滿也, 卷耳易得也. 然而不可以貳周行. 故曰: "心枝則無知, 傾則不精, 貳則疑惑." 以贊稽之, 萬物可兼知也. 身盡其故則美. 類不可兩也, 故知者擇一而壹焉. (『순자』「해폐解蔽」)

【 순자 3 】 원문 20

心有徵知. 徵知, 則緣耳而知聲可也, 緣目而知形可也. 然而徵知, 必將待天官之當簿其類, 然後可也. 五官簿之而不知, 心徵之而無說, 則人莫不然謂之不知, 此所緣而以同異也. (『순자』「정명正名」)

【 순자 4 】 원문 21

天行有常, 不爲堯存, 不爲桀亡. 應之以治則吉, 應之以亂則凶. (…) 故明於天人之分,則可謂至人矣. 不爲而成, 不求而得, 夫是之謂天職. 如是者, 雖深, 其人不加慮焉; 雖大, 不加能焉; 雖精, 不加察焉, 夫是之謂不與天爭職. 天有其時, 地有其財, 人有其治, 夫是之謂能參. 舍其所以參, 而願其所參, 則惑矣. 列星隨旋, 日月遞炤, 四時代御, 陰陽大化, 風雨博施. 萬物各得其和以生, 各得其養以成. 不見其事而見其功, 夫是之謂神. 皆知其所以成, 莫知其無形, 夫是之謂天. 唯聖人爲不求知天. 天職旣立, 天功旣成, 形具而神生. 好惡喜怒哀樂臧焉, 夫是之謂天情. 耳目鼻口形, 能各有接而不相能也, 夫是之謂天官. 心居中虛, 以治五官, 夫是之謂天君. 財非其類, 以養其類, 夫是之謂天養. 順其類者謂之福, 逆其類者謂之禍, 夫是之謂天政. 暗其天君, 亂其天官, 棄其天養, 逆其天政, 背其天情, 以喪天功, 夫是之謂大凶. 聖人淸其天君, 正其天官, 備其天養, 順其天政, 養其天情, 以全其天功. 如是, 則知其所爲, 知其所不爲矣, 則天地官而萬物役矣. 其行曲治, 其養曲適, 其生不傷, 夫是之謂知天. (『순자』「천론天論」)

【 맹자 8 】 원문 22

公都子問曰: "鈞是人也, 或爲大人, 或爲小人, 何也?" 孟子曰: "從其大體爲大人, 從其小體爲小人." 曰: "鈞是人也, 或從其大體, 或從其小體, 何也?" 曰: "耳目之官不思, 而蔽於物, 物交物, 則引之

而已矣. 心之官則思, 思則得之, 不思則不得也. 此天之所與我者, 先立乎其大者, 則其小者弗能奪也. 此爲大人而已矣."(『맹자』「고자 상」)

【 맹자 9 】 원문 23

然則治天下獨可耕且爲與? 有大人之事, 有小人之事. 且一人之身, 而百工之所爲備. 如必自爲而後用之, 是率天下而路也. 故曰: 或勞心, 或勞力; 勞心者治人, 勞力者治於人; 治於人者食人, 治人者食於人: 天下之通義也. (『맹자』「등문공滕文公 상」)

【 서경 4 】 원문 24

德盛不狎侮. 狎侮君子, 罔以盡人心; 狎侮小人, 罔以盡其力. (『서경』「주서·여오旅獒」)

【 장자 1 】 원문 25

顔回曰: "吾无以進矣, 敢問其方." 仲尼曰: "齋. 吾將語若. 有心而爲之, 其易邪? 易之者, 皞天不宜." 顔回曰: "回之家貧, 唯不飮酒不茹葷者數月矣. 如此, 則可以爲齋乎?" 曰: "是祭祀之齋, 非心齋也." 回曰: "敢問心齋." 仲尼曰: "若一志. 无聽之以耳而聽之以心, 无聽之以心而聽之以氣. 耳止於聽, 心止於符. 氣也者, 虛而待物者也. 唯道集虛. 虛者, 心齋也."

顔回曰: "回之未始得使, 實有回也, 得使之也, 未始有回也. 可謂

虛乎?" 夫子曰: "盡矣. 吾語若. 若能入遊其樊而无感其名, 入則鳴, 不入則止, 无門无毒, 一宅而寓於不得已, 則幾矣. 絕迹易, 无行地難; 爲人使易以僞, 爲天使難以僞. 聞以有翼飛者矣, 未聞以无翼飛者也; 聞以有知知者矣, 未聞以无知知者也. 瞻彼闋者, 虛室生白, 吉祥止止. 夫且不止, 是之謂坐馳. 夫徇耳目內通而外於心知, 鬼神將來舍, 而況人乎! 是萬物之化也, 禹舜之所紐也, 伏羲几蘧之所行終, 而況散焉者乎!" (『장자莊子』「인간세人間世」)

【 관자 1 】 원문 26

(언명) 心之在體, 君之位也; 九竅之有職, 官之分也. 心處其道, 九竅循理; 嗜欲充益, 目不見色, 耳不聞聲. 故曰: "上離其道, 下失其事."

(설명) "心之在體, 君之位也; 九竅之有職, 官之分也." 耳目者, 視聽之官也. 心而無與于視聽之事, 則官得守其分矣. 夫心有欲者, 物過而目不見, 聲至而耳不聞也. 故曰: "上離其道, 下失其事." 故曰: "心術者, 無爲而制竅者也." 故曰: "君."

(언명) 毋代馬走, 使盡其力; 毋代鳥飛, 使弊其羽翼.

(설명) "無代馬走", "無代鳥飛", 此言不奪能能, 不與下誠[試]也.

(언명) 毋先物動, 以觀其則. 動則失位, 靜乃自得.

(설명) "毋先物動"者, 搖者不定, 趮者不靜, 言動之不可以觀也.

"位"者, 謂其所立也. 人主者立于陰, 陰者靜, 故曰: "動則失位." 陰則能制陽矣, 靜則能制動矣. 故曰: "靜乃自得."

(언명) 道, 不遠而難極也, 與人並處而難得也.

(설명) 道在天地之間也, 其大無外, 其小無內. 故曰: "不遠而難極也." 虛之與人也無間, 唯聖人得虛道. 故曰: "並處而難得."

(언명) 虛其欲, 神將入舍; 掃除不潔, 神乃留處.

(설명) 世人之所職者精也. 去欲則宣, 宣則靜矣; 靜則精, 精則獨立矣; 獨則明, 明則神矣. 神者至貴也. 故館不辟除, 則貴人不舍焉. 故曰: "不潔則神不處."

(『관자』「심술心術 상」)

【 관자 2 】 원문 27

凡心之刑, 自充自盈, 自生自成. 其所以失之, 必以憂樂喜怒欲利. 能去憂樂喜怒欲利, 心乃反濟.

彼心之情, 利安以寧. 勿煩勿亂, 和乃自成. 折折乎, 如在于側; 忽忽乎, 如將不得; 渺渺乎, 如窮無極. 此稽不遠, 日用其德. (『관자』「내업內業」)

【 관자 3 】 원문 28

形不正, 德不來; 中不靜, 心不治. 正形攝德, 天仁地義, 則淫然而自至神明之極, 照乎知萬物. 中義守不忒. 不以物亂官, 不以官亂心, 是謂中得.

有神自在身, 一往一來, 莫之能思. 失之必亂, 得之必治. 敬除其舍, 精將自來. 精想思之, 寧念治之. 嚴容畏敬, 精將至定. 得之而勿捨, 耳目不淫, 心無他圖. 正心在中, 萬物得度.

道滿天下, 普在民所, 民不能知也. 一言之解' 上察于天, 下極于地, 蟠滿九州. 何謂解之? 在于心安. 我心治, 官乃治, 我心安, 官乃安. 治之者心也, 安之者心也. 心在藏心, 心之中又有心焉. 彼心之心, 音[意]以先言. 音[意]然后形, 形然后言. 言然后使, 使然后治. 不治必亂, 亂乃死.

精存自生. 其外安榮, 內藏以爲泉原, 浩然和平, 以爲氣淵. 淵之不涸, 四體乃固; 泉之不竭, 九竅遂通. 乃能窮天地, 被四海. 中無惑意, 外無邪災. 心全于中, 形全于外, 不逢天災, 不遇人害, 謂之聖人. (『관자』「내업」)

【 대학 1 】 원문 29

所謂脩身在正其心者, 身有所忿懥, 則不得其正; 有所恐懼, 則不得其正; 有所好樂, 則不得其正; 有所憂患, 則不得其正. 心不在焉, 視而不見, 聽而不聞, 食而不知其味. 此謂脩身在正其心. (『예기禮記』「대학大學」)

【 중용 1 】 원문 30

天命之謂性, 率性之謂道, 脩道之謂教. 道也者, 不可須臾離也, 可離非道也. 是故君子戒愼乎其所不睹, 恐懼乎其所不聞. 莫見乎隱, 莫顯乎微, 故君子愼其獨也. 喜怒哀樂之未發, 謂之中; 發而皆中節, 謂之和. 中也者, 天下之大本也; 和也者, 天下之達道也. 致中和, 天地位焉, 萬物育焉. (『예기』「중용中庸」)

【 동중서 1 】 원문 31

天令之謂命, 命非聖人不行; 質樸之謂性, 性非教化不成; 人欲之謂情, 情非制度不節. 是故王者上謹於承天意, 以順命也; 下務明教化民, 以成性也; 正法度之宜, 別上下之序, 以防欲也. 修此三者而大本擧矣. (동중서董仲舒, 「거현량대책擧賢良對策 3」)

【 동중서 2 】 원문 32

袵衆惡於內, 弗使得發於外者, 心也. 故心之爲名, 袵也. 人之受氣, 苟無惡者, 心何袵哉? 吾以心之名得人之誠, 人之性有貪有仁, 仁貪之氣, 兩在於身. 身之名取諸天. 天兩有陰陽之施, 身亦兩有貪仁之性; 天有陰陽禁, 身有情欲袵, 與天道一也. 是以陰之行不得於春夏, 而月之魄常厭於日光, 乍全乍傷. 天之禁陰如此, 安得不損其欲而輟其情以應天? 天所禁而身禁之, 故曰: "身猶天也." 禁天所禁, 非禁天也. (동중서, 「심찰명호深察名號」)

【 관자 4 】 원문 33

人, 水也. 男女精氣合, 而水流形, 三月如咀. 咀者何? 曰五味. 五味者何? 曰五藏. 酸主脾, 鹹主肺, 辛主腎, 苦主肝, 甘主心. 五藏已具, 而後生肉. 脾生隔, 肺生骨, 腎生腦, 肝生革, 心生肉. 五肉已具, 而後發爲九竅. 脾發爲鼻, 肝發爲目, 腎發爲耳, 肺發爲(口, 心發爲)竅. 五月而成, 十月而生. 生而目視, 耳聽, 心慮. 目之所以視, 非特山陵之見也, 察于荒忽; 耳之所聽, 非特雷鼓之聞也, 察于淑湫; 心之所慮, 非特知于麤麤也, 察于微眇. 故修要之精. 是以水集于玉, 而九德出焉; 凝蹇而爲人, 而九竅五慮出焉. 此乃其精也. 精麤濁蹇, 能存而不能亡者也. (『관자』「수지水地」)

【 황제내경 1 】 원문 34

(1) 心者, 生之本, 神之變也. (『소문素問』「육절장상론六節臟象論」)

(2) 心主身之血脈 (『소문』「위론痿論」)

(3) 諸血者, 皆屬于心. (『소문』「오장생성五臟生成」)

(4) 心臟神 / 主神志 (『영추경靈樞經』「구침론九針論」)

(5) 五臟六腑, 心爲之主. (『영추경』「오륭진액별五癃津液別」)

(6) 心者, 神之舍也. (『영추경』「대혹론大惑論」)

【 황제내경 2 】 원문 35

黃帝問於岐伯曰: "凡刺之法, 先必本於神. 血·脈營·氣·精神, 此五髒之所藏也. 至其淫泆離藏, 則精失, 魂魄飛揚, 志意悗亂, 智慮去身者, 何因而然乎?天之罪與? 人之過乎? 何謂德·氣·生·精·神·魂·魄·心·意·志·思·智·慮? 請問其故."

岐伯答曰:"天之在我者德也, 地之在我者氣也. 德流氣薄而生者也. 故生之來謂之精; 兩精相搏謂之神; 隨神往來者謂之魂; 並精而出入者謂之魄; 所以任物者謂之心; 心有所憶謂之意; 意之所存謂之志; 因志而存變謂之思; 因思而遠慕謂之慮; 因慮而處物謂之智. 故智者之養生也, 必順四時而適寒暑, 和喜怒而安居處, 節陰陽而調剛柔. 如是, 則僻邪不至, 長生久視.

是故怵惕思慮者則傷神, 神傷則恐懼流淫而不止. 因悲哀動中者, 竭絕而失生; 喜樂者, 神憚散而不藏; 愁憂者, 氣閉塞而不行; 盛怒者, 迷惑而不治; 恐懼者, 神蕩憚而不收.

心, 怵惕思慮, 則傷神, 神傷, 則恐懼自失, 破䐃脫肉, 毛悴色夭, 死於冬; 脾, 愁憂而不解, 則傷意, 意傷, 則悗亂, 四肢不舉, 毛悴色夭, 死於春; 肝, 悲哀動中, 則傷魂, 魂傷, 則狂忘不精, 不精則不正, 當人陰縮而攣筋, 兩脅骨不舉, 毛悴色夭, 死於秋; 肺, 喜樂無極, 則傷魄, 魄傷, 則狂, 狂者意不存人, 皮革焦, 毛悴色夭, 死於夏; 腎, 盛怒而不止, 則傷志, 志傷, 則喜忘其前言, 腰脊不可以俛仰屈伸, 毛悴色夭, 死於季夏. 恐懼而不解, 則傷精, 精傷則骨痠痿厥, 精時自下. 是故五髒主藏精者也. 不可傷, 傷則失守而陰虛; 陰虛則無氣, 無氣則死矣. 是故用針者, 察觀病人之態, 以知精·神·魂·魄之存亡, 得失之意, 五者以傷, 針不可以治之也.

肝藏血, 血舍魂, 肝氣虛則恐, 實則怒; 脾藏營, 營舍意, 脾氣虛則四肢不用, 五髒不安, 實則腹脹經溲不利; 心藏脈, 脈舍神, 心氣虛則悲, 實則笑不休; 肺藏氣, 氣舍魄, 肺氣虛, 則鼻塞不利少氣, 實則喘喝胸盈仰息; 腎藏精, 精舍志, 腎氣虛則厥, 實則脹, 五藏不安. 必審五藏之病形, 以知其氣之虛實, 謹而調之也." (『영추경』「본신本神」)

【 예기 1 】 원문 36

有虞氏之祭也, 尙用氣. 血腥爓祭, 用氣也. 殷人尙聲, 臭味未成, 滌蕩其聲. 樂三闋, 然後出迎牲. 聲音之號, 所以詔告於天地之間也. 周人尙臭, 灌用鬯臭, 鬱合鬯, 臭陰達於淵泉. 灌以圭璋, 用玉氣也. 旣灌然後迎牲, 致陰氣也. 蕭合黍稷, 臭陽達於牆屋, 故旣奠然後焫蕭合羶薌. 凡祭愼諸此. 魂氣歸于天, 形魄歸于地, 故祭, 求諸陰陽之義也. 殷人先求諸陽, 周人先求諸陰. (『예기』「교특생郊特牲」)

【 주희 1 】 원문 37

問: "頃聞先生言, '耳目之精明者爲魄, 口鼻之噓吸者爲魂', 以此語是而未盡. 耳目之所以能精明者爲魄, 口鼻之所以能噓吸者爲魂, 是否?" 曰: "然. 看來魄有箇物事形象在裏面, 恐如水晶相似, 所以發出來爲耳目之精明. 且如月, 其黑暈是魄也, 其光是魂也. 想見人身魂魄也是如此. 人生時魂魄相交, 死則離而各散去, 魂

爲陽而散上, 魄爲陰而降下." 又曰: "陰主藏受, 陽主運用. 凡能記憶, 皆魄之所藏受也, 至於運用發出來是魂. 這兩箇物事本不相離. 他能記憶底是魄, 然發出來底便是魂; 能知覺底是魄, 然知覺發出來底又是魂. 雖各自分屬陰陽, 然陰陽中又各自有陰陽也." 或曰: "大率魄屬形體, 魂屬精神." 曰: "精又是魄, 神又是魂." 又曰: "魄盛, 則耳目聰明, 能記憶, 所以老人多目昏耳聵, 記事不得, 便是魄衰而少也. 老子云: '載營魄.' 是以魂守魄. 蓋魂熱而魄冷, 魂動而魄靜. 能以魂守魄, 則魂以所守而亦靜, 魄以魂而有生意, 魂之熱而生敍, 魄之冷而生暖. 惟二者不相離, 故其陽不燥, 其陰不滯, 而得其和矣. 不然, 則魂愈動而魄愈靜, 魂愈熱而魄愈冷. 二者相離, 則不得其和而死矣." 又云: "水一也, 火二也. 以魄載魂, 以二守一, 則水火固濟而不相離, 所以能永年也. 養生家說盡千言萬語, 說龍說虎, 說鉛說汞, 說坎說離, 其術止是如此而已. 故云: '載魄抱魂, 能勿離乎? 專氣致柔, 能如嬰兒乎?' 今之道家, 只是馳騖於外, 安識所謂'載魄守一, 能勿離乎'? 康節云: '老子得易之體, 孟子得易之用.' 康節之學, 意思微似莊老." 或曰: "老子以其不能發用否?" 曰: "老子只是要收藏, 不放散." (『주자어류朱子語類』 87:160)

【 회남자 1 】 원문 38

淸淨恬愉, 人之性也; 儀表規矩, 事之制也. 知人之性, 其自養不勃; 知事之制, 其擧錯不惑, 發一端, 散無竟; 周八極, 總一筦, 謂

之心. 見本而知末, 觀指而睹歸, 執一而應萬, 握要而治詳, 謂之術. 居知所爲, 行知所之, 事知所秉, 動知所由, 謂之道. 道者, 置之前而不輊, 錯之後而不軒; 內之尋常而不塞, 布之天下而不窕. 是故使人高賢稱譽己者, 心之力也; 使人卑下誹謗己者, 心之罪也. (…) 夫禍之來也, 人自生之; 福之來也, 人自成之. 禍與福同門, 利與害爲隣, 非神聖人, 莫之能分. (『회남자淮南子』「인간훈人間訓」)

【 원효 1 】 원문 39

(「論」) 依一心法有二種門, 云何爲二? 一者心眞如門, 二者心生滅門. 是二種門皆各總攝一切法. 此義云何? 以是二門不相離故.

(「疏」) 初中言"依一心法有二種門"者, 如經本言: "寂滅者名爲一心, 一心者名如來藏." 此言"心眞如門"者, 卽釋彼經"寂滅者名爲一心"也; "心生滅門"者, 是釋經中"一心者名如來藏"也. 所以然者, 以一切法, 無生無滅, 本來寂靜, 唯是一心, 如是名爲心眞如門, 故言"寂滅者名爲一心." 又此一心, 體是本覺, 而隨無明, 動作生滅. 故於此門, 如來之性, 隱而不顯, 名如來藏. 如經言: "如來藏者, 是善不善因, 能徧興造一切趣生. 譬如伎兒變現諸趣." 如是等義, 在生滅門, 故言"一心者名如來藏." 是顯一心之生滅門, 如下文言: "心生滅者, 依如來藏, 故有生滅心. 乃至 此識有二種義, 一者覺義, 二者不覺義." 當知非但取生滅心爲生滅門, 通取生滅自體及生滅相, 皆在生滅門內義也. 二門如是, 何爲一心? 謂: 染淨諸法, 其性無二, 眞妄二門, 不得有異, 故名爲'一'; 此無二處, 諸法中實,不同虛空, 性自神解, 故名爲'心'.

(「別記」) 眞如門是諸法通相, 通相外無別諸法, 諸法皆爲通相所攝. 如微塵是瓦器通相, 通相外無別瓦器, 瓦器皆爲微塵所攝, 眞如門亦如是. 生滅門者, 卽此眞如是善不善因, 與緣和合, 變作諸法. 雖實變作諸法, 而恒不壞眞性. 故於此門, 亦攝眞如. 如微塵性聚成瓦器, 而常不失微塵性相, 故瓦器門卽攝微塵, 生滅門亦如是. 設使二門雖無別體, 二門相乖不相通者, 則應眞如門中攝理而不攝事, 生滅門中攝事而不攝理, 而今二門互相融通, 際限無分. 是故皆各通攝一切理事諸法, 故言"二門不相離故."

(이상 『대승기신론소기회본大乘起信論疏記會本』「해석분解釋分」)

【 육조단경 1 】 원문 40

爲說『金剛經』, 至"應無所住而生其心", 惠能言下大悟一切萬法不離自性, 遂啟祖言: "何期自性本自淸淨, 何期自性本不生滅, 何期自性本自具足, 何期自性本無動搖, 何期自性能生萬法!" 祖知悟本性, 謂惠能曰: "不識本心, 學法無益; 若識自本心, 見自本性, 卽名丈夫·天人師·佛." 三更受法, 人盡不知. 便傳頓教及衣鉢, 云: "汝爲第六代祖, 善自護念, 廣度有情, 流布將來, 無令斷絕." (『육조단경六祖壇經』「자서품自序品」)

【 육조단경 2 】 원문 41

師言: "汝等諦聽. 後代迷人, 若識衆生, 卽是佛性; 若不識衆生,

萬劫覓佛難逢. 吾今教汝. 識自心衆生, 見自心佛性. 欲求見佛, 但識衆生; 只爲衆生迷佛, 非是佛迷衆生. 自性若悟, 衆生是佛; 自性若迷, 佛是衆生. 自性平等, 衆生是佛; 自性邪險, 佛是衆生. 汝等心若險曲, 卽佛在衆生中; 一念平直, 卽是衆生成佛. 我心自有佛, 自佛是真佛. 自若無佛心, 何處求真佛? 汝等自心是佛, 更莫狐疑. 外無一物而能建立. 皆是本心生萬種法, 故經云, '心生種種法生, 心滅種種法滅.'" (『육조단경』「부촉품付囑品」)

【 지눌 1 】 원문 42

恭聞, '人因地而倒者, 因地而起.' 離地求起, 無有是處也. 迷一心而起無邊煩惱者, 衆生也; 悟一心而起無邊妙用者, 諸佛也. 迷悟雖殊, 而要由一心, 則離心求佛者, 亦無有是處也. (지눌知訥, 「권수정혜결사문修定慧結社文」)

【 종밀 1 】 원문 43

然所稟之氣, 展轉推本, 卽混一之元氣也; 所起之心, 展轉窮源, 卽真一之靈心也. 究實言之, 心外的無別法, 元氣亦從心之所變, 屬前轉識所現之境, 是阿賴耶相分所攝. 從初一念業相, 分爲心境之二. 心既從細至粗, 展轉妄計, 乃至造業(如前敘例); 境亦從微至著, 展轉變起, 乃至天地(卽彼始自太易, 五重運轉乃至太極, 太極生兩儀. 彼說自然大道, 如此說眞性, 其實但是一念能變見分; 彼云元氣, 如此一念初動, 其實但是境界之相). 業既成熟, 卽從父母稟受

二氣, 與業識和合, 成就人身. 據此則心識所變之境, 乃成二分, 一分卽與心識和合, 成人; 一分不與心識和合, 卽成天地山河國邑. 三才中, 唯人靈者, 由與心神合也. 佛說內四大與外四大不同, 正是此也. 哀哉, 寡學異執紛然. 寄語道流, 欲成佛者, 必須洞明粗細本末, 方能棄末歸本返照心源, 粗盡細除靈性顯現, 無法不達名法報身, 應現無窮名化身佛. (규봉圭峰 종밀宗密, 『원인론原人論』 「회통본말會通本末」)

【 정이 1 】 원문 44

伯溫又問: "孟子言心·性·天, 只是一理否?" 曰: "然. 自理言之, 謂之天; 自稟受言之, 謂之性; 自存諸人言之, 謂之心." 又問: "凡運用處是心否?" 曰: "是意也." 棣問: "意是心之所發否?" 曰: "有心而後有意." 又問: "孟子言心'出入無時', 如何?" 曰: "心本無出入. 孟子只據操舍言之." 伯溫又問: "人有逐物, 是心逐之否?" 曰: "心則無出入矣, 逐物是欲." (『이정유서二程遺書』 「이천잡록伊川雜錄」)

【 장재 1 】 원문 45

(1) 由太虛, 有天之名; 由氣化, 有道之名; 合虛與氣, 有性之名; 合性與知覺, 有心之名. (『정몽正蒙』 「태화太和」)

(2) 性者萬物之一源, 非有我之得私也. 惟大人爲能盡其道, 是故立必俱立, 知必周知, 愛必兼愛, 成不獨成. 彼自蔽塞而不知順吾理者, 則亦末如之何矣. (…) 心能盡性, "人能弘道"也; 性不知檢其

心"非道弘人"也. (…) 形而後有氣質之性, 善反之則天地之性存焉. 故氣質之性君子有弗性者焉. (『정몽』「성명誠明」)

【 주희 2 】 원문 46

(1) 心者, 氣之精爽. 節(64 이후). (『주자어류』 5:28)

(2) 問: "人心形而上下如何?" 曰: "如肺肝五臟之心, 卻是實有一物. 若今學者所論操舍存亡之心, 則自是神明不測. 故五臟之心受病, 則可用藥補之; 這箇心, 則非菖蒲·茯苓所可補也." 問: "如此, 則心之理乃是形而上否?" 曰: "心比性, 則微有跡; 比氣, 則自然又靈." (『주자어류』 5:41)

【 주희 3 】 원문 47

(1) 性是理, 心是包含該載, 敷施發用底. (『주자어류』 5:48)

(2) 問: "心之爲物, 衆理具足. 所發之善, 固出於心. 至所發不善, 皆氣稟物欲之私, 亦出於心否?" 曰: "固非心之本體, 然亦是出於心也." 又問: "此所謂人心否?" 曰: "是." 子升因問: "人心亦兼善惡否?" 曰: "亦兼說." (『주자어류』 5:33)

(3) 因看僩等說性, 曰: "論性, 要須先識得性是箇甚麽樣物事. (必大錄此下云: "性畢竟無形影, 只是心中所有底道理是也.") 程子: '性卽理也', 此說最好. 今且以理言之, 畢竟卻無形影, 只是這一箇道理. 在人, 仁義禮智, 性也. 然四者有何形狀, 亦只是有如此道理. 有如此道理, 便做得許多事出來, 所以能惻隱·羞惡·辭遜·是非

也. 譬如論藥性, 性寒·性熱之類, 藥上亦無討這形狀處. 只是服了後, 卻做得冷做得熱底, 便是性, 便只是仁義禮智. 孟子說: '仁義禮智根於心.' 如曰'惻隱之心', 便是心上說情." 又曰: "邵堯夫說: '性者, 道之形體; 心者, 性之郛郭.' 此說甚好. 蓋道無形體, 只性便是道之形體. 然若無箇心, 卻將性在甚處! 須是有箇心, 便收拾得這性, 發用出來. 蓋性中所有道理, 只是仁義禮智, 便是實理. 吾儒以性爲實, 釋氏以性爲空. 若是指性來做心說, 則不可. 今人往往以心來說性, 須是先識得, 方可說. (必大錄云: "若指有知覺者爲性, 只是說得'心'字.") 如有天命之性, 便有氣質. 若以天命之性爲根於心, 則氣質之性又安頓在何處! 謂如'人心惟危, 道心惟微', 都是心, 不成只道心是心, 人心不是心!" 又曰: "喜怒哀樂未發之時, 只是渾然, 所謂氣質之性亦皆在其中. 至於喜怒哀樂, 卻只是情." (『주자어류』 4:39)

【 주희 4 】 원문 48

(1) 心者, 人之神明, 所以具衆理而應萬事者也. 性則心之所具之理, 而天又理之所從以出者也. 人有是心, 莫非全體, 然不窮理, 則有所蔽而無以盡乎此心之量. 故能極其心之全體而無不盡者, 必其能窮夫理而無不知者也. 旣知其理, 則其所從出. 亦不外是矣. (『맹자집주』「진심 상」 주)

(2) 明德者, 人之所得乎天, 而虛靈不昧, 以具衆理而應萬事者也. 但爲氣稟所拘, 人欲所蔽, 則有時而昏; 然其本體之明, 則有未嘗

息者. 故學者當因其所發而遂明之, 以復其初也. 新者, 革其舊之謂也. 言旣自明其明德, 又當推以及人, 使之亦有以去其舊染之汚也. (『대학장구大學章句』 경 1장 주)

【 주희 5 】 원문 49

(1) 人物之生, 莫不有是性, 亦莫不有是氣. 然以氣言之, 則知覺運動, 人與物若不異也; 以理言之, 則仁義禮智之稟, 豈物之所得而全哉? 此人之性所以無不善而爲萬物之靈也. 告子不知性之爲理, 而以所謂氣者當之, 是以杞柳湍水之喩, 食色無善無不善之說, 縱橫繆戾, 紛紜舛錯, 而此章之誤乃其本根. 所以然者, 蓋徒知知覺運動之蠢然者, 人與物同; 而不知仁義禮智之粹然者, 人與物異也. 孟子以是折之, 其義精矣. (『맹자』 「고자 상」 주희의 주)

(2) 問: "心是知覺, 性是理. 心與理如何得貫通爲一?" 曰: "不須去著實通, 本來貫通." "如何本來貫通?" 曰: "理無心則無著處." (『주자어류』 5:26)

(3) 問: "知覺是心之靈固如此, 抑氣之爲邪?" 曰: "不專是氣, 是先有知覺之理. 理未知覺, 氣聚成形, 理與氣合, 便能知覺. 譬如這燭火, 是因得這脂膏, 便有許多光燄." 問: "心之發處是氣否?" 曰: "也只是知覺." (『주자어류』 5:24)

(4) 心者, 人之知覺, 主於中而應於外者也. 指其發於形氣者而言, 則謂之人心; 指其發於義理者而言, 則謂之道心. 人心易私而難公, 故危; 道心難明而易昧, 故微. 惟能精以察之, 而不雜形氣

之私; 一以守之, 而純乎義理之正, 道心常爲之主, 而人心聽命焉, 則危者安, 微者著, 動靜云爲, 自無過不及之差, 而信能執其中矣.(『서집전書集傳』「대우모大禹謨」 채침蔡沈의 주)

(5) 心之虛靈知覺, 一而已矣, 而以爲有人心 道心之異者, 則以其或生於形氣之私, 或原於性命之正, 而所以爲知覺者不同, 是以或危殆而不安, 或微妙而難見耳. 然人莫不有是形, 故雖上智不能無人心, 亦莫不有是性, 故雖下愚不能無道心. 二者雜於方寸之間, 而不知所以治之, 則危者愈危, 微者愈微, 而天理之公卒無以勝夫人欲之私矣. 精則察夫二者之間而不雜也, 一則守其本心之正而不離也. 從事於斯, 無少閒斷, 必使道心常爲一身之主, 而人心每聽命焉, 則危者安 微者著, 而動靜云爲自無過不及之差矣. 夫堯·舜·禹, 天下之大聖也, 以天下相傳, 天下之大事也. 以天下之大聖, 行天下之大事, 而其授受之際, 丁寧告戒, 不過如此. 則天下之理, 豈有以加於此哉? (『중용장구中庸章句』「중용장구 서」)

(6) 人心是此身有知覺, 有嗜欲者, 如所謂'我欲仁', '從心所欲', '性之欲也, 感於物而動', 此豈能無! 但爲物誘而至於陷溺, 則爲害爾. 故聖人以爲 此人心有知覺嗜欲, 然無所主宰, 則流而忘反, 不可據以爲安, 故曰危. 道心則是義理之心, 可以爲人心之主宰, 而人心據以爲準者也. (『주자어류』 62:41)

【 주희 6 】 원문 50

(1) 伊川"性卽理也", 橫渠"心統性情"二句, 顚撲不破! (『주자어류』

5:70)

(2) 履之問未發之前心性之別. 曰: "心有體用, 未發之前是心之體, 已發之際乃心之用, 如何指定說得! 蓋主宰運用底便是心, 性便是會恁地做底理. 性則一定在這裏, 到主宰運用卻在心. 情只是幾箇路子, 隨這路子恁地做去底, 卻又是心." (『주자어류』 5:62)

(3) 心, 主宰之謂也. 動靜皆主宰, 非是靜時無所用, 及至動時方有主宰也. 言主宰, 則混然體統自在其中. 心統攝性情, 非儱侗與性情爲一物而不分別也. (『주자어류』 5:72)

(4) 心者, 主乎性而行乎情. 故"喜怒哀樂未發則謂之中, 發而皆中節則謂之和", 心是做工夫處. (『주자어류』 5:75)

【 주희 7 】 원문 51

(1) 性便是心之所有之理, 心便是理之所會之地. (下"心"字, 饒錄作"性".) (『주자어류』 5:47)

(2) 問心之動·性之動. 曰: "動處是心, 動底是性." (『주자어류』 5:49)

(3) 性·情·心, 惟孟子·橫渠說得好. 仁是性, 惻隱是情, 須從心上發出來. 心統性情者也. 性只是合如此底, 只是理, 非有箇物事. 若是有底物事, 則既有善, 亦必有惡. 惟其無此物, 只是理, 故無不善. (『주자어류』 5:69)

【 주희 8 】 원문 52

(1) "'喜怒哀樂未發謂之中', 只是思慮未萌, 無纖毫私欲, 自然無所偏倚. 所謂'寂然不動', 此之謂中. 然不是截然作二截, 如僧家塊然之謂. 只是這箇心自有那未發時節, 自有那已發時節. 謂如此事未萌於思慮要做時, 須便是中是體; 及發於思了, 如此做而得其當時, 便是和是用, 只管夾雜相滾. 若以爲截然有一時是未發時, 一時是已發時, 亦不成道理. 今學者或謂每日將半日來靜做工夫, 卽是有此病也." 曰: "喜怒哀樂未發而不中者如何?" 曰: "此卻是氣質昏濁, 爲私欲所勝, 客來爲主. 其未發時, 只是塊然如頑石相似, 劈斫不開; 發來便只是那乖底." 曰: "如此則昏時是他不察, 如何?" 曰: "言察, 便是呂氏求中, 卻是已發. 如伊川云: '只平日涵養便是.'" 又曰: "看來人逐日未發時少, 已發時多." 曰: "然." (『주자어류』 62:118)

(2) 存養是靜工夫. 靜時是中, 以其無過不及, 無所偏倚也. 省察是動工夫. 動時是和. 才有思爲, 便是動. 發而中節無所乖戾, 乃和也. 其靜時, 思慮未萌, 知覺不昧, 乃復所謂"見天地之心", 靜中之動也. 其動時, 發皆中節, 止於其則, 乃艮之"不獲其身, 不見其人", 動中之靜也. 窮理讀書, 皆是動中工夫. (『주자어류』 62:148)

(3) 道夫言: "羅先生教學者靜坐中看'喜怒哀樂未發謂之中', 未發作何氣象. 李先生以爲此意不惟於進學有力, 兼亦是養心之要. 而遺書有云: '既思, 則是已發.' 昔嘗疑其與前所舉有礙, 細思亦甚緊要, 不可以不考." 直卿曰: "此問亦甚切. 但程先生剖析毫釐,

體用明白; 羅先生探索本源, 洞見道體. 二者皆有大功於世. 善觀之, 則亦'並行而不相悖'矣. 況羅先生於靜坐觀之, 乃其思慮未萌, 虛靈不昧, 自有以見其氣象, 則初未害於未發. 蘇季明以'求'字爲問, 則求非思慮不可, 此伊川所以力辨其差也." 先生曰: "公雖是如此分解羅先生說, 終恐做病. 如明道亦說靜坐可以爲學, 謝上蔡亦言多著靜不妨. 此說終是小偏. 才偏, 便做病. 道理自有動時, 自有靜時. 學者只是'敬以直內, 義以方外'. 見得世間無處不是道理, 雖至微至小處亦有道理, 便以道理處之, 不可專要去靜處求. 所以伊川謂'只用敬, 不用靜', 便說得平. 也是他經歷多, 故見得恁地正而不偏. 若以世之大段紛擾人觀之, 若會靜得, 固好; 若講學, 則不可有毫髮之偏也. 如天雄·附子, 冷底人喫得也好; 如要通天下喫, 便不可." (『주자어류』 102:3)

(4) 蓋未發之時但爲未有喜怒哀樂之偏耳. 若其目之有見耳之有聞, 則當愈益精明而不可亂, 豈若心不在焉而遂廢耳目之用哉! 其言靜時旣有知覺, 豈可言靜, 而引復以見天地之心爲說, 亦不可曉. 蓋當至靜之時, 但有能知覺者, 而未有所知覺也. 故以爲靜中有物則可, 而便以纔思卽是已發爲比則未可; 以爲坤卦純陰而不爲無陽則可, 而便以復之一陽已動爲比, 則未可也. (『중용혹문中庸或問』 1:13)

【주희 9】 원문 53

(1) 問: "意是心之運用處, 是發處?" 曰: "運用是發了." 問: "情亦是

發處, 何以別?" 曰: "情是性之發, 情是發出恁地, 意是主張要恁地. 如愛那物是情, 所以去愛那物是意. 情如舟車, 意如人去使那舟車一般." (『주자어류』 5:82)

(2) 李夢先問情·意之別. 曰: "情是會做底, 意是去百般計較做底, 意因有是情而後用." 夔孫錄云: "因是有情而後用其意." (『주자어류』 5:85)

(3) 問: "情·意, 如何體認?" 曰: "性情則一. 性是不動, 情是動處, 意則有主向. 如好惡是情, '好好色, 惡惡臭', 便是意." (『주자어류』 5:86)

(4) "性者, 卽天理也, 萬物稟而受之, 無一理之不具. 心者, 一身之主宰. 意者, 心之所發; 情者, 心之所動; 志者, 心之所之, 比於情·意尤重. 氣者, 卽吾之血氣而充乎體者也. 比於他, 則有形器而較麤者也." 又曰: "舍心無以見性, 舍性無以見心." (『주자어류』 5:88)

(5) "心之所之謂之志, 日之所之謂之時. '志'字, 從'之'從'心'; '旹'字, 從'之'從'日'. 如日在午時在寅時, 制字之義由此. 志是心之所之, 一直去底. 意又是志之經營往來底, 是那志底脚. 凡營爲·謀度·往來, 皆意也. 所以橫渠云: '志公而意私.'" 問: "情比意如何?" 曰: "情又是意底骨子. 志與意都屬情, '情'字較大. '性·情'字皆從'心', 所以說'心統性情'. 心兼體用而言. 性是心之理, 情是心之用." (『주자어류』 5:89)

(6) 問意志. 曰: "橫渠云: '以"意·志"兩字言, 則志公而意私, 志剛

而意柔, 志陽而意陰.'"(『주자어류』 5:90)

(7) 志是公然主張要做底事, 意是私地潛行間發處. 志如伐, 意如侵. (『주자어류』 5:91)

(8) 問: "天命之謂性, 充體謂氣, 感觸謂情, 主宰謂心, 立趨向謂志, 有所思謂意, 有所逐謂欲." 答云: "此語或中或否, 皆出臆度. 要之, 未可遽論. 且涵泳玩索, 久之當自有見." 銖嘗見先生云: "名義之語極難下. 如說性, 則有天地之性, 氣質之性. 說仁, 則伊川有專言之仁, 偏言之仁. 此等且要默識心通." (『주자어류』 5:98)

【 왕수인 1 】 원문 54

"專求本心, 遂遺物理." 此蓋失其本心者也. 夫物理不外於吾心, 外吾心而求物理, 無物理矣. 遺物理而求吾心, 吾心又何物邪? 心之體, 性也, 性卽理也. 故有孝親之心, 卽有孝之理, 無孝親之心, 卽無孝之理矣; 有忠君之心, 卽有忠之理, 無忠君之心, 卽無忠之理矣. 理豈外於吾心邪?

晦菴謂"人之所以爲學者, 心與理而已. 心雖主乎一身, 而實管乎天下之理; 理雖散在萬事, 而實不外乎一人之心." 是其一分一合之間, 而未免已啓學者心理爲二之弊. 此後世所以有'專求本心, 遂遺物理'之患, 正由不知心卽理耳. 夫外心以求物理, 是以有闇而不達之處. 此告子義外之說, 孟子所以謂之不知義也.

心一而已, 以其全體惻怛而言, 謂之仁; 以其得宜而言, 謂之義; 以其條理而言, 謂之理. 不可外心以求仁, 不可外心以求義, 獨可外

心以求理乎？ 外心以求理, 此知行之所以二也. 求理於吾心, 此聖門知行合一之教. 吾子又何疑乎? (『전습록傳習錄』 133)

【왕수인 2】 원문 55

心者, 身之主也, 而心之虛靈明覺, 卽所謂本然之良知也. 其虛靈明覺之良知應感而動者, 謂之意. 有知而後有意, 無知則無意矣, 知非意之體乎？ 意之所用, 必有其物, 物卽事也. 如意用於事親, 卽事親爲一物; 意用於治民, 卽治民爲一物; 意用於讀書, 卽讀書爲一物; 意用於聽訟, 卽聽訟爲一物. 凡意之所用, 無有無物者, 有是意卽有是物, 無是意卽無是物矣. 物非意之用乎? (『전습록』 137)

【왕수인 3】 원문 56

夫人者, 天地之心. 天地萬物本吾一體者也, 生民之困苦荼毒, 孰非疾痛之切於吾身者乎? 不知吾身之疾痛, 無是非之心者也. 是非之心, 不慮而知, 不學而能, 所謂'良知'也. 良知之在人心, 無間於聖愚, 天下古今之所同也. 世之君子惟務其良知, 則自能公是非, 同好惡, 視人猶己, 視國猶家, 而以天地萬物爲一體, 求天下無治, 不可得矣.

古之人所以能見善不啻若己出, 見惡不啻若己人, 視民之飢溺猶己之飢溺, 而一夫不獲, 若己推而納諸溝中者, 非故爲是而以蘄天下之信己也, 務致其良知, 求自慊而已矣. 堯舜三王之聖, 言而民

莫不信者, 致其良知而言之也; 行而民莫不說者, 致其良知而行之也. 是以其民熙熙皞皞, 殺之不怨, 利之不庸. 施及蠻貊, 而凡有血氣者莫不尊親, 爲其良知之同也. 嗚呼! 聖人之治天下, 何其簡且易哉! (『전습록』 179)

【 왕수인 4 】 원문 57

『大學』之所謂'身', 卽耳目口鼻四肢是也. 欲修身, 便是要目非禮勿視, 耳非禮勿聽, 口非禮勿言, 四肢非禮勿動. 要修這箇身, 身上如何用得工夫? 心者身之主宰, 目雖視, 而所以視者心也; 耳雖聽, 而所以聽者心也; 口與四肢雖言動, 而所以言動者心也. 故欲修身, 在於體當自家心體, 常令廓然大公, 無有些子不正處. 主宰一正, 則發竅於目, 自無非禮之視; 發竅於耳, 自無非禮之聽; 發竅於口與四肢, 自無非禮之言動. 此便是'修身在正其心'.

然至善者, 心之本體也. 心之本體那有不善? 如今要正心, 本體上何處用得功? 必就心之發動處, 纔可著力也. 心之發動不能無不善, 故須就此處著力, 便是'在誠意'. 如一念發在好善上, 便實實落落去好善; 一念發在惡惡上, 便實實落落去惡惡. 意之所發, 旣無不誠, 則其本體如何有不正的? 故欲正其心在誠意. 工夫到誠意, 始有著落處.

然誠意之本, 又在於致知也. 所謂"人雖不知而己所獨知者", 此正是吾心良知處. 然知得善, 卻不依這箇良知便做去; 知得不善, 卻不依這箇良知便不去做, 則這箇良知便遮蔽了. 是不能致知也.

吾心良知, 旣不得擴充到底, 則善雖知好, 不能著實好了; 惡雖知惡, 不能著實惡了, 如何得意誠? 故致知者, 意誠之本也.

然亦不是懸空的致知, 致知在實事上格. 如意在於爲善, 便就這件事上去爲; 意在於去惡, 便就這件事上去不爲. 去惡固是格不正以歸於正, 爲善則不善正了, 亦是格不正以歸於正也. 如此, 則吾心良知無私欲蔽了, 得以致其極, 而意之所發, 好善去惡, 無有不誠矣. 誠意工夫實下手處在格物也. 若如此格物, 人人便做得, "人皆可以爲堯舜", 正在此也. (『전습록』 317)

【 정도전 1 】 원문 58

(1) 「心難氣」 凡所有相, 厥類紛總, 惟我最靈, 獨立其中. 我體寂然, 如鑑之空, 隨緣不變, 應化無窮. 由爾四大, 假合成形, 有目欲色, 有耳欲聲. 善惡亦幻, 緣影以生, 戕我賊我, 我不得寧. 絶相離體, 無念忘情, 照而寂寂, 默而惺惺, 爾雖欲動, 豈翳吾明?

(2) 「氣難心」 予居邃古, 窈窈冥冥, 天眞自然, 無得而名. 萬物之始, 資孰以生? 我凝我聚, 乃形乃精. 我若無有, 心何獨靈? 嗟爾有知, 衆禍之萌. 思所不及, 慮所未成, 計利較害, 憂辱慕榮. 氷寒火熱, 晝夜營營, 精日以搖, 神不得寧. 我不妄動, 內斯靜專, 如木斯槁, 如灰不燃. 無慮無爲, 體道之全, 爾知雖鑿, 豈害吾天?

(3) 「理諭心氣」 於穆厥理, 在天地先, 氣由我生, 心亦稟焉. 有心無我, 利害之趨, 有氣無我, 血肉之軀. 蠢然以動, 禽獸同歸, 其與異者, 嗚呼幾希. 見彼匍匐, 惻隱其情, 儒者所以, 不怕念生. 可死則死, 義重於身, 君子所以, 殺己成仁. 聖遠千載, 學誣言厖, 氣以爲道, 心以爲宗. 不義而壽, 龜蛇矣哉, 瞌然而坐, 土木形骸. 我存爾心, 瑩徹虛明, 我養爾氣, 浩然而生. 先聖有訓, 道無二尊, 心乎氣乎, 敬受斯言.

(이상 『삼봉집三峯集』 권10 「심기리편心氣理篇」)

【 권근 1 】 원문 59

朱子曰: "天以陰陽五行, 化生萬物. 氣以成形, 而理亦賦焉." 今本之作此圖.

右圖謹依周子「太極圖」及朱子『中庸章句』之說, 就人心性上, 以明理氣善惡之殊, 以示學者. 故不及萬物化生之象. 然人物之生, 其理則同, 而氣有通塞偏正之異. 得其正且通者, 爲人; 得其偏且塞者, 爲物. 卽此圖而觀, 則誠字一圈, 得最精最通, 而爲聖人; 敬字一圈, 得正且通者, 而爲衆人; 欲字一圈, 得偏且塞者, 而爲物. 其下禽獸橫者, 得其尤偏塞, 而爲草本[木]者也. 是則萬物化生之象, 亦具於其中矣. 夫天地之化生, 生生不窮, 往者息, 而來者繼, 人獸草木, 千形萬狀, 各正性命者, 皆自一太極中流出. 故萬物各具一理, 萬理同出一源. 一草一木, 各一太極, 而天下無性外之物. 故『中庸』言: '能盡其性, 則能盡人之性, 能盡物之性, 而可以贊天地之化育.' 嗚呼至哉! (『입학도설入學圖說』 「천인심성합일지도天人心性合一之圖」)

【 권근 2 】 원문 60

心者, 人所得乎天, 而主乎身, 理氣妙合, 虛靈洞徹, 以爲神明之舍, 而統性情. 所謂明德, 而具衆理應萬事者也. 氣稟所拘, 物欲所蔽, 其用之發, 有時而昏. 學者要當敬以直內, 去其昏, 而復其明也. 其字形方者, 象居中方寸之地也. 其中一點, 象性理之源也, 至圓至正, 無所偏倚, 心之體也. 其下凹者, 象其中虛, 惟虛, 故具衆理也. 其首之尖, 自上而下者, 象氣之源, 所以妙合而成心者也. 其尾之銳, 自下而上, 心於五行, 屬火, 象火之炎上也, 故能光明發動, 以應萬事也. 其右一點, 象性發爲情, 心之用也. 其左一點, 象心發爲意, 亦心之用也. 其體則一, 而用則有二. 其發原於性命者, 謂之道心, 而屬乎情. 其初無有不善, 其端微而難見, 故曰"道心惟微", 必當主敬而擴充之. 其生於形氣者, 謂之人心, 而屬乎意. 其幾有善有惡, 其勢危而欲墜, 故曰"人心惟危", 又必當主敬, 而克治之. 遏人欲之萌, 充天理之正, 常使道心爲主, 而人心聽命, 然後危者安, 微者著, 動靜云爲, 自無差謬, 而聖賢同歸, 參贊天地, 亦可以馴致矣. 不然則人欲日長, 天理日消, 此心之用, 不過情欲利害之事, 雖有人形, 其違禽獸不遠矣. 可不敬哉. (『입학도설』「천인심성분석지도天人心性分釋之圖」)

【 이황 1 】 원문 61

(1) 姑以所聞先儒心有體用之說明之, 而其說皆有所從來. 其以寂感爲體用, 本於大『易』; 以動靜爲體用, 本於『戴記』; 以未發已發爲體用, 本於子思; 以性情爲體用, 本於孟子, 皆心之體用也. 蓋人之一心, 雖彌六合亘古今, 貫幽明徹萬微, 而其要不出乎此二字. 故體用之名, 雖未見於先秦之書, 而程朱以來諸儒所以論道論心, 莫不以此爲主, 講論辯析, 惟恐不明, 而陳北溪心說, 尤極言之, 何嘗有人說心無體用耶?

⑵ 今蓮老之言曰: "心固有體用, 而探其本則無體用也." 滉聞程子曰: "心一而已, 有指體而言者, 有指用而言者." 今旣指其有體用者爲心, 則說心已無餘矣. 又安得別有無體用之心爲之本而在心之前耶?"

⑶ 又曰: "動靜者, 實理也; 體用者, 虛說也. 道理本無體用, 而以動靜爲體用也." 滉謂道理有動有靜, 故指其靜者爲體, 動者爲用. 然則道理動靜之實, 卽道理體用之實, 又安得別有一道理無體用者爲之本而在動靜之先乎?

⑷ 又曰: "體字起於象上, 用字起於動上. 動之前何嘗有用? 象之前何嘗有體耶?" 又引邵子'本無體'之說曰: "無體則無用可知." 滉謂體用有二, 有就道理而言者, 如沖漠無眹而萬象森然已具, 是也; 有就事物而言者, 如舟可行水車可行陸, 而舟車之行水行陸, 是也.

故朱子「答呂子約書」曰: "自形而上者言之, 沖漠者固爲體, 而其發於事物之間者爲之用; 若以形而下者言之, 則事物又爲體, 而其理之發見者爲之用. 不可槩謂形而上者爲道之體而天下之達道五爲道之用."

今以舟車之形象爲體, 而以行水行陸爲用, 則雖謂之'象前無體, 動前無用', 可也. 若以沖漠爲體, 則斯體也不在象之前乎? 以萬象之具於是爲用, 則斯用也不在動之前乎? 以此觀之, 蓮老所謂'體起於象, 用起於動', 只說得形而下事物之體用, 落在下一邊了, 實遺卻形而上沖漠無眹體用一源之妙矣. 惟其滯見於形象之末, 故謂'象前無體', 而引邵說以證之, 殊不知邵子所謂'無體'者, 只謂無形體耳, 非謂無沖漠之體也. 認體旣不得該徧, 則認用之不得該徧, 不待言而可見矣. (節略)

(5) 嘗聞昔賢有議論過高者, 亦未免此等病痛. 如楊龜山極言道之高妙, 而謂'仁義不足以盡道', 此卽莊列小仁義而以道爲窈冥昏默之說也. 胡五峯極言性之高妙, 而謂'善不足以言性', 此慮善之卑近累性, 而反墮於告子湍水東西之說也. 胡廣仲極言動靜之妙, 而謂'動靜之外, 別有不與動對之靜, 不與靜對之動', 此與今所論'象之前何嘗有體, 動之前何嘗有用'之說, 言雖異而意則同. 蓋一則以動靜爲粗淺, 故指其前無對者, 以爲動靜之妙; 一則以體用爲粗淺, 故指其前無體用者, 以爲道之妙, 亦以爲心之妙. 殊不知其所謂妙處只在一體一用一動一靜之間, 此外別無妙處也. 善乎! 朱夫子之破胡說曰: "不與動對, 則不名爲靜; 不與靜對, 則不名爲動." 愚亦曰: "旣指靜爲體, 則更無可指爲無體處; 旣指動爲用, 則更無可指爲無用處矣." 故合三賢之說, 而觀其病處, 蓮老之病, 可知矣. (이상 『퇴계집退溪集』 권41 「심무체용변心無體用辯」)

【 이황 2 】 원문 62

惻隱羞惡辭讓是非, 何從而發乎? 發於仁義禮智之性焉爾. 喜怒哀懼愛惡欲, 何從而發乎? 外物觸其形而動於中, 緣境而出焉爾. 四端之發, 孟子旣謂之心, 則心固理氣之合也. 然而所指而言者, 則主於理, 何也? 仁義禮智之性, 粹然在中, 而四者其端緖也. 七情之發, 朱子謂 "本有當然之則", 則非無理也. 然而所指而言者, 則在乎氣, 何也? 外物之來, 易感而先動者, 莫如形氣, 而七者其苗脈也. 安有在中爲純理, 而才發爲雜氣, 外感則形氣, 而其發爲理之本體耶? 四端皆善也, 故曰'無四者之心, 非人也', 而曰, "乃若其情, 則可以爲善矣." 七情善惡未定也, 故一有之而不能察, 則心不得其正, 而必發而中節, 然後乃謂之和. 由是觀之, 二者雖曰皆不外乎理氣, 而因其所從來, 各指其所主與所重而言之, 則謂之某爲理某爲氣, 何不可之有乎? (『퇴계집』 권16 「답기명언答奇明彦(논사단칠정제일서論四端七情第一書)」)

【 이황 3 】 원문 63

(1) 右三圖, 上一圖, 林隱程氏作, 自有其說矣. 其中·下二圖, 臣妄竊推原聖賢立言垂敎之意而作.

(2) 其中圖者, 就氣稟中指出本然之性, 不雜乎氣稟而爲言, 子思所謂天命之性, 孟子所謂性善之性, 程子所謂卽理之性, 張子所謂天地之性, 是也. 其言性, 旣如此, 故其發而爲情, 亦皆指其善者而言. 如子思所謂中節之情, 孟子所謂四端之情, 程子所謂"何得以不善名之"之情, 朱子所謂"從性中流出, 元無不善"之情, 是也.

(3) 其下圖者, 以理與氣合而言之, 孔子所謂'相近'之性, 程子所謂"性卽氣·氣卽性"之性, 張子所謂'氣質之性', 朱子所謂"雖在氣中, 氣自氣, 性自性, 不相夾雜"之性, 是也. 其言性, 旣如此, 故其發而爲情, 亦以理氣之相須或相害處言. 如四端之情, 理發而氣隨之, 自純善無惡, 必理發未遂而揜於氣, 然後流爲不善. 七者之情, 氣發而理乘之, 亦無有不善, 若氣發不中而滅其理, 則放而爲惡也. 夫如是, 故程夫子之言曰"論性不論氣不備, 論氣不論性不明. 二之則不是." 然則孟子·子思所以只指理言者, 非不備也. 以其竝氣而言, 則無以見性之本善故爾, 此中圖之意也.

(4) 要之, 兼理氣統性情者, 心也. 而性發爲情之際, 乃一心之幾微, 萬化之樞要, 善惡之所由分也. 學者誠能一於持敬, 不昧理欲, 而尤致謹於此, 未發而存養之功深, 已發而省察之習熟, 眞積力久而不已焉, 則所謂精一執中之聖學·存體應用之心法, 皆可不待外求而得之於此矣. (이상 『퇴계집』 권7 「심통성정도설心統性情圖說」)

【 이황 4 】 원문 64

理氣合而爲心, 自然有虛靈知覺之妙. 靜而具衆理, 性也, 而盛貯該載此性者, 心也; 動而應萬事, 情也, 而敷施發用此情者, 亦心也. 故曰心統性情. (『퇴계집 권18 「답기명언答奇明彦」)

【 이황 5 】 원문 65

心之虛靈知覺. 格菴趙氏云云. 此亦來喩看得差. 凡有血氣者, 固皆有知覺. 然鳥獸偏塞之知覺, 豈同於吾人最靈之知覺乎? 況此說知覺, 實因傳心之法危微精一之義, 而以此二字, 幷虛靈言之, 發明人心體用之妙. 讀者當就吾心知覺處, 玩味體認, 出正意思來, 方見得眞實無差. 豈可遠引鳥獸之知覺, 以汩亂正意, 而置疑於不當疑之地耶? 若夫衆人知覺, 所以異於聖賢者, 乃氣拘欲昏而自失之. 又豈當緣此而疑人心之不能識與悟耶? (來喩云, "知覺, 恐不可如此釋. 今衆人至於鳥獸, 皆有知覺, 此豈識其所當然悟其所以然者耶?) (『퇴계집』「답이숙헌문목答李叔獻問目」)

【 이황 6 】 원문 66

程子'心本善'之說, 朱子以爲微有未穩者, 蓋旣謂之'心', 已是兼理氣, 氣便不能無夾雜在這裏, 則人固有不待發於思慮動作, 而不善之根株已在方寸中者, 安得謂之善? 故謂之未穩. 然本於初而言, 則心之未發, 氣未用事, 本體虛明之時, 則固無不善. 故他日論此, 又謂'指心之本體, 以發明程子之意, 則非終以爲未穩', 可知矣. (『퇴계집』 권24 「답정자중별지答鄭子中別紙」)

【 이황 7 】 원문 67

辯曰: 不本諸心, 而但外講儀節者, 誠無異於扮戲子. 獨不聞民彝物則, 莫非天衷眞至之理乎? 亦不聞朱子所謂'主敬以立其本, 窮理以致其知'乎? 心主於敬, 而究事物眞至之理, 心喩於理義, 目中無全牛, 內外融徹, 精粗一致. 由是而誠意正心修身, 推之家國, 達之天下, 沛乎不可禦. 若是者, 亦可謂扮戲子乎?

陽明徒患外物之爲心累, 不知民彝物則眞至之理, 卽吾心本具之理. 講學窮理, 正所以明本心之體, 達本心之用, 顧乃欲事事物物一切掃除, 皆攬入本心衮說了, 此與釋氏之見何異? (이하 節略)

(『퇴계집』 권41 「전습록논변傳習錄論辯」)

【 이황 8 】 원문 68

辯曰: 陽明謂'今人且講習討論, 待知得眞了, 方做行的工夫, 遂終身不行, 亦遂終身不知.' 此言切中末學徒事口耳之弊. 然欲救此弊, 而強鑿爲知行合一之論, 此段雖極細辯說, 言愈巧而意愈遠, 何也? 其以見好色聞惡臭屬知, 好好色惡惡臭屬行, 謂見聞時已自好惡了, 不是見了後又立箇心去好, 不是聞了後別立箇心去惡, 以此爲知行合一之證者似矣. (…)

蓋人之心發於形氣者, 則不學而自知, 不勉而自能, 好惡所在, 表裏如一. 故才見好色, 卽知其好而心誠好之, 才聞惡臭, 卽知其惡而心實惡之. 雖曰'行寓於知', 猶之可也. 至於義理則不然也. 不學則不知, 不勉則不能, 其行於外者, 未必誠於內. 故見善而不知善者有之, 知善而心不好者有之, 謂之見善時已自好, 可乎; 見不善而不知惡者有之, 知惡而心不惡者有之, 謂之知惡時已自惡, 可乎? 故『大學』借彼表裏如一之好惡, 以勸學者之毋自欺, 則可; 陽明乃欲引彼形氣之所爲, 以明此義理知行之說, 則大不可. 故義理之知行, 合而言之, 固相須竝行而不可缺一; 分而言之, 知不可謂之行, 猶行不可謂之知也. 豈可合而爲一乎? (…)

知疾痛而處得其道, 方可謂疾痛之知行; 知饑寒而處得其道, 方可謂饑寒之知行. 若但痛而謂之行, 則所行者血氣耳, 非義理也; 若但饑寒而謂之行, 則所行者人心耳, 非道心也. 且痛而知痛, 饑寒而知饑寒, 途人乞人與禽獸皆能之, 若是而可謂之知行, 何貴於學問爲哉? (『퇴계집』 권41 「전습록논변」)

【 조식 1 】 원문 69

太一眞君,

明堂布政.

內冢宰主,

外百揆省.

承樞出納,

忠信脩辭.

發四字符,

建百勿旂.

九竅之邪,

三要始發.

動微勇克,

進敎廝殺.

丹墀復命,

堯舜日月.

三關閉塞,

淸野無邊.

還歸一,

尸而淵. (『남명집南冥集』 권1 「신명사명神明舍銘」)

【 이이 1 】 원문 70

理, 形而上者也. 氣, 形而下者也. 二者不能相離, 旣不能相離, 則其發用一也, 不可謂互有發用也. 若曰互有發用, 則是理發用時, 氣或有所不及, 氣發用時, 理或有所不及也. 如是則理氣有離合, 有先後, 動靜有端, 陰陽有始矣. 其錯不小矣. 但理無爲而氣有爲. (…) 理之本然者, 固是純善, 而乘氣發用, 善惡斯分. 徒見其乘氣發用有善有惡, 而不知理之本然, 則是不識大本也. 徒見其理之本然, 而不知其乘氣發用, 或流而爲惡, 則認賊爲子矣. 是故, 聖人有憂焉, 乃以情之直遂其性命之本然者, 目之以道心, 使人存養而充廣之, 情之揜乎形氣而不能直遂其性命之本然者, 目之以人心, 使人審其過不及而節制之. (…) 若能充廣道心, 節制人心, 使形色各循其則, 則動靜云爲, 莫非性命之本然矣, 此從古聖賢心法之宗旨. (『율곡전서栗谷全書』 권10 「답성호원答成浩原」)

【 이이 2 】 원문 71

夫理上, 不可加一字, 不可加一毫修爲之力, 理本善也, 何可修爲乎? 聖賢之千言萬言, 只使人撿束其氣, 使復其氣之本然而已. 氣之本然者, 浩然之氣也. 充塞天地, 則本善之理, 無少掩蔽. 此孟子養氣之論, 所以有功於聖門也. 若非氣發理乘一途, 而理亦別有作用, 則不可謂理無爲也. 孔子何以曰, "人能弘道, 非道弘人"乎? 如是看破, 則氣發理乘一途, 明白坦然. (『율곡전서』 권10 「답성호원」)

【 이이 3 】 원문 72

(1) 余謂季鷹曰: "大抵氣質之性, 非別性也. 氣質包性, 與生俱生, 故謂之性也. 氣質如器, 性如水, 淸淨器中儲水者, 聖人也; 器中有沙泥者, 中人也; 全然泥土中有水者, 下等人也. 至如禽獸雖塞, 莫不有水, 譬如和水泥塊子也. 終不可澄淸, 蓋濕性已乾, 無計可澄, 且不見其有水, 而亦不可謂之無水也. 聖人情無不中, 君子情或不中而意無不中, 常人或情中而意不中, 或情不中而意中. 若以情爲無不善, 任情而行, 則何嘗不敗事. 朱子曰: '情者, 性之用; 性者, 情之體, 心爲性情之主.' 斯言亦包氣質而言, 不可不省."

(2) 余在江陵, 覽奇明彦與退溪論四端七情書, 退溪則以爲'四端發於理, 七情發於氣', 明彦則以爲'四端七情元非二情, 七情中之發於理者爲四端耳.' 往復萬餘言, 終不相合. 余曰: "明彦之論, 正合我意. 蓋性中有仁義禮智信, 情中有喜怒哀樂愛惡欲, 如斯而已. 五常之外, 無他性; 七情之外, 無他情, 七情中之不雜人欲粹然出於天理者, 是四端也."

(3) 乙丑春元日, 余與江陵府使金文吉(添慶)話及惻隱之情, 金曰: "四端不可以中節目之." 余曰: "四端是已發, 可指爲中節. 大抵已發, 則便有中節不中節之分, 安有非中節非不中節之情耶?" 金曰: "見盜賊之將死, 生惻隱之心, 是可謂中節耶?" 余曰: "罪其可罪, 而哀其將死, 是天地生物之心, 安可謂不中節耶? 禹之下車泣辜是已."

(4) 余曰: "鄭秋巒天命圖, 以四端, 圖于下; 意字, 圖于上, 此是錯. 大抵學者, 近思力行爲急務. 至於天命, 則非猝然可談者也."

(이상 『율곡전서』 권14 「논심성정論心性情」)

【 이이 4 】 원문 73

子固歷見余談話, 從容語及心性情. 余曰: "公於此三字, 將一一理會否?" 子固曰: "未也. '性發爲情, 心發爲意'云者, 殊未曉得." 余曰: "公於此難曉, 則庶幾有見於心性情矣. 先儒此說, 意有所在, 非直論心性, 而今之學者, 爲此說所誤, 分心性爲有二用, 分情意爲有二岐, 余甚苦之. 今公自謂於此有疑, 則庶幾有眞知矣. 性是心之理也, 情是心之動也, 情動後緣情計較者爲意. 若心性分二, 則道器可相離也; 情意分二, 則人心有二本矣. 豈不大差乎? 須知性心情意只是一路, 而各有境界, 然後可謂不差矣. 何謂一路? 心之未發爲性, 已發爲情, 發後商量爲意, 此一路也. 何謂各有

境界? 心之寂然不動時, 是性境界; 感而遂通時, 是情境界; 因所感而紬繹商量, 爲意境界, 只是一心, 各有境界." (『율곡전서』 권14 「잡기雜記」)

【 이이 5 】 원문 74

(1) 臣按: 天理之賦於人者, 謂之性; 合性與氣而爲主宰於一身者, 謂之心; 心應事物而發於外者, 謂之情. 性是心之體, 情是心之用, 心是未發已發之摠名, 故曰'心統性情.' 性之目有五, 曰仁·義·禮·智·信; 情之目有七, 曰喜·怒·哀·懼·愛·惡·欲. 情之發也, 有爲道義而發者, 如欲孝其親, 欲忠其君, 見孺子入井而惻隱, 見非義而羞惡, 過宗廟而恭敬之類, 是也, 此則謂之道心; 有爲口體而發者, 如飢欲食, 寒欲衣, 勞欲休, 精盛思室之類, 是也, 此則謂之人心.

(2) 理氣渾融, 元不相離. 心動爲情也, 發之者, 氣也; 所以發者, 理也. 非氣則不能發, 非理則無所發, 安有理發氣發之殊乎? 但道心雖不離乎氣, 而其發也爲道義, 故屬之性命; 人心雖亦本乎理, 而其發也爲口體, 故屬之形氣. 方寸之中, 初無二心, 只於發處, 有此二端, 故發道心者, 氣也, 而非性命則道心不生; 原人心者, 理也, 而非形氣則人心不生. 此所以或原·或生·公·私之異者也.

(3) 道心, 純是天理, 故有善而無惡; 人心, 也有天理, 也有人欲, 故有善有惡. 如當食而食, 當衣而衣, 聖賢所不免, 此則天理也; 因食色之念, 而流而爲惡者, 此則人欲也. 道心, 只可守之而已; 人心, 易流於人欲, 故雖善亦危. 治心者, 於一念之發, 知其爲道心, 則擴而充之; 知其爲人心, 則精而察之, 必以道心節制, 而人心常聽命於道心, 則人心亦爲道心矣. 何理之不存, 何欲之不遏乎? 眞西山論天理人欲, 極分曉, 於學者功夫, 甚有益. 但以人心專歸之, 人欲一意克治, 則有未盡者, 朱子旣曰: "雖上智, 不能無人心", 則聖人亦有人心矣. 豈可盡謂之人欲乎? 以此觀之, 則七情卽人心道心善惡之摠名也. 孟子就七情中, 剔出善一邊, 目之以四端, 四端卽道心及人心之善者也.

(4) 論者或以四端爲道心, 七情爲人心. 四端固可謂之道心矣, 七情豈可只謂之人心乎? 七情之外, 無他情, 若偏指人心, 則是擧其半而遺其半矣. 子思子以七情之未發者, 謂之中; 已發者, 謂之和, 論性情之全德, 而只擧七情, 則寧有偏擧人心之理乎? 此則較然無可疑者矣.

(5) 性具於心而發爲情. 性旣本善, 則情亦宜無不善, 而情或有不善者, 何耶? 理本純善, 而氣有淸濁, 氣者, 盛理之器也. 當其未發, 氣未用事, 故中體純善; 及其發也, 善惡始分. 善者, 淸氣之發也; 惡者, 濁氣之發也. 其本則只天理而已. 情之善者, 乘淸明之氣, 循天理而直出, 不失其中, 可見其爲仁義禮智之端, 故目之以四端; 情之不善者, 雖亦本乎理, 而旣爲汚濁之氣所掩, 失其本體而橫生, 或過或不及, 本於仁而反害仁, 本於義而反害義, 本於禮而反害禮, 本於智而反害智, 故不可謂之四端耳. 周子曰: "五性感動而善惡分", 程子曰: "善惡皆天理", 朱子曰: "因天理而有人欲",

皆此意也. 今之學者, 不知善惡由於氣之淸濁, 求其說而不得, 故乃以理發者爲善, 氣發者爲惡, 使理氣有相離之失, 此是未瑩之論也. 臣不揆愚僭, 謹作圖如左.

(이상 『율곡전서』 권14 「인심도심도설人心道心圖說 임오壬午 봉교제진奉教製進」)

【 이이 6 】 원문 75

"心之知覺, 氣耶理耶?" 曰: "能知能覺者, 氣也, 所以知所以覺者, 理也." 曰: "知覺屬於智之間架耶?" 曰: "知覺卽心也. 該載仁義禮智之性, 故四端之情, 隨所寓而發見, 此其心之知覺也. 若以知覺只屬於智之間架, 則仁義無所用矣." (『율곡전서』 권31 「어록語錄 상」, 김진강소록金振綱所錄 신사辛巳)

【 이이 7 】 원문 76

曰: "人之生也, 只禀一種游氣, 而分而爲心氣身氣者, 何也?" 曰: "人之形體, 氣以成之, 而其中通且淸者, 凝而爲心也." 曰: "以凡人之氣論之, 則濁氣之中, 淸且通者, 猶爲人心之虛靈, 而至於聖人之氣, 則純是淸氣, 何者爲心氣, 何者爲身氣乎?" 曰: "聖人, 亦淸氣中精爽之氣, 凝而爲心也." 曰: "心氣身氣, 相爲表裏耶?" 曰: "其氣一而二, 二而一也. 心氣包於身氣之中, 身氣根於心氣之中矣. 內無心氣之虛靈, 則身之疾痛痾痒無所知, 而同於砂石之頑物也." (『율곡전서』 권31 「어록 상」)

【 송시열 1 】 원문 77

以知覺屬心, 此朱子一生說, 而一處又以知覺屬智. 此處不可不仔細分辨. 竊謂, 前所謂知覺, 是泛言心之虛明不昧, 後所謂知覺, 是孟子註所謂, 識其事之所當然, 悟其理之所以然者. 故有屬心屬智之異也. (詳見『大全』「答潘謙之」) … 以知覺屬心, 此朱子一生訓說也. 其「答吳晦叔書」, 則乃以知覺爲智之用. 此非前後異說也. 夫知覺有二, 其虛靈運用, 識飢飽寒煖者, 心之用也, 此周程所謂知覺也; 識事之當然悟理之所以然者, 智之用也, 此伊尹所謂知覺也. 二者各有所指, 不可混淪說也. 蓋心氣也, 智性也, 性則理也, 氣與理二者, 不可離而亦不可雜也. (『송자대전宋子大全』 권131 「간서잡록看書雜錄」)

【 김창협 1 】 원문 78

竊謂, 兩說只說得心之知覺, 與智字不相干涉. 智乃人心是非之理, 確然而有準則者也. 知覺則此心虛靈之用, 神妙而不可測者也. 夫以知覺專爲智之用, 猶不可. 況直以言智, 可乎? 且智則理也, 而謂之妙衆理, 謂之涵天理, 則是以理妙理, 以理涵理, 恐尤未安也. (…)

蓋聞之, 性者, 心所具之理; 心者, 性所寓之器. 仁義禮智, 所謂性也, 其體至精而不可見; 虛靈知覺, 所謂心也, 其用至妙而不可測. 非性, 則心無所準則; 非心, 則性不能運用. 此心性之辨也. 二者不能相離, 而亦不容相雜. 是故語心性者, 卽心而指性, 則可; 認心以爲性, 則不可. (…)

愚之蓄此疑蓋久, 而猶未敢自信, 及見朱夫子「答潘謙之書」, 有曰; "性只是理, 情是流出運用處. 心之知覺, 卽所以具此理, 而行此情者也. 以知言之, 所以知是非之理, 則智也, 性也; 所以知是非而是非之者, 情也; 具此理而覺其爲是非者, 心也." 此說於心性之辨, 極其精微, (…) 殆是晩年定論. (…) 愚於是, 而敢信前日之疑之非妄也. (『농암집農巖集』 권14 「답민언휘答閔彦暉」 1)

【 권상하 1 】 원문 79

(1) (채지홍) 朱子曰: "知覺者, 心之用也." 又曰: "智之用, 而仁者之所兼也." 其曰'心之用', 則語意精白, 包含無可議爲. 若所謂'智之用'者, 不能無疑. 夫知此事覺此理, 此知覺之精者也. 固是仁熟知明者所能. 至於識痛痒覺寒暖等事, 雖在鳥獸蠕蟲, 凡有血氣之類, 莫不同然. 似與夫智不相干涉. 如何說智之用也.

(2) (권상하) 心譬則鏡也. 智是鏡之所以明也. 知覺是鏡之照也. 辨是非者, 是鏡之別姸媸也. 今以心之用智之用分看, 似未精. 至於禽獸, 不但知寒覺暖而已. 飢飽男女好生惡死, 與人不相遠者, 多矣. 此皆智之用也. 雖不能稟得全體, 其一處之通, 不可謂全無所稟.

(이상 『한수재집寒水齋集』 권12 「답채군범答蔡君範」)

【 권상하 2 】 원문 80

三洲之見, 嘗以爲知覺自有體用. 守之甚確. 愚則曰: "知覺心之用, 虛靈心之體, 所以靈, 所以知覺者, 智也. 譬之於鏡, 知覺是照也, 靈是明也. 智者, 所以明與照之理也. 然則訓知覺者, 或作心之用, 或作智之用, 何所不可? 今必分之曰: '是非, 是智之端, 知覺, 則只可屬於心, 而不可屬於智.' 若是則心性爲二物, 而天下有性外之物也. 豈可乎哉?" (『한수재집』 권13 「답이공거答李公擧」)

【 한원진 1 】 원문 81

洲丈之以知覺, 爲不可屬智者, 其說有三. 一以爲, 知覺專一心之德, 智則居五性之一, 不可以專一心之德者, 偏屬於居五性之一者, 則是似不察乎智亦能包五性而爲一心全體之德也; 一以爲, 知覺氣之靈也, 智則性之貞也, 不可以氣之靈者爲性之用也, 則是似不察乎, 知覺屬智者, 以理之乘知覺發見者爲智之用, 而非直以氣爲性之用也; 一以爲, 知覺具此理而行此情者也, 若是智之用, 則智之用, 安得以具此理而行此情也, 則是又不察乎 知覺爲智用者, 只以動邊言之, 若通動靜言之, 則未發而知覺所具之理, 專言之爲智也; 已發而知覺所行之情, 專言之爲智之用也. 二說初不相妨也. (『남당집南塘集』 권7 「상사문上師門 신묘辛卯 오월五月」)

【 한원진 2 】 원문 82

第其以朱子「答潘謙之書」, 爲知覺與智分言之證 (…) 而竊詳潘書之旨, 則雖若主於心性情之分別, 實則推明心性情之無二用, 而智之偏專者, 亦皆擧矣. 正恐當爲知覺屬智之證也. 何者? 一書中, "所以知是非之理"一句, 正訓釋'智'字. 其所云是非者, 乃指是非之在事物者, 而非指吾心是非之情也. 是非雖在事物, 而其所以知之之理, 則在吾心, 是所謂智也. 然則'知是非'三字中, 知者正爲智之用, 而是非非爲智之用也. (…) 據朱子本說, 則曰; "具知是非之理", 又曰: "所以知是非之理", 而今乃去此一'知'字, 直曰: "具是非", 曰: "所以是非", 則是以其是非云者, 爲吾心是非之情也. 朱子以知之理爲智, 而洲丈以是非之理爲智; 朱子以是非爲事物之有是有非者, 而洲丈以是非爲吾心之是之非之者, 則其語意相戾. (…)
愚謂, '所以知是非'一句, 以能所言之, 則知者, 吾心之知也; 是非者, 事物之是非也. 知爲能, 而是非爲所. 今洲丈去其'知'字, 而以是非爲吾心是非之情, 則是以事物之爲所者, 爲吾心之能, (…) 不能辨能所爲病, 於此却自不免焉. (…) 噫, 以知覺爲非智之用, 則是人心有二用, 而四端七情, 凡以氣而發用者, 皆不可以言性之用矣; 以虛靈爲不干於性, 則是人心有二本, 而理氣判爲二物矣.
(『남당집』 권7 「상사문上師門 신묘 오월」)

【 김창흡 1 】 원문 83

雲峰之所引朱子之說, 朱子本以訓知, 非訓智也. 訓智, 自雲峰始, 而其失有兩重焉. 道器之有上下, 而降體爲用, 固不可也. 於其用之中, 定理與明覺, 經緯有別, 而又復渾而一之. 畢竟以覺爲性, 則上下與經緯, 其分俱紊焉. 然究其所差於眇忽, 則經緯之先錯, 而上下隨墮矣. (…)

心也者, 妙性情而爲言者也. 寂然而含具五性, 感通而運出四端, 皆心之爲也. 而其知覺之妙, 虛圓無迹, 乃疑於性. 心性之難分也, 久矣. 然其實則心乃氣之精爽, 尋其爲何氣, 則又屬諸火. 此其所以光明發散, 靡不照燭, 而五性之流行, 待是而顯焉. (…) 若其本然之條理·各具之苗脈, 非待是而始有也. 且如仁之理, 發而爲惻隱, 惻隱非覺則不能, 而覺非惻隱也. (…) 智之理, 發而爲是非, 是非非覺則不能, 而覺非是非也. (…) 盖五性之用, 乘乎一覺者, 自惻隱以至是非, 而知是知非, 其稱亦知, 則以知乘知, 易爲混併者, 勢也. 然其渾融之中, 各有所還. 炳然靈妙者, 還於心之用; 判然貞固者, 還於智之用. 心性情分合之妙, 正在於此.

蓋由心之有未發已發, 而性情分焉; 卽知之有炳然判然, 而心情析焉. 性情之分也, 則其勢一串; 心情之判也, 則世有橫直. 然則性情之界, 上下也, (…) 心情之際, 經緯也. (…) 性情之分, 言之似易, 而心情之析, 勘得較難. 惟朱子所以劈劃曰: "所以是非者, 性也; 知是非而是非之者, 情也; 覺其爲是非者, 心也." 夫知是非而是非之者, 所以是非者之仍也, 其辭則直而條理之意存焉; 覺其爲是非者, 所以是非者之卽也, 其辭則急而敏妙之味形焉. 卽此兩下對說, 而經緯之勢, 幾乎八字打開矣. 然又錯而言之, 則知是情之知也, 覺是心之覺也. 而知覺之稱, 例屬乎心者, 以其有照力也; 知是非, 情之是非也, 覺是非, 心之是非也, 而是非之極, 必歸乎情

者, 以其有定體也. (『삼연집三淵集』 권25 「논지자설論智字說」)

【 한원진 3 】 원문 84

盖未發之前氣像情意地頭時節, 果何如也? 若以其冥然無覺者爲未發也, 則冥然無覺者, 乃其昏氣用事而失其虛明之體也, 不可謂未發也; 若以其有所知覺者爲未發也, 則才涉有所知覺, 便已此心感於事物而動着他至靜之體也, 亦不可謂未發也. 然則必其於至虛至靜之中, 但有能知能覺者在, 而無所知所覺之事, 方可爲未發也. (…) 亦見其他所謂'靜中有物' '知覺不昧'等說, 皆指此能知覺者, 而非實以爲有所知覺者矣. (『남당집』 권14 「답채군범答蔡君範」, 1714년 5월)

【 현상벽 1 】 원문 85

'有物', 卽所謂但有能知能覺者也, 蓋謂知覺之理也. 退溪所謂'至虛之中, 至實者存'者, 是也. 『語類』直謂此爲知覺已動, 則與能知能覺者, 不同. 愚嘗聽瑩於此矣. 若謂之無物, 則是無其理之謂, 殆與釋氏所謂寂滅者, 無間矣. (『관봉유고冠峯遺稿』 권4 「답신명윤答申明允 경暻」)

【 김창협 2 】 원문 86

至於知覺, 本亦指此心全體昭昭靈靈者而爲言, 是雖事物未至, 思慮未萌, 而方寸之中, 固常了然不昧. 凡其耳目之聰明, 身體之

容儀, 皆有以主宰管攝而不昏不亂者, 皆是物也. (…) 至其謂'未發也, 非無知覺之理'者, 雖若近之, 而其所認得差處, 正在於此. 是蓋以未發時, 不容說有知覺, 故須著'之理'二字, 而却不知此時雖未有所知所覺, 而若其能知能覺者, 則未始不了然, 何但有其理而已哉? 苟有見乎此, 則虛靈之不專於靜, 知覺之不專於動, 而不當分屬乎體用者, 可知矣. (『농암집農巖集』 권19 「답도이答道以」, 1707)

【 김창즙 1 】 원문 87

觀於此數言, 則可知未發之已有知覺矣. 何得謂但有知覺之理乎? 且火之光明照燭, 雖亦可名體用, 而但其所謂體用, 只是一時事, 未有有光明而不照燭之時, 則本不可分開也. 若謂未發之時, 但有虛靈而未有知覺, 則豈不與火之體用異乎? (『포음집圃陰集』 권3 「답어순서答魚舜瑞」)

【 김창흡 2 】 원문 88

所謂未發, 亦非懸絶之地不容著工者也. 以視仲謙所云云, 果孰爲高低哉? 且仲謙所謂本體, 果懸乎天上, 而不屬人分乎? 夫性統乎心, 心自有事. 『語類』曰: "未發謂之中, 發則謂之和, 心是做工夫處." 以此觀之, 則心之做工夫, 果何間於發未發乎? 今以本體寄之人事之外, 而謂非工夫所存, 是看地頭太高, 而認工夫太重也. 以愚見論之, 未發工夫, 豈眞有不可形言者乎? 始則收放

藏密, 中則當體照管, 終則保有貞久隱約. 是工夫意象, 有可指陳. (…) 往往失中, 不淪於杳冥, 則懸於孤逈. 杳冥者呂子約, 孤懸則仲謙是已. (『삼연집』 권21 「답이현익별지答李顯益別紙」)

【 한원진 4 】 원문 89

若愚之左見, 則以爲未發之前, 語性則無不善, 語氣質則不能無惡, 而二者不可雜, 亦不可離也. 從其不雜而直指其性之無不善者, 則爲本然之性而所謂中也; 從其不離而兼指其氣之有善惡者, 則爲氣質之性而不可謂中也. 此卽所謂理氣分合說者然也. 於此言者, 若又以爲不然, 則愚請從此閉口囚舌而不能復有言矣. (『남당집』 권9 「여이공거與李公擧 간柬 별지別紙 신묘辛卯 유월六月」)

【 이간 1 】 원문 90

朱子曰: "未發之時, 自堯舜至於塗人, 一也." 栗谷先生曰: "衆人幸於一瞬之間有未發之時, 則卽此全體湛然, 與聖人不異矣." 以是二說而求於未發之旨, 則無論聖凡, 必此心全體, 寂然不動. 方寸之間, 如水之止, 如鏡之明, 則夫所謂淸濁粹駁之有萬不齊者, 只是一齊於純淸至粹(此氣之本然也), 而其不偏不倚, 四停八當之體, 亦於是乎立, 則天下大本也. (『외암유고巍巖遺稿』 권7 「답한덕소별지答韓德昭別紙 임진壬辰」)

【 이간 2 】 원문 91

蓋以心謂氣質者, 是大綱說也. 血肉之氣, 充於一身者, 夫孰非氣質也. 惟綱紀一身, 主宰萬變, 則特方寸地耳. 是朱子所謂"氣之精爽, 比性則微有迹, 比氣則自然又靈者"也. 朱子所謂"所得乎天而虛靈不昧者"也. 朱子所謂"虛明洞澈而萬理咸備者"也. (…) 然則凡人方寸之中, 血肉形質之氣其査滓, 而此其精爽乎形質之氣; 其清濁粹駁有萬不齊, 而此其本明之體, 聖凡之所同然者乎. (『외암유고』 권12 「미발유선악변未發有善惡辨」)

【 이간 3 】 원문 92

噫, 天下之物, 莫不有心, 而明德本體, 則惟人之所獨也; 天下之性, 亦莫不善, 而人皆堯舜, 則非物之所與也. 是謂"天地之性, 人爲貴"者, 而所貴非性也, 乃心也. 人貴物賤, 所較者此心, 則抑其心云者, 是只血肉之氣歟? 將謂本明之體歟? 卽此本明之體, 聖凡眞有不同者, 則彼血氣之不齊者, 終亦以何者爲準而可得以齊之乎? 人可爲堯舜, 心貴於萬物者, 不過爲無實之空言矣. 然乎? (『외암유고』 권12 「미발유선악변」)

【 이간 4 】 원문 93

所謂實事, 則必待夫'理氣同實, 心性一致', 然後方可謂實事. 何者? 盖旣有堯舜之性, 又必有堯舜之心, 然後方喚做堯舜, 此實事也. 彼跖蹻者, 獨無其性哉? 其心非堯舜, 故跖蹻而止, 豈可以

其性之堯舜而引跖蹻躋堯舜哉? 其非實事也亦明矣. 况中不能自中, 未發而後中焉; 和不能自和, 中節而後和焉, 則性道之待心也久矣. 心之不正而性能自中, 氣之不順而理能自和, 天下有是乎? (『외암유고』 권12「미발유선악변」)

【 윤봉구 1 】 원문 94

心專言則統性情, 而單言則氣也. 是氣也, 雖所稟之精英, 該貯於方寸者, 而氣者不齊也. 隨所稟之不齊, 各有淸濁. 故以聖凡所同之性, 而凡人之不能與聖人之直遂者, 只爲淸濁所拘, 而不能不異也. 必能加變化之工, 無些子査滓, 至於淸明純粹, 然後可以盡其性. 卽與聖人一也. 此一說也. 聖凡所同, 不止性也, 心亦同也. 心之本體, 湛然虛明, 初無聖凡淸濁之可言. 其所不同者, 軀殼血氣, 有淸濁粹駁之不同, 濁駁之掩, 而本體之湛然者, 不能發見, 始有聖凡之異也. 此又一說也. 是非文義訓詁之異同, 實係心學源頭, 不可不一下辨明. 而況其各所主張者, 又不是一二蒙學偶然說出者, 則在後生從違之道, 亦不宜一任其紛岐. 未知執事定論, 以爲如何? (『도암집陶菴集』 권10「답윤서응答尹瑞膺 봉구鳳九 심설변문心說辨問 을묘乙卯」)

【 이재 1 】 원문 95

竊謂, 心固氣也. 然必合性與氣言之, 其義乃備. 故從古言心, 未嘗專以氣單指. 然若就其中, 單指氣言之, 則理一也氣二也, 聖人

衆人之心, 容有不齊者. 然氣之爲物, 雖有淸濁粹駁之不同, 其本則湛一而已矣. 心又氣之精爽, 而又合理而言之, 則不可專著一氣字. 故其本體之湛然, 則聖人衆人一也. 於未發時, 可見. 如何如何. (『도암집』 권10 「답윤서응 봉구 심설변문 을묘」)

【 이재 2 】 원문 96

然是氣也, 對理而言, 則固二也, 而其本則亦一而已矣. 衆人所賦, 雖有淸濁粹駁之不齊, 而於其濁駁之中, 本體之湛然, 則蓋未嘗不在. 又況氣之爲物, 變動不窮, 非如形質之一有局定, 而不可易者. 故苟加澄治之功, 則濁者可淸, 駁者可粹. 自非然者, 變化氣質之功, 亦安所施也. 但其稟質所拘, 物慾所蔽, 湛一之體, 未易呈露, 惟於未發時, 綽略可見矣. 愚於中庸首章, 每謂未發時不可着氣質二字. (…) 竊聞, 湖中士友, 多主明德分殊之說, 心竊憂歎久矣. 來敎則不然, 豈傳者過耶? 然明德是本心, 高明之見, 旣於心上主張氣字太過, 則雖欲專以德屬性, 性亦不離於心矣. 終恐不免有分數也. (『도암집陶菴集』 권10 「답유서응변문 병진丙辰」)

【 한원진 5 】 원문 97

今人蓋皆不知湛一虛明之氣, 與淸濁粹駁之氣, 本只是一氣. 故遂以未發虛明之氣, 爲純粹至善底物事, 而又必謂'氣純善, 然後性方純善.' 其知氣質之有善惡者, 輒斥氣質, 以爲心外之物事. 知其心之爲氣質者, 又幷與未發氣質而謂之純善. 其意本欲明性善,

而反不免於挽性善而墮善惡氣質之科, 與諸子以氣言性之陋釋氏本心之學, 幷歸一轍. 豈不可惜哉? (『남당집』 권32 「서옥계여여호한천왕복서후書玉溪與黎湖寒泉往復書後」)

【 한원진 6 】 원문 98

自古異端之說, 皆是無分之說也. 老莊'齊物', 告子'生之謂性', 皆是也. 今之學者, 以人物之性, 謂同具五常, 是人獸無分也; 釋氏曰'心善', 而儒者亦曰'心善', 是儒釋無分也; 推尊許衡, 以爲聖門眞儒, 旣以爲眞儒, 則當學其人, 是華夷無分也. 此三說者° 將爲吾道無窮之害. (『남당집』 권20 「답권형숙答權亨叔 별지別紙 정묘丁卯 팔월八月」)

【 이익 1 】 원문 99

論心不一, 有曰草木之心, 有曰人物之心, 有曰天地之心. 心則同而有不同者存何也? 彼頑然土石, 謂之無心. 至於草木生長衰落, 若有心然者而無知覺, 只可道生長之心而已矣. 禽獸之有生長之心, 則固與草木同, 而又有所謂知覺之心. 夫禽獸生而長而老而死, 是其一支體一毛羽, 得養而充, 傷缺復完, 是於草木之心, 無少異也, 而與知覺不相干. 知覺者, 知寒覺煖欲生惡死之類是也. 知覺之於生長老死, 不能加損. 故毛落復生, 爪缺復長, 而知覺無與焉. 是則二者各爲一物而不相混也.

至於人, 其有生長及知覺之心, 固與禽獸同, 而又有所謂理義之心者. 知覺之心, 知之覺之而止, 故其用不過乎趨利避害, 在人則人心是也. 若人者, 必以天命所當然者爲主宰, 而欲或甚於生, 惡或甚於死, 則道心是也. 故人者, 較之於草木, 而均有生長之心; 較之於禽獸, 而亦均有知覺之心, 其義理之心則彼草木禽獸所未有也.

何以明其然也? 今閭里童騃, 疾雖在體, 怯慴鍼焫藥餌, 其心以爲遇此頓自無生, 然強以施之, 回死復甦. 又若人一指病瘡, 知其有缺, 其心雖欲速至完痊, 其勢無柰, 必須待氣血交運, 浸以生肌, 然後愈也. 此其知覺之心, 無補於生長也. 故曰: "人也者, 草木之生長禽獸之知覺並有, 而又御之以義理之心焉." 荀子曰: "草木有生而無知, 禽獸有知而無義, 人有生有知亦有義." 此已經先儒勘定之論, 見『性理大全』. 然則人有心者三耶? 曰: 非也. 人心道心, 固有此兩掾, 外此無心也.

心本五臟之一. 惟人與禽獸有之, 草木未始有也. 心者載性者也, 性理而心氣. 故理御于氣, 則知覺循乎理, 而爲理義之心; 氣偏理昧, 則只有知覺之心, 而同乎禽獸. 心之名, 本從有臟者起, 彼無臟之草木何與焉? 然以象類推言之, 則草木之生長衰落感應昭著, 若人與禽獸之有心然, 故擧而命之, 其實不同也. 人與禽獸, 旣自有心. 雖有生長之理, 未嘗謂心. 是以生長責之根, 根主於水; 知覺責之心臟, 心臟主於火. 責知覺於根則駭矣, 責生長於心臟則謬矣. 水者在人爲腎, 腎爲生長之根, 故飮食以滋腎, 如草木之澆根也. 其曰天地之心何也? 此與草木之心一般, 亦無所謂知覺也.

天何嘗有五臟之心也? 其自然運行, 昭明感格者, 理之固然, 非有意而爲之, 一如人之用心也. 何以明其然也? 蓋有以復論天地之心矣, 在人, 則病劇而還穌, 熟寐而更寤, 卽此其境界, 自與人心隨物而應者殊科也; 蓋有以休咎論天地之心矣, 在人則榮衛充養, 吉見於顏色, 氣血內損, 凶著於四體, 自與人心隨物而應者殊科也. 凡此類在人未嘗謂心, 而在天則便指爲心. 至於逐物思量之心, 存於人, 而天地則無有. 可見心之名, 初從人之心臟上說去, 而若草木天地之心者, 特以類推言, 非委曲皆同者也. 或以人之寂感比並於天地, 謂毫髮無異, 豈非紋乎?

然則草木根在下. 天亦奚根? 曰: 動靜者陰陽也, 陽舒陰慘. 根必在靜, 靜者北之謂也. 故論天之心, 總會於北極, 而更無所謂心臟之可論. 在人則生長衰落, 亦莫不以腎爲根, 而未嘗謂之心. 其四端七情, 管司乎方寸, 是曰心君也. (『성호전집星湖全集』 권41 「심설心說」)

【 이익 2 】 원문 100

心有血肉之心, 有神明之心. 血肉之心, 是五臟之一, 卽所謂神明之舍也; 神明之心, 是血肉之心中氣之精英, 卽所謂出入存亡者也. 不言血肉, 則無以明心之動靜及性情之根委; 不言神明, 則又無以明夫靜而統性·動而統情者皆心之爲也. (『성호전집』 권41 「심통성정도설心統性情圖說 병도幷圖」)

【이익 3】원문 101

夫人有帝, 天亦曰帝; 人有心, 天亦曰心. 此名其先從人起而卻以天取比爲稱耶? 抑天先有此名而移之在人耶? 人心之名, 其先從心藏起耶? 抑心者本是神明之名, 而後因以心藏並稱耶? 天之上帝, 是指理言, 指氣言, 神明之心, 亦指理言, 指氣言, 天之上帝與人神明之心, 毫釐皆同耶? 理在氣中, 未嘗離也, 未有氣動而理未動者, 亦未有氣靜而理自動者也. 彼太微無迹之心, 縱不可以粗而有迹之氣論之, 而亦恐不能離乎氣而獨自出入升降也. 其上胷下腹之時, 其乘乎氣機而然者乎? 抑或不繫乎氣之動靜而獨自運用耶? 人有心藏故有應物之知覺, 草木無此者, 無心藏故也. (『성호전집』 권13 「여김상사중진與金上舍仲鎭 신축辛丑」)

【이익 4】원문 102

昔退溪先生上『聖學十圖』, 其對心統性情之問曰, "天地之塞, 吾其體; 天地之帥, 吾其性, 氣爲形而理具於其中. 合理氣爲心, 而爲一身之主宰. 所謂理具於其中, 性也; 自性發用者, 情也." 後先生自謂未盡, 而不言其所以未盡者.

蓋統性與情者, 卽指神明之心, 非謂肺肝等五臟有形之心. 彼心臟者, 不過塊然血肉有形之物, 寧有動靜之別? 旣無動靜, 則於未發之性, 猶或可議, 而豈復有統於已發之情乎?

天地之塞而爲體者, 形也. 形而後有神明之心舍於血肉之臟, 而具動靜·該寂感, 方可以兼統性情也. 所謂神明之心, 何也? 旣有

血肉之心臟, 則這心臟中氣之精英者, 根於臟, 而不囿乎臟, 爲一身主宰. 所謂"出入無時, 莫知其鄕", 是也. 故能靜而統性, 動而統情. 是則理搭於氣, 相離不得者然也. (『성호전집』 권43 「심통성정해心統性情解」)

【 이익 5 】 원문 103

心譬於鑑, 鑑空而不活; 心譬於水, 水活而不覺; 心譬於猿, 猿覺而不靈. 然則心終不可喩乎? 空處喩鑑, 活處喩水, 覺處喩猿, 加之以靈, 則得矣. 故以人喩心, 亦可. 人居室中, 如心在身內也. 動靜云爲, 主張有在, 故曰君. 所謂"天君泰然, 百體從令也." (『성호사설星湖僿說』 권18 경사문經史門 「심心」)

【 이익 6 】 원문 104

四七之理發氣發, 至矣. 四端, 不因形氣而直發, 故屬之理發; 七情, 理因形氣發, 則屬之氣發. 彼'氣發', 亦何嘗非理之發乎?
至退溪, 有'理發氣隨, 氣發理乘'之論, '氣隨'之'氣', 屬心氣; '氣發'之'氣', 屬形氣. 彼'理乘'者, 惡乎乘? 乘氣而已, 是氣卽'四端氣隨'之'氣', 而非'七情氣發'之'氣'也. 理乘而氣不隨, 則亦成此七情不得也. 謂之'乘', 則'氣隨'在其中矣. '氣發'之'氣', 分明是形氣之氣也, 則旣云'氣發', 而又云'乘此形氣', 可乎? 余故曰: "理發氣隨, 四七同然, 而若七情, 則理發上面, 更有一層苗脈, 所謂形氣之私, 是也." (『사칠신편四七新編』 「중발重跋」)

【 이익 7 】 원문 105

章本清『圖書編』云: "每日念慮經營, 莫非精神之發洩. 及嚮晦入燕息, 而時方熟寐, 則耳目悉斂, 思慮盡忘. 神入于腎, 而交乎精; 魂亦隨神, 而攝乎魄. 故血氣流貫, 百脈歸原. 及將寤, 則神寓于心; 旣覺, 則神游于目. 此則人人皆然, 非養生家'取坎塡離'之說也. 惟夜而寐也, 神入于坎, 故精得神而愈充; (斯)晝而覺也, 精煥于離, 故神得精而愈旺也."

此說本於邵子『經世書』: "人之神, 寤棲心, 寐棲腎."及"將寐在脾, 熟寐在腎; 將寤在肝, 正寤在心."及"人之神棲于目"等語. 此以一身流行之神言, 非方寸神明之心也. 神者, 氣之精英, 有一身流行者, 有方寸出入者, 比如天地流行之氣, 與一物舒翕之氣不同也. 又如『曆書』: "人神日遊, 何處不至." 其神明之心, 靜時方寸湛然, 動時光燭九垓, 豈有遍走之理?

近世有一長老, '以腎爲室, 以心臟爲堂, 寂然不動, 則入於腎; 感而遂通, 則出於心. 所謂神明之心, 以腎爲大本.' 遂主張議論謂得前人未發之蘊. 余旣嘗以書質之, 不得印可. 偶閱此編, 便知其有所祖也. 噫, 立言之難, 有如是夫! (『성호사설』 권20 경사문 「신입우신神入于腎」)

【 이익 8 】 원문 106

戊申正月初六日, 余往拜李翊衛丈于城東之藍井洞寓舍. 李丈曰: "嘗以心腎說, 與安山 有往復, 而彼此不能歸一, 嫌於強辨而自止.

吾子既因安山聞其大略, 幸望辨斥其乖謬處, 使得知過." 余對曰: "此等微妙處, 非末學之所可輕議, 辨斥之教, 不敢奉承. 抑嘗從安山, 言及西洋亞尼瑪之學, 安山云: '嚮見高城丈'腎爲大本, 心爲大用'之說, 而卞其非矣. 今見亞尼瑪文字, 謂有'腦囊顱顖之際, 爲記含之主'云云. 其說雖不經見, 亦頗有會, 自不害爲一般道理. 因此而反思高城丈心腎之說, 亦似有苗脈來歷.' 所聞於安山者如此, 蓋未能深扣其說也. 李丈曰: "亞尼瑪之學, 今始聞之矣. 未知其學果爲何如, 安山之說以爲何如." 余對曰: "亞尼瑪文字, 如『天學正宗』·『靈言蠡勺』等書, 可見其學之大略, 而如上頃腦囊說及三魂等說, 安山之所取也: 如天堂地獄之說, 安山之所斥也." (『돈와서학변遯窩西學辨』 기문편紀聞編 「무신춘견이익위기문戊申春見李翊衛紀聞 명名식栻, 거이천居利川」, 1728)

【 마테오 리치 1 】 원문 107

彼世界之魂, 有三品. 下品名曰'生魂', 卽草木之魂是也. 此魂扶草木以生長. 草木枯萎, 魂亦消滅. 中品名曰'覺魂', 則禽獸之魂也. 此能附禽獸長育, 又使之以耳目視聽, 以口鼻啖嗅, 以肢體覺物情. 但不能推論道理. 至死而魂亦滅焉. 上品名曰'靈魂', 卽人魂也. 此兼生魂·覺魂. 能扶人長養, 及使人知覺物情, 而又使之能推論事物, 明辨理義. 人身雖死, 而魂非死. 蓋永存不滅者焉. (『천주실의天主實義』 상권 3-3)

【 정약용 1 】 원문 108

神形妙合, 乃成爲人. 神則無形, 亦尙無名. 以其無形, 故借名曰'神.'(借鬼神之神.) 心爲血府, 爲妙合之樞紐, 故借名曰'心.'(心本五臟, 字與肝肺同.) 死而離形, 乃名曰'魂.' 孟子謂之'大體', 佛家謂之'法身.' 其在文字, 無專名也. (『정본여유당전서定本與猶堂全書』 7, 89쪽, 『맹자요의孟子要義』 「등문공滕文公」 제3第三)

【 정약용 2 】 원문 109

神形妙合, 乃成爲人. 故其在古經, 總名曰身, 亦名曰己, 而其所謂虛靈知覺者, 未有一字之專稱. 後世欲分而言之者, 或假借他字, 或連屬數字. 曰心, 曰神, 曰靈, 曰魂, 皆假借之言也. 孟子以無形者爲大體, 有形者爲小體, 佛氏以無形者爲法身, 有形者爲色身, 皆連屬之言也. 若古經言心, 非大體之專名. 惟其含蓄在內, 運用向外者, 謂之心. 誠以五臟之中, 其主管血氣者, 心也. 神形妙合, 其發用處, 皆與血氣相須. 於是假借血氣之所主, 以爲內衷之通稱, 非謂此鑿七竅而懸如柿者, 卽吾內衷也. (『정본여유당전서』 6, 195쪽, 『심경밀험心經密驗』 「심성총의心性總義」)

【 정약용 3 】 원문 110

有形之心, 是吾內臟; 無形之心, 是吾本體. 卽所謂虛靈不昧者也. (…) 是無形之體, 是不屬血肉者, 是能包括萬狀, 妙悟萬理, 能愛能惡者. 是我生之初, 天之所以賦於我者也.(『정본여유당전서』 6,

152쪽, 『대학강의大學講義』 「전칠장傳七章」)

【 정약용 4 】 원문 111

孟子論性, 以不善歸之於陷溺; 宋儒論性, 以不善歸之於氣質. 陷溺由己, 其救有術; 氣質由天, 其脫無路. 人孰不自暴自棄, 甘自歸於下流之賤乎? 天之賦予, 原自不均, 或予之以純美純淸之氣質, 使之爲舜爲堯. 或予之以純惡純濁之氣質, 使之爲桀爲跖, 天之不公, 胡至是也? (…) 旣予之以濁氣, 又加之以惡人之名, 何薄於桀跖乎? 使桀跖而死而有知也, 則將日號泣于昊天, 以愬其寃枉矣." (『정본여유당전서』 7, 200쪽, 『맹자요의』 「고자」 제6第六)

【 정약용 5 】 원문 112

故天之於人, 予之以'自主之權', 使其欲善則爲善, 欲惡則爲惡, 游移不定. 其權在己, 不似禽獸之定心. 故爲善則實爲己功, 爲惡則實爲己罪. 此心之權, 非所謂性也. (…) 人則異於是, 可以爲善, 可以爲惡. 主張由己, 活動不定. 故善斯爲功, 惡斯爲罪. 然且可善可惡之理, 旣已參半, 則其罪似當末減. 所以作孼之不敢逭者, 以性善也. 性之樂善恥惡, 旣眞確矣. 拂此性而爲惡, 罪其可逭乎? (『정본여유당전서』 7, 94쪽, 『맹자요의』 「등문공」 제3第三)

함께 읽을 자료

서울대학교 철학사상연구소, 『마음과 철학』 서양편 상·하, 서울대학교출판문화원, 2012

서울대학교 철학사상연구소, 『마음과 철학』 불교편·유교편, 서울대학교출판문화원, 2013

이동철 외, 『21세기의 동양철학』, 을유문화사, 2005

미조구치 유조溝口雄三 외 편저, 『中國思想文化事典』, 민족문화문고, 2003

오하마 아키라大濱晧, 이형성 옮김, 『범주로 보는 주자학』, 예문서원, 1997

진순陳淳, 김영민 옮김, 『북계자의北溪字義』, 예문서원, 1993

장리원張立文 주편主編, 『心』, 中國人民出版社, 1993

첸무錢穆, 『靈魂與心』, 廣西師範大學出版社, 2004

Zhang Danien, trans.&edited by Edmund Ryden, *Key Concepts in Chinese Philosophy*, New Haven and London & Beijing: Yale University and Foreign Language Press, 2002(중국어본 1989)

가노 요시미쓰, 동의과학연구소 옮김, 『몸으로 본 중국 사상』, 소나무, 1999

데이비드 S. 니비슨, 김민철 옮김, 『유학의 갈림길』, 철학과 현실사, 2006

이시다 히데미, 이동철 옮김, 『기氣 흐르는 신체』, 열린책들, 1996

Aihe Wang, *Cosmology and Political Culture in Early China*, Cambridge: Cambridge University Press, 2000

Wm. Theodore de Bary, *The message of the mind in Neo-Confucianism*, New York: Columbia University Press, 1989

이용주, 『생명과 불사』, 이학사, 2009

은정희 역주, 『원효의 대승기신론 소·별기』, 일지사, 1991

원효元曉·의상義湘·지눌知訥, 이기영 옮김, 『韓國의 佛教思想』, 三省出版社, 1986

정병조鄭柄朝 역해, 『六祖壇經』, 韓國佛教研究院 出版部, 1983

규봉 종밀, 신규탁 옮김, 『화엄과 선』, 정우서적, 2013

여정덕黎靖德 편, 허탁 외 역주, 『朱子語類』 1~4, 청계, 1998·2001

왕양명王陽明, 정인재·한정길 역주, 『傳習錄』, 청계, 2001

이황李滉, 『국역 퇴계전서』, 퇴계학연구원, 1991

이황, 이광호 옮김, 『성학십도』, 홍익출판사, 2001

이황, 고려대 민족문화연구원 한국사상연구소 편, 『역주와 해설 성학십도』, 예문서원, 2009

조식曺植, 오이환 옮김, 『남명문집南冥文集』, 지식을만드는지식, 2012

조식曺植, 경상대학교 남명학 연구소 편역, 『교감 국역 南冥集』, 이론과실천, 1995

이이李珥, 『國譯 栗谷全書』, 한국정신문화연구원, 1987

황준연 외 역주, 『역주 사단칠정논쟁』(1·2), 학고방, 2009

이승환, 『횡설과 수설』, 휴머니스트, 2012

황준연 외 역주, 『역주 호락 논쟁』(1·2), 학고방, 2009

금장태, 『한국유학의 心說』, 서울대학교출판부, 2009

문석윤, 『호락 논쟁湖洛論爭 형성과 전개』, 동과서, 2006

정약용丁若鏞, 전주대 호남학연구원 옮김, 『國譯 與猶堂全書』(經集), 여강출판사, 1986

이익李瀷, 이상익 역주, 『譯註 四七新編』, 도서출판 다운샘, 1999

이병휴李秉休, 실시학사고전문학연구회·경학연구회 옮김, 『정산 이병휴의 시와 철학』, 성균관대학교출판부, 2013

마테오 리치利瑪竇, 송영배 외 옮김, 『천주실의』, 서울대학교출판부, 1999

프란체스코 삼비아시, 김철범·신창식 옮김, 『영언여작』, 일조각, 2007

박성훈 편저, 『訓蒙字會註解』, 태학사, 2013

쉬진슝許進雄, 조용준 옮김, 『중국문자학강의』, 고려대학교출판부, 2013

시라카와 시즈카白川靜, 『字統』, 平凡社, 2004

쉬중수徐中舒 편, 『甲骨文字典』, 四川辭書, 1988

위싱우于省吾 주편, 『甲骨文字詁林』, 中華書店, 1996

주

1 더 자세한 내용은 서울대학교 철학사상연구소 엮음, 『마음과 철학-서양편』(상·하), 서울대학교출판문화원, 2012 참조. 특히 강준호 교수의 「서문」을 참조 바람.

2 다산 정약용에 따르면 '마음'을 나타내는 전통적인 용어는 심心 말고도 신神, 영靈, 혼魂, 대체大體, 법신法身 등 다양하게 있다. 그렇지만 정약용은 '마음'에 해당되는 전문적인 명칭, 즉 개념어가 동아시아 전통에서는 없었다고 지적한다. 정약용은 어쩌면 개념으로서의 '마음'을 이야기한 최초의 동아시아인이었다고 할 수 있지 않을까?

3 박성훈 편저, 『훈몽자회주해訓蒙字會註解』, 태학사, 2013, 315쪽 참조. 심心에 대한 첫 번째 풀이는 '념통'이며, 또 'ᄆᆞᅀᆞᆷ'이라고 풀이했다. 'ᄆᆞᅀᆞᆷ'은 마음의 고형古形이다.

4 염통은 念桶 곧 '생각하는 도구' '생각이 들어있는 통'라는 의미에서 만들어진 말인지도 모른다.

5 일본의 白川靜은 『字統』, 平凡社, 2004, 484쪽 '심心' 조에서 '심'이라는 글자의 원형은 단독 글자로는 갑골문에서는 아직 발견된 것이 없고 금문金文에 비로소 등장한다고 보았다. 徐中舒 編, 『甲骨文字典』, 四川辭書, 1988에도 '심'은 실려 있지 않다. 그러나 于省吾 主編, 『甲骨文字詁林』, 中華書店, 1996, 1934번에 '심'이 실려 있다. 그런데 같은 자형을 徐中舒 編 앞의 책은 '패貝'로 판독한 것이 확인된다. 于省吾는 해당 조에 자신의 『甲骨文字釋林』 「釋心」을 인용해 그동안 '패'로 판독한 글자를 '심'으로 판독해야 마땅하다고 주장했다. 또한 許進雄, 『중국문자학강의』, 조용준 옮김, 고려대학교출판부, 2013, 500쪽과 538쪽에는 '심'에 해당되는 갑골문의 다양한 자형을 제시하고 그것들이 심장의 상형이라고 주장했다.

6 이러한 사방四方에 대한 중심의 정치적 의미, 중국 고대 우주론의 정치적 의미에 대한 연구로는 Aihe Wang, *Cosmology and Political Culture in Early China*, Cambridge: Cambridge University Press, 2000 제2장을 참조. 물론 한대 오행론의 체계 속에서 그러한 중심성의 상징적 의의와 역할은 흔들리지만, 내부에서 여전히 완전히 소멸되지 않고 남아 있다고 해야 할

것이다.

7 심과 신체를 국가에 유비하는 문제에 대해서는 가노우 요시미츠, 『몸으로 본 중국 사상』, 동의과학연구소 옮김, 소나무, 1999, 179쪽 이하 참조. 이러한 유비는 남명 조식의 「신명사도神明舍圖」에까지 이어진다.

8 『관자管子』의 표현이다.

9 『사기史記』「은본기殷本紀」에 왕자 비간比幹이 주紂에게 죽기를 무릅쓰고 간언을 하자 주가 노하여, "나는 성인의 심장에는 구멍이 7개 있다는 말을 들었다吾聞聖人心有七竅"라고 말하고 비간의 가슴을 갈라 심장을 보았다고 하는 기록이 있다.

10 맹자에서 심과 성의 그러한 측면, 그 확장된 자연주의적 의미에 대해서는 문석윤, 「『맹자』의 성(性), 심(心), 성인(聖人)의 도덕론」, 『인간 환경 미래』 5, 인제대학교 인간환경미래연구원, 2010 참조.

11 『순자』 원문은 "心者, 形之君也, 而神明之主也, 出令而無所受令"이다.

12 해당 부분에 대해 정자는 "지志가 기氣를 움직이는 것이 10분의 9라면, 기가 지를 움직이는 것은 10분의 1이다志動氣者什九, 氣動志者什一"라고 주석했다. 주희, 『맹자집주』「공손추 상」 참조.

13 『순자』「왕제」, "물과 불은 기氣는 있지만 생生은 없다. 초목草木은 생生은 있지만 지知는 없다. 금수禽獸는 지知는 있지만 의義는 없다水火有氣而無生, 草木有生而無知, 禽獸有知而無義."

14 그것은 아래에서 볼 수 있는 바와 같이 송대에 이르러 심心에 대한 이기론적 해석을 통해 새롭게 설명되면서 다시 한번 재현된다.

15 이와 관련하여 데이비드 S. 니비슨, 김인철 옮김, 『유학의 갈림길』, 철학과현실사, 2006, 제8장의 서술을 참조. 또한 장원태, 「孟子, 荀子의 心論과 莊子의 心論의 대비 연구」, 서울대 석사논문, 1998 참조.

16 그 각각에서 조화와 절제의 이상으로 중中과 화和가 제시되었다. 『중용』 수장首章 참조.

17 『황제내경』을 비롯해서 중국 전통 의학과 도교에서의 신체身體와 마음에 대한 이해와 관련해서는 이시다 히데미, 『기(氣) 흐르는 신체』, 이동철 옮김, 열린책들, 1996이 참조할 만하다.

18 「원인론原人論」에 대한 번역으로 규봉 종밀, 신규탁 옮김, 『화엄과 선』, 정우서적, 2013을 참조.

19 신체의 기에는 형기와 기질의 구별이 있을 수 있다. 조선 후기 성호학파에서는 형기形氣와 기질氣質을 구분했는데, 인간의 경우, 형기가 형체적 차원, 곧 인간이라는 형상적 차원에서 공유되는 측면에서의 기라고 한다면 기질은 각 개별 인간의 질적 다양성을 결과하는 측면에서의 기다. 형기가 기에 초점을 둔 개념이라면 기질은 질에 초점을 둔 개념이라고 할 수 있다. 성호학파에서는 이러한 구분을 사단칠정에 대한 해석 과정에서 의미 있게 사용했다. 즉, 칠정七情은 기질이 아니라 형기의 산물이라고 한다. 그러므로 인간이라면 누구나 동일한 칠정을 갖게 되며, 그런 점에서 칠정은 인심人心과 동일하다고 볼 수 있다. 그리고 사단은 형기에 대응한 개념인 성명性命의 발현으로 볼 수 있으므로, '사단을 이발理發, 칠정을 기발氣發'로 분설할 수 있다고 주장했다.

20 심기心氣의 기로서의 성격, 심기가 기본적으로 기질의 질적 다양성과 어떤 관련을 갖는가와 관련하여 심과 기질의 차이 문제, 그리고 성인과 일반인에서의 명덕明德의 차이 문제 등이 조선 후기 호락 논쟁에서 다양하게 논의되었다.

21 대표적으로 이런 입장을 발전시킨 이가 조선의 퇴계 이황이었다. 퇴계는 사단을 이발理發이라고 했고, 심의 허령虛靈(지각知覺)도 단지 기에 의한 것이 아니라 이理로 말미암은 것이라고 주장했다.

22 호병문胡炳文(1250~1333)의 『사서통四書通』 외에도 정복심程復心(1279~1368)의 『사서장도四書章圖』의 영향도 받은 것으로 보인다. 『사서장도』에는 나중에 퇴계에 의해 주목된 바와 같이, 사단과 칠정을 이발과 기발로 분속하여 이해하는 내용이 나온다.

23 호락 논쟁에 대해서는 문석윤, 『湖洛論爭 형성과 전개』, 동과서, 2006 참조.

24 특히 농암 김창협을 종주로 한 낙학파의 경우 명대의 공안파公安派 문학 이론과의 관련성이 최근 주목을 받고 있다. 곧 양명학적 사상에 영향을 받았다는 것이다. 강명관, 『공안파와 조선후기 한문학』, 소명출판, 2007 참조. 그것은 어느 정도 진실일 것이다. 그러나 낙학의 심학은 분명히 조선 성리학의 심학 전통 위에, 당시의 시대적 문제를 해결하고자 노력하는 과정에서 주체적으로 구축되었으며, 따라서 단순히 양명학의 영향으로 형성되었다고 봐서는 안 된다.

25 당시로서는 이외의 대안이 존재하지 않았다는 점에서 그것을 나름대로 정당성 있는 시대 과제였다고 할 수 있다.

26 張載, 『正蒙』 「誠明」 "性者, 萬物之一源, 非有我之得私也."

27 사실, 호락 논쟁의 주요한 논점 중 하나가 성性과 氣의 관계를 어떻게 볼 수 있느냐 하는 것이었다. 곧 인물성동이논변人物性同異論辨이 그것이다. 본연지성本然之性에서조차 기氣의 간여를 어떤 식으로든 인정하는 측(호학)과 인정하지 않는 측(낙학)으로 나뉘어 대립했다.

28 예를 들어 호남학은 성性에 대해 일종의 무선무악無善無惡의 관점을 취하며, 양명학의 유명한 사구교四句教(無善無惡, 是心之體; 有善有惡是意之動; 知善知惡是良知; 爲善去惡是格物)에서도 그러한 흔적을 확인할 수 있다.

29 성호 이익의 심에 대한 이해에 대해서는 문석윤, 「星湖 李瀷의 心說에 관하여-畏庵 李栻의 「堂室銘」에 대한 비판을 중심으로」, 『철학연구』 86, 철학연구회, 2009 참조.

30 정산 이병휴를 중심으로 그들이 펼친 심에 대한 다양한 탐색에 대해 어느 정도 살펴볼 수 있는 자료로 이병휴, 『정산 이병휴의 시와 철학』, 실시학사경학연구회 옮김, 성균관대학교출판부, 2013을 참조.

31 다산 정약용의 심에 대한 이해에 대해서는 문석윤, 「다산 정약용의 새로운 도덕 이론: 마음에 대한 새로운 이해」, 『철학연구』 90, 대한철학회, 2004를 참조.

32 錢穆, 『靈魂與心』, 廣西師範大學出版社, 2004, 9쪽~10쪽. 1975년 臺北에서 처음 출판할 당시에 쓴 작자의 자서에 따르면 해당 원문이 수록된 논문은 원래 1945년에 탈고된 것이라고 한다.

33 원문에는 중인衆人으로 되어 있으나, 그림의 내용에 따라 '군자君子'로 고쳐 읽었다.

34 원문에 물物이라고 되어 있으나, 그림의 내용에 따라 '중인衆人'으로 고쳐 읽었다. 기를 기준으로 구분할 경우, 정통正通과 편색偏塞은 인간과 동물 사이의 구분이고, 인간 내부의 차이는 기氣의 청수淸粹(맑고 순수함) 탁박濁駁(흐리고 탁함)으로 구분하는 것이 보통이다. 따라서 그림을 고려하지 않는다면 원문 그대로 물 곧 동물 그대로 두는 것이 옳을 것이다. 뭔가 착간이 있는 것이 아닌가 추정된다.

35 이 부분도 뭔가 착오가 있다. 지금 전하는 그림에는 식물에 해당되는 부분이 없다.

동양적
마음의
탄생

1판 1쇄 2013년 12월 28일
1판 3쇄 2014년 7월 14일

지은이 문석윤
기획 한국국학진흥원
펴낸이 강성민
편집 이은혜 박민수 이두루
편집보조 유지영 곽우정
마케팅 정민호 이연실 정현민 지문희 김주원
온라인 마케팅 김희숙 김상만 한수진 이천희
독자모니터링 황치영

펴낸곳 (주)글항아리 | 출판등록 2009년 1월 19일 제406-2009-000002호
주소 413-120 경기도 파주시 회동길 210
전자우편 bookpot@hanmail.net
전화번호 031-955-8891(마케팅) 031-955-8897(편집부)
팩스 031-955-2557

ISBN 978-89-6735-090-1 93100

글항아리는 (주)문학동네의 계열사입니다.

이 도서의 국립중앙도서관 출판시도서목록(CIP)은 e-CIP홈페이지(http://www.nl.go.kr/ecip)와
국가자료공동목록시스템(http://www.nl.go.kr/kolisnet)에서 이용하실 수 있습니다.
(CIP제어번호 : CIP2013027968)